Vorstellung des Autors

 Hans-Peter Dürr, geboren am 03.01.1950 in Frankfurt am Main. Nach dem Besuch der Volksschule und des Gymnasiums Abgang mit der „Mittleren Reife". Lehre als Starkstromelektriker, danach Wechsel zur Berufsfeuerwehr Frankfurt am Main. Nach der Grundausbildung Weiterbildung zum Oberbrandmeister, danach Aufstieg in den gehobenen Dienst. Mehrere Jahre Dienst in der computerunterstützten Einsatzleitstelle als Lagedienstleiter, danach Übernahme des neu geschaffenen Sachgebiets „EDV-Koordination" und dort Sachgebietsleiter bis zum 30.04.2007. Ab dem 01.Mai 2008 Abteilungsleiter Informations- und Kommunikationstechnik bis zur Pensionierung im Januar 2010 wegen Erreichen der Altersgrenze.

Seit Dezember 1977 verheiratet mit Leonore Dürr, im Oktober 1978 kam unsere Tochter Alexandra zur Welt.
Seit April 2013 wohnhaft in Limburg an der Lahn in einer Eigentumswohnung in einem Komplex „Generationenanlage". Davor 33 Jahre in Hünfelden-Kirberg in einem eigenen Haus. Dort wurde in den ersten Jahren jeder Pfennig in das neu erworbene Haus gesteckt, daher erst 1986 zum ersten Mal in Urlaub gefahren.

Sollte sich jemand bei einer der folgenden Reiseberichte erinnern, dass er genau diesen Urlaub mit uns zusammen durchgeführt hatte, dann würden wir uns über eine Kontaktaufnahme sehr freuen. Selbstverständlich freuen wir uns auch über andere Kontakte und eventuelle Anfragen oder Hinweise zu unseren Reiseberichten.

Hier meine Email-Adresse: hanspeter.duerr@web.de

Herrlicher

Urlaubsregen

**Mehrmals um die ganze Welt und
doch nur die Hälfte der Länder
gesehen**

**Eine Trilogie von
83** Urlaubsberichten
in **17** Jahren

Nicht nur heitere Reiseerlebnisse
von
Hans-Peter und Leonore Dürr

Band 2: Reisen Nr. 51 – 68 (2004 - 2010)

Herstellung und Verlag:
BoD – Books on Demand, Norderstedt
ISBN 978-3-7357-4312-1

Vorwort

Wenn man **83** Länder (nach den aktuellsten politischen Grenzen) unserer schönen Erde bereist hat, bleiben sicherlich viele schöne Dinge, aber auch viele Pannen als Erinnerung zurück.
Diese verdienen es nach Meinung des Autors niedergeschrieben zu werden, um auch andere Globetrotter zu erfreuen oder auch nachdenklich zu stimmen.
Von 1-Tages-Touren bis hin zu mehrwöchigen Kreuzfahrten habe ich unsere Erlebnisse in hoffentlich amüsanten Kurzgeschichten in Form eines Tagebuches in drei Bücher zusammen gefasst und wünsche meinen Lesern viel Spaß, vielleicht auch an Bord eines Kreuzfahrtschiffes oder bei einer Bus- oder Bahnreise.

Ich hatte das große Glück zusammen mit meiner Frau viele kleine und große Träume zu verwirklichen und konnte bisher alle unsere Reisen in guter Gesundheit zu Ende bringen. Wir hoffen natürlich, dass dies auch in der Zukunft so bleibt, denn trotz aller bereisten Länder gibt es immer noch weiße Flecken auf der Landkarte und wir möchten noch weitere, interessante Länder unserer schönen Erde bereisen.

Leider ist es aus politischen Gründen (Krieg, Unruhen) nicht möglich alle Länder als Urlauber zu besuchen, aber vielleicht ändern sich die politischen Umstände ja auch wieder einmal, so dass dies dann doch noch möglich sein wird.

Wir bedanken uns an dieser Stelle für alle Tipps und Erfahrungen, die wir bei den Reisen von anderen Globetrottern erhalten haben und die uns oftmals sehr nützlich waren.

Weiterhin bedanke ich mich ganz herzlich bei unserer Tochter Alexandra und unserem ehemaligen

Schwiegersohn Christian, die uns sehr häufig zum Flughafen gebracht und auch wieder von dort abgeholt haben und unserer treuen Seele, unserer Putzfrau, die in vielen Urlauben unsere beiden Katzen versorgt und sich um unser Haus gekümmert hat.

Noch ein Wort zum Jugendschutz: Wenn wir in unseren Reiseberichten abends von Aufenthalten in einer Hotelbar o. a. schreiben, dann meinen wir immer nur mich und meine Frau. Selbstverständlich hielt sich abends unsere minderjährige Tochter weder in der Bar auf noch bekam sie alkoholische Getränke. Sie ging dann immer früher als wir zu Bett und es gab hier auch nie Probleme oder Widerspruch.

Zum Titel dieses Buches:

Es gab so gut wie keinen Urlaub ohne Regen, aber der Regen im Urlaub ist meistens ja viel, viel schöner als zu Hause und macht einem viel weniger aus, daher wählten wir den Titel „Herrlicher Urlaubsregen".

Zu den Titeln der einzelnen Kapitel:

Es wurde immer ein markantes Wort gewählt, das irgendwo dann im Text vorkommt und charakteristisch genau für diese Reise ist.

Zur Zählweise der besuchten Länder:

Ich hielt mich an die offizielle Liste der UNO, nach der es im Jahre 2014 202 selbstständige Länder der Erde gab. Gezählt habe ich nur die Länder, auf die wir tatsächlich unseren Fuß gestellt haben und in denen wir wenigstens einen kleinen Teil bereist haben.
Nicht gezählt wurden aber Länder, in denen wir lediglich einen Zwischenstopp bei Flugreisen gemacht haben, das Flughafengebäude aber nicht verlassen haben (z. B.

Bangkok/Thailand beim Rückflug von Bali). Dagegen habe ich Neuseeland gezählt, da wir in Auckland von Bord des Kreuzfahrtschiffes gegangen sind und dann „über Land" zum Flughafen gefahren sind.

Die Vereinigten Staaten von Amerika habe ich nur einmal gezählt, obwohl wir in mehreren Bundesländern waren, die Polynesischen Inseln in der Südsee gehören zu Frankreich, die Balearen und die Kanarischen Inseln gehören zu Spanien und wurden daher auch nicht extra gezählt.

Hans-Peter Dürr, Limburg im Jahre 2014

<u>Widmung</u>:

Ich widme dieses Buch meiner Ehefrau Leonore, mit der ich alle beschriebenen Reisen unternommen habe und die geduldig alle meine Reiseberichte gelesen und gegebenenfalls korrigiert hat.

Inhalt: Seite:

**Vorschau nächste Bände,
Inhalt Band 1**

51 Schimmernde Lagunen

Bereits zum 15. Hochzeitstag hatten meine Frau und ich vereinbart, dass wir – wenn wir dann noch zusammen und gesund sind – zur Silberhochzeit eine Kreuzfahrt durch die Südsee unternehmen. Für diesen großen Traum, von dem wir ja nicht wussten, ob er sich jemals realisieren ließ, sparten wir dann entsprechend Geld an.

Kleinere Kreuzfahrten hatten wir bereits mehrere unternommen (Istanbul, Nil, Galapagos-Inseln, Yangtzee/ China), aber so eine ganz richtige Kreuzfahrt, wie man sie auch im Fernsehen in der Serie „Das Traumschiff" sah, noch nie. Und die Südsee war zur Silberhochzeit der ganz, ganz große Traum.

Im Dezember 2002 konnten wir dann tatsächlich unsere Silberhochzeit bei guter Gesundheit feiern und getrennt hatten wir uns auch nicht. Also stand der Verwirklichung dieses Traumes nichts mehr entgegen. Bereits im Sommer 2002 wälzten wir entsprechende Kataloge, um eine passende Fahrt zu finden. Zwei Parameter standen für uns fest, nämlich zum einen sollte es kein so ganz großes Schiff sein, wie sie z. B. in der Karibik verkehren und über 2000 Leute an Bord sind und zum anderen sollte die Bordsprache deutsch sein, dies hauptsächlich eine Forderung meiner Frau.

Nachdem wir also entsprechende Kreuzfahrtkataloge gewälzt hatten und auch die Preise verglichen hatten, entschieden wir uns recht schnell für die MS Astor, die bei Transocean Tours in Bremen unter Vertrag ist. Das Schiff, das das 1. Traumschiff aus der gleichnamigen TV-Serie war, hat maximal 520 Passagiere und die Bordsprache ist deutsch. Die MS Astor startet jedes Jahr Mitte Dezember zu einer zwischen 4 und 5 Monaten dauernden Weltreise, die aber auch in einzelnen Abschnitten gebucht werden kann. Und einer der Abschnitte ist die Route durch die Südsee.

Die Route bei der Weltreise 2002/2003 entsprach nicht unseren Wünschen, so dass wir uns einig waren, die Traumreise um 1 Jahr zu verschieben. Dies kam mir aber auch aus dienstlichen Gründen sehr gelegen, denn ich hätte Anfang 2003 nur sehr schwierig 5 Wochen Urlaub nehmen können. Aber der Hauptgrund war damals wirklich die Reiseroute, denn der Abschnitt Südsee war nicht wie bei den Reisen in den Jahren davor und danach komplett, sondern ungefähr in der Hälfte geteilt. Man hätte also entweder nur einen Abschnitt von Japan bis zur Hälfte der Südsee buchen können oder den 2. Abschnitt von der Südsee bis Neuseeland. Natürlich wäre auch das Buchen beider Abschnitte zusammen möglich gewesen, aber dies war aus zeitlichen und finanziellen Gründen für uns nicht machbar. Also verschoben wir unseren Traum um 1 Jahr, was ja überhaupt nicht schlimm war.

Zur Silberhochzeit sollte es natürlich schon etwas Besonderes sein, so dass wir uns bei dieser Reise den Luxus leisteten, der für uns gerade noch finanzierbar war. So buchten wir die Flüge für den Hin- und Rückflug in der Business-Class und belegten an Bord der Astor eine Suite der teuersten Kategorie auf dem obersten Deck. Diese Suite kannten wir aber nur aus der Katalogabbildung und waren dann an Bord doch etwas enttäuscht. Wir entschieden uns für die Suite 102 an der Backbordseite des Schiffes, da diese sowohl ein Fenster Richtung Bug als auch ein Fenster Richtung Backbordseite hatte. Wie sich dann aber an Bord herausstellte, hatte diese Suite teilweise schräge Wände, wodurch erheblich Stauraum verloren ging. Wir hatten dort weniger Platz in den Schränken als in Suiten der Preiskategorien darunter, wie wir später an Bord durch Kontakte mit anderen Mitreisenden feststellen konnten. Aus diesen Erfahrungen heraus haben wir für die nächste Kreuzfahrt eine Suite der preisgünstigeren Kategorie 2 Decks tiefer gebucht und waren mit dieser Wahl sehr zufrieden. Ansonsten aber war die Suite schon sehr schön und geräumig. Es gab dort einen Wohnraum mit Couchgarnitur und einem Schreibtisch, einen extra abgeteilten Schlafraum mit 2 einzelnen Betten und ein geräumiges Bad. Auch ein Kühlschrank und ein Sortiment Gläser gehörten zur Ausstattung.

Für unseren weiteren Traum, einmal im Leben die komplette Weltreise zu machen, heben wir uns aber weiterhin die Luxus-Suite 100 oder 101 auf, die auf dem obersten Deck in der Mitte des Schiffes liegt und einfach nur traumhaft war. Diese beiden Suiten wurden aber nur für Weltreisende vergeben, so dass wir sie für die Südseereise nicht buchen durften. Im Jahre 2009 entging Transocean Tours nur knapp der Insolvenz, die Firma wurde von einem anderen Reiseanbieter übernommen und die MS Astor wurde erheblich umgebaut. Aus unserer ganz persönlichen Sicht zum Nachteil und die zuvor erwähnten 2 Suiten gab es nicht mehr. Sie wurden zu einer einzigen, riesigen Super-Suite zusammengelegt. Wir überlegten daher uns ein anderes Schiff für die Weltreise zu suchen.

Neben der eigentlichen Südseereise buchten wir noch ein 3-tägiges Vorprogramm in Acapulco. Wir waren einige Jahre zuvor schon einmal in Mexico, aber nur im Norden des Landes, um die dortigen Ausgrabungsstätten etc. zu besuchen. Die Metropole Acapulco ließen wir damals bewusst aus, da uns derartige Touristen-Hochburgen nicht zusagen. Da aber die Südseereise in Acapulco losging, sagten wir uns, dann können wir diese Stadt eben auch noch kurz besuchen, um u. a. die weltberühmten Felsenspringer zu sehen. Aber eigentlich war dieses Vorprogramm nicht nach unserem Geschmack, wir hätten besser daran getan, ein Nachprogramm in

Neuseeland zu buchen, wo die Reise nach 4 Wochen endete. Aber hinterher ist man immer schlauer.

Erst nach der Reise begriffen wir, dass wir bei diesem Urlaub eigentlich eine Weltreise unternommen hatten. Wir flogen ja von Frankfurt am Main nach Acapulco, gingen dort an Bord der MS Astor, mit der wir durch die gesamte Südsee bis nach Auckland auf Neuseeland fuhren und von dort flogen wir dann über Singapur zurück nach Frankfurt am Main. Tatsächlich einmal um die ganze Welt.

50 Tage vor Beginn der Reise strich ich jeden Tag auf einem Kalender ab und die Spannung stieg. Ja, und dann kam der 07. Januar 2004, wo unser großer Traum von der Südsee begann.
Kurz nach 10:00 Uhr holte uns unsere Tochter, die damals noch in Frankfurt wohnte, zu Hause ab und ich konnte meinen PKW sicher zu Hause in der Garage stehen lassen.
Nach dem Eintreffen am Flughafen checkten wir sehr schnell bei Lufthansa in der Business-Class ein und hielten uns bis zum Boarding in der Business-Class-Lounge auf. Aber ich muss ganz ehrlich sagen, der Service in den Lounges anderer Fluggesellschaften ist weitaus besser. Bei Lufthansa gab es zwar auch alle alkoholfreien und alkoholischen Getränke kostenlos in der Lounge, aber nur etwas Gebäck und Salz-Knabberzeug dazu. Hier bieten andere Gesellschaften (z. B. KLM oder Singapur Airlines) weit mehr, auch warme Speisen.
Als wir dann zum Boarding aufgerufen wurden, begaben wir uns in den Wartebereich zum Einsteigen und trafen dort auch unsere Reiseleiterin, die uns auf dem gesamten Flug begleitete. Ein sehr schöner Service von Transocean Tours, den wir als erfahrene Globetrotter aber eigentlich nicht benötigen.

Um 14:45 Uhr hob unser Flieger mit einer kleinen Verspätung ab und wir landeten um 18:30 Uhr Ortszeit (MESZ -7 Stunden) in Mexico City. An Bord gab es sowohl ein warmes Mittag- als auch ein Abendessen.

Da unsere Koffer bereits bis Acapulco durchgescheckt waren, mussten wir uns in Mexico City um nichts kümmern und konnten gleich in den Transitbereich gehen. Ebenfalls mit einiger Verspätung flogen wir dann mit Mexicana weiter nach Acapulco und landeten dort um 22:40 Uhr. Hier wurden unsere Koffer kontrolliert, bevor wir mit einem Transferbus zu unserem gebuchten Hotel gefahren wurden. Um 23:05 Uhr erreichten wir das Hotel „Hyatt Regency" und checkten dort im Zimmer 2016 im 20. OG ein. Das Hotel selbst ist ein riesiger Bau direkt in der Bucht von Acapulco. Den Begrüßungsdrink an der Hotelbar im EG um 00:15 Uhr ließen wir uns natürlich nicht entgehen, aber dann ging es nach der langen Anreise erschöpft sofort ins Bett.

Nachdem wir am nächsten Morgen das riesige Frühstücksbuffet im Hotel genossen hatten, nahmen wir mit 2 Bussen an einer Stadtrundfahrt durch Acapulco teil, die uns zu verschiedenen Aussichtspunkten und auch zum weltberühmten extravaganten Hotel „Princess" führte. Höhepunkt der Fahrt war am Ende der Besuch bei den berühmten Felsenspringern. Aber so richtig begeistern konnte uns das nicht. Vom Aussichtspunkt an Land aus konnte man das Eintauchen ins Wasser kaum sehen und da man nie wusste, wann denn wer springt, war es auch sehr schwer den richtigen Zeitpunkt zum Filmen oder Fotografieren zu erwischen. Und nach ca. 20 Minuten war auch schon wieder alles vorbei und es ging zurück ins Hotel.

Der Tag selbst war mit 32 Grad schwülheiß und sonnig. Nach der Rückkehr im Hotel gegen 14:30 Uhr unternahmen wir noch einen kurzen Spaziergang entlang der Hauptstrasse um eventuelle andere schöne Restaurants für das Abendessen zu finden, entschieden uns dann aber doch für das mexikanische Restaurant im Kellergeschoß des Hotels, eine sehr gute Wahl wie sich dann herausstellte.

Danach gab es in der Hotelbar im EG Live-Tanzmusik und wir tanzten dort bis kurz nach Mitternacht.

Mittlerweile tanzten wir sehr gerne. Schon Jahre zuvor lag mir meine Frau ständig in den Ohren, doch tanzen zu lernen, „was sollen wir denn sonst bei der Kreuzfahrt jeden Abend machen?", fragte sie mich immer wieder. Aber ich war dazu nicht zu bewegen, ich war professioneller Nicht-Tänzer. Selbst beim Abschlussball unserer Tochter tanzte ich nicht mit ihr. Ich ging zwar mit zum Ball, machte ihr aber klar, dass sie mich nicht zum Tanz auffordern dürfe. Sie hielt sich auch daran, ich hoffe, sie verzeiht mir. Aber im Jahre 2000, 2 Jahre vor unserer Silberhochzeit machte es bei mir „Klick" und ich meldete mich und meine Frau ohne deren Wissen in Limburg in einer Tanzschule für einen Erwachsenen-Grundkurs an. Ich überraschte meine Frau mit dieser Anmeldung und damit begann unsere Leidenschaft zum Tanzen. Wir absolvierten den Grundkurs, einen Ergänzungs- und Aufbaukurs und danach die Medaillenkurse Bronze, Silber, Gold und Goldstar. Nach dem Bronze-, Silber- und Goldkurs legten wir auch jeweils die dazu gehörige Prüfung ab. Nach Goldstar gab es keine weiteren Kurse mehr und wir bildeten einen so genannten Tanzkreis, der sich weiterhin alle 14 Tag traf, bereits erlernte Tänze vertiefte und neue Schritte dazulernte. Neben den Kursen in Standard- und Lateintänzen absolvierten wir mehrere Discofox-Workshops. Aus beruflichen Gründen gaben wir

2008 den Tanzkreis auf, gingen aber weiterhin regelmäßig zum Tanzen, dann aber nur noch zum eigenen Vergnügen, ohne von einem Tanzlehrer trainiert zu werden.

Am nächsten Morgen genossen wir in aller Ruhe das Frühstücksbuffet und starteten um 10:00 Uhr zu einer fakultativen Lagunenfahrt, die nicht Bestandteil des gebuchten Vorprogramms war. Wir hätten sonst an diesem Tag kein Programm gehabt. Die Bootsfahrt führte uns zu verschiedenen Vogelinseln, es war ein Mittagessen eingeschlossen und wir hatten nachmittags Zeit zum Schwimmen oder Relaxen am Meer. Auch an diesem Tag war es schwülheiß mit 32 Grad. Nach der Rückkehr im Hotel gegen 18:00 Uhr hielten wir uns an der Poolbar auf und genossen den schönen Sonnenuntergang. Danach ging es wieder zum Tanzen in die Hotelbar bis 01:00 Uhr.

Der Samstag war komplett zur freien Verfügung und wir hielten uns bei ähnlichen Temperaturen wie am Freitag ganztägig am Hotelpool auf, wo es ab 16:00 Uhr auch noch Live-Musik gab. Unser Abendessen nahmen wir an diesem Tag im Hotelrestaurant am Pool ein und danach gingen wir wieder zum Tanzen bis nach Mitternacht in die Bar.
In der Nacht gab es ein leichtes Erdbeben, das wir aber im Hotel nicht spürten, sondern nur aus den Zeitungen erfuhren. Ein erheblich schlimmeres Erdbeben, auch mit großen Schäden, gab es nur 2 Tage vor unserer Ankunft in Acapulco.

Und am Sonntag, 11.01.2004 ging es dann endlich an Bord unseres Traumschiffes MS Astor. Bereits um 07:45 Uhr gab es das Frühstücksbuffet und danach mussten unsere Koffer außen vor das Hotel gestellt werden. Wir kontrollierten hier nochmals, ob auch wirklich alle Koffer da waren und gingen dann in den

Transferbus, der uns zum Liegeplatz der Astor im Hafen von Acapulco brachte. Bei Kreuzfahrten ist es üblich, dass man sich um sein Gepäck nicht kümmern muss. Dies wird vom Flughafen oder Hotel zum Schiff und dort direkt in die Kabine gebracht. Unser Fehler war aber, wie sich dann herausstellte, dass wir nicht auch das Verladen unserer Koffer kontrollierten. Aber so etwas passiert einem nur ein einziges Mal im Leben.

Um 11:30 Uhr gingen wir an Bord der MS Astor und wurden dort gleich sehr freundlich an der Rezeption empfangen, um alle Bordunterlagen zu erhalten. Danach stellte sich unsere Kabinen-stewardess vor und geleitete uns zu unserer Suite auf dem obersten Deck, von der wir sofort beim ersten Blick etwas enttäuscht waren, aber das schrieb ich ja bereits zu Anfang.

Da unsere Koffer zu diesem Zeitpunkt natürlich noch nicht da waren, nutzten wir die Zeit und begannen unsere Zeit an Bord gleich mit einem Mittagessen im Übersee-Club. Auf der MS Astor gibt es das große Waldorf-Restaurant, in dem man bei freier Tischwahl frühstücken und das Mittagessen (Menüwahl) einnehmen kann und wo abends dann jeweils das Dinner in 2 Tischzeiten eingenommen wird. Zum Dinner hat man für die gesamte Dauer der Reise seinen festen Platz. Wir hatten uns bei dieser Reise für die erste Tischzeit um 18:00 Uhr entschieden und uns bei der Buchung einen runden 6er-Tisch am Fenster gewünscht. Beides haben wir auch später bei allen weiteren Reisen so beibehalten, wobei wir aus Erfahrungen später den Tischwunsch noch dahingehend präzisiert haben, dass wir gerne 2 weitere Pärchen am Tisch haben möchten und keine Einzelpersonen. Nichts gegen allein reisende Damen und Herren, aber das ist auf Grund unseres ja doch noch nicht so hohen Alters nicht so ganz unser Stil zur Unterhaltung. Die erste Tischzeit entspricht mehr unserem sonstigen, gewohnten Tagesablauf, ein Dinner erst um 20:00 Uhr ist uns einfach zu spät. Ein weiteres Restaurant befindet sich 2 Decks höher im Übersee-Club. Hier kann ebenfalls das Frühstück und das Mittagessen eingenommen werden. Im Gegensatz zum Waldorf-Restaurant ist hier beim Frühstück aber mehr Selbstbedienung, z. B. beim Kaffee und bei Eiern mit Speck, im Waldorf-Restaurant wird dies jeweils am Tisch serviert. Und das Mittagessen ist hier ebenfalls in Form von Selbstbedienung, wobei es immer ein großes Salatbuffet, eine Suppe und 2 Hauptgerichte mit diversen Beilagen sowie ein Dessertbuffet mit Kuchen, Obst, Eis u. a. gibt.

Irgendwie hat es sich dann bei uns so eingependelt, dass wir während der gesamten Reise und auch bei späteren Reisen mit der Astor unser Frühstück im Waldorf-Restaurant einnahmen, das Mittagessen im Übersee-Club und das Dinner natürlich wieder im Waldorf-Restaurant. Es gab nur einige wenige Ausnahmen, die einen besonderen Grund hatten und dann in den folgenden Reiseberichten erläutert sind.

Da wir gerade beim Essen ist, ein ganz und gar unrühmliches Ergebnis dieser ersten Kreuzfahrt von uns. Trotz aller guten Vorsätze machten wir essenstechnisch alle Fehler, die man nur machen kann und nahmen während dieser 4-wöchigen Kreuzfahrt jeder 10 Kilogramm zu!

Morgens schon 2 Brötchen, Eier mit Speck, mittags dann ein komplettes Menü mit Nachtisch, nachmittags Tee und Kuchen in der Astor Lounge, abends beim Dinner von den angebotenen 7 Gängen mindestens 5 oder 6 und kurz vor Mitternacht auch noch den Mitternachts-Snack sowie in der Bar etliche Bierchen und Erdnüsse oder Chips zum Knabbern. Also dieses Thema schnell abgehakt. Bei der nächsten Kreuzfahrt waren wir dann viel, viel vernünftiger. Davon aber dann im nächsten Reisebericht.

Nach dem Mittagessen ging es zurück zur Kabine und wir stellten dort fest, dass 1 Koffer fehlte. An der Rezeption reklamiert und vertröstet, er käme sicherlich noch. Aber er kam und kam nicht. Zur Ablenkung nachmittags Tee in der Astor Lounge getrunken und ein Stück Kuchen gegessen. Auf der MS Astor gibt es jeden Nachmittag um 15:30 Uhr Kaffee oder Tee und Kuchen, Gebäck oder Sandwichs.

Auch danach war der letzte Koffer noch nicht da und die Zeit zum Auslaufen des Schiffes rückte immer näher und ich wurde immer nervöser. In dem fehlenden Koffer waren ausgerechnet die festlichen Abendkleider u. a. meiner Frau. Zu Beginn der Reise waren wir 6 Tage auf hoher See, der Koffer hätte nicht so einfach nachgeschickt werden können. Meiner Frau hätte dann erhebliche Kleidung gefehlt, ich hatte mir schon in Gedanken alles Erdenkliche ausgedacht, was ich denn tun solle, wenn der Koffer nicht käme.

Aber um nicht die anderen Gäste an unserem Tisch zu brüskieren, gingen wir doch pünktlich zum Dinner. Aber vor lauter Nervösität wegen des fehlenden Koffers vergaß ich meine gute Kinderstube und versäumte es, uns förmlich bei den anderen 4 Personen an unserem Tisch vorzustellen und das Essen wollte auch nicht so recht schmecken. Selbstverständlich holte ich unsere Vorstellung am nächsten Abend nach und entschuldigte mich für mein Verhalten am Vortag und erklärte den Grund. An unserem Tisch saßen zwei weitere Paare, beide weit über 70, die beide die komplette Weltreise unternahmen.

Sofort nach dem etwas hastigen Dinner gingen wir erneut zur Rezeption und erfuhren dort, dass unser Koffer jetzt an Bord sei. Er war schlicht und einfach vor dem Hotel in Acapulco stehen geblieben, was erst später entdeckt wurde. Jetzt waren nur noch 15

Minuten bis zum Auslaufen, aber die Kreuzfahrt war gerettet, mir fiel ein zentnerschwerer Stein vom Herzen.

Um 19:30 Uhr gab es anlässlich des Auslaufens auf dem Lido Deck einen Sektempfang mit Live-Musik und pünktlich um 17:45 legte die MS Astor ab und begab sich auf die Reise gen Süden. Bis 00:00 Uhr hielten wir uns noch in der Hanse-Bar auf dem obersten Deck auf und waren jetzt natürlich viel gelöster, da endlich alle Koffer da waren.

Die Hanse-Bar ist auf der MS Astor eine wirklich schöne, gemütliche Bar und wurde ein fast täglicher Treffpunkt von uns. Hier haben wir sehr viele nette Gespräche geführt und einige andere Reiseteilnehmer kennen gelernt. Dies führte sogar so weit, dass ein anderes Pärchen auch die nächste Kreuzfahrt mit uns zusammen unternahm.

Am Vortag, als die MS Astor in Acapulco ankam, gab es eine sehr unruhige See mit Seegang über Stärke 5 und es gingen auch einige Gläser in der Bar und einiges an Geschirr in der Küche zu Bruch. Dies wurde uns aber nur von anderen Reiseteilnehmern erzählt, die schon beim Abschnitt bis Acapulco an Bord waren.

Aber auch am Tag des Auslaufens aus Acapulco war die See immer noch sehr rau, wir hatten Seegang der Stärke 4, was uns selbst aber nichts ausmachte. Meine Frau und ich sind wohl ziemlich seefest und haben mit Seekrankheit o. ä. (noch?) keine Probleme. Ich selbst bin ja auch ein leicht verrückter Achterbahnfan und es kann mir nie wild genug zugehen.

Am nächsten Tag ließen wir uns um 07:00 Uhr vom Bordradio wecken und fanden diese Einrichtung so schön, dass wir bei dieser Reise und auch bei allen weiteren Fahrten mit der MS Astor dies so beibehielten. Selbstverständlich hätte man das Radio ausschalten können und hätte länger schlafen können, aber das wollten wir gar nicht. Erstens wollen wir morgens nicht lange schlafen, sondern etwas vom Tag haben – Schlafen kann man zu Hause billiger – und zweitens gefällt uns dieses morgendliche Wecken. Es gibt eine eigens für die MS Astor komponierte Melodie, die hier morgens gespielt wird, entweder rein instrumental oder gesungen. Danach gibt es dann vom Morgenmoderator Informationen über das Wetter, den Standort des Schiffes, über das Tagesprogramm an Bord und auch über Geburtstagskinder. Insgesamt dauert diese Morgensendung 30 Minuten und wir haben uns diese immer gerne angehört.

Na ja, um ehrlich zu sein: Ich mehr als meine Frau. Meine Frau konnte trotz des Weckers weiterschlafen und wurde dann erst von mir nach dem Duschen aufgeweckt. Auch dies ein Ritual von uns, das wir schon immer in allen Urlauben so beibehalten haben: Abends geht meine Frau als erstes unter die Dusche, damit sie dann noch genügend Zeit hat, ihre Haare zu richten, dauert halt bei Frauen länger als bei uns Männern. Und morgens ist es immer umgekehrt, da gehe grundsätzlich immer ich als erstes unter die Dusche und mich rasieren, meine Frau schläft ganz gerne die paar Minuten länger und steht immer erst als zweite auf.

Wir genossen also am 1. Tag an Bord der MS Astor trotz heftigem Seegang unser Frühstücksbuffet und gingen dann anschließend um 09:30 Uhr in die Astor Lounge zu einer Vorstellung der Schiffs-Crew und Informationen der nächsten Ausflüge.

Um 11:00 Uhr schloss sich daran die vorgeschriebene Seenotrettungsübung an. Diese muss von jedem Passagier innerhalb von 24 Stunden nach dem an Bord gehen absolviert werden und wird auch genauestens überprüft und protokolliert. Und was ist, wenn das Schiff früher untergeht?

Für jede Kabine an Bord gibt es einen genauen Plan, an welchem Punkt man sich mit der Schwimmweste, die in der Kabine vorhanden ist, einzufinden hat. Dort wird die Vollzähligkeit durch die Crew überprüft und dann geht es auf das Bootsdeck zu einem festgelegten Rettungsboot. Vorher wird bei der Übung aber erst noch der Gebrauch der Schwimmwesten erläutert, bevor es zu den Rettungsbooten geht. Es ist unglaublich, wie falsch man die Westen anlegen kann und wie viele Leute – obwohl es extra angesagt wird – schon zu früh bereits auf dem Weg zum Treffpunkt die Westen anlegen. Das Einsteigen in die Rettungsboote und das zu Wasser lassen wird allerdings nicht geübt. Und wer mehrere Abschnitte der Weltreise unternimmt, muss auch nur einmal an dieser Seenotrettungsübung teilnehmen.

Nach dieser „aufregenden" Übung schmeckte das Mittagessen im Überseeclub dann doppelt so gut.

In unserer Suite fanden wir bei der Rückkehr als Gruß unseres Limburger Reisebüros eine Flasche Champagner vor, eine sehr liebe Geste.

Bis um 15:00 Uhr sonnten wir uns bei rund 28 Grad auf dem Deck. Danach gab es in der Galerie eine so genante Info-Zeile, bei der alle Kurse etc., die während dieses Reiseabschnittes angeboten wurden, vorgestellt wurden. Wir meldeten uns für den Tanzkurs für Fortgeschrittene an und meine Frau zusätzlich noch für den Seidenmalkurs. Dann ging es zum Kaffee trinken in die Astor Lounge, was wir an Seetagen immer gemacht haben. Wenn wir unterwegs zu Landausflügen waren, fiel dies natürlich aus. Aber die ersten 6 Tage von Acapulco bis in die Südsee waren reine Seetage, wobei die See von Tag zu Tag ruhiger wurde, bis in der Südsee überhaupt kein Seegang mehr herrschte oder höchstens Stufe 1.

Viele unserer Bekannten fragten uns auch, ob denn die Seetage nicht langweilig seien und wie man es 4

Wochen oder mehr auf einem Schiff aushalten könne. Da können wir nur für uns selbst sprechen und sagen, dass von Langeweile an Bord keine Rede sein kann. Es gibt so viel abwechslungsreiches Programm, dass man sogar auswählen muss, was man nicht macht. Und für uns als Kreuzfahrtneulinge waren diese ersten 6 Tage auch sehr wichtig, um uns an Bord zurecht zu finden und einzuleben.

Um 17:15 Uhr gab es dann am ersten kompletten Tag auf See den Kapitäns-Willkommens-Cocktail in der Astor Lounge mit Sekt und Canapees, musikalisch untermalt durch das Bordorchester und für die Teilnehmer der 1. Essenszeit ging es direkt anschließend in das Waldorf-Restaurant. Für uns selbstverständlich, dass man zu diesem Anlass als Herr seinen Smoking trug und die Dame ein entsprechendes Abendkleid. Hier gehen aber die Meinungen auseinander und es gibt etliche Gäste, die auch zu diesem festlichen Anlass keine entsprechende Kleidung tragen. Aber für uns gehört dies einfach zu einer schönen Kreuzfahrt mit dazu. Aus diesem Grunde käme für uns kein Schiff in Frage, auf dem es zu leger zugeht. Alleine auf der Astor ist das Ganze schon ziemlich aufgeweicht und es geht uns fast schon zu leger zu. In dieser Hinsicht sind wir doch sehr konservativ, teilen dies aber auch noch mit genügend anderen Leuten.

Auf der MS Astor erhält man jeden Abend das Programm für den folgenden Tag, in dem u. a. auch eine Kleiderempfehlung abgedruckt ist. Es gibt die 3 Möglichkeiten „leger", „sportlich elegant" und „festlich". Aber – wie gesagt – dies ist immer nur eine Empfehlung. Ich selbst meine, dass viel zu oft „leger" ausgewiesen wird. Und mir selbst ist es auch passiert, dass ich an einem Abend, bei dem „leger" ausgewiesen war, ich aber trotzdem einen Anzug mit Hemd und Krawatte trug „irritiert" angesehen wurde und Bemerkungen wie „Was soll das denn, heute ist doch leger" hören musste. Liebe Kreuzfahrtgäste: Lasst das doch jeden selbst entscheiden. Ich trage die Kleidung doch nicht, um anderen zu imponieren oder irgendwelchen Angaben zu folgen, sondern, weil ich es gerne so habe! Auch in meinem früheren Beruf habe ich täglich – ohne, dass dies so vorgeschrieben war – immer Krawatte und Jackett oder kompletten Anzug getragen, das ist einfach mein persönlicher Stil.

Ab 21:00 Uhr gab es in der Astor Lounge Live-Musik mit dem Bordorchester. Sicherlich ist das musikalische Empfinden eine ganz persönliche Angelegenheit und man kann es nicht jedem Recht machen, aber diese Musik war nun so gar nicht nach unserem Geschmack und oftmals auch gar nicht tanzbar. Insgesamt bestand das Bordorchester aus 5 Mann aus Russland und sie spielten fast jeden Abend die gleichen Lieder, meistens im Swing-Stil und Foxtrott-Rhythmus, ganz selten auch mal einen Walzer oder einen Tango oder Cha-Cha. Und jetzt hatten wir extra für die Kreuzfahrt Tanzen gelernt und konnten dies hier gar nicht so richtig anwenden.

Dafür machten wir aber gleich beim ersten Tanz eine neue Erfahrung, nämlich dass es sehr schwierig ist bei Seegang 4 und einem stark schwankenden Schiffsboden zu tanzen. Wir waren ja sehr überzeugt von uns „Wir können doch tanzen" und gingen mutig bei der ersten Musik, die uns zusagte, auf die Tanzfläche. Aber dann, der erste Schritt ging ins Leere, der zweite dann auch, da der Boden schon längst wieder woanders war und statt Tanzen gab es nur ein Herumeiern. Völlig frustriert gingen wir erst einmal wieder zurück auf unsere Sitze und beobachteten dann die anderen Tanzpaare auf der Fläche, dass es denen genau so erging wie uns, ätsch!

Aber im Laufe der weiteren Reise ging es auch mit dem Tanzen immer besser und außerdem wurde die See ja von Tag zu Tag immer ruhiger.

Nach dem Kapitäns-Dinner gab es abends ab 22:00 Uhr in der Astor Lounge eine große Unterhaltungsshow mit allen Künstlern, die bei diesem Reiseabschnitt an Bord waren. Es waren dies Hein Mück als hervorragender Moderator, Sänger und Humorist, Jiri Erlebach als ganz toller Zaubergeiger, der Tenor Shivko Shelev, der Zauberkünstler Ulli Lottmann, die Magic Dancers (1 Mann, 3 Frauen) und das Tanzpaar Gerda und Wilhelm Dietz, mehrfache Weltmeister in den Standardtänzen.

Danach spielte das Bordorchester erneut zum Tanz auf, aber siehe oben. Wir zogen es daher vor uns in die Hanse-Bar zurück zu ziehen, um dort – natürlich nur aus gesundheitlichen Gründen – einen Wodka zu trinken und ein frisch gezapftes Bier zu genießen. Ich bewundere das Personal, die bereits ab dem 2. oder spätestens 3. Tag die Kabinennummern der Gäste kennen, um die Getränke zu buchen etc. An Bord der MS Astor werden (wie auch auf anderen Kreuzfahrtschiffen) alle Nebenkosten, wie Getränke, Landausflüge, Einkäufe in den Boutiquen u. a. bargeldlos nur gegen Unterschrift und Angabe der Kabinennummer auf das Bordkonto gebucht und erst am Ende der Reise bezahlt. Entweder bar oder mit Kreditkarte.

Da ich bei dieser ersten richtig großen Kreuzfahrt überhaupt keine Ahnung hatte, wie sich die Nebenkosten entwickeln, habe ich alle Belege des Tages am Laptop, den ich mithatte, in eine selbst erstellte EXCEL-Tabelle eingetragen und somit immer einen Überblick über diese Kosten gehabt. Aber bereits nach 1 Woche zeichnete sich ab, dass diese Kosten absolut im Rahmen blieben. Die Nebenkosten an Bord der MS Astor waren ganz normal, wie auch an Land.

Die Hanse Bar ist ein sehr schöner Ort, um den Tag ausklingen zu lassen, neue Leute kennen zu lernen usw. Bis auf wenige Ausnahmen haben wir uns dort fast jeden Abend eingefunden und waren häufig auch die letzten, die die Bar verließen, genaue Uhrzeiten werden wir hier aber verschweigen. Wir lernten hier Passagiere kennen, die schon weitaus mehr Reisen als wir gemacht hatten, und die auch sehr viel Interessantes zu erzählen wussten. Für uns völlig überraschend war aber die hohe Anzahl von Passagieren, die sich die gesamte Weltreise leisten konnten und von Passagieren, die schon 10 oder mehr Kreuzfahrten mit der MS Astor unternommen hatten.

Absolut Top und eigentlich einen Eintrag ins Guiness Buch wert war eine ältere Dame aus Belgien, von allen an Bord nur liebevoll „Mama" genannt, die damals bereits 17 Weltreisen mit der MS Astor hinter sich hatte und sich gleich an Bord wieder für die 18. Weltreise anmeldete. Klar, dass sie nicht mehr an Landausflügen teilnimmt, sie hat ja schon alles gesehen. Vom Personal wird sie verwöhnt und bekommt ihr Essen an den Tisch gebracht etc. und in der Astor Lounge hat sie immer einen Ehrenplatz ganz vorne an der Bühne. „Hier an Bord geht es mir hundertmal besser als in einem Altenheim", sagte die Damen absolut zu Recht.

Aber sonst muss zur Astor Lounge hier noch etwas erzählt werden, was während der gesamten Reise immer wieder auffiel. Damit beide Essenszeiten die gleichen Chancen haben, einmal ganz vorne einen Platz zu ergattern ist die Astor Lounge abends in der Mitte geteilt.

An der Steuerbordseite ist Platz für die 1. Tischzeit und an der Backbordseite sind die Plätze für die 2. Tischzeit. Die Astor Lounge befindet sich im Bug des Schiffes. Da wir die 1. Tischzeit hatten und auch schon vor Beginn des Abendprogramms zur Tanzmusik in die Astor Lounge gingen, konnten wir die Geschehnisse immer sehr gut beobachten und nur den Kopf schütteln. Manche Passagiere standen schon lange vor Öffnung der Astor Lounge vor den verschlossenen Türen und stürmten bei der Öffnung rücksichtslos hinein, um ja die vordersten Plätze zu belegen und natürlich auch für andere Passagiere Sitze zu reservieren. Gerade die Weltreisenden haben hier die Ansicht „Uns gehört die Astor Lounge", ein Erstfahrer hat hier absolut keine Chance vordere Plätze zu erhalten. Ich möchte aber an dieser Stelle einfügen, dass wir selbst überhaupt kein Interesse daran haben, ganz vorne zu sitzen. Da ist man viel zu oft plötzlich selbst Teilnehmer in der Show und wird vorgeführt, was wir gar nicht lieben. Weiterhin blockieren hier auch Gäste der 1. Tischzeit die vorderen Plätze, die eigentlich der 2. Tischzeit zugedacht sind, was ich einfach nur als sehr unfair und rücksichtslos halte. Hier müsste durch die Crew mehr auf die Einhaltung der doch einfachen Regeln geachtet werden.

Am 2. Seetag dieser Reise war es zwar sehr warm mit ca. 27 Grad, aber es regnete leicht. Der Seegang lag nur noch bei 3-4. An diesem Tag mussten wir auch zum ersten Mal unsere Uhren um 1 Stunde zurückstellen, was dann im Laufe der Reise bis Neuseeland öfters vorkam.
Nach dem Frühstück gab es um 09:00 Uhr eine Einweisung an den Trimmgeräten im Sportraum, an der auch wir teilnahmen. Den guten Vorsatz, dort auch täglich etwas zu trainieren hatten wir ja, aber ausgeführt haben wir es dann kein einziges Mal. Der innere Schweinehund war doch erheblich stärker als der gute Vorsatz.
Um 09:30 Uhr gab es in der Galerie eine Unterweisung an den dortigen 2 PC-Terminals zum Versenden von Emails. Das finde ich eine ganz tolle Möglichkeit, um Kontakt zu seinen Angehörigen, Freunden oder Kollegen zu halten. Satellitentelefon wäre ja nicht bezahlbar und das Handy funktioniert auf hoher See nicht. Man kann hier aber an diesem

Terminal eine Email schreiben, die dann zweimal täglich vom Funkoffizier mittels Diskette abgeholt und verschickt wird. Normale Texte sind sehr preiswert, eine halbe DIN-A4-Seite kostete 2004 1,50 €, nur Grafiken wären sehr, sehr teurer, aber das muss ja auch nicht sein. Hier haben andere Reiseteilnehmer teures Lehrgeld bezahlen müssen, da Ihnen zum Geburtstag ein schönes Foto im DIN-A4-Format zugesandt wurde, das dann mit ca. 80 Euro zu Buche schlug. Man kann auch Emails erhalten, wobei auch diese bezahlt werden müssen. Wichtig ist natürlich, dass in der Betreffzeile die eigene Kabinennummer vermerkt ist, sonst könnte der Funkoffizier die Nachrichten natürlich nicht richtig verteilen. Durch die Zeitverschiebungen dauerte es manchmal 2 – 3 Tage, bis man eine Antwort auf eine verschickte Email vorfindet. In späteren Jahren hat sich dies auf den Kreuzfahrtschiffen erheblich verbessert, da waren dann fast überall Internet-Terminals vorhanden, mit denen man jederzeit ins Internet konnte und Zugang zu seinem Email-Konto und zum World Wide Web hatte.

Um 11.30 Uhr gab es an diesem Tag einen Cocktailempfang für alle Suitenbewohner. Da selbstverständlich auch für die teureren Suiten das Tagesprogramm und das Essen das gleiche ist wie bei allen anderen Reiseteilnehmern ist dies lediglich eine kleine Aufmerksamkeit der Reederei an die mehr bezahlenden Gäste. Ansonsten hatten die Suiten-Bewohner lediglich den Vorteil, dass man nachmittags immer schon die Speisekarte für das Dinner erhielt und als Andenken behalten konnte und täglich frisches Obst in der Kabine vorfand. Aber da es den ganzen Tag genügend zu essen gibt, ist dieses eigentlich entbehrlich. Wir haben oft das Obst gar nicht essen können.

Nach dem Mittagessen haben wir in der Galerie das Meer beobachtet, wobei es hier eigentlich gar nichts zu beobachten gab, Emails geschrieben und relaxt. Da wir noch nicht genügend getrunken und gegessen hatten (ha, ha, ha), gab es bereits um 15:30 in der Astor Lounge einen Kaffeeklatsch für alle Astor-Erstfahrer, zu denen wir jetzt gehörten und um 17:30 Uhr einen Sektempfang für alle Gäste von DER-Reisen, über die wir diese Kreuzfahrt gebucht hatten. Übergangslos schloss sich dann das Dinner im Waldorf Restaurant an.

Als Vorabendprogramm gab es im Captains Club „Talk im Club" mit dem Zauberkünstler Uli Lottmann und als Abendprogramm um 21:45 Uhr in der Astor Lounge „Hafenkonzert mit Hein Mück", davor und danach Tanzmusik mit dem Bordorchester.

Diese Programmfolge, natürlich immer mit einem anderen Programm gab es mit wenigen Ausnah-men täglich. Im kleinen, gemütlichen Captains Club gab es immer ein Vorabendprogramm, getrennt für die beiden Tischzeiten. Gegen 19:00 Uhr die Vorstellung für die 2. Tischzeit und ca. 20:15 Uhr für die 1. Tischzeit. Und das Haupt-Abendprogramm in der Astor Lounge für beide Tischzeiten zusam-men gegen 21:45 Uhr. Die Zeiten änderten sich geringfügig je nach sonstigem Tagesprogramm und Landausflügen. Vor dem Abendprogramm spielte immer das Bordorchester 45 Minuten und dann nochmals nach dem Abendprogramm.

Wir selbst sind aber an diesem Abend gleich nach dem Abendprogramm zu Bett gegangen, da meine Frau stark erkältet war. Die Temperaturunterschiede zwischen dem kalten Deutschland und der warmen Südsee und die Klimaanlage an Bord des Schiffes führten dazu, dass wir beide für einige Tage erkältet waren.

Am nächsten Morgen hatten wir wirklich doch den guten Vorsatz, etwas für unsere Fitness zu tun und begaben uns nach dem Frühstück auf den Trimm-Parcour rund um das Schiff. Wir walkten doch tatsächlich 4 Runden um das Schiff, was einer Strecke von 1000 m entsprach.

Um 09:45 Uhr wurden in der Astor Lounge die nächsten Landausflüge vorgestellt und konnten gebucht werden. Von anderen Vielfahrern hatten wir aber den Tipp bekommen, die Ausflüge immer sehr früh zu buchen, da diese immer zahlenmäßig limitiert sind und am Tag der Vorstellung meistens nicht mehr gebucht werden könnten. Daran haben wir uns gehalten und hatten bereits am Tag nach der Einschiffung im Bordreisebüro sämtliche Landausflüge bis zum Ende der Reise gebucht und dadurch auch wirklich alle Ausflüge erhalten, an denen wir teilnehmen wollten. Eine Information über sämtliche angebotenen Landausflüge erhält man bereits mit den Reiseunterlagen vor Antritt der Reise und kann sich schon zu Hause alles in Ruhe überlegen. In jedem angelaufenen Hafen / Land werden immer mehrere unterschiedliche Ausflüge, halbtags vormittags oder nachmittags oder ganztags angeboten und man hat immer die Qual der Wahl, was man nimmt.

Nach dieser Vorstellung ging meine Frau zum Seidenmalkurs und ich selbst sonnte mich bei 28 Grad auf dem Deck. Für die Suitennutzer gibt es auf der MS Astor ganz vorne am Bug, vor den Suiten einen eigenen, privaten Bereich mit Sonnenliegen. Die See war an diesem Tag mit Seegang 2 – 3 schon fast als ruhig zu bezeichnen.

Um 11:45 Uhr trafen wir uns beim Mittagessen im Übersee-Club und anschließend ruhte sich meine Frau in der Kabine aus, da sie immer noch stark erkältet war und ich selbst ging mich wieder sonnen. Durch den Fahrtwind merkte man aber gar nicht, wie heiß die Sonne vom Himmel brannte und ich zog mir dadurch einen heftigen Sonnenbrand zu. Aber da muss man durch.

An Bord der MS Astor erfuhren wir vom Club Columbus, der trotz eines sehr niedrigen Jahresbeitrags erhebliche Vergünstigungen bei den Landausflügen und bei Einkäufen an Bord gewährt. Also gingen wir um 15:15 Uhr zum Bordreisebüro und traten in diesen Club ein, zu dem wir jahrelang gehörten.

Da die Weltreise 2004 / 2005 im Zeichen des 25-jährigen Jubiläums von Transocean-Tours stand, gab es eine weitere, einmalige Zugabe, dass die Bordnächte doppelt gezählt wurden. Dadurch erhielten wir sofort als Neulinge statt der Clubfarbe weiß die Clubfarbe bronze. Diese Farben richten sich nach der Anzahl der auf einem Schiff von Transocean-Tours zugebrachten Nächte und die Vergünstigungen auf Grund der Karte sind dann nochmals gestaffelt. Die höchste Mitgliedsfarbe hat natürlich die bereits vorher erwähnte „Mama", die weit mehr als 2000 Bordnächte auf der MS Astor verbracht hat und dafür zum einen die Clubkarte in gold mit Diamanten besitzt, die u. a. eine lebenslange kostenlose Mitgliedschaft beinhaltet und außerdem die MS Astor als Modell in reinem Gold erhalten hat. Neben ihr gibt es nur noch eine zweite ältere Dame, die ebenfalls diesen Status hat.

Positiv zu bemerken ist noch, dass nicht nur die Bordnächte auf Schiffen von Transocean-Tours – also der MS Astor, MS Astoria und MS Arielle – gezählt werden, sondern auch Nächte auf einem Flusskreuzfahrt-Schiff, das über Transocean-Tours gebucht wurde. Somit konnten wir dann auch bei den kommenden Flusskreuzfahrten in Russland und auf der Donau davon profitieren.

Nach der Teestunde in der Astor Lounge hatten wir dort die erste Stunde unseres gebuchten Tanzkurses für Fortgeschrittene mit dem Weltmeisterpaar Wilhelm und Gerda Dietz, wobei in der ersten Stunde der Langsame Walzer vermittelt wurde. Wir konnten zwar einige Unterschiede bei den Schritten, wie sie hier und bei unserem Tanzlehrer vermittelt wurden, entdecken, aber etwas richtig Neues gab es nicht. Zum Glück war die See erheblich ruhiger geworden, so dass das Tanzen nicht mehr ganz so problematisch war.

Nach dem Abendessen gab es für die 1. Tischzeit „Oper, Operette, Canzonette" im Captains Club mit dem Sopran Shivko Shelev und anschließend gab es auf dem Lido Deck am Heck des Schiffes Tanzmusik mit dem Duo „Chic". Und bei ca. 26 Grad konnte man hier im Freien sehr schön das Tanzbein schwingen, bevor wir kurz nach Mitternacht zu Bett gingen.

Auch der nächste Tag war ein reiner Seetag, wobei die See schon wieder etwas ruhiger wurde und jetzt nur noch Seegang 2 zu verzeichnen war. Es war weiterhin sehr warm mit 26 Grad und unsere Uhren mussten ein weiteres Mal um 1 Stunde zurück gestellt werden. Nach dem üppigen Frühstückbuffet hatten wir doch tatsächlich ein zweites Mal den Vorsatz, etwas für unsere Figur zu tun und walkten nochmals auf dem Sportdeck jetzt sogar 6 Runden rund um das Schiff, was einer Strecke von 1500 m entsprach. Wir hatten uns also im Vergleich zum Vortag um 50% gesteigert. Aber das war es dann auch: Eine 3. Fitnessrunde o. ä. gab es dann während der gesamten Kreuzfahrt nicht mehr.

Ab 10:45 Uhr konnte man dem Küchenchef über die Schulter und in die Töpfe schauen, da er live auf dem Lidodeck Caesars Salad und Pasta al Funghi zubereitete, was natürlich anschließend auch verkostet werden durfte.

Nach dem Mittagessen ruhten wir uns etwas in der Kabine aus, da wir beide immer noch etwas erkältet waren und um 15:00 Uhr gab es auf dem Lidodeck eine Cocktail-Vorführung des Barkeepers und alle 4 Cocktails, die er mixte, durften selbstverständlich auch alle gekostet werden. Aber zum Glück musste ich ja kein Auto fahren und das Schiff auch nicht. Als Vorabendprogramm gab es nach dem Dinner an diesem Tag für die 1. Tischzeit um 20:15 Uhr in der Astor Lounge eine Präsentation verschiedener Standardtänze des Weltmeisterpaares Wilhelm und Gerda Dietz. Um 21:45 Uhr folgte dann als Haupt-Abendprogramm die „Feurige Violine" mit Jiri Erlebach, ein ganz excellenter Geigenkünstler.

Wie an fast allen Abenden gingen wir danach in die Hanse-Bar und hatten dort neben den Bierchen etc. auch sehr anregende Gespräche. Unter anderem lernten wir hier ein Paar aus Krefeld kennen, das ungefähr in unserem Alter war, die aber bei dieser Kreuzfahrt noch 2 weitere Reiseabschnitte über Australien bis Bangkok gebucht hatten. Extra wegen uns änderte dieses Paar dann seine Reiseroute im nächsten Jahr und nahm gleichzeitig mit uns an der Kreuzfahrt rund um Südamerika teil, was sie uns aber erst viel, viel später mitteilten, nicht mehr bei dieser Kreuzfahrt.

Außerdem gesellte sich an diesem Abend der Zaubergeiger Jiri Erlebach zu uns an die Bartheke und erzählte etwas aus seinem Leben. So erfuhren wir u. a., dass er ein großer Fan des weißen Hais ist und schon öfter vor Südafrika zur Beobachtung von weißen Haien getaucht war. Das interessierte mich schon alleine deshalb, da auch ein damaliger Arbeitskollege von mir das gleiche Hobby hatte.

Auch der kommende Freitag war ein reiner Seetag und am Wetter hatte sich fast nichts geändert. Die See hatte immer noch einen Seegang von nur 2 und es war sonnig und warm mit etwa 26 Grad.

Am Vormittag gab es auf dem Sportdeck Shuffle-Board, bei dem wir aber nur zusahen und Dart, an dem wir uns dann aktiv beteiligten.

Meine Frau hatte ihre 2. Stunde im Seidenmalkurs und ich sonnte mich auf dem Lidodeck.

Um 11:00 Uhr gab es auf dem Lidodeck dann das Spektakel der „Äquatorüberquerung". Wir selbst haben aber dem Geschehen nur zugeschaut und nicht aktiv daran teilgenommen. Die Teilnehmer wurden zuerst mit diversen Farben eingeschmiert, mussten dann einen Fisch küssen, erhielten anschließend ihre Haare bunt gefärbt und mussten in den Pool springen. Das ganze wurde mit vielen Sprüchen begleitet und der Kapitän erhielt symbolisch von Neptun den Schlüssel für sein Schiff, um unbehelligt weiterfahren zu dürfen.

Nach dem Mittagessen und etwas Relaxen durften wir um 12:30 Uhr die Brücke besichtigen. Diese Brückenbesichtigung wurde natürlich in mehreren, kleineren Gruppen durchgeführt, schließlich würden ja keine 500 Passagiere auf die Brücke passen. Da wir Kreuzfahrtneulinge waren, war diese Besichtigung wirklich interessant, da hier nicht nur die Technik des Schiffes erklärt wurde, sondern auch die Bedeutung der Flaggen, die in jedem Hafen gehisst werden und vieles mehr.

Für uns war auch die Erkenntnis überraschend, wie groß doch der Pazifik ist. Von Acapulco aus fuhr die MS Astor 6 Tage absolut schnurgerade gen Süden und begegnete in dieser Zeit absolut keinem anderen Schiff. Das hätte ich nie für möglich gehalten, dass man bei den tausenden von Schiffen, die auf den Weltmeeren unterwegs sind 6 Tage lang kein einziges sieht. Aber es war so.

Nach der Teestunde hatten wir am Nachmittag zum zweiten Mal unsere Tanzstunde, wobei Schritte vom Langsamen Walzer wiederholt wurden und neu Mambo trainiert wurde. Dieser Tanz war völlig neu für uns, den hatten wir in der Limburger Tanzschule noch nicht.

Um 17:30 Uhr mussten wir uns an der Rezeption einfinden und erhielten einige Informationen zu den sehr strengen Einreiseformalitäten in Neuseeland. Wir hatten noch nicht einmal die 1. Insel in der

Südsee erreicht und sollten uns schon Gedanken über das Ende der Reise in Auckland machen, das war doch alles noch soooo weit weg.
Um 20:15 Uhr wurde für die Gäste der 1. Tischzeit in der Astor-Lounge die Route der Weltreise 2004 / 2005 vorgestellt, wobei wir da schon spontan Interesse an dem Abschnitt Südamerika hatten. Aber gebucht haben wir an diesem Abend noch nicht, dazu reichte unser Mut aus finanziellen Erwägungen heraus dann doch noch nicht. Das Ganze musste erst noch durchgerechnet werden.
Nach der Tanzmusik, die sich hieran anschloss, gab es um 21:45 Uhr eine Western-Show als Hauptabendprogramm in der Astor Lounge. Auch diesen Tag ließen wir dann in der Hanse-Bar ausklingen.

Der Samstag war der letzte Seetag und die Südsee rückte immer näher. Das Wetter war immer noch gleich bleibend sonnig mit 27 Grad und einem Seegag von nur 1 – 2.
Am Vormittag gab es um 11:30 Uhr das beliebte Freibierfest, das auf der MS Astor in jedem Reiseabschnitt einmal veranstaltet wird. Für 1 Stunde gibt es hier Freibier und an einem aufgebauten Buffet auf dem Lidodeck gibt es Laugengebäck, Rettich, Weißwürste, Rindswürste, Leberkäse, Kartoffelsalat, Krautsalat u. v. a. mehr zum Essen.
Selbstverständlich braucht man dann kein normales Mittagessen mehr. Trotzdem wird dies natürlich auch angeboten, denn nicht alle Passagiere wollen sich an diesem Freibierfest beteiligen. Etwas komisch ist es schon, unter tropischen Temperaturen in der Südsee ein bayerisches Freibierfest zu feiern.
Nicht nur wegen des Biergenusses in der Tropenhitze war es dann aber ratsam anschließend in der Kabine etwas zu relaxen.

Als Vorabendprogramm gab es nach dem Dinner für die erste Tischzeit um 20:15 Uhr im Captains Club eine Zaubershow mit dem Magier Uli Lottmann.
Da ich selbst an diesem Tag sehr stark erkältet war, tranken wir auf der Kabine noch 1 Flasche Sekt, die wir noch hatten und gingen danach relativ früh zu Bett.

Und dann kam auch schon der Sonntag, an dem wir endlich die Südsee erreichen sollten.
Um 06:30 Uhr erreichten wir die erste Insel der Südsee, Ua Huka, aber die sah gar nicht so aus, wie man sich eine Südsee-Insel vorstellt. Irgendwie schon etwas enttäuschend.
Aber wir lernten dann sehr schnell, dass Südsee nicht nur palmenbewachsene weiße Sandstrände bedeutet, sondern auch schroffe Felsen, Regenwald u. ä.
Nach dem Erreichen dieser Insel gab es beim Frühstück sogar Sekt und Lachs. Dies war damals auf der MS Astor immer nur am Sonntag der Fall. In den folgenden Jahren gab es dies dann sogar jeden Tag.
Anschließend gingen wir an Deck, um die weiteren Reiseziele zu erleben. Es war an diesem Tag zwar bedeckt, aber trotzdem 28 Grad warm. Und der Seegang war nicht messbar, fast spiegelglatte See.
Auf der Backbordseite begleiteten uns etliche Delphine und wir sahen sehr viele fliegende Fische.
Um 09:00 Uhr umrundete die MS Astor die Insel Ua Pou. Derartige Fahrten und auch alle folgenden Fahrten wurden immer sehr kompetent vom Lektor Müller, der an Bord weilte, kommentiert. Neben diesen Live-Kommentaren gab er auch sehr interessante Diavorträge in der Astor Lounge. Nicht nur, dass Herr Müller eine sehr angenehme Stimme hatte, er brachte alle Vorträge auch auswendig ohne abzulesen dar, toll!

Wir gingen um 11:45 Uhr zum Mittagessen und das Schiff erreichte um 13:00 Uhr unsere erste Insel, die wir auch betreten sollten, nämlich Nuka Hiva auf den Marquesas. Diese Inseln gehören alle zu Frankreich, so dass die Inselsprache auch französisch ist. Hier hatten wir dann auch unseren ersten gebuchten Landausflug.

Auf der MS Astor ist es üblich, dass sich die Landgänger jeweils 15 Minuten vor Beginn des Ausfluges in der Astor Lounge treffen und dort auf die verschiedenen Busse eingeteilt werden. Und hier erlebt man wieder Dinge, die einfach nicht zu beschreiben sind. So gibt es eine Vielzahl von Passagieren, die schon ½ oder ¾ Stunde vor der Astor Lounge stehen, um ja nur den Bus Nr. 1 zu erhalten. Und dann das unbeschreibliche Gedränge, wenn der Bus aufgerufen wird und es hinunter zur Gangway oder den Booten geht, nur damit man auch möglichst die Reihe 1 im Bus bekommt. Hier hoffe ich immer, dass nie etwas auf dem Schiff passiert. Denn wenn es dann genau so chaotisch zugeht wie bei den Landausflügen, dann sollte man schon einmal sein letztes Gebet sprechen.

Nur um das Klarzustellen: Wir selbst haben die Ruhe weg, es ist uns egal, welchen Bus wir bekommen und in welcher Reihe wir dann im Bus sitzen. Wir bevorzugen sogar hintere Plätze und lassen uns auch beim Aussteigen immer genügend Zeit. Selbstverständlich fahren auch alle Busse des gleichen Ausflugs exakt die gleichen Punkte an, aber halt nur in einer unterschiedlichen Reihenfolge, da es ja sonst bei manchen Aussichtspunkten o. ä. zu einem unnötigen Gedrängel kommen würde. Aber es gibt doch tatsächlich Leute, die völlig ernsthaft fragen, ob denn der Bus 5 auch die gleichen Sehenswürdigkeiten anfährt wie der Bus 1 und das dann sogar noch anzweifeln. Ja und dann gibt es auch noch die Oberschlauen: Wenn der Bus Nr. 1 oder 2 aufgerufen wird, sie aber Karten für den Bus 4 oder 5 haben, schließen sie sich schon einmal dieser Gruppe an, gehen von Bord und tun dann so, als hätten sie sich verhört und stellen sich schon einmal vor den Bus 4 oder 5, nur damit sie auch wirklich die Reihe 1 erhalten! Über so etwas kann ich einfach nur den Kopf schütteln. Bei einer der Ausflüge wurden meine Frau und ich beim Hinuntergehen zum Bus im Gedränge getrennt, was ja nun überhaupt nichts Schlimmes ist, spätestens am oder im Bus trifft man sich doch wieder. Aber für andere Leute ist auch das eine willkommene Ausrede, um sich an anderen Reiseteilnehmern vorbei zu mogeln. So rief auch eine ältere Frau fast schon in Panik „Ich muss doch schnell nach vorne zu meiner Freundin, wir haben doch den gleichen Bus", worauf sich meine Frau eine spitze Bemerkung darüber, dass sie auch von ihrem Mann getrennt wurde und kein solches Theater mache nicht verkneifen konnte.

Wir trafen uns also um 13:30 Uhr in der Astor Lounge und wurden ab 13:45 Uhr busweise mit den Tenderbooten zur Insel gebracht.

Nicht immer konnte die MS Astor an den Inseln direkt an einem Kai anlegen, sondern sehr häufig lag das Schiff vor der Insel auf Reede und die Landgänger wurden mit den Tenderbooten ausgeschifft. Aber das kannten wir ja schon von unserer früheren Kreuzfahrt auf den Galapagos Inseln.

Zwar dauert das Tendern natürlich länger, als wenn man über die Gangway selbst direkt an Land gehen konnte, andererseits war dies aber auch immer sehr schön, insbesondere, wenn es mal wieder etwas Seegang gab. Ich weiß, dass diese Meinung natürlich nicht von allen Passagieren geteilt wird. Für viele, die Probleme mit Seekrankheit haben, kann das Tendern natürlich auch eine Tortur sein. Aber auch hier gibt es jedes Mal unschöne Szenen, beim Ein- und Aussteigen.

Selbstverständlich fahren doch die Tenderboote immer so oft, bis wirklich alle Gäste von Bord oder auch wieder an Bord sind. Aber das scheint sich auch noch nicht bei allen Passagieren herumgesprochen zu haben, wenn man das völlig unnötige Gedränge und Geschiebe miterlebt.

Ein ganz wichtiges Ritual bei den Landgängen soll an dieser Stelle aber auch noch erzählt werden.

Jeder Gast erhält beim Einschiffen eine Bordkarte mit seinem Namen und seiner Kabinennummer. Beim Verlassen des Schiffes muss diese Karte durch ein Lesegerät am Ausgang gezogen werden, so dass vermerkt ist, wer alles außerhalb des Schiffes ist. Und beim Zurückkommen muss erneut die Karte durch das Lesegerät gezogen werden, damit die Schiffsleitung genau weiß, ob alle Passagiere an Bord sind oder ob noch jemand fehlt. Man glaubt es nicht, wie viele Leute dies vergessen oder missachten und dann vor dem Auslaufen des Schiffes, teilweise mehrmals, durchgerufen und gesucht werden.

Nach dem Tendern begann an Land die gebuchte Tour „Nuka'Hiva per Jeep".

Je 4 Personen wurden in einem Jeep mit einem einheimischen Fahrer zusammengefasst und dann ging die Fahrt in die Berge. Auch die Insel Nuka´Hiva entspricht so gar nicht dem Klischee einer Südseeinsel, sondern ist gebirgig, bewaldet usw. Während des Ausflugs regnete es leicht, so dass der Wald dampfte, aber es war nach wie vor sehr warm. Die Jeepfahrt führte uns zu verschiedenen Aussichtspunkten auf den Bergen und man konnte von einem Punkt aus dann auch sehr schön „unser" Traumschiff, die MS Astor auf Reede liegen sehen. Zu besichtigen gab es u. a. eine katholische Kirche und eine Kathedrale, da die Inselbewohner französisch und katholisch sind. Nebenbei gab es an diversen Ständen auch leckeres Obst zu probieren.

Nach der Rückkehr an Bord und dem Abendessen verließ die MS Astor gegen 19:00 Uhr die Marquesas und fuhr weiter nach Rangiroa / Tuamotu.

Das Abendprogramm dieses Tages fand auf dem Lido- und Brückendeck statt, denn es gab hier eine Kirmesveranstaltung. An 10 verschiedenen Ständen konnten die verschiedensten Übungen absolviert werden, für die es je nach Leistung Punkte gab. Und für die Besten gab es danach dann kleinere Preise. An Übungen gab es u. a. Ballzielwerfen, Rasenhockey, Golf etc. Gewonnen haben meine Frau und ich aber nichts, so gut waren unsere Leistungen nicht.

Nach dieser lustigen Veranstaltung ließen wir den ersten richtigen Südseetag wieder in der Hanse-Bar ausklingen, bevor wir weit nach Mitternacht in die Kabine gingen.

Auch der nächste Tag war bedeckt, aber mit 28 Grad sehr warm. Allerdings gab es wieder mit der Stärke 2 etwas mehr Seegang als zuvor. Leider meldete sich bei mir die Erkältung zurück, so dass ich mich morgens nach dem Frühstück – das ich natürlich nicht ausfallen ließ – in der Kabine ausruhte. Meine Frau sonnte sich an Deck, nahm wiederum am Seidenmalkurs teil und schaute sich auf dem Lidodeck eine Modenschau an. So richtig versäumt habe ich also an diesem Tag nichts. Nachmittags hatte meine Frau einen Friseurtermin, denn sie wollte abends für das Kapitänsdinner wieder hübsch aussehen.

Zu unserer Verwunderung und Überraschung hatten wir nämlich eine Einladung an den Captain's Tisch erhalten. Wie wir dann später erfuhren, hatte dies unsere Tochter anlässlich unserer Silber-hochzeit arrangiert und uns hier an Bord damit total überrascht.

Es fing damit an, dass man sich 15 Minuten vor der Essenszeit mit dem Kapitän und 2 seiner Crew-

Mitglieder im Captains-Club traf und dort kostenlos Sekt oder ein anderes Getränk sowie etwas Knabberzeug erhielt und sich schon einmal gegenseitig vorstellte. Insgesamt werden immer 6 Personen an den Captains Tisch eingeladen und da es ja zwei Essenszeiten gibt, kann dies nicht immer der Kapitän selbst oder die Kreuzfahrtleiterin persönlich sein, sondern es sind bei einer Essenszeit dann auch einmal die jeweiligen Vertreter.

Aber bei uns war es die 1. Garde, nämlich der Kapitän, die Kreuzfahrtleiterin und der Hoteldirektor. Neben uns als Silberhochzeitsreisende nahmen 2 weitere Pärchen am Captains Tisch Platz, die zum einen den gemeinsamen 50. Geburtstag feierten und zum anderen bereits die Goldene Hochzeit feiern konnten. Selbstverständlich trugen wir Herren zu diesem festlichen Anlass unseren Smoking und die Frauen entsprechende Abendgarderobe. Das ist so ganz nach meinem Geschmack.

Nach der kurzen Begrüßung ging es dann gemeinsam in das Waldorf-Restaurant, wo zuerst ein Gruppenbild vom Bordfotografen gemacht wurde, bevor man sich dann am Captains Tisch niederließ.

Als Gast am Captains Tisch waren an diesem Abend auch alle Tischgetränke frei.

Und vor allem konnte man sich an diesem Abend sein Menü nicht selbst zusammen stellen, sondern man erhielt, was der Kapitän ausgesucht hatte und das waren dann schon alle Gänge, die man sonst sicherlich nicht alle bestellt hätte.

Etwas schwierig war die Unterhaltung, da der Kapitän zu diesem Zeitpunkt noch so gut wie kein Deutsch sprach und in Englisch auch nur ein paar wenige Worte. Er stammte, wie fast die gesamte technische Mannschaft aus Russland. Zum Glück hatten wir aber noch die deutsch sprechende Kreuzfahrtleiterin und den deutsch sprechenden Hoteldirektor am Tisch, mit denen eine Unterhaltung problemlos möglich war.

Um 20:15 Uhr gab es für die 1. Tischzeit im Captains Club ein klassisches Klavierkonzert und um 21:45 Uhr war eine rauschende Ballnacht in der Astor Lounge. Als Gäste des Captains Tisch hatte man dann auch in der Astor Lounge einen Ehrenplatz und erhielt an diesem Abend alle Getränke umsonst.

Wie sich der geneigte Leser sicherlich schon denken kann, haben wir uns anschließend aber wiederum in der Hanse-Bar eingefunden, um den erlebten Tag bei anregenden Gesprächen ausklingen zu lassen.

Am nächsten Tag, einem Dienstag war es sonnig und mit 32 Grad sehr, sehr heiß.

Wir mussten an diesem Tag erneut unsere Uhren umstellen, dieses Mal aber lediglich um ½ Stunde, was für mich neu war. Ich dachte immer, dass weltweit die Uhren immer um eine volle Stunde vor- oder zurück gestellt werden.

Noch während des Frühstücks erreichte die MS Astor um 07:00 Uhr die Insel Rangiroa / Tuamotu, die jetzt endlich voll dem Klischee einer Südseeinsel entsprach. Bereits bei der Anfahrt zu dieser Insel konnte der Anblick genossen werden und es kam richtig Südseefeeling auf. Das war es, weswegen wir diese Reise unternommen hatten.

Die MS Astor lag auch hier vor der Insel auf Reede und wir wurden ab 08:30 Uhr per Tenderboote auf die Insel befördert. Die Insel selbst ist relativ klein und überschaubar und wir gingen zu Fuß quer über die Insel bis zur gegenüberliegenden Seite zu einem sehr schönen Sandstrand.

Bereits um 10:00 Uhr waren wir schon wieder zurück auf dem Schiff und wir sonnten uns vor und nach dem Mittagessen an Deck und genossen die schöne Aussicht auf diese traumhafte Südseeinsel.

Um 17:00 Uhr wurden die Anker wieder eingezogen, was wir übrigens immer gerne beobachtet haben, und die MS Astor nahm Kurs auf Tahiti.

Um 20:00 Uhr durften wir eine weitere Überraschung unserer Kinder genießen, nämlich ein Candlelight-Dinner im Wohnzimmer des Kapitäns.

Die Einladung an den Captains Tisch am Tag davor und dieses private Candlelight-Dinner war ein Gesamtpaket, das unsere Kinder uns geschenkt hatten. Bei diesem Candlelight-Dinner sitzt man tatsächlich ganz alleine am festlich gedeckten Tisch im privaten Wohnzimmer des Kapitäns und wird von 3 Bediensteten betreut.

Auch hier kann man sich das Menü nicht selbst aussuchen, sondern man erhält die komplette Palette von 7 Gängen. Und natürlich einen Aperetif, Wein zum Hauptgang, Champagner zum Dessert etc.

Nach diesem riesigen Dinner waren meine Frau und ich so „platt", dass wir an diesem Abend zu nichts mehr fähig waren und sogar ohne einen Abstecher in die Hanse-Bar sofort zu Bett gingen.

Am nächsten Tag erreichten wir nach dem Morgenwecker und dem Frühstücksbuffet um 07:20 Uhr die traumhafte Insel Tahiti. Hier konnte die MS Astor direkt am Kai anlegen und das Ausbooten entfiel. Um 08:00 Uhr nahmen wir am Ausflug „Tahitis Natur" teil, wobei die Fahrt zu verschiedenen Aussichtspunkten und den so genannten Blaslöchern ging. Hier wird Wasser aus dem Pazifik in unterirdische Gänge gedrückt und kommt dann an anderer Stelle aus Öffnungen im Felsen als Wassernebel mit hohem Druck wieder heraus. Ein eindrucksvolles Spektakel. Weiter ging die Busfahrt zu den Vaipahi- Gärten mit ganz tollen, schönen Blumen und der Maraa Farngrotte. Ein weiterer hoch interessanter Besichtigungspunkt war eine Marae-Tempelanlage, ein Überbleibsel der früheren Ureinwohner der Südsee.

Zum Mittagessen waren wir wieder zurück auf dem Schiff und danach gingen wir nochmals auf eigene

Faust an Land und besuchten u. a. die farben-
prächtige Markthalle direkt am Hafen.
Nach dem Abendessen gab es auf dem Lidodeck
Livemusik mit dem Duo „Chic" und ab 21:00 Uhr eine
sehr gute polynesische Folklore-Show. Erst gegen
Mitternacht gingen wir zu Bett, wobei es zu dieser
Zeit immer noch fast 28 Grad warm war.

Am Tag darauf verließ die MS Astor bereits um 06:30
Uhr Tahiti und fuhr weiter zur nächsten Insel. Wir
erreichten um 08:00 Uhr Paopao / Moorea und die
MS Astor lag hier wieder auf Reede. Um 09:00 Uhr
nahmen wir am Landausflug „Inselfahrt Moorea" teil
und besuchten den Belvedere Aussichtspunkt oben
auf einem Berg mit herrlichem Blick über die Insel,
eine achteckige Kirche, einen Marae Steintempel u.
v. m.
Zum Mittagessen waren wir wieder zurück an Bord
und danach machten wir vor der Teestunde einen
Saunagang und hielten uns dann auf Deck auf. Es
war an diesem Tag bedeckt, aber trotzdem 27 Grad
warm. Leider ist die Sauna auf der MS Astor ganz
unten im „Bauch" des Schiffes, so dass man keinen
Blick nach draußen auf Meer hat. Das ist bei anderen
Schiffen schöner.
Um 18:00 Uhr verließ die MS Astor die Reede vor
Moorea und nahm Kurs auf Bora Bora, der viel
besungenen Südseeinsel. Statt unserem regulären
Dinner gab es für uns an diesem Abend um 19:00
Uhr ein spezielles polynesisches Abendessen im
Übersee-Club mit Live-Musik. Da der Übersee-Club
nicht so viele Personen fasst, um beide Tischzeiten
gleichzeitig aufzunehmen, fand dieses Spezial-
Dinner an 4 Abenden hintereinander statt und wurde
tischweise organisiert. Unser Tisch war zusammen
mit anderen benachbarten Tischen der 1. Tischzeit
an diesem Abend an der Reihe. Es gab eine
Vorspeise, man konnte unter 2 verschiedenen
Hauptspeisen (Fleisch oder Fisch) wählen und als

Abschluss gab es natürlich auch noch ein Dessert. Dazu gab es passenden Wein und untermalt wurde das gesamte Dinner mit Live-Musik.

Um 21:45 Uhr gab es im Captains- Club „Liederliches von der Küste", Lieder von und mit Hein Mück.

Am Freitag erreichte die MS Astor in den frühen Morgenstunden die traumhafte Insel Bora Bora und lag dort wiederum auf Reede. Bei der Anfahrt auf Bora Bora gab es Seegang 2 und es war mit 29 Grad sehr warm und sonnig.

Gleich nach dem Frühstück begann um 07:30 Uhr der Landausflug „Inselfahrt Bora Bora". Dieser Ausflug wurde mit landestypischen Bussen, so genannten „Le Trucks" durchgeführt, sehr einfache Busse ohne Klimaanlage, bzw. die Klimaanlage bestand darin, dass man seitliche Fenster (eigentlich nur einfache Plexiglasscheiben) öffnen konnte.

Unverständlicherweise maulten hier schon wieder einige Teilnehmer über diese sehr einfachen Busse, aber wir selbst fanden dies doch gerade sehr gut, da typisch für diese Insel. Unglaublich, über was sich manche Reisende aufregen, warum bleiben sie dann nicht zu Hause?

Die Inselrundfahrt führte zu verschiedenen Aussichtspunkten, an den herrlich weißen Sandstrand und zu einem Pareo- Stand, wo uns die Herstellung dieser bunten Tücher (keine Batik) erklärt wurde und man selbstverständlich diese Tücher auch käuflich erwerben konnte.

Da wir schon um 11:30 Uhr wieder zurück an Bord waren, gönnten wir uns an diesem Tag mal wieder die für Kreuzfahrten typische Boillon im Übersee-Club und aßen anschließend zu Mittag.

Nach dem Mittagessen fuhren wir um 13:30 Uhr erneut mit dem Tenderboot zur Landstation und nahmen an einem Höhepunkt dieser Reise teil, nämlich an dem Ausflug „Haie und Rochen".

Mit einem Boot ging es hinaus in die Lagune und man hatte bei dieser Fahrt schon ganz tolle Aussichten auf die Überwasser-Bungalows, die in der Südsee typisch sind und auch hier vor Bora Bora ins Meer gebaut wurden. Irgendwann einmal, nahmen wir uns damals vor, werden wir auch einmal einen Urlaub in einem dieser Überwasser-Bungalows verbringen. Man kann durch einen Glasboden aus dem Wohnraum die Fische beobachten und über eine Leiter direkt vom Bungalow ins Wasser gelangen. Allerdings ist dieser Luxus nicht gerade billig.

Nachdem wir mit unserem Boot die Lagune erreicht hatten, konnten wir dort ins Wasser und schnorcheln oder tauchen und dabei direkten Kontakt mit den Rochen, genannt Mantas, haben. Einfach ein unbeschreibliches Erlebnis diesen herrlichen Tieren ganz nahe zu sein. Man konnte diese Tiere streicheln, musste sich nur hüten, den langen Schwanz zu berühren, da dies schmerzhaft gewesen wäre.

Nach ca. 1 Stunde fuhren wir mit dem Boot dann noch etwas weiter hinaus an den Rand der Lagune und konnten vom Boot aus kleinere Lagunenhaie beobachten. Hier war es nicht erlaubt, das Boot zu verlassen und ins Wasser zu gehen.

Dafür durften wir dann aber etwas später an einer kleinen Privatinsel noch etwas schwimmen.

Erst kurz vor dem Abendessen waren wir wieder zurück an Bord der MS Astor und das Duschen und Umziehen musste einmal etwas schneller und kürzer ausgeführt werden. Aber da wir den ganzen Nachmittag im Wasser waren, war das Duschen nicht ganz so wichtig, nur das Haare waschen und trocknen meiner Frau musste in aller Eile erfolgen. Da haben wir Männer es doch erheblich besser.

Noch während des Abendessens lichtete die MS Astor um 18:30 Uhr den Anker und nahm Kurs auf Raiatea. Um 20:15 Uhr gab es für die 1. Tischzeit in der Astor Lounge polynesische Tänze und Klänge vom Tahiti-Tikki-Trio, allerdings war diese Darbietung nach unserer persönlichen Meinung nicht so toll.

Um 21:30 Uhr erreichte die MS Astor Uturoa / Raiatea und wir machten lediglich einen kleinen Spaziergang im Hafen. Danach gingen wir bis 01:00 Uhr in die Hanse-Bar.

Am Samstag war die See spiegelglatt ohne jeden Seegang und mit 29 Grad war es wieder herrlich warm, so dass wir uns am Vormittag nach dem Frühstück auf dem Deck aufhielten und sonnten. Auch hier machten wir wieder so unsere Erfahrungen und mussten feststellen, wie rücksichtslos doch manche Gäste sind. Nicht nur, dass sie trotz entsprechender Hinweise Liegen mit Handtüchern reservieren, sondern auch, dass von manchen Reiseteilnehmern sogar Liegen reserviert werden, wenn sie den ganzen Tag auf Ausflug sind. Da bei einer längeren Liegezeit des Schiffes die Sonne natürlich wandert, reservieren manche Leute sowohl an der Backbordseite als auch an der Steuerbordseite Liegen, um immer dem Stand der Sonne folgen zu können. Bei der nächsten Reise mit der MS Astor konnten wir dann aber beobachten, dass es extra ein Crew-Mitglied gab, das hierauf achtete und die Handtücher wegnahm, wenn die Liege länger als 30 oder 45 Minuten nicht genutzt wurde.

Nach dem Mittagessen begann um 14:00 Uhr unser gebuchter Ausflug „Insel Tahaa". Mit einem Boot ging es zur Besichtigung einer Vanille-Plantage und zu einer Perlenzuchtstation. Beides war für uns hochinteressant, da wir beides so noch nie gesehen hatten. In der Vanille-Plantage wurde uns die aufwendige Arbeit erläutert, die notwendig ist, um die Vanille so zu erzeugen, wie wir sie im Handel kennen. Das hatten wir live so noch nie gesehen. Und auch die sehr zeitraubende und diffizile Arbeit der Perlenzüchter wurde uns dann sehr interessant dargestellt. In der Südsee werden ja die weltberühmten schwarzen Perlen gezüchtet und wir nahmen dann auch eine etwas kleinere (und bezahlbare) für unsere Tochter als Mitbringsel mit.

Ab 17:30 Uhr kreuzte die MS Astor in der Lagune, bevor sie Kurs auf Alofi nahm. Besonders eindrucksvoll war während der Lagunenfahrt das Ausrichten des Schiffes so exakt, dass eine berühmte Kirche an einer Landspitze in einer Linie mit dem typischen Bergrücken auf Bora Bora stand und ein tolles Fotomotiv abgab.

Nach dem Abendessen gab es um 20:00 Uhr im Captains Club eine sehr gute Zaubershow mit Uli Lottmann und anschließend machten wir bis kurz nach Mitternacht wieder der Hanse-Bar unsere Aufwartung.

Der Sonntag begann wieder mit Sekt und Lachs zum Frühstück und danach war es an der Zeit einen Teil unserer Wäsche zu sortieren und für die Wäscherei und Reinigung zurecht zu legen. Schließlich kann man für 4 Wochen Kreuzfahrt nicht so viel Wäsche mitnehmen, dass diese für die gesamte Fahrt reicht.

Um 09:45 Uhr wurden in der Astor Lounge die Landausflüge für Tonga und Fiji vorgestellt, die danach gebucht werden konnten. Aber wir hatten unsere Ausflüge ja gleich zu Beginn der Kreuzfahrt komplett alle gebucht, da wir schon wussten, was wir wollten.

Um 11:15 Uhr gab es auf dem Lidodeck eine Vorführung „Gemüseschnitzereien" mit ganz tollen Kreationen. Hier war es noch sonnig und 26 Grad warm. Nach dem Mittagessen allerdings gab es dann einen, allerdings nur kurzen, Regenschauer, so dass wir unseren Aufenthalt an Deck abbrechen mussten und uns in die Kabine zurückzogen.

Nach der Teestunde in der Astor Lounge hatten wir um 16:30 Uhr eine weitere Stunde „Tanzen für

Fortgeschrittene", wobei es an diesem Nachmittag Lektionen im Langsamen Walzer, Wiener Walzer und Mambo gab.

Nach dem Abendessen wurde um 20:15 Uhr für die Gäste der Tischzeit der erste Teil des Films „Schimmernde Lagunen der Südsee" vorgeführt. Während der gesamten Kreuzfahrt ist immer ein Fototeam mit an Bord, das auch alle Ausflüge begleitet.

Zum einen werden hier Fotos beim Aussteigen, bei den Ausflügen und bei allen Anlässen gemacht, die dann immer am nächsten Tag in Vitrinen in der Galerie ausgestellt sind und bestellt werden können. Zum anderen wird auch ein Videofilm über die Reise gedreht und kann als VHS-Film oder DVD erworben werden. Beides ist allerdings nicht ganz billig, ein Foto kostete damals 4 € und der Film 90 €. Aber erstens kann man die Landausflüge dann ganz unbeschwert genießen und muss sich nicht ums Filmen kümmern und zum anderen ist man dann selbst teilweise auch auf dem Film bzw. auf den Fotos. Eigentlich wollte ich mir speziell für diese Kreuzfahrt eine neue Videokamera zulegen, habe dann aber davon Abstand genommen und habe diese Entscheidung auch nie bereut. Fotos machen wir aber weiterhin mit unserer Digitalkamera, haben aber auch etliche Fotos vom Bordfotografen abgekauft, auf denen wir selbst zu sehen waren. Das ließ dann aber später bei weiteren Kreuzfahrten immer mehr nach. Aber die Filme bzw. DVD habe ich von jeder Kreuzfahrt gekauft.

Ich habe bei den Reisen immer meinen Laptop mit und lese abends immer gleich alle Fotos vom Tage von der Speicherkarte der Kamera aus, bearbeite gleich die Fotos - sofern notwendig (drehen, Helligkeit, rote Augen o. a.) - und nummeriere alle Fotos durch und gebe ihnen aussagekräftige Namen, was auf dem Foto zu sehen ist. Nach 4 Wochen wüsste man sonst ja gar nicht mehr, in welcher

Stadt, auf welcher Insel etc. das Foto entstanden ist. Das alles erledige ich in der Zeit, in der meine Frau abends in der Dusche ist und ich habe sofort nach Ende der Reise eine fertige Bildershow. Damit auch ja nichts an den Fotos passiert, werden sie nicht nur auf die Festplatte des Laptops übertragen, sondern zusätzlich auch noch auf einen USB-Stick kopiert und sie werden auf eine CD gebrannt.

Um 21:45 Uhr gab es an diesem Sonntag in der Astor Lounge ein Konzert mit dem Sopran Shivko Shelev und anschließend gingen wir bis 00:30 Uhr in die Hanse-Bar.

Am Montag herrschte bei 29 Grad wieder Seegang 3 und es war ein reiner Seetag, so dass es tagsüber wieder reichlich Programm auf der MS Astor gab. Außerdem mussten wir an diesem Tag ein weiteres Mal die Uhren um 1 Stunde vorstellen.

Wir hielten uns nach dem Frühstück auf dem Deck auf und genossen das Schaukeln und die Sonne. Gegen 08:45 Uhr fuhr die MS Astor am Atoll Palmerson vorbei, berühmt geworden durch die Bounty und die entsprechende Verfilmung. Während ich mich weiterhin auf Deck sonnte, ging meine Frau um 10:30 Uhr zu einer weiteren Stunde Seidenmalerei, bevor wir uns dann zum Mittagessen wieder im Überseeclub trafen.

Auch der Nachmittag wurde von uns an Deck verbracht, unterbrochen lediglich durch die Teestunde in der Astor Lounge. Um 18:00 Uhr gab es anlässlich 25 Jahre Transocean-Tours ein Gala-Dinner in festlicher Kleidung.

Für die Gäste der 1. Tischzeit wurde um 20:15 Uhr im Übersee-Club das Spiel „Montagsmaler" veranstaltet und ab 21:45 Uhr gab es als Hauptprogramm in der Astor Lounge eine Jubiläumsshow „Das Beste aus 5 Jahrzehnten", eine wirklich gute Show mit allen Künstlern, die an Bord waren.

Wir ließen dann den schönen Abend wieder in der Hans-Bar ausklingen und hielten es dort bis 02:30 Uhr aus.

Trotzdem ließen wir uns am folgenden Dienstag um 07:00 Uhr wieder vom Morgenradio wecken und frühstückten früh. Der Seegang hatte wieder etwas zugenommen und hatte nun Stärke 3 und die Temperatur betrug heiße 31 Grad.
Vormittags hielten wir uns an Deck auf und sonnten uns ausgiebig.
Um 11:30 Uhr erreichte die MS Astor die Insel Niue und ankerte auf Reede vor Alofi.
Die Insel Niue war nur 3 Wochen zuvor von einem verheerenden Wirbelsturm verwüstet worden, es stand kein einziges Haus mehr und alle Palmen waren total zerstört. Die Insel bot einen traurigen Anblick und auch die Anlegestelle war völlig zerstört. Trotz aller Verwüstungen gab es eine rechtzeitige Warnung vor dem Wirbelsturm, so dass sich fast alle Inselbewohner in höher gelegene Regionen oder Höhlen retten konnten und es nur ein einziges Todesopfer zu beklagen gab.
Zwar wurde trotz der Verwüstung auch ein Landausflug angeboten, aber wir verzichteten darauf, da wir nicht als Katastrophentouristen angesehen werden wollten. Die Berichte der Landgänger und die Fotos des Bordfotografen waren dann aber erschütternd. So standen vom ehemaligen Krankenhaus nur noch ein paar Aussenmauern als Ruinen. Im Schutt lagen verstreut die Krankenakten und ein defektes Röntgengerät etc.
Auch der restliche Tag wurde von uns zum Sonnen an Deck genutzt, nur unterbrochen durch das Mittagessen und die Teestunde. Während unseres Abendessens lichtete die MS Astor um 18:30 Uhr den Anker, verließ Niue und fuhr Richtung Tonga.
Als Vorabendprogramm gab es an diesem Tag nichts, was uns interessierte, so dass wir stattdessen

einen Cocktail auf dem Lidodeck genossen, bevor wir zur Abendveranstaltung in die Astor Lounge gingen. Dort gab es von dem absolut fantastischen Teufelsgeiger Jiri Erlebach „Zigeunerweisen" und er musste noch etliche Zugaben geben.
Auch an diesem Abend hielten wir es anschließend bis 02:00 Uhr in der Hanse-Bar aus.

Und dann die Frechheit am Mittwoch, dem 28. Januar 2004: Dieser Tag wurde uns einfach geklaut, denn wir überfuhren an diesem Tag die Datumsgrenze und gleich nach Dienstag gab es Donnerstag.
1 Tag weniger Urlaub und 1 Tag weniger in unserem Leben. Was geschieht eigentlich mit diesem Tag? Bekommt den jemand anderes oder erhalten wir diesen Tag irgendwann einmal bei einer anderen Reise zurück? Was ist aber, wenn es dann kein Mittwoch ist, sondern ein Freitag oder Sonntag, dann passt das doch gar nicht? Fragen über Fragen ….

Der Donnerstag begann wieder ganz normal mit dem Weckradio. Es war immer noch sehr heiß mit über 30 Grad und die See hatte immer noch wie am Vortag (oder muss ich schreiben wie 2 Tage zuvor?) Seegang 3.
Nach dem Frühstück hielten wir uns auf dem Deck auf und auf dem Brückendeck gab es ab 11:30 Uhr als Alternative zum normalen Mittagessen Gegrilltes und einen Biergarten.
Um 12:30 Uhr erreichte das Schiff Nuavu / Vavau im Königreich Tonga und ankerte auf Reede. Hier unternahmen wir aber keinen Landgang, sondern hielten uns bis zum Abendessen weiter auf dem Deck auf.
Noch während des Abendessens verließ die MS Astor den Ankerplatz und fuhr weiter Richtung Nuka'Alofa. Als Vorabendprogramm gab es um 20:15 Uhr im Übersee-Club ein Südsee-Quiz, bei

dem wir aber leider nichts gewannen und als Hauptabendprogramm in der Astor Lounge gab es ab 21:45 Uhr die Show „Die wilden 50er Jahre". Bis 01:30 Uhr ließen wir den Tag dann wiederum in der Hanse-Bar ausklingen.

Am Freitag erreichte die MS Astor nach dem Frühstück um 08:00 Uhr Nuku'Alofa / Tongatapu im Königreich Tonga und um 08:15 Uhr starteten wir zum Ausflug „Tongatapus Osten", der uns zum Königspalast und vielen anderen Sehenswürdigkeiten führte.
Tongas König war allerdings zu diesem Zeitpunkt nicht auf der Insel, sondern zu einer Abspeckkur in Amerika. Bekanntermaßen war Tongas König ja der dickste Herrscher der Welt. Besonders beeindruckt haben uns bei dieser Besichtigung die eigenartigen Friedhöfe und bunten Gräber auf der Insel.
Zum Mittagessen waren wir wieder zurück an Bord und hielten uns dann bis zum frühen Abend auf dem Deck auf.
Statt eines Dinners nahmen wir abends um 18:15 Uhr an einem Ausflug „Polynesischer Abend" teil, bei dem auch ein Dinnerbuffet eingeschlossen war. In einem Hotel auf der Insel gab es ein reichhaltiges Buffet, das allerdings etwas chaotisch aufgebaut war und das Essen holen sehr zeitraubend war. Ansonsten gab es eine gute Show mit einheimischer Musik und einheimischen Tänzen.
Um 22:00 Uhr waren wir wieder zurück an Bord und ließen den schönen Tag bis gegen 01:00 Uhr in der Hanse-Bar ausklingen.
Um 23:30 Uhr verließ die MS Astor Tonga und fuhr Richtung Fiji.

Am Samstag hatte die See nur noch Seegang 2 und es war zwar immer noch 28 Grad warm, aber sehr bedeckt.

Vormittags gab es auf dem Lidodeck eine Vorführung „Eisschnitzen" und meine Frau hatte eine weitere Stunde Seidenmalen.

Am Nachmittag hatten wir gemeinsam eine weitere Tanzstunde, mit Wiener Walzer, Langsamer Walzer, Mambo und Tango.

Nach dem Dinner gab es als Vorabendprogramm „Violine rasant" mit Jiri Erlebach im Captains Club und als Hauptabendprogramm um 21:45 Uhr eine Crew-Show. Mitglieder der Schiffs-Crew boten hier teilweise wirklich professionelle Akrobatik, Gesang, Klaviermusik, Sketche u. v. m.

Danach gab es um 23:00 Uhr die Gelegenheit einen Blick hinter die Kulissen zu werfen und die Küche zu besichtigen. Für uns völlig überraschend, aber auch beeindruckend, wie klein doch die Küche ist. Dass trotzdem immer alles klappt, hängt nur mit einer hohen Disziplin und Organisation in der Küche zusammen, sonst gäbe es sicherlich ein totales Chaos. Die Küchenführung endete im Waldorf-Restaurant, wo ein kleines, aber feines Mitternachtsbuffet aufgebaut war.

Am Sonntag mussten die Uhren nochmals um 1 Stunde vorgestellt werden und es war immer noch mit 30 Grad sehr heiß. Noch während des Frühstücks erreichte das Schiff Suva / Viti Levu auf Fiji. Und um 08.00 Uhr begann unser gebuchter Ausflug „Navua River". Zuerst gab es eine ca. 1,5 stündige Busfahrt und daran schloss sich eine ca. 1-stündige Bootsfahrt auf dem Navua River an. Dies war in den kleinen Booten zum einen eine anstrengende Fahrt, da man nur sehr unbequem saß und zum anderen eine nasse Angelegenheit, da durch die rasante Fahrt ständig Spritzwasser auf uns hernieder ging.

Die Bootsfahrt endete in einem typischen Eingeborenendorf, wo es neben einem interessanten Rundgang auch das Mittagessen gab, das mit den

Fingern eingenommen wurde. Höhepunkt war aber weiterhin eine Kava-Zeremonie, an der wir teilnehmen durften und auch selbst Kava probieren durften. Kava ist ein leichtes Rauschmittel, das in der Südsee weit verbreitet ist. Es handelt sich um eine leicht gräuliche Flüssigkeit, die etwas pelzig auf der Zunge schmeckt und einen ganz, ganz leichten Rausch verursacht. Danach boten uns die Dorfbewohner noch ein paar einheimische Lieder und wir revanchierten uns mit 2 deutschen Volksliedern, die wir zum Besten gaben. Nachdem wir wieder 1 Stunde mit den Booten zurück gefahren waren, gab es mit unserem Bus nochmals eine kurze Inselrundfahrt zu einigen Sehenswürdigkeiten, so z. B. das Parlamentsgebäude.

Um 17.00 Uhr waren wir zurück an Bord und als Höhepunkt gab es an diesem Tag eine Besonderheit beim Dinner, nämlich den absolut tollen Markttag in der Astor Lounge.

Unter dem Motto „Eine kulinarische Reise um die Welt" wurden in der eigens dafür umgebauten Astor Lounge an verschiedenen Essenständen typische Speisen aus aller Welt, z. B. mexikanisch, indisch, deutsch, italienisch, holländisch etc. und viele Getränke angeboten. Die Schiffsbesatzung macht sich hier eine unheimliche Arbeit, um die Astor Lounge entsprechend herzurichten und dieser Markttag wird in jedem Abschnitt der Weltreise einmal angeboten. Absoluter Höhepunkt ist aber das Dessertbuffet, das im Captains Club aufgebaut wird. Hier wird dann auch jeweils die Eisskulptur, die am Tag zuvor auf dem Lidodeck hergestellt wurde als Dekoration ausgestellt. Wer – aus welchen Gründen auch immer – nicht an diesem Markttag teilnehmen möchte kann alternativ aber auch bei freier Tischwahl normal im Waldorf-Restaurant zu Abend essen.

Ab 21:00 Uhr gab es im Übersee-Club eine Disco und um 22:00 Uhr legte die MS Astor wieder ab und fuhr Richtung Neuseeland.

Am Montag zeichnete sich dann ein Wetterumschlag ab, die See hatte bereits wieder Stärke 3 angenommen und es war bedeckt und sehr windig und teilweise fielen auch ein paar Regentropfen. Nach dem Frühstück mussten wir uns an der Rezeption unsere Pässe abholen und im Captains Club gab es die Einreisekontrolle für Neuseeland. Dies war gut organisiert, die Zöllner waren in Fiji an Bord gekommen und führten jetzt hier an Bord die entsprechenden Formalitäten durch.
Zum letzten Mal hatte meine Frau vormittags Seidenmalen und nach dem Mittagessen zogen wir uns zum Ausruhen in unsere Suite zurück. Da wir während dieser Reise dem Club Columbus beitraten, durften wir nachmittags dann auch an einem entsprechenden Club-Treffen teilnehmen. Vor dem Abendessen spielten wir um 16:45 Uhr ein paar Runden Bingo im Übersee-Club, gewannen aber nichts.
Nach dem Abendessen gab es um 20:15 Uhr Hula und Hawaii-Tanz im Captains Club und da uns das Hauptabendprogramm an diesem Tag nicht interessierte gingen wir gleich anschließend bis 02:30 Uhr in die Hanse-Bar.

Am Dienstag war es nochmals mit 26 Grad warm und die See war wieder auf Seegang 1 abgeflaut. Aber das war nur ein kurzes Zwischenhoch, wie sich tags darauf zeigte. Zum letzten Mal mussten wir bei dieser Kreuzfahrt die Uhren um 1 Stunde vorstellen. Wegen des schönen Wetters hielten wir uns den ganzen Tag auf Deck auf und gingen dann um 14:00 Uhr zu einer Kreuzfahrtberatung in den Captains Club.

Nachdem wir uns zuvor abgestimmt hatten und alles durch kalkuliert hatten, haben wir jetzt hier eine Vormerkung für das kommende Jahr vorgenommen und einen 3-wöchigen Abschnitt rund um Südamerika gebucht. Später haben wir diese Reise nochmals etwas modifiziert und einen weiteren 2-wöchigen Abschnitt dazu gebucht, davon aber mehr bei dem entsprechenden kommenden Reisebericht.

Ab 15:00 Uhr wurden in der Galerie die bei den einzelnen Kursen hergestellten Artikel ausgestellt, darunter natürlich auch die Seidenmalereien meiner Frau, die für mich u. a. 2 Krawatten hübsch bemalt hatte und für sich selbst einige Halstücher.

Um 18:00 Uhr gab es das festliche Kapitäns-Abschiedsessen, so wie man es von der Traumschiff-Serie kennt, also auch zum Schluss die Eisparade mit passender Musik, Wunderkerzen etc. Alles in allem schon ein ergreifender Anblick, wenn die eigene Reise zu Ende geht. Wer mehrere Abschnitte der Weltreise oder sogar die ganze Weltreise unternimmt erlebt dieses Ritual natürlich mehrmals.

Um 22:00 Uhr gab es in der Astor Lounge die große Abschiedsgala, bei der sich alle Künstler verabschiedeten und bei der am Ende der Show angestimmten Melodie „Time to say goodbye" flossen doch so einige Tränen, zugegebenermaßen auch bei mir. Wir wären beide noch sehr gerne länger an Bord geblieben und hätten gerne die Reise mit der MS Astor fortgesetzt. Man sagt ja immer, wenn man zum ersten Mal eine Kreuzfahrt unternimmt gibt es nur die Alternativen „einmal und nie wieder" oder „immer wieder". Und uns hatte das Kreuzfahrtvirus voll erwischt, so dass es für uns nur „Immer wieder" heißen konnte.

Um 23:15 Uhr gab es im Captains Club als Mitternachtsimbiss Lachsvariationen und anschließend spülten wir unseren Abschiedsschmerz in der Hanse-Bar bis 02:50 Uhr hinunter und wir verabschiedeten uns schon einmal offiziell bei anderen Reiseteilnehmern, die wir kennen gelernt hatten und fast schon so etwas wie eine Freundschaft entstanden war.

Am Mittwoch erreichte uns dann ein Wetterumschwung, es war nur noch kühle 20 Grad warm, bedeckt und die See frischte wieder bis zur Stärke 3 auf. Die Zeit nach dem Frühstück war mit Koffer packen etc. ausgefüllt und ausnahmsweise gingen wir an diesem Tag einmal zum Mittagessen in das Waldorfrestaurant. Dort gibt es täglich neben dem regulären Mittagessen auch immer etwas aus der Mannschaftsküche, oftmals etwas wirklich Leckeres. Wir wollten dies wenigstens einmal während der Fahrt probiert haben.
Um 12:30 erreichte die MS Astor Bay of Islands vor Neuseeland und jetzt gab es starken Regen und ein heftiges Gewitter. Der Himmel war tiefschwarz, so dass man dachte, es wäre Nacht.
Das Bordreisebüro war angesichts dieses schlechten Wetters aber so kulant und hatte alle gebuchten Ausflüge kostenlos storniert, man hätte weder eine Katamaranfahrt, noch eine Busrundfahrt oder einen Helikopterflug bei diesem Wetter unternehmen können.
Also gingen wir nachmittags noch einmal in die Sauna und wärmten uns dort etwas auf. Ab und zu wird abends neben dem Dinner im Waldorf Restaurant im Übersee Club ein einfacheres Alternativessen angeboten und an diesem Tag gab es Pichelsteiner Eintopf und Würstchen mit Kartoffelsalat, das wir einnahmen, um auch ein Mal eine Abwechslung beim Abendessen zu haben. Das soll natürlich nicht heißen, dass das Abendessen nicht abwechslungsreich war, ganz im Gegenteil, aber zu all diesen Köstlichkeiten war eine Abwechslung in Form eines Hausmacher Essens doch willkommen.

Um 19:30 Uhr verließ die MS Astor die Bay of Islands und nahm Kurs auf das Endziel dieses Reiseabschnittes in Auckland.

Um 21:45 Uhr gab es im Überseeclub die Verlosung der Original-Seekarte dieses Reiseabschnittes, die bis zu diesem Tag in der Nähe der Rezeption hing, sowie eines Reisegutscheins über 250,00 Euro. Zur Verlosung der Seekarte konnte man am Tag zuvor ein Los zu 5,00 € an der Rezeption erwerben, wobei das eingegangene Geld einem Kinderheim in Russland zu Gute kommt, zu dem der russische Kapitän eine persönliche Beziehung hat. Und der Reisegutschein wird unter allen Einsendern eines Beurteilungsbogens über die Reise verlost. Leider war uns das Glück aber nicht hold und wir gewannen beides nicht.

Direkt an diese Verlosung schloss sich ein Abendbingo an, bei dem wir ebenfalls nichts gewannen. Besonderheit bei diesem Abendbingo, das immer am Ende eines Reiseabschnittes gespielt wird, ist, dass jeder Teilnehmer bei jeder gezogenen Schnapszahl (11, 22, 33 ….) ganz real wirklich einen Schnaps serviert bekommt.

Und natürlich ließen wir auch diesen letzten Tag an Bord in der Hanse-Bar ausklingen, wobei aber zuvor spätestens bis 23:00 Uhr die Koffer vor die Kabinentür gestellt werden mussten. Wir selbst hielten es dann noch bis 01:30 Uhr aus.

Ja und dann kam leider, leider der letzte Tag unserer Traum-Kreuzfahrt durch die Südsee. Das Wetter machte uns den Abschied dann aber doch etwas leichter.

Wir ließen uns pünktlich um 06:00 Uhr zum letzten Mal durch das Morgenradio wecken und lauschten nochmals wehmütig der Astor Melodie. Die See war nochmals rauer geworden, wir hatten Seegang 4. Und mit nur 20 Grad war es auch recht kühl.

Um 07:00 Uhr, wir saßen noch beim letzten Frühstück auf der Astor, erreichte das Schiff den Hafen von Auckland auf Neuseeland. Und zufällig lag dort zu diesem Zeitpunkt auch die Queen Mary 2, dagegen wirkte die MS Astor wie ein Beiboot.

Um 10:30 Uhr begann die Ausschiffung und eine unendlich lange dauernde Kontrolle des mitgeführten Handgepäcks inklusive Fototaschen, Handtaschen der Frauen usw. Da es streng verboten ist Pflanzen, Lebensmittel und Tiere (wo sollten die eigentlich auf der MS Astor herkommen?) in Neuseeland einzuführen, wurden hier die Taschenkontrollen so ausführlich durch-geführt. Aber man sollte es nicht für möglich halten, einige Passagiere hatten trotz aller Hinweise an Bord Lebensmittel mit dabei, die dann natürlich eingezogen wurden. Was denken sich die Leute eigentlich dabei? Wohl gar nichts.

Nach dieser Prozedur ging es mit einem Shuttle-Bus zum Flughafen Aucklands. Aber hier ging die langwierige Prozedur weiter.

Für uns völlig unerwartet gab es auch an den Schaltern der Business-Class von Singapure-Airlines lange Warteschlangen, in die wir uns dann einreihen mussten.

Und dann kam die nächste Überraschung: Im Gegensatz zu sonstigen Gepflogenheiten wurden hier alle Koffer exakt gewogen und Übergewicht abgewiesen. Transocean Tours hatte mit Singapure Airlines Sonderkonditionen vereinbart und wir durften statt der sonst üblichen 30 kg sogar 40 kg in der Business-Class mitnehmen. Das heißt, wir zwei durften 80 kg an Gepäck aufgeben. Da aber eigentlich alle Fluggesellschaften geringes Übergepäck akzeptieren und das bei all unseren vorangegangenen Flügen kein Problem war, hatten wir halt statt 80 ca. 87 kg in 4 Koffern verteilt. War beim Hinflug mit Lufthansa von Frankfurt nach Valparaiso auch kein Problem.

Jetzt auf einmal machte Singapure Airlines diese Probleme. Wir konnten live miterleben, dass Passagiere vor uns aufgefordert wurden, das Übergepäck aus den Koffern zu entfernen und ander-weitig unterzubringen. Was machten diese Passagiere also? Sie holten eine Plastiktüte, packten dort einige Artikel aus dem Koffer hinein und nahmen diesen Beutel dann als Handgepäck mit in die Maschine. Mir hat sich der Sinn dieser ganzen Aktion nicht erschlossen, denn am Gesamtgewicht in der Maschine hat sich ja nichts geändert. Aber nicht alles muss ja immer einen tieferen Sinn haben. Ich hatte schon mit meiner Frau nach Lösungen gesucht, wo und wie wir die 7 kg Übergepäck ander-weitig verstauen könnten, aber uns fiel einfach keine brauchbare Lösung ein.

Ich kam dann irgendwann auch endlich vorne am Check-In-Schalter an und stellte unsere Koffer auf das Gepäckband. Damals war die Waage dort noch so rückständig, dass sie das Gewicht nicht addieren konnte, sondern die Dame am Schalter notierte per Hand auf einem Zettel das Gewicht jedes einzelnen Koffers und addierte dann die 4 Zahlen. Obwohl ich ja diese Zahlen nur auf dem Kopf erkennen konnte, konnte ich doch lesen, dass sie als Ergebnis 86 kg erhielt, also zu unseren Gunsten sogar noch 1 kg weniger. Sie erklärte mir dann, wie auch den Passagieren vor uns, dass dies zuviel sei und wir Gepäck aus den Koffern entfernen müssten. Ich stellte mich darauf hin dumm und tat so, als ob ich kein einziges Wort Englisch verstünde und - warum auch immer – nach 3 vergeblichen Versuchen, mir das zu erklären, gab die Dame auf, versah jeden Koffer mit 3 oder 4 Aufklebern und ließ mich ziehen. Warum ich dieses Glück hatte, kann ich bis heute nicht sagen, aber uns fielen riesengroße Felsbrocken vom Herzen.

Die Warterei hatte aber immer noch kein Ende, denn jetzt schloss sich eine endlos lange Passkontrolle an.

Zur Passkontrolle musste man auf dem Flughafen Auckland ähnlich wie einem Freizeitpark durch mehrere „Gänge" gehen und konnte erst einmal gar nicht sehen, wo die Schlange eigentlich aufhört. Aber auch das hatten wir irgendwann einmal geschafft, waren dann aber auch selbst geschafft. Leider blieb dadurch nicht mehr viel Zeit, die Business-Class-Lounge aufzusuchen, es reichte nur noch für einen kurzen Drink.

Um 15:45 Uhr startete der Jumbojet Richtung Singapur. Wir hatten 2 Plätze in der Business-Class im Oberdeck und konnten erstmals die ganz neuen Sitze genießen, wie sie früher nur in der First Class Verwendung fanden. Die Sitze lassen sich elektrisch ganz flach zu einem fast 2-m-langen Bett herunterklappen, so dass man auf dem langen Flug wirklich einen tollen Komfort hat.

Um 20:00 Uhr Ortszeit landeten wir auf dem Flughafen in Singapur und gingen dort auch in die Business-Class-Lounge, wobei es hier sogar einen kostenlosen Internetzugang gibt neben den üblichen Getränken und Speisen. So nutzte ich die Gelegenheit schon einmal nach meinen Emails zu schauen und unseren Kindern eine Nachricht zu schicken.

Um 23:45 Uhr starteten wir in einer anderen Maschine Richtung Frankfurt und dieses Mal hatten wir Sitze im Unterdeck in der Reihe 22. Da aber vor der Business-Class die First Class angesiedelt ist, war die Reihe 22 die 1. Reihe in der Business-Class und hatte natürlich den gleichen Komfort wie im Oberdeck.

Am anderen Morgen, Freitag, 06.02.2004, landeten wir um 06:05 Uhr Ortszeit in Frankfurt am Main und hatten vom Ausschiffen der MS Astor an gerechnet inklusiv der Wartezeiten auf den Flughäfen Auckland und Singapur 36 Stunden hinter uns.

Wir hätten zwar als Alternative einen kostenlosen Stopover in Singapur einlegen können, aber da wir Singapur gerade erst ein paar Jahre vorher besucht hatten, entschieden wir uns dagegen und nahmen diesen langen Heimflug „am Stück" in Kauf.

Unsere Tochter holte uns am Flughafen in Frankfurt am Main ab und fuhr uns nach Hause, wo wir um 08:15 Uhr müde, aber mit sehr vielen schönen Eindrücken ankamen.

Um wieder in den normalen Tagesrhythmus zu kommen, verzichteten wir darauf sofort ins Bett zu gehen, sondern packten unsere Koffer aus, stellten schon einmal eine Waschmaschine an und gingen erst abends, allerdings früher als sonst üblich, ins Bett und schliefen uns bis zum nächsten Morgen aus.

Beim Captain's Dinner

52 Zahnseide

Noch während der Südsee-Kreuzfahrt buchten wir an Bord der MS Astor für das Jahr 2005 eine weitere Kreuzfahrt und zwar rund um Südamerika. Die MS Astor macht ja jedes Jahr ab Dezember eine 4 – 5monatige Weltreise, die in verschiedene Abschnitte untergliedert ist, die aber auch jeweils einzeln gebucht werden können. Die Route wechselt jedes Jahr, so dass nicht jedes Jahr die gleichen Erdteile und Länder besucht werden. So war nach 2 oder 3 Jahren Pause erst 2005 Südamerika wieder Bestandteil der Weltreise und zwar im Anschluss an die Südsee-Tour, die wir 2004 unternommen hatten. Aber auch hier gab es eine andere Route als 2004, da 2005 auch die Osterinseln angelaufen wurden, die wir 2004 leider nicht besucht hatten. Von den Osterinseln ging die Fahrt nach Valparaiso in Chile.

Dort begann der nächste 3-wöchige Abschnitt um das Kap Horn bis nach Rio de Janeiro, den wir buchten. Wir hatten vor, von Frankfurt am Main nach Valparaiso in Chile zu fliegen und von Rio de Janeiro wieder zurück nach Frankfurt, beide Flüge in der Business- Class. Im Unterschied zur Südsee-Kreuzfahrt anlässlich unserer Silberhochzeit buchten wir auf der MS Astor aber nicht die teuerste Suite, sondern zwei Kategorien niedriger eine Suite auf dem Deck 2. Wir hatten uns bei der Südseereise auch andere Suiten an Bord der MS Astor angesehen und festgestellt, dass auch die Suiten in der niedrigsten Preiskategorie (es gibt 3 Kategorien) ausreichend groß und gemütlich sind. Eine normale Doppelkabine käme für uns allerdings für eine Reise von 3 oder mehr Wochen nicht in Frage und auch auf keinen Fall eine Innenkabine.

Während wir die Südseekreuzfahrt durch lange angespartes Geld finanzierten, musste die Südamerikakreuzfahrt jetzt vom normalen Budget bestritten werden. Die Reise selbst war aber erheblich billiger als die Südseereise, da sie erstens 1 Woche kürzer war (was sich später dann aber änderte), dieser Abschnitt ohnehin preisgünstiger war als die sehr teure Südsee, da wir eine Suite 2 Preiskategorien niedriger als in der Südsee buchten und da wir genügend Meilen bei Lufthansa angespart hatten, um das Upgrade in die Business- Class nur mit Meilen bezahlen konnten.

Während der Südseereise gab es noch keine neuen Kataloge und auch noch keine genauen Preise für die Weltreise 2005, erst Mitte 2004 erhielten wir den neuen Katalog und änderten unsere Buchung um und buchten auch noch den nächsten Abschnitt von Rio de Janeiro bis Gran Canaria hinzu, so dass wir jetzt insgesamt 2 Reiseabschnitte vom 05. April bis zum 09. Mai 2005 durchführten, bis dahin unser längster Urlaub überhaupt.

Da der Business- Class Rückflug von Rio de Janeiro entfiel, war der zusätzliche 14tägige Abschnitt finanziert, es kamen lediglich weitere Nebenkosten für Ausflüge und Getränke etc. im 2. Abschnitt hinzu. Wir hätten auch noch sehr preisgünstig den letzten Abschnitt der Weltreise von Gran Canaria bis Bremerhaven buchen können, aber da ich zu diesem Zeitpunkt noch berufstätig war, ging das leider nicht.

Bei der Südsee-Kreuzfahrt hatten wir ein nettes Ehepaar aus Krefeld kennen gelernt, die allerdings nicht wie wir in Auckland von Bord gingen, sondern noch bis Bangkok weiter reisten. Auch dieses Paar buchte eine weitere Kreuzfahrt für das nächste Jahr, allerdings die Route rund um Südafrika, die uns nicht zusagte, da wir hier schon sehr viel kannten.

Kurz nachdem wir Mitte 2004 unsere Reise geändert und gebucht hatten, erhielten wir einen Anruf von diesem Paar, dass sie ihre Reisepläne ebenfalls geändert hätten und jetzt auch die Südamerika-Reise gebucht hätten, um wieder mit uns zusammen zu sein. Das war für uns natürlich eine große, aber angenehme Überraschung. Allerdings fuhr dieses Paar nur bis Rio de Janeiro mit und ging dort von Bord. Wir trafen uns Ende 2004 bei uns und schwelgten in Erinnerungen an die Südseekreuzfahrt und ließen uns über die Abschnitte rund um Australien bis Bangkok berichten. Nach der gemeinsamen Südamerikareise riss dann leider der Kontakt zu diesem Paar ab.

Am Dienstag, dem 05. April 2005 ging es los zur zweiten und größten Kreuzfahrt unseres Lebens. Um 14:00 Uhr holte uns unsere Tochter zu Hause ab und brachte uns zum Frankfurter Flughafen, wo wir bei Lufthansa Business- Class eincheckten und wieder unsere gewünschten Sitze in der Reihe 2 rechts erhielten.
Da noch erhebliche Zeit bis zum Abflug war, fuhren wir in die Wohnung unserer Kinder in Frankfurt am Main- Rödelheim und verbrachten dort die Zeit bei unseren Kindern.
Um 19:45 Uhr brachte uns unsere Tochter erneut zum Flughafen und wir hielten uns bis zum Abflug noch etwas in der Business- Class- Lounge auf. Um 22:00 Uhr trafen wir uns mit der Transocean- Tours Reiseleiterin im Warteraum. Bei diesen Reisen von Transocean Tours ist es üblich, dass eine Reiseleiterin die Gäste immer schon ab dem Abflughafen bis zur MS Astor begleitet.
Um 22:45 Uhr startete pünktlich die Lufthansa Maschine nach Südamerika. Von der Business- Class bei Lufthansa waren wir allerdings etwas enttäuscht, da hatten wir 1 Jahr zuvor bei Singapur Airlines mehr Komfort erlebt. Zwar hatte die Lufthansa-Maschine ebenfalls schon die neuen, bequemen Sitze wie sie früher nur in der First Class üblich waren und die man ganz flach zu einem fast 2m langen Bett umklappen konnte, aber es gab in der Business- Class insgesamt 10 Sitzreihen mit jeweils 3 x 2 Sitzen, also auch jeweils 2 Sitze in der

Mitte, was bei Singapur Airlines nicht der Fall ist. Die Business Class bei Lufthansa hatte daher den Charme einer Bahnhofshalle.

Zu allem Überfluss fiel dann auch noch nach der Zwischenlandung in Sao Paulo die komplette Elektronik aus, so dass die Sitze nicht mehr verstellt werden konnten und auch kein TV- und Radioempfang mehr möglich war. Das Abendessen und Frühstück an Bord waren allerdings sehr gut, aber während des Nachtfluges gab es keinen Service. Wer etwas zu trinken haben wollte, musste sich das nachts selbst in der Bordküche abholen.

Bereits am Mittwoch gab es eine Zwischenlandung in Sao Paulo / Brasilien, bei der wir aber im Flugzeug sitzen bleiben durften. Nach einer Stunde ging es weiter und es gab ein 2. Frühstück während dieses Flugabschnittes.

Um 10:00 Uhr Ortszeit landeten wir in Santiago de Chile und die Passkontrolle und der Kofferempfang am Kofferband ging erheblich schneller als sonst in solchen Ländern üblich. Um 11:00 Uhr wurden wir mit einem Bus in den Hafen von Valparaiso gefahren, wo es unerwarteter Weise nochmals eine Pass- und Handgepäckskontrolle gab. Danach erfolgte ein kurzer Transfer zum Liegeplatz der MS Astor, um 13:15 Uhr gingen wir an Bord und bezogen dort unsere Suite Nr. 242. Die Koffer, die direkt vom Flughafen zum Schiff gebracht wurden, kamen auch kurz nach uns zur Kabine, so dass wir sie gleich auspacken konnten und uns nach dem langen Hinflug duschen und umziehen konnten. Um 15:30 Uhr begannen wir unseren Urlaub an Bord mit Tee und Kuchen in der Astor Lounge.

Durch die Südseekreuzfahrt im Jahr davor waren uns die MS Astor und die Gepflogenheiten bereits gut bekannt und wir wussten, dass es täglich um 15:30 Uhr in der Astor Lounge Kaffee, Tee und Kuchen gibt.

Um 17:15 Uhr beobachteten wir bei einem Glas Sekt das Ablegen und Auslaufen der MS Astor aus dem Hafen von Valparaiso und danach gingen wir um 18:00 Uhr zum Abendessen in das Waldorfrestaurant. Wie auch bei der ersten Kreuzfahrt hatten wir wunschgemäß einen runden 6er Tisch am Fenster zusammen mit dem bereits erwähnten bekannten Paar aus Krefeld und einem weiteren Ehepaar, mit dem wir sofort einen guten und netten Kontakt hatten. Und ebenfalls wie bei der ersten Kreuzfahrt hatten wir uns auch wieder für die erste Tischzeit entschieden, die zweite Tischzeit um 20:00 Uhr ist uns persönlich zu spät.

Nach dem ersten Dinner an Bord trafen wir uns mit dem Krefelder Paar und anderen nur kurz in der gemütlichen Hanse-Bar auf dem obersten Deck, gingen dann aber bereits um 21:00 Uhr zu Bett, die lange Anreise zeigte jetzt doch Ermüdungs-erscheinungen.

Mittwoch, der 07. April war ein so genannter Seetag, also ein Tag ohne Landgang. Es war mit 12 Grad zwar recht kühl, aber weitaus wärmer als es normalerweise in dieser Jahreszeit üblich wäre. Der Seegang war mit Stärke 4 recht unruhig, was uns aber nichts ausmachte.

Wie auch bei der Kreuzfahrt im Jahr zuvor ließen wir uns absichtlich jeden Morgen durch den Morgenwecker mit der schönen Astor-Melodie und den neuesten Nachrichten wecken, an diesem Tag um 07:00 Uhr. Das Frühstücksbuffet nahmen wir wieder wie auch im Jahr zuvor im Waldorf-Restaurant ein, wir änderten ohnehin unsere gewohnten Abläufe nicht. Das Frühstück genossen wir im Waldorf-Restaurant, zum Mittagessen gingen wir in den Übersee-Club mit Selbstbedienung und zum Abendessen natürlich in das Waldorf-Restaurant.

Um 09:30 Uhr wurden in der Astor Lounge die Reiseleiter vorgestellt, sowie die Landausflüge der kommenden Tage in Punta Arenas, Ushuaia und Port Stanley präsentiert, die dann auch gebucht werden konnte.

Den Flugausflug in den Nationalpark Feuerland hatten wir bereits von Deutschland aus gebucht und da wir bereits bei Beginn der Reise wussten, welche Landausflüge wir mitmachen wollten, haben wir sofort bei Beginn der Reise alle Landausflüge bis zum Reiseende gebucht. Am Tag der Vorstellung der Ausflüge sind oftmals schon einige Ausflüge, deren Teilnehmerzahl stark limitiert ist, ausgebucht.

Um 11:15 Uhr schloss sich die vorgeschriebene Seenotrettungsübung an, danach gingen wir zum Mittagessen und hielten anschließend in der Kabine etwas Siesta.

Um 15:00 Uhr gab es eine so genannte Informationsmeile auf dem Promenadendeck, wo alle angebotenen Kurse an Bord präsentiert wurden. Wir entschieden uns zusammen wieder für einen Tanzkurs für Fortgeschrittene und einen speziellen argentinischen Tango-Kurs und meine Frau meldete sich wieder zum Seidenmalkurs an.

Nach der nachmittäglichen Kaffeepause mit Live-Klaviermusik in der Astor-Lounge und dem Duschen und Umziehen für den festlichen Abend, gab es um 17:15 Uhr den Kapitäns-Willkommens-Cocktail in der Astor-Lounge, bevor wir um 18:00 Uhr zum Kapitäns-Galadinner in das Waldorf-Restaurant gingen.

Ab 21:00 Uhr spielte das Bordorchester in der Astor Lounge und wir waren hier sowohl erstaunt als auch enttäuscht: Es war das gleiche Orchester wie im Jahr zuvor und spielte die gleiche Musik, die uns schon 2004 nicht gefallen hatte. Ab 22:00 Uhr gab es in der Astor Lounge die große Willkommens-Show mit allen Künstlern, die während dieses Abschnittes an Bord waren.

Besonders herausragend war hier ein Top-Sänger. Der Zauberkünstler, der auch bei allen Shows die Moderation übernommen hatte, gefiel uns an diesem ersten Abend gar nicht, aber dieses Urteil mussten wir bei den kommenden Shows dann schnell revidieren, er brachte ebenfalls Spitzen-leistungen. An diesem Abend gingen wir nach der Show ohne einen Abstecher in die Hanse-Bar gleich zu Bett.

Am Freitag weckte uns das Morgenradio um 07:00 Uhr. Nach dem Frühstücksbuffet gab es um 10:00 Uhr einen Diavortrag des Lektors „Von Puerto Montt durch die chilenischen Fjorde und durch die Magellanstrasse nach Punta Arenas". Der Lektor war ganz hervorragend und erläuterte zu den Bildern alles sehr lebendig auswendig, ohne abzulesen. Es war faszinierend diesem Lektor zuzuhören, was wir im weiteren Verlauf der Reise dann noch öfters genossen haben.

Während des Mittagessens erreichte die MS Astor um 12:00 Uhr den Liegeplatz vor Puerto Montt / Chile. Um 12:30 Uhr wurden wir mit den Tenderbooten der MS Astor ausgebootet und an Land gebracht und wir nahmen dort am gebuchten Ausflug „Petrohue Wasserfälle" teil. Die Fahrt führte uns mit einem Bus durch die malerische Landschaft Chiles, vorbei an großen Herden von Lamas und Alpakas bis zu einem schön gelegenen Wasserfall, der allerdings weder hoch noch breit war, vergleichbar in etwa mit dem Rheinfall von Schaffhausen, aber landschaftlich sehr schön gelegen war. Neben diesem Wasserfall wurde auch ein interessanter Fisch- und Gemüsemarkt besucht. Die Temperaturen an diesem Tag waren mit 13 Grad recht mild.

Um 18:30 Uhr kehrten wir zurück an Bord und es gab an diesem Tag den so genannten Markttag in der Astor-Lounge mit verschiedenen Marktständen und Leckereien aus unterschiedlichen Ländern. Dieser

Markttag wird während der Weltreise in jedem Reiseabschnitt einmal durchgeführt und ist immer wieder ein tolles Erlebnis, mit welchem Aufwand die Astor Lounge in eine riesige Markthalle umgebaut wird. Nachdem wir uns hier ausgiebig gestärkt hatten, trafen wir uns wieder mit Bekannten in der Hanse-Bar.

Auch am Samstag weckte uns das Radio um 07:00 Uhr und die MS Astor kreuzte an diesem Tag in den chilenischen Fjorden, einen Landgang gab es an diesem Tag nicht. Am Vormittag war es recht kühl und regnerisch, die See aber mit einem Seegang von nur 1 sehr ruhig. Wir nutzten den freien Vormittag zu einem Saunagang und ich bearbeitete am Laptop die Fotos der Anreise und des ersten Landausfluges vom Vortag.
Nach dem Mittagessen durchfuhr die MS Astor den Canal Pulluche, was wir von der Galerie aus beobachteten.
Um 14:30 Uhr hatten wir die erste Kursstunde im argentinischen Tango, die uns an diesem Tag wegen der ruhigen See auch noch Spaß machte, was sich dann im Verlauf der Reise aber leider änderte.
Am Abend gab es als Vorabendprogramm ein Patagonien-Feuerland-Quiz im Captains Club und als Hauptprogramm in der Astor Lounge ab 21:45 Uhr die Show „Aus dem Bauch heraus –Tricks, Gags und Bauchrednereien mit Jan Mattheis".

Am Sonntag wurden wir ebenfalls um 07:00 Uhr geweckt und nach dem Frühstück gingen wir nochmals für 3 Gänge in die Bord-Sauna und relaxten dort. Nach dem Mittagessen kreuzte die MS Astor im Beagle-Kanal und fuhr ganz dicht an den zweitgrößten Gletscher der Welt heran. Dies war einer der Höhepunkte bei dieser Reise, aber es folgten noch viele weitere. Gletscher kannten wir bisher nur aus dem Fernsehen und das Live-Erlebnis so nah an einem Gletscher war einfach nur toll und sehr eindrucksvoll. Trotz leichtem Regen und nur 10 Grad standen wir natürlich auf dem Aussendeck und genossen diesen Anblick. Hier im Kanal war die See mit nur Seegang 1 sehr ruhig.

Um 14:30 Uhr hatten wir unsere zweite Stunde im Tango Argentino und um 17:15 Uhr gab es in der Astor Lounge das Club Columbus Treffen, dem wir seit der Südseekreuzfahrt ebenfalls angehören. Insgesamt nahmen an dieser Reise 269 Club-Mitglieder teil und wir selbst stiegen vom Club-Status Bronze auf Silber auf und wurden entsprechend geehrt. Der Clubstatus ist abhängig von der Anzahl der an Bord verbrachten Nächte und durch die 5 Wochen, die wir jetzt hier verbrachten, erreichten wir bereits bei der 2. Reise den Silber-Status. Bis zu Gold müssen wir aber noch sehr viele Bordnächte verbringen.

Nach dem Abendessen nahmen wir einen Drink in der Galerie und genossen die vorbeiziehende Landschaft, um 21:00 Uhr gingen wir zum Tanzen in die Astor Lounge und um 21:45 Uhr gab es dort die Show „Die feurige Violine –eine rasante Show mit dem Teufelsgeiger Jiri Erlebach". Er trägt diesen Titel absolut zu Recht, sein Geigenspiel ist einfach grandios. Mit Jiri Erlebach gab es ein freudiges Wiedersehen, denn er war bereits 2004 in der Südsee an Bord und wir waren damals schon von seiner Musik begeistert.

Am Montag war es schon lieb gewordene Routine, das uns das Radio um 07:00 Uhr weckte und nach dem Frühstück gab es in der Astor Lounge die Vorstellung der Landausflüge in Puerto Madryn, Buenos Aires und Montevideo. Ab 10:00 Uhr durchquerte die MS Astor die Magellanstrasse und um 11:45 Uhr gab es auf dem Lido-Deck heiße Würstchen mit Kartoffelsalat an einem Würstelstand.

Um 13:00 Uhr ankerte die MS Astor am Seno Agostini Gletscher und ab 13:15 Uhr gab es in zwei Gruppen einen Bootsausflug zu diesem imposanten Gletscher. Es waren am Nachmittag nur noch 7 Grad und bedeckt, der Seegang mit einer Stärke von 2 nur mäßig. Etwas unbequem war die Bootsfahrt, da wir alle aus Sicherheitsgründen eine Schwimmweste tragen mussten, die uns stark in der Bewegungsfreiheit einengte. Zur Bekämpfung der Kälte gab es in den Booten Wodka und unser Lektor gab von seinem Boot aus interessante Erläuterungen zu dem Gletscher.

Wir selbst waren in der ersten Gruppe, die an diesem Ausflug zum Gletscher teilnahmen und hatten leider nicht das Glück, den Gletscher kalben zu sehen. Die zweite Gruppe nach uns hatte dann dieses unvergessliche Erlebnis, das wir erst später auf dem Film des Bordfotografen sehen konnten. Um 15:00 Uhr waren wir zurück an Bord und es gab auf dem Lidodeck passend zum Wetter Glühwein und Whisky mit 2000 Jahren altem Eis, das die Mannschaft vom Gletscher mitgebracht hatte.

Nach dem Abendessen gab es in der Hanse-Bar einen Willkommensempfang mit Sekt vom DER – Reisebüro, über das wir diese Reise gebucht hatten. Als Vorabendprogramm im Captains Club gab es um 20:30 Uhr für die erste Tischzeit „Was ist Tango? – Die unterschiedlichen Stile in Beispielen getanzt" von dem Tanzpaar, das auch den Tanzkurs Tango Argentino abhielt.

Um 22:00 Uhr folgte in der Astor Lounge das Hauptprogramm „Und die Fiesta geht weiter –ein Festival der guten Laune mit Juan Tabasco" mit guter, eingängiger Musik. Und danach traf man sich natürlich wieder in der Hanse-Bar.

Der Dienstag begann mit dem Morgenradio bereits um 06:00 Uhr und nach dem Frühstück erreichte die MS Astor Punta Arenas / Chile. Für diesen Tag hatten wir bereits in Deutschland einen Ganztages-Flugausflug in den Nationalpark Patagonien gebucht. Mit nur 9 Grad war es zwar recht kühl, aber erheblich wärmer als eigentlich in dieser Jahreszeit üblich, weswegen wir uns extra für diese Reise besonders dicke und warme Jacken gekauft hatten. Und es war an diesem Tag sehr, sehr stürmisch bis Windstärke 11!

Wir wurden zuerst mit einem Bus zum kleinen Flugplatz der Stadt gebracht und stiegen dort in 3 bereit stehende Klein-Flugzeuge mit jeweils nur 12 oder 15 Sitzplätzen. Und dann folgte bei Sturmstärke ein sehr unruhiger ca. 45 Minuten dauernder Flug in den Nationalpark. Uns selbst macht so etwas nichts aus, im Gegenteil wir lieben solche Turbulenzen, aber die restlichen Gäste im Flugzeug wurden immer ruhiger und ruhiger und haben wohl angstvoll daran gedacht, dass sie ja am Nachmittag auch wieder zurück fliegen müssen.

Nach der Landung im Nationalpark stiegen wir um in einen Bus, durchquerten den Park und hielten an mehreren interessanten Stellen zum Fotografieren etc. an. Bei jedem Aussteigen aus dem Bus musste man sich gegen den Wind stemmen, um nicht umgeblasen zu werden. Das Mittagessen wurde im Park in einer sehr schönen Hazienda eingenommen. Auch am Nachmittag hatte der Sturm noch nicht nachgelassen, so dass auch der Rückflug entsprechend heftig ausfiel.

Um 18:10 Uhr waren wir zurück an Bord und nahmen daher leicht verspätet erst um 18:20 Uhr unser Abendessen ein. Anschließend mussten wir zum Reisebüro, da unser gewünschter Ausflug zu einer Weinprobe in Montevideo wegen zu geringer Teilnehmerzahl ausfiel. Wir buchten dann um und entschlossen uns zu einer Stadtrundfahrt in Montevideo.

Ab 20:15 gab es für die erste Tischzeit in der Astor Lounge wieder einen sehr interessanten Diavor-trag des Lektors „Fin del mundo –Ushuaia, Kap Horn und die Falklandinseln".

Das Abendprogramm ließen wir an diesem Tag ausfallen, da der Tagesausflug doch etwas anstrengend war, so dass wir nach diesem Diavortrag sofort zu Bett gingen.

Am Mittwoch ging das Morgenradio wieder erst um 07:00 Uhr an und vormittags fuhr die MS Astor durch den Beagle-Kanal und wir konnten dort mehrere riesige Gletscher wieder ganz aus der Nähe beobachten. Ein Teil dieser Gletscher ging bis zum Wasser, ein anderer Teil war nur auf den Bergspitzen. Die See hatte mit Stärke 3 jetzt schon etwas aufgefrischt und es waren nur noch 5 Grad.
Nach dem Mittagessen unternahmen wir um 14:15 Uhr einen Ausflug in den Nationalpark Feuerland. Besonders beeindruckend war ein kleiner Fußmarsch bis zum letzten Meter auf dem Festland. Hier endete die Traumstrasse Nr. 1 und hier standen wir wirklich am Ende der Welt! Knapp 1000 Kilometer weiter liegt die Antarktis. Leider gehörte bei dieser Reise kein Ausflug zur Antarktis dazu, was im Jahr darauf der Fall war. Das ärgerte uns schon ein bisschen, andererseits ist ein eintägiger Abstecher zur Antarktis ja auch viel zu wenig. Wir werden wohl irgendwann einmal einen eigenen mehrtägigen Ausflug in die Antarktis machen, müssen dann leider nur nochmals den weiten Anflug nach Ushuaia in Kauf nehmen, von dort aus starten nämlich die Expeditionsschiffe zum Südpol.
Da wir erst um 18:30 Uhr zurück auf dem Schiff waren, gab es an diesem Tag das Abendessen für die erste Tischzeit erst um 19:00 Uhr.
Um 22:00 Uhr gab es in der Astor Lounge als Abendprogramm eine Ushuaia Tango Show und als Mitternachts-Imbiss gab es um 23:15 Uhr eine Kaiserschmarrn-Party im Übersee-Club. Hier zeigte

es sich ganz deutlich, dass der Küchenchef ein Österreicher war.

Wir beobachten um 00:00 Uhr noch das Auslaufen der MS Astor aus Ushuaia und gingen erst danach zu Bett.

Am Donnerstag, 14. April folgte dann ein weiterer Höhepunkt der Reise, nämlich die Umrundung des Kap Hoorn. Und diese Umrundung war bei Seegang 6 und Windstärke 8 wieder ein einmaliges Erlebnis, aber sicherlich nicht für jeden Gast an Bord.

Wir hatten Glück, dass wir überhaupt das Kap umrunden durften, denn dieser Seegang ist das äußerste, der dies erlaubt. Am Tag vor uns musste ein anderes Kreuzfahrtschiff die Umrundung wegen zu hohem Seegang abbrechen und auch am Tag nach uns erfuhren wir, dass ein weiteres Schiff ebenfalls die Umrundung abbrechen musste. Wir hatten glücklicherweise genau den einen Tag erwischt, der die Umrundung erlaubte. Zur Feier dieser Umrundung gab es auf dem Lidodeck Glühwein und Erbsensuppe.

Am restlichen Vormittag habe ich wieder Fotos am Laptop bearbeitet und nach dem Mittagessen folgte um 14:30 Uhr die 3. Stunde Tango Argentino, was jetzt bei Seegang 6 schon sehr erschwert war und nicht mehr so richtig Spaß machte. Man wollte einen Schritt nach vorne machen, trat aber ins Leere, da das Schiff sich da gerade zur Seite neigte und das Gehen war eher ein Stolpern. Aber es erging ja allen Kursteilnehmern so.

Da uns das Abendprogramm an diesem Tag nicht interessierte, nahmen wir nach dem Abendessen ein paar Drinks in der Galeria, sahen uns die ersten bearbeiteten Fotos am Laptop an und trafen uns um 21:00 Uhr mit anderen Gästen in der Hanse-Bar.

Da der Freitagvormittag frei war, gingen wir nochmals für 3 Gänge in die Sauna und genossen bei einem Aufguss die wohlige Wärme. Das Aufgussmittel haben wir uns natürlich selbst mitgebracht, das wird nicht an Bord gestellt.

Um 11:30 Uhr erreichte die MS Astor den Liegeplatz vor West Point / Falklands und ankerte dort bei einem Seegang von 4, aber sonnigen 10 Grad.

West Point ist eigentlich eine Privatinsel, die nicht von Kreuzfahrtschiffen angelaufen wird, aber der Kapitän der MS Astor kennt die dort lebende Familie gut und darf die Insel anlaufen.

Nach dem Mittagessen wurden wir mit den Beibooten an Land gebracht und dort folgte ein sehr anstrengender 1stündiger Fußmarsch über Moorgebiet zu einer Pinguin- und Albatross-Kolonie.

Danach gab es in dem englischen Landhaus an der Küste Tee und Gebäck von dem Ehepaar, das auf dieser Insel lebt.

Um 15:30 Uhr waren wir zurück an Bord und abends gab es als Hauptprogramm in der Astor Lounge eine gute Musikdarbietung „Dies ist die Stunde... - Beliebte Melodien aus aktuellen Musicals mit Astrid Andresen und Joachim Benkenstein".

Am Samstag wurden wir wieder früher, bereits um 06:15 Uhr durch das Bordradio geweckt und nach dem Frühstück erreichte die MS Astor den Liegeplatz vor Port Stanley / Falklands. Dies ist die eigentliche Haupt-Falklandinsel, um die während des Falklandkrieges zwischen Großbritannien und Argentinien gekämpft wurde.

Der Seegang hatte noch weiter zugenommen und hatte jetzt die Stärke 6, aber es war mit 10 Grad und strahlendem Sonnenschein doch recht angenehm.

Um 08:00 Uhr begann das Austendern und an Land nahmen wir an einem Ausflug „Long Island Schaffarm" teil. Die Fahrt im Bus führte uns über die eigenartige Landschaft der Falklandinsel und am Ziel besuchten wir eine Schaffarm und es wurde uns dort das Schafe scheren praktisch demonstriert sowie das Torfstechen vorgeführt. Auf den Falkland Inseln wird noch sehr viel mit Torf geheizt, das auf der Insel in ausreichendem Maße vorhanden ist.

Nachmittags um 14:30 Uhr hatten wir eigentlich die nächste Unterrichtsstunde im argentinischen Tango, haben dies dann aber wegen des zu hohen Seegangs abgebrochen und auch später nicht mehr fortgesetzt.

Nach der Kaffeepause in der Astor Lounge beteiligten wir uns um 15:45 Uhr an einem Spanisch-Kurs für Anfänger, setzten dies dann aber auch nicht mehr fort. Ich selbst hatte einige Jahre zuvor Spanisch gelernt und konnte dies noch ganz gut und meine Frau hat kein großes Interesse an Sprachen lernen.

Statt des regulären Abendessens gab es an diesem Abend im Übersee-Club ein argentinisches Spezial-Abendessen, natürlich mit Steaks und passendem Wein.

Da im Übersee-Club nicht alle Reiseteilnehmer Platz finden, wird ein derartiges Spezialessen immer in 4 Gruppen angeboten und zwar tischweise aus dem Waldorf-Restaurant. Wir waren mit unserem Tisch an diesem Tag an der Reihe, für die übrigen Gäste gab es das reguläre Abendessen und an den folgenden drei Tagen kamen dann die Gäste anderer Tische in den Genuss dieses Spezialessens und wir hatten wieder unser reguläres Essen im Waldorf-Restaurant.

Um 21:45 Uhr gab es in der Astor Lounge mit dem Zaubergeiger Jiri Erlebach die sehr gute Show „Komm Zigany –ein Feuerwerk der Musik".

Der Morgenwecker erschall am Sonntag um 07:00 Uhr und wie jeden Sonntag gab es beim Frühstücksbuffet Sekt und Lachs. Im Jahr darauf wurde dies ausgedehnt und es gab täglich Sekt beim Frühstück. Nach dem ausgiebigen Frühstück sortierten wir unsere gebrauchte Wäsche und gaben sie für die Wäscherei und die Reinigung ab. Bei 5 Wochen Urlaub kann man unmöglich so viel Wäsche mitnehmen, dass man ohne waschen auskommt.

Um 10:00 Uhr besuchten wir den Diavortrag „Tierparadies Valdes- Halbinsel, Buenos Aires und Montevideo" des Lektors. Der Seegang hatte sich leicht auf die Stärke 5 verringert und es waren bei bedecktem Himmel 11 Grad warm. Um 11:00 Uhr gab es auf dem Lidodeck eine Vorführung in Eis-Schnitzen, danach gingen wir zum Mittagessen. Dann legten wir in der Kabine eine Siesta ein, bevor wir um 17:00 Uhr unsere Urkunden der Kap Hoorn Umrundung abholen konnten.

Nach einem Aperetiv in der Galerie und dem Abendessen gab es in der Astor Lounge um 21:45 Uhr „Die Nacht der Filmmusik" mit diversen Künstlern. Danach trafen wir uns wieder mit anderen Gästen in der Hanse-Bar und gingen erst nach Mitternacht ins Bett.

Nachdem wir am Montag um 06:30 Uhr geweckt wurden, erreichte die MS Astor während des Frühstücks um 07:30 Uhr den Hafen von Puerto Madryn / Argentinien.

Es waren 11 Grad warm und der Seegang hatte weiter bis zur Stärke 3 abgenommen.

Um 08:00 Uhr starteten wir mit einem Bus zum Halbtagesausflug „Punta Loma und Estancia San Guillermo".

Bei diesem Ausflug wurde uns in der Estancia nochmals das Schafe scheren demonstriert, aber dies war eine eigens für Touristen ausgerichtete Show und nicht so authentisch, wie wir es auf der Falklandinsel erleben durften.

Um 12:00 Uhr waren wir wieder zurück an Bord und genossen das Mittagessen, danach sonnten wir uns, allerdings in eine Decke eingewickelt, auf dem Sonnendeck.

Um 15:00 Uhr erwischte mich ganz plötzlich ohne jede Vorwarnung ein heftiges Erbrechen mit Durchfall, was aber nichts mit dem Seegang zu tun hatte, jetzt lag das Schiff ja sowieso ruhig im Hafen. Ich legte mich in der Kabine ins Bett und ließ sowohl das Abendessen als auch die Aben-show und einen Barbesuch ausfallen. Meiner Frau ging es gut, so dass sie natürlich zum Abend-essen ging und sich danach mit anderen Gästen in der Hanse-Bar traf.

Auch am Dienstag hielt dieser Zustand bei mir an und ich verbrachte den gesamten Vormittag zwischen Bett und Toilette. Da es sich aber wieder um einen Seetag ohne Landgang handelte, versäumte ich nichts. Die See war mit Stärke 2 wieder relativ ruhig und es war bei Sonnenschein 14 Grad warm. Meine Frau machte vormittags 2 Saunagänge und da es mir am Nachmittag zum Glück wieder besser ging, trafen wir uns um 15:30 Uhr zur Teestunde in der Astor Lounge.
Zum Abendessen wählten wir statt der angebotenen Menüs zusammen mit dem Paar aus Krefeld ein Steak. Auf der MS Astor kann man täglich statt der Menüs auch ein Steak bekommen, muss dies aber bereits am Vortag bestellen. Um mich noch etwas zu schonen, ging ich gleich nach dem Abend-essen ins Bett und nicht mehr mit in die Bar.

Am Mittwoch weckte uns das Radio um 07:00 Uhr und nach dem Frühstück wurden in der Astor Lounge die Ausflüge in Rio de Janeiro und Porto Seguro vorgestellt. Danach machten wir nochmals einen Saunagang. Anschließend ereilte mich ein Rückschlag und ich hatte erneut mit Erbrechen und Durchfall zu kämpfen, so dass ich das Mittagessen ausfallen ließ und erneut die Kabine aufsuchte. Um 17:15 Uhr gab es ein Treffen aller Gäste, die bereits mehrmals mit der MS Astor oder der MS Astoria gefahren waren in der Astor Lounge und am

Abendessen um 18:00 Uhr nahm ich wieder teil, fühlte mich danach aber wieder sehr unwohl und suchte sofort abschließend die Kabine auf.

Der Morgenwecker ging am Donnerstag um 07:00 Uhr los und die MS Astor erreichte zu diesem Zeitpunkt den Hafen von Buenos Aires / Argentinien.
Um 08:00 Uhr gingen wir an Land und unternahmen mit dem Bus eine halbtägige Stadtrundfahrt durch Buenos Aires mit mehreren Fotostopps etc. Es war sonnig und 17 Grad warm.
Um 12:30 Uhr waren wir wieder zurück an Bord und nahmen das Mittagessen ein, danach ruhten wir uns etwas in der Kabine aus.
Um 17:30 Uhr fuhren wir in das Stadtzentrum von Buenos Aires und nahmen dort an einer sehr, sehr guten Tango- Tanz-Show in einer relativ kleinen Bar teil.
Da wir erst um 21:00 Uhr auf das Schiff zurückkehrten, gab es an diesem Tag für uns kein reguläres Abendessen im Waldorf Restaurant, sondern es wurden im Überseeclub Brathähnchen mit Pommes Frites als Ausweichessen angeboten.
Danach gab es auf dem Lidodeck Live-Tanzmusik mit dem Duo „Raffaella".
Um 23:15 Uhr beobachteten wir das Auslaufen der MS Astor aus dem Hafen von Buenos Aires, bevor wir zu Bett gingen.

Am Freitag war bereits um 06:30 Uhr Wecken und nach dem Frühstück sonnten wir uns bei 21 – 26 Grad auf dem Sonnendeck und genossen endlich einmal die herrliche Sonne.
Um 10:00 Uhr gab es in der Astor Lounge einen Diavortrag über Flusskreuzfahrten und da wir schon öfters vorhatten eine derartige Fahrt auf der Wolga zu unternehmen, buchten wir sofort spontan eine Flusskreuzfahrt im nächsten Jahr von Moskau nach Sankt Petersburg, ohne dass ein Katalog mit den

genauen Reiseterminen und den Preisen zur Verfügung stand. Diese erhielten wir erst lange nach unserer Rückkehr aus Südamerika.

Um die Mittagszeit erreichte die MS Astor Uruguay und legte im Hafen von Montevideo an.

Nach dem Mittagessen sonnten wir uns noch kurz auf dem Sonnendeck, bevor wir um 13:45 Uhr zur Stadtrundfahrt durch Montevideo an Land gingen. Da wir in vielen anderen Städten während dieser Reise Stadtrundfahrten unternahmen, wollten wir eigentlich einen anderen Ausflug mit einer Weinprobe buchen, aber dies kam wegen zu geringer Teilnehmerzahl nicht zustande.

Nach dem Abendessen nahmen wir einen Drink in der Galerie und trafen uns ab 20:30 Uhr mit anderen Gästen in der Hanse-Bar. Um 22:00 Uhr verließ die MS Astor den Hafen von Montevideo und setzte die Fahrt Richtung Brasilien fort. Wir beobachteten die Abfahrt bei immer noch warmen Temperaturen auf dem Lidodeck und gingen erst weit nach Mitternacht zu Bett.

Der Samstag war wieder ein reiner Seetag ohne Landgänge und wir gönnten uns nach dem Frühstück nochmals zwei Saunagänge.

Ab 10:45 Uhr fand auf dem Lidodeck ein Frühschoppen mit Freibier, Würstchen, Leberkäse, Salaten, Laugenbrezel etc. statt. Dieser Frühschoppen wird in jedem Reiseabschnitt einmal veranstaltet und eine Stunde lang kann Freibier getrunken werden, soviel man möchte oder kann. Zu diesem Freibierfest gibt es immer Live-Stimmungsmusik, an diesem Tag von dem ausgezeichneten Sänger Joachim Benkenstein. Bei 21 Grad im Schatten musste man höllisch aufpassen, dass man sich nicht zuviel zutraute.

Ein Mittagessen war nach dem Frühschoppen natürlich nicht mehr notwendig, so dass wir uns in der Kabine etwas erholten, bevor wir um 14:45 Uhr wieder zur Teestunde in die Astor Lounge gingen. Nach dem Abendessen gönnten wir uns einen Drink in der Galerie und um 20:00 Uhr gab es für die erste Tischzeit die Show „Die swingende Geige mit Jiri Erlebach" im Captains Club.

Als Hauptabendprogramm gab es ab 22:00 Uhr die Astor Crew Show in der Astor Lounge. Hier treten Mitglieder der Bord-Crew mit artistischen, musikalischen oder humoristischen Einlagen auf, die in der Qualität natürlich sehr unterschiedlich sind. Es gibt hier ganz ausgezeichnete Show-Einlagen aber auch weniger gute. Leider wurden teilweise die gleichen Gags präsentiert wie auch im Jahr zuvor bei unserer Südseereise.

Nach der Show trafen wir uns wieder mit anderen Gästen in der Hansebar und ließen dort den Tag ausklingen.

Am Sonntag ertönte der Wecker um 07:00 Uhr und es gab wieder Sekt und Lachs am Frühstücksbuffet. Danach besuchte meine Frau den ökonomischen Gottesdienst im Captains Club und ich selbst schrieb diverse Emails an unsere Kinder, an meinen Dienst und an Bekannte.

Der Seegang betrug an diesem Tag Stärke 2 und es war zwar bedeckt, aber angenehme 21 Grad warm.

Nach dem Mittagessen ruhten wir uns auf dem Sonnendeck etwas aus, gingen dann zur Teestunde in die Astor Lounge, wieder mit live Klaviermusik und nahmen anschließend um 16:45 Uhr an einer Bingo-Veranstaltung im Übersee-Club teil. Dieses Mal war mir das Glück hold und ich gewann den ersten Preis mit ca. 70 Euro. Das Geld spendete ich aber für ein Kinderheim in Kiew, zu dem der Kapitän der MS Astor schon eine langjährige Beziehung hat.

Da am übernächsten Tag dieser 3wöchige Abschnitt der Weltreise von Valparaiso bis Rio de Janeiro zu Ende ging, gab es am Abend das festliche Abschieds-Gala-Abendessen, wie es sich gehört mit einer Eisbombe und Wunderkerzen als Abschluss. Normalerweise ist dieses Abschieds-Dinner immer am Abend vor dem letzten Tag, aber wegen des Programms der nächsten beiden Tage musste es bereits 2 Tage vorher durchgeführt werden.

Danach wurde in der Galerie der Film „Kreuzen in den chilenischen Fjorden" präsentiert und wir haben sofort die DVD von diesem Film bestellt.

Ab 22:00 Uhr folgte in der Astor Lounge die Abschiedsgala-Show „That's Entertainment" mit allen Künstlern, die bei diesem Abschnitt an Bord waren.

Als Mitternachtsimbiß gab es an diesem Abend, wie immer bei den Galaabenden, Schokoladen-Leckereien und danach blieben wir noch bis weit nach Mitternacht in der Hanse-Bar.

Auch am Montag wurden wir um 07:00 Uhr durch das Radio geweckt und um 10:00 Uhr erhielt ich zusammen mit 4 anderen Gästen ausnahmsweise die Genehmigung, an einer Besichtigung des Maschinenraumes teilzunehmen. Dies ist eigentlich nicht erlaubt, aber für uns 5 wurde nach gutem Zureden beim Hotelchef eine Ausnahme gemacht. Meine Frau war an dieser Besichtigung nicht interessiert, so dass ich sie alleine mitmachte. Meine Frau nahm dafür an einem Diavortrag über Rio de Janeiro teil, der mich natürlich auch interessiert hätte, aber beides zusammen ließ sich nicht arrangieren.

Der Seegang hatte wieder etwas zugelegt und betrug jetzt Stärke 3, es war stark bewölkt, aber 25 Grad warm. Am Nachmittag begann es leicht etwas zu regnen.

Als besonderes Angebot zum Mittagessen präsentierte der Koch eine Riesen-Nudelpfanne auf dem Lidodeck und wir genossen die leckeren Pasta. Danach sonnten wir uns etwas auf dem Sonnendeck, bis starker Regen einsetzte.

Um 16:00 Uhr gab es in der Astor Lounge während der Kaffeestunde die Verlosung der Seekarte des Reiseabschnitts und eines Reisegutscheins in Höhe von 250,00 €. Der Reisegutschein wird unter allen Einsendern der Beurteilung über den zurück liegenden Reiseabschnitt verlost, für die Seekarte kann man eine Spende in Höhe von 5,00 € für das Kinderheim in Kiew abgeben und unter allen Spendern wird dann die Original-Seekarte verlost, die neben der Rezeption hängt und in der täglich die Reiseroute eingetragen wird.

Nach dem Abendessen wurde für die erste Tischzeit um 20:00 Uhr der fertige Film des Reise-abschnitts in der Astor Lounge präsentiert. Da aber am nächsten Tag in Rio de Janeiro der Abschnitt zu Ende ging und ein neuer Abschnitt begann, war Rio de Janeiro nicht mehr auf diesem Film enthalten. Zwar sind die Videofilme oder DVD des Bordfotografen mit 90 € nicht gerade billig, aber man hat selbst keine Arbeit mit der Bearbeitung eigener Videofilme und ist teilweise auch selbst auf den Filmen zu sehen, so dass dieser eine schöne Erinnerung ist und wir haben von jedem Abschnitt jeweils die DVD gekauft.

Um 21:45 gab es im Übersee-Club eine große Abendbingo-Veranstaltung, auch das ist Tradition auf der MS Astor am vorletzten Tag eines Abschnittes. Anders als bei den „normalen" Bingoveranstaltungen ist hierbei, dass jeder Teilnehmer beim Ziehen einer Schnapszahl (also 11, 22, 33 etc.) einen Gratisschnaps erhält. An diesem Tag blieben wir auch gleich im Übersee-Club und statteten der Hanse-Bar keinen Besuch mehr ab. Da das Paar aus Krefeld am nächsten Tag von Bord ging, feierten wir entsprechend den Abschied.

Der Kapitän der MS Astor machte extra Werbung für den nächsten Tag und führte aus, dass die Hafeneinfahrt von Rio de Janeiro eine der schönsten der Welt sei. Also stellten wir extra unseren Wecker auf 05:30 Uhr und gingen voller Erwartungen hinaus aufs Deck.

Dann aber die herbe Enttäuschung: Es regnete sehr stark, die Hafeneinfahrt und der berühmte Zuckerhut lagen irgendwo im Dunst verborgen, zu sehen war fast nichts! Schade, Rio hätten wir uns schöner vorgestellt, aber das Wetter lässt sich halt – zum Glück – nicht beeinflussen.

Aber dass ausgerechnet der einzige schlechte Tag während eines 5wöchigen Urlaubs in Rio de Janeiro war, frustrierte uns schon ein wenig. Zwar war es mit 22 Grad angenehm warm, aber das tröstete uns jetzt auch nicht so sehr.

Also gingen wir um 07:00 Uhr erst einmal zum Frühstücksbuffet und traten dann um 07:45 Uhr unseren ersten von zwei gebuchten Ausflügen in Rio an. Nach einer kurzen Stadtrundfahrt und der Besichtigung einer merkwürdig gebauten Kirche, die als solche gar nicht zu identifizieren war, ging es zum Zuckerhut und dort in zwei Etappen hinauf auf den Gipfel. Es regnete immer noch und war immer noch ziemlich diesig, so dass wir den gegenüberliegenden Corcovado nur schemenhaft im Dunst erkennen konnten, die Sicht auf die Stadt und die – allerdings menschenleeren – Strände war etwas besser.

Um 12:00 Uhr waren wir zurück auf dem Schiff und gingen zum Mittagessen, danach startete der zweite Rio-Ausflug um 13:45 Uhr. Hier fuhren wir zum Corcovado und dort dann mit der Zahnrad-bahn durch den Tijuca Regenwald hinauf auf den Gipfel, wo die weltberühmte Christus-Statue steht. Neben dem Regen war es jetzt auch noch sehr kalt und stürmisch, so dass wir uns nur kurz auf dem Gipfel aufhielten und dann wieder zu Tal fuhren. Mit dem Bus ging es dann noch vorbei an der weltberühmten Copacobana, die aber wegen des schlechten Wetters absolut menschenleer war und ich hatte mich so auf die knackig braunen Bikinischönheiten mit ihrer „**Zahnseide**", wie die knappen Bikinihöschen heißen, gefreut. Na ja, ein Grund mehr irgendwann noch einmal nach Rio de Janeiro zu reisen, z. B. zum Karneval. Um 18:00 Uhr waren wir zurück auf dem Schiff und nahmen unser Abendessen ein. Danach verfolgten wir um 20:00 Uhr das Auslaufen der MS Astor aus dem Hafen von Rio de Janeiro, begleitet von Live-Musik des Duo Raffaella im Übersee Club. Ein Aufenthalt auf dem Lidodeck war wegen des schlechten Wetters leider nicht möglich. Und anschließend spülten wir in der Hanse-Bar noch unseren Frust über den Schlechtwettertag hinunter.

Am nächsten Tag fand ein großer Gästewechsel statt, da Rio de Janeiro Endziel der Etappe rund um Südamerika war und gleichzeitig Beginn der nächsten Etappe über den Atlantik. Etwa 300 Gäste waren morgens in Rio ausgestiegen und hatten die Reise beendet, etwa 250 Gäste waren neu eingestiegen, um den nächsten oder die nächsten beiden Reiseabschnitte zu absolvieren. Weiterhin wurde ein 3-Tagesausflug zu den Wasserfällen Iguacu angeboten, an dem ebenfalls etliche Gäste teilnahmen, die in Rio von Bord gingen und erst bei der übernächsten Station wieder zustiegen. Zwar hätten wir auch sehr gerne diese Wasserfälle besucht, hätten dann aber auf die Ausflüge in Rio verzichten müssen und hätten auch den nächsten Hafen versäumt, was wir nicht wollten. Hätten wir aber geahnt, wie schlecht das Wetter in Rio de Janeiro sein würde, wäre der Ausflug zu den Wasserfällen doch die besser Wahl gewesen. Die Wasserfälle werden wir mit einem der nächsten Urlaube in einem späteren Jahr verbinden. Da auch unser bekanntes Paar aus Krefeld in Rio von Bord ging und zurück nach Deutschland flog, fand auch ein Gästewechsel an unserem Dinner-Tisch im Restaurant statt und es kam ein neues Paar zu uns an den Tisch, das aber ebenfalls sehr nett war und wir wieder gute Gespräche führen konnten.

Mussten wir bei der Südseereise im Jahr davor nach dem 4-wöchigen Abschnitt in Auckland von Bord, was uns sehr, sehr schwer fiel, durften wir dieses Mal noch für einen weiteren Abschnitt an Bord bleiben, was sich natürlich in unserer ausgezeichneten Laune widerspiegelte.

Also begann am Mittwoch, 27. April der nächste Reiseabschnitt mit dem Morgenwecker um 07:00 Uhr. Um 09:30 Uhr wurden in der Astor Lounge die kommenden Ausflüge in Salvador, Recife und Natal vorgestellt und konnten auch gleich gebucht werden. Aber wir hatten ja bereits zu Beginn der Reise komplett alle Ausflüge bis zum Ende auch des 2. Abschnitts gebucht.

Nach dem schlechten Wetter des Vortages war es jetzt zwar noch bedeckt, regnete aber nicht mehr und mit 24 Grad war es auch sehr warm. Der Seegang war mit einer Stärke von 2 nur mäßig.

Nach dem Mittagessen gab es um 14:00 Uhr einen interessanten Diavortrag des Lektors über die nächsten Häfen in Brasilien. Und nach der Kaffeestunde gab es zum Beginn des nächsten Reiseabschnittes wieder einen Kapitäns-Willkommens-Cocktail in der Astor Lounge und danach um 18:00 Uhr das festliche Willkommens-Abendessen für die erste Tischzeit.

Nach einem Drink in der Galerie gab es ab 22:00 Uhr die große Willkommensshow mit allen Künstlern während des nächsten Reiseabschnittes. Mehrere Künstler des letzten Abschnittes hatten das Schiff verlassen und es waren einige neue Künstler an Bord gekommen. Auch das Bordorchester hatte gewechselt, aber auch das neue spielte im gleichen Stil wie das vorherige, was uns nicht gefiel. Nach der Show trafen wir uns mit neuen Gästen in der Hanse-Bar, bevor wir erst nach Mitternacht zu Bett gingen.

Am Donnerstag weckte uns das Radio um 06:00 Uhr und kurz darauf erreichte die MS Astor Porto Seguru / Brasilien. Nach dem Frühstück begann um 07:45 Uhr unser Ausflug „Porto Seguro und seine Strände", bei dem auch ein Mittagessen eingeschlossen war. Es war 23 Grad warm und leicht bedeckt. Um 16:00 Uhr kehrten wir zum Schiff zurück und nach dem Abendessen gab es um 20:15 Uhr im Übersee-Club eine Ratefix-Veranstaltung sowie Live-Musik zum Tanzen, aber die Tanzfläche im Übersee-Club ist nur sehr klein. Es tanzten auch nur sehr wenige Paare, darunter aber ein Pärchen aus Süddeutschland ganz fantastisch.

Nachdem uns das Radio am Freitag um 06:30 Uhr geweckt hatte, erreichte die MS Astor Salvador / Brasilien und um 08:15 Uhr nahmen wir am Ausflug „Historisches Salvador" teil, der uns in die Altstadt führte, die wir zu Fuß erkundeten. Jetzt war es mit 28 Grad schwülheiß und es ging teilweise steil bergauf und bergab auf Pflastersteinen. Nach der Rückkehr an Bord und dem Mittagessen sonnten wir uns auf dem Deck, bevor wir zum Tee in die Astor Lounge gingen. Ab 18:30 Uhr gab es für diesen Reiseabschnitt wieder den bereits erwähnten Markttag in der Astor Lounge und anschlies-send auf dem offenen Lidodeck eine Disco. Selbstverständlich besuchten wir danach auch wieder die Hanse-Bar, bevor es nach Mitternacht in die Kabine ging.

Am Samstag war es mit 30 Grad noch heißer als am Vortag, die See war mit einem Seegang zwischen 1 und 2 sehr ruhig, so dass wir uns am Vormittag auf dem Deck sonnten. Um 10:00 Uhr besuchte meine Frau eine Lesung des Autors Hardy Krüger, der jetzt an Bord weilte. Mich selbst interessierte das nicht, ein Buch kann ich auch selbst lesen.

Anstelle des üblichen Mittagessens gab es um 12:30 Uhr eine Indonesische Reistafel auf dem Lidodeck und um 14:30 Uhr nahmen wir an einem Tanzkurs für Fortgeschrittene teil, an diesem Tag wurde Samba eingeübt. Nach der nachmittäglichen Teestunde in der Astor Lounge gab es um 16:45 Uhr eine Bingoveranstaltung im Überseeclub und nach dem Abendessen präsentierte der jetzt an Bord gekommene Verwandlungskünstler Megy de Bonaqua als Vorabendprogramm für die erste Tischzeit seine Show. Auch hier mussten wir jetzt leider feststellen, dass dieser aus unserer Sicht nur mittelmäßige Künstler auch schon im Jahr davor während der Südseereise engagiert war. Mehr Abwechslung bei den Reisen wäre sicher angebracht, da doch etliche Gäste mehrmals mit der MS Astor reisen und nicht immer wieder das gleiche Programm geboten bekommen wollen.

Ab 21:00 Uhr spielte das Duo Raffaella auf dem Lidodeck zum Tanz auf und als Hauptabend-programm gab es um 21:45 Uhr in der Astor Lounge die Show „Steck dir deine Sorgen an den Hut –ein schwungvoller Abend mit Tom Robin".

Sonntag, der 01. Mai war auch in Brasilien Feiertag und noch während des sonntägichen Frühstücks mit Sekt und Lachs erreichte die MS Astor den Hafen von Receife in Brasilien. Um 08:15 Uhr starteten wir zum Ausflug „Receife und Olinda". Es war an diesem Tag sonnig und ca. 29 Grad heiß. Nach der Rückkehr auf dem Schiff und dem Mittagessen erholten wir uns etwas in der Kabine, bevor wir zur Teestunde in die Astor Lounge gingen. Danach bearbeitete ich wieder die Fotos der Vortage am Laptop.

Als Alternative zum regulären Abendessen wurde ab 19:00 Uhr auf dem Lidodeck ein großes brasilianisches Barbecue-Dinner angeboten, was wir auch nutzten. Um 20:00 Uhr verließ die MS Astor

Receife und nahm Kurs auf Natal. Um 21:30 Uhr gab es in der Astor Lounge eine Albuquerque-Show mit brasilianischer Musik und Tänzen.

Am Montag erreichte die MS Astor während des Frühstücks Natal und um 08:15 Uhr begann unser gebuchter Ausflug „Sonnenstadt Natal" mit einer Stadtrundfahrt und an die Sanddünen. Es war sonnig und 30 Grad heiß. Um 12:15 Uhr waren wir zurück an Bord des Schiffes und während und nach dem Mittagessen spielte das Duo Raffaella auf dem Lidodeck.

Um 13:00 Uhr legte die MS Astor in Natal ab, nahm Kurs auf die Kapverden und es hieß Abschied nehmen von Südamerika.

Der Seegang war immer noch mit Stärke 2 nur mäßig und nach dem Mittagessen legten wir eine kurze Siesta in der Kabine ein. Nach der Teestunde in der Astor Lounge beteiligten wir uns ab 16:30 Uhr wieder an der Tanzstunde für Fortgeschrittene, wobei an diesem Tag Samba und Tango geübt wurden. Um 19:15 Uhr gab es ein Meeting mit der Kreuzfahrtleitung und der Reiseleitung an Bord und es konnten Kreuzfahrten für das nächste Jahr gebucht werden. Da aber die Kataloge für 2006 noch nicht vorlagen, handelte es sich erst einmal nur um Vormerkungen. Wir entschieden uns neben der Flusskreuzfahrt im Mai von Moskau nach Sankt Petersburg zusätzlich noch für eine 14tägige Ostsee-Kreuzfahrt.

Für die erste Tischzeit gab es als Vorabendprogramm um 20:15 im Captains Club „Schöne Melodien zur Abendstunde mit Christian Müller" und ab 21:00 Uhr spielte das Duo Raffaella auf dem Lidodeck zum Tanz auf. Nach einem Besuch in der Hanse Bar gingen wir erst um 01:00 Uhr zu Bett. Da wir jetzt wieder zurück nach Europa fuhren, mussten wir in dieser Nacht zum ersten Mal die Uhren um eine Stunde vorstellen.

Der Dienstag war wieder ein reiner Seetag ohne Landausflüge und wir haben uns daher nach dem Frühstück bei heißen 30 Grad auf dem Deck gesonnt. Um 10:00 Uhr wurden die Landausflüge auf den Kapverden, Gran Canaria und Madeira vorgestellt. Da wir in Gran Canaria von Bord gingen, waren die Ausflüge dort und auf Madeira für uns nicht mehr von Interesse. Um 10:45 Uhr ging meine Frau nochmals zum Seidenmalkurs, ich selbst sonnte mich weiter auf dem Deck und ließ die Seele baumeln. Auch nach dem Mittagessen sonnten wir uns beide weiter auf dem Deck.

Nach der Kaffeestunde gab es am Nachmittag um 17:15 Uhr einen Sektempfang für Astor-/Astoria-Vielfahrer, zu denen wir jetzt bei der 2. Reise auch schon gehörten. Eigentlich war dies schon die 3. Reise, da wir dieses Mal 2 Reiseabschnitte kombiniert hatten.

Um 18:00 Uhr gab es in der Hälfte dieses Reiseabschnittes ein Kapitäns-Gala-Abendessen und um 20:15 Uhr als Vorabendprogramm für unsere erste Tischzeit „Virtuose Serenaden aus Wien –ein Kammermusikabend mit dem Trio Amanti della musica".

Dieses Trio war im letzten Hafen neu an Bord gekommen. Als Hauptabendprogramm wurde um 21:45 Uhr in der Astor Lounge ein Gala-Ball unter dem Motto „Musik liegt in der Luft" veranstaltet.

Auch der Mittwoch war ein reiner Seetag, die See wurde jetzt etwas unruhiger und erreichte eine Stärke von 3, es war teils sonnig / teils bedeckt bei 28 Grad. Um 09:45 Uhr gab es einen Diavortrag des Lektors über die Kapverden und ab 11:00 Uhr wurde auf dem Lidodeck die Äquatortaufe zelebriert. Wir nahmen aber nur als Zuschauer daran teil, haben uns dieses Mal aber auch eine Urkunde zur Äquatorüberquerung abgeholt. Das hatten wir bei der Reise im Vorjahr glatt vergessen bzw. wir dachten, diese gäbe es nur für die aktiven Teilnehmer an der Taufe.

Nach dem Mittagessen legten wir wieder eine kurze Siesta in der Kabine ein und gingen nach der Teestunde zur nächsten Übungsstunde Tanzen für Fortgeschrittene und übten den Langsamen Walzer. Nach dem Abendessen wurde in der Astor Lounge der 1. Teil des Films dieses Reiseabschnittes präsentiert und um 20:15 Uhr gingen wir zum Vorabendprogramm „Man sieht nur mit dem Herzen gut – Musical-Melodien mit Astrid Andresen" im Captains Club.

Ab 21:00 Uhr spielte das Duo Raffaella auf dem Lidodeck zum Tanz auf. In dieser Nacht mussten die Uhren um eine weitere halbe Stunde vorgestellt werden.

In Deutschland war Donnerstag, der 05. Mai ein Feiertag, nämlich Christi Himmelfahrt, hier an Bord und auf dem Atlantik hatte dies natürlich keine Bedeutung. Auch dieser Tag war ein reiner Seetag und der Seegang betrug weiterhin unverändert Stärke 3, es war bedeckt, aber immer noch angenehme 25 Grad warm. Morgens legten wir nach dem Frühstück nochmals einen Saunagang ein und ab 10:45 Uhr gab es den für diesen Abschnitt geplanten Frühschoppen auf dem Lidodeck.

Beim nachmittäglichen Tanzkurs wurde Slowfox einstudiert und um 17:15 Uhr gab es das Club Columbus Treffen mit Sekt und kleinen Häppchen, das ebenfalls in jedem Reiseabschnitt einmal veranstaltet wird.

Nach dem Abendessen präsentierte einer der Reiseleiter, Jerry, im Captains Club Lieder aus seiner alten und neuen Heimat und um 21:45 Uhr gab es als Hauptabendprogramm in der Astor Lounge die Show „Die wilden 50er", wobei diese Show fast zu 100 % identisch war mit der gleichnamigen Show ein Jahr davor in der Südsee. Schade, dass man als

Wiederhol-Fahrer auf der MS Astor öfters die gleiche Show angeboten bekommt, hier wäre eine größere Vielfalt angebracht. In dieser Nacht mussten die Uhren nochmals um eine halbe Stunde vorgestellt werden.

Am Freitag sonnten wir uns nach dem Frühstück auf dem Deck und meine Frau besuchte zwischendurch um 10:00 Uhr den Seidenmalkurs. Nach dem Mittagessen erreichte die MS Astor um 12:40 Uhr den Hafen von Mindelo / Kapverden. Um 13:30 Uhr nahmen wir am gebuchten Ausflug „Mindelo, Baia das Gatas" teil, bei dem uns ein Fort, die Altstadt mit einer Fischhhalle etc. gezeigt wurden. Um die Mittagszeit legten wir eine Pause am Strand ein, hatten dort Gelegenheit zum Baden im Meer und erhielten auch ein Mittagessen. Insgesamt waren wir von der Kapverdischen Insel etwas enttäuscht, die Gegend war sehr karg und viel Interessantes gab es für die Touristen nicht zu sehen. Um 17:30 Uhr waren wir zurück an Bord der MS Astor und nach dem Abendessen gab es im Captains Club „Evergreens, Oldies und Lieder aus eigener Feder mit Tom Robin".
Um 22:00 Uhr folgte in der Astor Lounge die Astor-Crew-Show, wobei diese ebenfalls fast zu 100 Prozent identisch war mit der Show des vorangegangenen Abschnittes. Die Uhren mussten in dieser Nacht nochmals um ein Stunde vorgestellt werden.

Nach dem Frühstücksbuffet am Samstag konnten wir an Bord für den Heimflug nach Deutschland einchecken, was sehr und sehr gut organisiert war. Eine Mitarbeiterin von Lufthansa war auf den Kapverden an Bord gekommen und erledigte jetzt hier das Procedere. Da wir beim Hinflug in der Business Class mehr an Gepäck mitnehmen durften als jetzt beim Rückflug in der Economy Class wollten wir eigentlich 2 Koffer an Bord lassen und uns nach Ende der gesamten Reise nach Hause bringen lassen. Unsere Wäsche hatten wir bereits in der Schiffswäscherei waschen und bügeln lassen und sie lag sauber in den Koffern. Da sich jetzt aber doch noch sehr viele Leute an Bord überreden ließen noch die restlichen 10 Tage an Bord zu bleiben und den letzten Abschnitt der Weltreise bis nach Bremerhaven mitzufahren, war die Maschine nach Frankfurt nur zur Hälfte belegt und wir durften ohne Limit alle Koffer aufgeben und hatten jeweils zu zweit immer eine ganze Reihe für uns alleine, so dass auch der kurze Rückflug einiges mehr an Komfort bot als normal üblich.

Während meine Frau um 10:45 Uhr letzmals den Seidenmalkurs besuchte, bearbeitete ich wieder die Fotos der letzten Tage, schrieb nochmals einige Emails an unsere Kinder, an meinen Dienst und an weitere Bekannte.

An Deck war es an diesem Tag zu windig und der Seegang hatte auf Stärke 4 zugenommen. Es war zwar immer noch mit ca. 22 Grad warm, aber bedeckt, die Sonne kam nicht hinter den Wolken hervor. Zum Tee in der Astor Lounge spielte das Duo Raffella an diesem Tag live und danach gab es eine weitere Tanzstunde, dieses Mal mit Jive und Rock'n Roll, den ließen wir aber aus.

Als Abendessen gab es zum Abschluss dieses Reiseabschnittes das festliche Kapitäns-Abschieds-Galadinner und um 22:00 Uhr folgte in der Astor Lounge die Abschiedsgala mit allen Künstlern dieses Reiseabschnittes. Nach einem Besuch in der Hanse-Bar ging es erst weit nach Mitternacht in die Kabine und unsere Uhren mussten nochmals um 1 Stunde vorgestellt werden, so dass wir wieder eine Stunde weniger zum Schlafen hatten.

Am Sonntag weckte uns das Bordradio um 07:00 Uhr und wir genossen letztmalig bei dieser Reise das sonntägliche Frühstück mit Sekt und Lachs.

Meine Frau besuchte um 09:00 Uhr den Ökonomischen Gottesdienst im Captains Club und ich kontrollierte in dieser Zeit die erhaltene Schlussrechnung der Nebenkosten an Bord, brannte die Urlaubsfotos auf eine CD etc.

Der Seegang hatte weiterhin eine Stärke von 3, es war bedeckt, zwar 22 Grad warm, aber sehr windig, so dass ein Aufenthalt an Deck nicht angebracht war.

Also legten wir nochmals einen Saunagang ein und ließen bei einem schönen Aufguss die Seele baumeln.

Nach dem Mittagessen hatte der Wind nachgelassen, so dass wir uns jetzt an Deck sonnen konnten. Um 14:30 Uhr gab es die letzte Tanzstunde für Fortgeschrittene mit Langsamen Walzer und Tango und danach die Tee- und Kaffeestunde in der Astor Lounge. Während dieser Stunde wurden auch wieder die Seekarte des Reiseabschnittes und ein Reisegutschein verlost, wie bereits zuvor beschrieben.

Danach hieß es Koffer packen, die abends vor die Kabine gestellt werden mussten und ab 20:00 Uhr wurde in der Astor Lounge der Film dieses Reiseabschnittes präsentiert. Da ausgerechnet in Rio de Janeiro der Wechsel zwischen 2 Reiseabschnitten war, war Rio auf dem Film unseres ersten Abschnittes nicht enthalten und jetzt auf dem Film des zweiten Abschnittes Bilder des Vorprogramms des Reiseabschnittes „von Rio bis Gran Canaria" und zeigte Rio im schönsten Sonnenschein, wie wir es ja leider nicht erlebt hatten. So haben wir aber wenigstens schöne Bilder, was aber einen Teil der Reisegäste aufregte, da die Bilder nicht authentisch waren mit den realen Wetterbedingungen bei unserem Besuch. Na ja, wenn man keine anderen Sorgen hat.

Ab 21:45 Uhr gab es im Überseeclub das große Abendbingo zum Ende der Reise und nach einem letzten Besuch in der Hanse Bar gingen wir gegen 01:00 Uhr zu Bett.

Auch eine 5wöchige Reise geht natürlich einmal zu Ende. In Rio de Janeiro waren wir noch froh, nicht von Bord gehen zu müssen, sondern weitere 2 Wochen an Bord bleiben zu dürfen, aber jetzt am Montag, 09. Mai waren auch diese 2 Wochen vorbei und unser Traumurlaub rund um Südamerika war schon wieder Vergangenheit.

Obwohl es Montag war, gab es auch an diesem Tag am Frühstücksbuffet Sekt und Lachs und um 07:30 Uhr legte die MS Astor im Hafen von Las Palmas auf Gran Canaria an. Es war weiterhin bedeckt, aber 22 Grad warm. Um 09:00 Uhr mussten wir die Kabine räumen und hielten uns bis zum Transfer zum Flughafen in der Galerie auf. Dies ist immer der nervigste Teil einer Reise, wenn alle Gäste mit ihrem Handgepäck etc. in den einzelnen Räumen „herumlungern" und man nicht weiß, wie man am sinnvollsten die Zeit bis zur Ausschiffung nutzen soll.

Aber dieses Mal war diese Zeit zum Glück nicht allzu lange, denn bereits um 10:45 Uhr wurden wir zum Flughafen gebracht, um 14:30 Uhr startete leicht verspätet unser Flieger nach Frankfurt am Main und wir landeten um 19:40 Uhr auf dem Rhein-Main Flughafen. Völlig ungewöhnlich für uns mussten wir am Kofferband sehr lange auf unsere Koffer warten, so dass wir erst um 20:50 Uhr den Flughafen verlassen konnten, unser Schwiegersohn uns abholte und uns erst einmal in die Frankfurter Wohnung zu unserer Tochter und unserem Enkel brachte.

Nach einem ersten, kurzen Bericht über unsere Kreuzfahrt brachte er uns dann um 21:45 Uhr nach Hause.

53 Großfürst Hans-Peter

Dies ist ausnahmsweise einmal kein Reisebericht im üblichen Sinne, aber eine Ballonfahrt ist im Grunde ja auch eine Reise, so dass ich in diesem Kapitel darüber berichten möchte.

Zu unserer Silberhochzeit im Dezember 2002 hatten wir u. a. auch eine Ballonfahrt geschenkt bekommen, die wir uns schon lange wünschten. Daraus wurde dann aber fast eine Unendliche Geschichte, denn bis zur Realisierung vergingen sage und schreibe 3 Jahre bis zum August 2005!

Das erste Mal meldete ich mich im März 2003, um einen Termin mit der durchführenden Firma zu vereinbaren. Wir wollten gerne eine Fahrt abends unternehmen und auch in der Nähe unseres Wohnortes. Also wurden wir auf die Warteliste gesetzt und warteten gespannt auf einen Anruf, wann es denn losgehen sollte.

Doch 2003 war das Wetter immer so wechselhaft und unvorhersahbar, dass es einfach nicht zu einem gesicherten Termin kam. Entweder mussten die Ballonfahrer einen vereinbarten Termin absagen, weil das Wetter nicht mitspielte, oder ich musste aus dienstlichen Gründen einen Termin absagen. So verging das Jahr 2003 ohne die ersehnte Fahrt.

Auch 2004 war nicht besser, mehrere vorgemerkte Termine mussten kurzfristig wieder abgesagt werden. Aber dann endlich ein laut Wetterbericht gut geeigneter Termin an einem Freitagnachmittag im September. Ich beendete extra früher meinen Dienst in Frankfurt, um rechtzeitig zum Abflugort zu gelangen. Gestartet werden sollte in Hadamar in der Nähe von Limburg. Wir waren bei herrlichem Sonnenschein pünktlich in Hadamar und trafen uns dort mit 3 anderen Gästen, die diese Fahrt ebenfalls mit machen wollten. Doch dann erneut eine Enttäuschung: Es war absolut windstill, der vom Ballonunternehmen los gelassene Testballon stieg senkrecht auf und rührte sich nicht von der Stelle. Also musste auch diese Fahrt wieder abgesagt werden. Ganz ohne Wind kann ein Ballon natürlich nicht fahren. Wir fuhren enttäuscht nach Hause und warteten wiederum auf neue Termine.

Mit dem Ballonunternehmen hatten wir vereinbart, dass es uns jetzt egal wäre, wo wir fahren, Hauptsache wir fahren überhaupt. Da das Ballonunternehmen aus der Nähe von Mainz kam, fuhren sie hauptsächlich auch dort. Nachdem es das ganze Jahr 2004 mit Terminen ähnlich wie 2003 hin und her ging, aber keine Fahrt zustande kam, erhielten wir im Frühjahr 2005 einen Termin in der Nähe von Mainz. Wir fuhren am Nachmittag dorthin, trafen uns mit dem Ballonteam und 3 weiteren Gästen und wurden mit einem Kleinbus noch ca. 15 km weiter zum geplanten Abflugort gefahren. Es war zwar bedeckt, aber windig, so dass wir alle glaubten, dieses Mal würde es wohl klappen. Am Abflugort angekommen, wurden alle Vorbereitungen für die Fahrt getroffen. Also Ballonhülle, Korb und Brenner ausgeladen, die Ballonhülle am Boden ausgerollt etc. und das Ballonteam begann, Luft in die Hülle zu blasen. Parallel dazu wurde das Briefing mit uns durchgeführt, wir erhielten eine Einweisung, wie wir in den Korb steigen sollten, wo wir uns während der Fahrt aufhalten sollten und wie wir uns bei der Landung verhalten sollten etc. Dann wurde auch der Brenner eingeschaltet und die Luft in der Hülle erhitzt.
Aber irgendwie war bei uns der Wurm drin mit einer Ballonfahrt. Es wurde plötzlich sehr stürmisch, der Himmel verdunkelte sich und lt. Wetterbericht, den der Ballonführer telefonisch einholte, sollte in Kürze

ein Gewitter aufziehen. Also auch dieses Mal wieder nichts mit der Fahrt. In aller Eile packten wir wieder alles zusammen und schafften es gerade noch rechtzeitig vor den ersten Tropfen die Hülle trocken im Transportsack zu verstauen und alles im Anhänger zu verstauen. Und dann ging aber auch schon das heftige Gewitter herunter. Wir waren froh, dass uns dieses Unwetter nicht während der Fahrt erwischt hatte und wir trocken im Bus saßen. Also erneut wieder ohne Ballonfahrt zurück nach Hause gefahren und wir waren doch so dicht an einer Fahrt dran. Alle Arbeiten zur Vorbereitung umsonst.

Aber jede Pechsträhne ist zum Glück ja auch einmal zu Ende. Im August 2005 klappte dann endlich die so lange ersehnte Ballonfahrt und sogar auch bei uns in der Nähe.

Am 28. August 2005 trafen wir uns nachmittags in Hadamar mit dem Ballonteam und 3 weiteren Gästen und dieses Mal war uns der Wettergott gut gesinnt und nach allen Vorbereitungen und einem erneuten Briefing erhob sich unser Ballon gegen 18:00 Uhr in die Luft und wir fuhren ca. 1 Stunde über Elz und Limburg entlang der Lahn bis Limburg-Eschhofen, wo wir nach einer sehr schönen und ruhigen Fahrt auf einem Acker landeten.
Nachdem wieder alles ordentlich im Anhänger verstaut war, schloss sich die obligatorische Ballontaufe an, wobei ein paar Haare angezündet werden und sofort mit Sekt abgelöscht werden.
Danach gab es dann die Urkunden über die erfolgreiche Fahrt mit den uns verliehenen Adelstiteln, wie es seit jeher Brauch ist.

Somit grüßt jetzt **„Großfürst Hans-Peter von Niederzeuzheim, mutiger Ritter von Ahlbach"**.

54 Friesendoktor

Vom 30.09. bis zum 03.10.2005 nahmen wir ein weiteres Mal an einer Abschlussfahrt mit dem Busunternehmen Schuy teil und zwar nach Wilhelmshaven.
Wir fuhren am 30.09. um 06:15 Uhr mit unserem PKW nach Elz zum Betriebsgelände von Schuy Exclusivreisen und stellten dort unseren Wagen ab. Um 07:00 Uhr ging die Busfahrt dann in die Stadtmitte von Elz und zum Bahnhof in Limburg, um weitere Gäste aufzunehmen. Wir hatten wieder unsere Lieblingsplätze in der Reihe 9 links, direkt am Treppenaufgang. Hier hat man immer einen guten Überblick, ob Gäste nach unten in das Bordbistro gegangen sind oder ob unten Plätze frei sind und ist bei Stopps an den Raststätten immer sehr schnell aus dem Bus, um zur Toilette zu gehen, bevor die anderen Reiseteilnehmer dort einfallen.
Über die Autobahnen A 45 und A 1 ging es dann nach Jever, wo wir um 13:00 Uhr eintrafen. Im Bus hatten wir kurz nach der Abfahrt schon ein zünftiges Frühstück mit frisch aufgebackenen Brötchen und einem Glas Sekt genossen und unterwegs gab es zwei kurze Pausen an Raststätten.
In Jever machten wir einen kurzen Bummel durch die Innenstadt und auch bis zum Jever Brauhaus, aber eine Besichtigung war leider nicht vorgesehen und aus Zeitgründen auch nicht möglich. So tranken wir lediglich in einer gemütlichen Altstadtkneipe ein herbes Jever Pils. Da es hier sonnig und warm war, konnten wir sogar im Freien sitzen und das Bier genießen.
Um 15:30 Uhr ging die Fahrt weiter nach Wilhelmshaven und wir trafen dort im Vorort Sande um 17:00 Uhr im Hotel Auerhahn ein, wo wir unser Zimmer bezogen.
Nachdem wir uns eingerichtet und frisch gemacht hatten, gab es um 19:00 Uhr das gemeinsame

Abendessen in Form eines überaus reichhaltigen Menüs, das kaum zu schaffen war. Wir hatten an unserem Tisch 5 jüngere alleinreisende Frauen, mit denen wir uns auf Anhieb gut verstanden. An diesem ersten Abend waren auch die Getränke all inklusive, nicht nur antialkoholische Getränke, Bier und Sekt, sondern auf den Tischen standen sogar unterschiedliche Schnapsflaschen, von denen reichlich gekostet werden konnte. Und Nachschub gab es zu jeder Zeit.

Ab 21:00 Uhr gab es dann Live-Musik zum Tanzen, dargeboten von einem Duo am Keyboard und Gesang. Aber dieses Duo kann nur als mäßig bezeichnet werden, die Musik war nicht so toll, aber getanzt haben wir trotzdem. Zu aller Überraschung gab es bei einer anderen Reisegruppe, die ebenfalls hier abgestiegen war, einen Busfahrer, der toll singen konnte und der dann kurzzeitig das Mikrofon an sich nahm und bekannte Lieder, z. B. „Rot sind die Rosen", in bester Qualität sang. Das war wirklich ein Ohrenschmaus. Von einem ebenfalls anwesenden Kegelclub wurde dann noch nach dem sehr bekannten Lied „Wir spielen Cowboy und Indianer" eine kleine Performance dargeboten, was ebenfalls ein ganz toller Einfall war. Erst nach Mitternacht gingen wir dann leicht angeheitert zu Bett.

Der Höhepunkt dieser Abschlussfahrt war dann aber der Samstag, bei dem wir unseren **Friesendoktor** ablegten. Zuerst stärkten wir uns am sehr reichhaltigen und abwechslungsreichen Frühstücks-buffet und gingen dann etwa 1 km bei leichtem Regen zu einem Gelände, auf dem die Aufgaben für den Friesendoktor abgelegt wurden. Dies war ein tolles Spektakel und hat unheimlich viel Spaß gemacht. Zu absolvieren waren hier die folgenden 5 Übungen: Armbrustschießen, Fischzielwurf, Wassereimer tragen, Bosseln und eine Schubkarren-

Ralley. Beim Armbrustschießen mussten zwei Pfeile aus einer fest montierten, aber sowohl vertikal als auch horizontal schwenkbaren Armbrust in eine Zielscheibe abgeschossen werden. Und der Zufall wollte es, dass ich tatsächlich zweimal ins Schwarze traf, obwohl ich absolut keinerlei Schießerfahrung habe. Ich war nicht bei der Bundeswehr und schieße auch auf keiner Kirmes. Beim Fischzielwurf musste ein Metallfisch, der an einer Kette hing, mit einer Spitze in eine Zielscheibe „geworfen" werden und auch hier traf ich glücklicherweise exakt die Mitte.

Nach zwei so schwierigen Übungen musste man sich natürlich erst einmal mit einem Schnaps, der aus einer Suppenkelle ausgegeben wurde, für die nächsten Übungen aufwärmen. Dieses Zeremoniell musste natürlich wegen der kühlen und nassen Witterung nach der nächsten Übung erst noch einmal wiederholt werden.

Beim Wassereimer tragen ging es darum, zwei an einem Holzgestell, das auf der Schulter getragen wurde, befindliche gefüllte Eimer über eine Wippe hin- und auch wieder zurück zu tragen, ohne das Wasser zu verschütten. Diese Übung war sehr einfach und konnte problemlos gemeistert werden.

Bosseln, das ich bis dahin noch nie gehört hatte und nicht kannte, bestand darin, dass auf einem völlig unebenem Untergrund eine Steinkugel in Richtung eines Brettes geworfen werden musste, wobei die möglichen Punktzahlen von der Mitte nach außen immer geringer wurden. Aber die Mitte mit 5 Punkten zu treffen war auf dem wirklich sehr unebenen Boden unheimlich schwer.

Absolute Gemeinheit war aber die Schubkarren-Ralley. Hier galt es mit einer Schubkarre, die mit 2 Blöcken Stroh beladen war und deren Rad völlig aus der Mitte und auch noch schräg angebracht war, einen mit Hütchen markierten Rundkurs im Slalom abzufahren, ohne die Beladung zu verlieren. Das war absolut gemein und Schwerstarbeit.

Um 12:00 Uhr waren wir wieder zurück im Hotel und die Prüfung zum Friesendoktor wurde hier fortgesetzt, in dem jeder noch 5 Krabben pulen musste, und schloss dann mit einem Tee-Seminar ab, wobei hier die ostfriesischen Gebräuche beim Tee trinken erläutert wurden. Danach wurden allen Teilnehmern die Friesendoktor-Urkunden ausgehändigt. Die besten 5 Teilnehmer mit den höchsten erreichten Punktzahlen wurden extra namentlich benannt und bekamen eine Extra-Auszeichnung und ein Glas Sekt. Und mir war am Vormittag das Glück so hold, so dass ich mit der absolut besten Punktzahl zu diesem Kreis gehörte und aufgerufen wurde.

Um 13:30 Uhr fuhren wir mit unserem Bus nach Wilhelmshaven und machten dort eine kleine Stadtrundfahrt. Weiter ging es zum Jadebusen und dort unternahmen wir einen kleinen Spaziergang entlang des Jadebusens. Jetzt war es auch wieder sonnig und warm.

Um 18.00 Uhr kehrten wir ins Hotel zurück und nach dem Duschen und Umziehen folgte um 19:00 Uhr das Abendessen, das an diesem Abend in Buffet-Form angeboten wurde und sehr gut und reichlich war. Auch an diesem Abend waren wieder alle Getränke, gleich welcher Art, wie am Vortag inklusive.

Ab 21:00 Uhr gab es dann den festlichen Doktorenball, wieder mit Live-Musik des gleichen Duos wie am Vorabend und natürlich auch wieder genauso schlecht. Aber getanzt haben wir trotzdem bis weit nach Mitternacht, bevor wir ins Bett gingen. Und es gab auch wieder die eine oder andere Einlage anderer Gäste und Gruppen, so dass es wieder ein sehr schöner und lustiger Abend wurde. Lag teilweise natürlich auch den konsumierten Schnäpsen. Insbesondere der Moorgeist, der brennend serviert wurde, trug hier einiges zur Heiterkeit bei.

Am Sonntagmorgen fuhren wir mit unserem Bus nach dem Frühstück nach Papenburg und besichtigten dort die Meyer Werft, in der u. a. Kreuzfahrtschiffe gebaut werden. In der Montagehalle befand sich gerade ein norwegisches Kreuzfahrtschiff und die gesamte Besichtigung der Werft war äußerst interessant. Man müsste auch einmal die Gelegenheit haben, bei einem Stapellauf live dabei zu sein, aber Papenburg ist von unserem Wohnort leider sehr weit weg.

Nach der Werftbesichtigung gingen wir zu Fuß zu einem gemütlichen Cafe und machten dort eine Pause bei Tee und Gebäck.

Um 18:00 Uhr waren wir wieder zurück im Hotel und nahmen um 19:00 Uhr wieder gemeinsam das Abendessen ein, das an diesem Abend wieder aus einem sehr reichhaltigen Menü bestand und kaum zu bewältigen war. Die Getränke waren jetzt an diesem dritten Abend im Hotel nicht mehr inklusive, sondern mussten extra bezahlt werden. Das war aber bereits vorher durch das Programm, das wir erhalten hatten, bekannt.

Und danach gab es dann ab 21:00 Uhr wieder Live-Musik zum Tanzen und –Sie werden es kaum erraten: natürlich wieder mit den gleichen 2 Personen wie an den 2 Tagen zuvor. Irgendwie kamen uns alle Lieder sehr bekannt vor, denn das Repertoire dieser beiden Künstler sah wohl keine Abwechslung an den 3 Tagen vor, sie spielten immer wieder die gleichen Lieder.

Trotzdem schwangen wir das Tanzbein bis Mitternacht.

Der Montag war der 03. Oktober und somit ein Feiertag. Nach dem wieder sehr reichhaltigen Frühstück packten wir unsere Koffer und verluden diese in den Bus und dann ging die Fahrt nach Bremerhaven, wo wir eine Hafenrundfahrt durch den Fischereihafen unternahmen. Es war an diesem Tag sonnig und schön warm, so dass wir sogar im Freien die Hafenrundfahrt genießen konnten.

Um 13:00 Uhr starteten wir mit den 2 Bussen in Bremerhaven und die Fahrt ging über die Autobahnen A 1 und A 45 und über Haiger zurück nach Elz, wobei unterwegs 2 Pausen auf Raststätten eingelegt wurden.

Um 19:15 Uhr kamen wir in Elz an, übernahmen dort unseren PKW und fuhren als frisch gebackene Doktoren zurück nach Hause.

55 Kreml

Nach den zwei großen mehrwöchigen Kreuzfahrten 2004 durch die Südsee und 2005 rund um Südamerika gab es im Jahre 2006 mehrere Gründe nur etwas kleinere Kreuzfahrten zu unternehmen. Zum einen gab es bei mir dienstliche Gründe wegen der Fußballweltmeisterschaft, die in diesem Jahre in Deutschland stattfand und ich an mehreren Tagen Dienst versehen musste, zum anderen aber auch finanzielle Gründe nach den beiden doch recht teuren Kreuzfahrten.

Als Abwechslung zu den Hochsee-Kreuzfahrten entschieden wir uns daher für eine Flusskreuzfahrt in Russland und für eine Ostsee-Kreuzfahrt. Insbesondere die Flusskreuzfahrt in Russland stand schon lange auf unserer Wunschliste und wir hatten ein paar Jahre zuvor schon einmal den Versuch unternommen eine solche Kreuzfahrt zu buchen, kamen aber zu spät und alle Fahrten waren bereits ausgebucht. Aber dieses Mal buchten wir die Reise bereits mehr als ein Jahr vorher noch während der zuvor beschriebenen Kreuzfahrt rund um Südamerika, obwohl zu diesem Zeitpunkt noch keine Kataloge verfügbar waren und auch noch keine Preise bekannt waren. Die Kataloge kamen dann im Herbst 2005 und aus der Vormerkung wurde erst dann eine verbindliche Buchung.

Da ich damals wegen der WM von Juni bis Juli 2006 Urlaubssperre hatte, kam für uns nur ein einziger Termin, nämlich vom 21.05. – 30.05.2006 in Frage und wir buchten diesen Zeitraum auf der MS Griboedov, einem russischen Schiff, das nur teilweise von Transocean Tours gechartet wurde. Da das Schiff ohnehin nur über Aussenkabinen verfügt, gab es keine großen Unterschiede in der Kabinenwahl. Statt der angebotenen russischen Fluggesellschaft buchten wir aber den Hin- und Rückflug bei Lufthansa, u. a. natürlich auch deshalb, da wir bei Lufthansa Miles & More-Karten haben und wieder Meilen sammeln wollten. Wegen der aber nur sehr kurzen Flüge nach Moskau bzw. von Sankt Petersburg buchten wir natürlich nur Economy Class.

Am Sonntag, dem 21.05.06 war die Nacht bereits um 05:50 Uhr für uns zu Ende und unser Schwiegersohn holte uns zu Hause ab und brachte uns zum Frankfurter Flughafen. Pünktlich um 08:35 Uhr startete die Maschine dann gen Moskau und wir hatten Sitze in der Reihe 9.

Um 13:15 Uhr Ortszeit (+ 2 Stunden) landeten wir auf dem Flughafen von Moskau und nachdem wir die Passkontrolle über uns hatten ergehen lassen brachte uns ein Transferbus zum Anlegeplatz der MS Griboedov. Um 14:45 Uhr checkten wir dort ein, bezogen unsere Aussenkabine 230 und machten nach dem Koffer auspacken einen kurzen Informationsrundgang über das Schiff.

Um 17:00 Uhr gab es für alle Gäste eine Informationsveranstaltung in der Wolga-Bar und um 19:00 Uhr gab es das erste Abendessen an Bord des Schiffes. Da das Schiff bei dieser Reise nicht ausgebucht war, war nur eines von zwei Restaurants – das Ladoga Restaurant - an Bord geöffnet und alle Essen wurden immer nur in einer Tischzeit eingenommen. Wir hatten einen länglichen 6er-Tisch am Fenster auf der Backbordseite und zwei weitere Paare aus Hessen mit am Tisch. Ansonsten kamen die Gäste aus verschiedenen Ländern, darunter eine größere Gruppe aus den USA, einige Gäste aus der Schweiz und einzelne Personen auch aus anderen Ländern, was wir aber im Einzelnen nicht erfuhren.

Das Dinner bestand aus einem kleinen Salat, einer Hauptspeise und einem Dessert. Während der gesamten Reise waren das Mittagessen und das abendliche Dinner immer recht einfach und übersichtlich und auch wenig abwechslungsreich. Trotzdem war es aber immer schmackhaft, wenn man es noch etwas nachwürzte, und auch ausreichend, gehungert haben wir natürlich nicht. Aber das Essen ist in keiner Weise vergleichbar mit den Dinner auf der MS Astor oder anderen Kreuzfahrt-schiffen. Die Salate waren fast immer die gleichen und auch bei den Desserts gab es recht wenig Abwechslung.

In Moskau und in Sankt Petersburg gab es jeweils ein festes Menü ohne Wahlmöglichkeiten und bei der restlichen Reise konnte man täglich zwischen 2 Vorspeisen, 2 Hauptgerichten und 2 Desserts wählen. Leider gab es aber während der gesamten Reise nur sehr wenige typisch russischen Speisen. Und leider war auch die Atmosphäre im Restaurant nicht so gediegen wie auf der MS Astor sondern ähnelte mehr einer Bahnhofshalle, was aber hauptsächlich auf die amerikanische Reisegruppe zurück zu führen war, die sich unmöglich aufführten, als ob Ihnen das gesamte Schiff gehören würde.

Für alle Landausflüge wurden jeweils nach Sprachen sortierte Gruppen gebildet und erhielten einen Dolmetscher des Schiffes als Begleitperson.

Unsere deutsch sprechende Gruppe hatte das große Glück den Chef-Dolmetscher als Begleitung zu erhalten, der sehr gut Deutsch sprach und auch sonst von seiner Art her sehr nett war.

Um 20:30 Uhr fuhren wir am Sonntagabend zu der fakultativ gegen Aufpreis gebuchten Fahrt „Metro-Besichtigung und Moskau bei Nacht". An diesem Abend regnete es leicht und der Himmel war bedeckt, was aber bei dieser abendlichen Fahrt überhaupt kein Problem war.

Mit dem Bus fuhren wir zuerst in das Zentrum von Moskau und zum Roten Platz. Hier war besonders eindrucksvoll das beleuchtete Kaufhaus Gum und die Basilikus Kathedrale. Nach einigen Erklärun-gen auf dem Roten Platz gingen wir mit unserem Dolmetscher zur nahe gelegenen Metro-Station und fuhren von dort mit mehreren Linien zu insgesamt 6 verschiedenen Bahnhöfen, um diese zu besichtigen. Das war der absolute Höhepunkt des Abends, denn die Pracht der Moskauer U-Bahnhöfe lässt sich kaum beschreiben. Die Bahnhöfe ähneln mehr einem Theatersaal denn einer Metrostation. Die Bahnhöfe sind gefliest, enthalten tolle Mosaiken, an den Decken hängen statt nüchterner Leuchtstofflampen richtige Kristall-Lüster, an den Ecken sind Büsten und Plastiken aufgestellt u. v. m. Und dann die endlos lang erscheinenden Rolltreppen herunter oder hinauf. Man muss das alles einfach mit eigenen Augen gesehen haben. Und was hier auch besonders auffiel war die absolute Sauberkeit: Nirgends lagen Papierschnitzel oder Zigarettenkippen auf dem Boden und die Bahnhöfe machten einen so sauberen Eindruck als ob sie gerade kurz zuvor gereinigt worden wären.

Und überall auf den Öffentlichen Plätzen befanden sich Toiletten, ein Umstand, den man in Deutschland leider auch nicht antrifft. Nachdem wir uns einige der schönsten Metrostationen angesehen hatten, fuhren wir mit dem Bus noch etwas durch die nächtlich beleuchtete Metropole Moskau und kehrten erst um Mitternacht wieder zum Schiff zurück, nahmen dort nur einen kurzen Drink an der Bar und gingen nach einem langen Anreisetag zu Bett.

Am Montagmorgen erfolgte um 06:00 Uhr der Morgenwecker und es gab erste Informationen zum Tagesablauf über Lautsprecher. Danach gab es ab 06:30 Uhr das Frühstücksbuffet, ebenfalls im Ladoga- Restaurant.

Auch das Frühstücksbuffet war etwas einfacher als auf größeren Kreuzfahrtschiffen üblich, aber auch hier kann gesagt werden, dass es immer ausreichend war. Es gab mehrere Sorten Brot und Brötchen, Wurst, Käse, Marmelade, gekochte oder Rühreier, Speck und Joghurt (allerdings fast jeden

Tag immer das gleiche, der Koch hatte wohl eine Großpalette einer Joghurtsorte eingekauft).

Um 08:00 Uhr fuhren wir mit unserem Dolmetscher mit dem Bus zur Stadtrundfahrt Moskaus ab und erlebten jetzt diese Riesenmetropole bei Tageslicht und natürlich vor allem auch nochmals den Roten Platz.

An diesem Vormittag war es zwar etwas kühl, aber sonnig, so dass sich der Rote Platz von seiner besten Seite zeigte. Normalerweise stehen auf dem Roten Platz zu dieser Zeit endlose Schlangen vor dem Lenin-Mausoleum, aber montags ist das Mausoleum geschlossen, so dass der Platz an diesem Tag wenig besucht war. Nach einigen Erklärungen über Moskau, speziell über die Gebäude rund um den Roten Platz etc. hatten wir etwas Zeit, um das riesige Kaufhaus Gum auch von innen zu besichtigen.

Danach unternahmen wir noch fakultativ zusätzlich die Besichtigung des **Kremls**, der sich an einer Längsseite hinter dem Roten Platz befindet. Der Weg dorthin führt auch am Grabmal des unbekannten Soldaten vorbei. Im Kreml konnten die meisten Gebäude, darunter auch der Amtssitz des damaligen Präsidenten Putin nur von außen besichtigt werden, lediglich die innerhalb des Kremls befindliche Kirche durfte auch von innen besichtigt werden. Und auch die Kirchen in Russland sind ja mit ihren Ikonenmalereien etc. ganz anders als in anderen Ländern.

Die Kreml-Besichtigung war gegen 16:30 Uhr zu Ende und wir wurden mit dem Bus etwas außerhalb Moskaus an den Fluß Moskwa gefahren und hatten dann noch einen kleinen Fußweg bis zu einer Schleuse zu bewältigen.

Da dies die allererste Fahrt der MS Griboedov in diesem Jahr war, musste eine Inspektion des Schiffes durchgeführt werden, die während unseres Kreml-Besuches absolviert wurde, so dass das Schiff schon einige Kilometer weiterfuhr und wir dann außerhalb Moskaus zusteigen mussten.

Aber dies gestaltete sich recht schwierig, da an dieser Stelle eigentlich kein richtiger Anlegepunkt vorhanden war und wir einen Höhenunterschied von fast 2 Meter überwinden mussten. Die Bord-Crew hatte ein Brett vom Schiff auf eine kleine Mauer am Ufer gelegt, das fast senkrecht war und zog uns dann mit vereinten Kräften an Bord.

Insbesondere für etwas ältere und gehbehinderte Personen eine Tortur. Aber irgendwie klappte es doch und nach einer halben Stunde waren alle Gäste an Bord und die Fahrt Richtung Sankt Petersburg konnte beginnen. Nach dieser Anstrengung mussten wir erst einmal einen Wodka trinken und uns dann für den Abend fein machen.

Um 18:30 Uhr gab es in der Wolga-Bar den Kapitäns-Empfang mit Sekt in festlicher Kleidung. Aber hier waren wir in unserem Smoking schon die Ausnahme, denn die meisten der übrigen Reiseteilnehmer hatten eine andere Auffassung von festlicher Garderobe und waren sehr leger angezogen.

Nach dem Abendessen um 19:00 Uhr gab es ab 20:00 Uhr ein klassisches Klavierkonzert in der Wolga-Bar, das zwar sehr schön war, aber nur sehr wenige bekannte russische Werke enthielt. Insgesamt war das Unterhaltungsprogramm bei dieser Reise auch nur sehr dürftig, ebenfalls nicht zu vergleichen mit Hochsee-Kreuzfahrten.

Und auch der Service an Bord hatte ein weitaus niedrigeres Niveau, was unter anderem daran lag, dass dies die allererste Fahrt in diesem Jahr war und die meisten Servicekräfte Studenten waren, die einfach noch nicht richtig eingearbeitet waren.

Aber wir wussten uns immer zu helfen und haben immer das bekommen, was wir wollten. So dauerte z. B. die Aufnahme der Getränkewünsche beim abendlichen Dinner sehr lange und wir erhielten an den ersten beiden Abenden unser Getränk erst als schon das Essen beendet war.

Aber man lernt ja dazu und so haben wir uns an den nächsten Abenden vor dem Abendessen unser Bier an der Bar geholt und dies mit in den Speiseraum genommen. So hatten wir sechs am Tisch immer schon zu Beginn des Abendessens auch unser Bier.

Am Dienstagmorgen hatten wir erst etwas Freizeit, wobei ich hier schon einmal die Fotos von Moskau auf dem Laptop bearbeitete und unser Logbuch von Transocean Tours an der Rezeption abgab. Wenn auch dieses Schiff nur teilweise von Transocean Tours gechartert war, wurden die Bordnächte aber doch angerechnet und brachte uns der nächsten Stufe (gold) im Club Columbus wieder ein Stückchen näher. Um 11:30 Uhr erreichten wir Uglitsch und unternahmen dort mit unserem Dolmetscher einen Spaziergang zum und durch den Kreml. Es war an diesem Tag mit 23 Grad schön warm und sonnig. In Deutschland war es zu dieser Zeit viel kälter und regnete wie wir dann bei einem Telefonat mit unseren Kindern erfuhren. Aber wie heißt es so schön: Wenn Engel reisen …..

Zum Mittagessen um 14:00 Uhr waren wir wieder an Bord und die MS Griboedov verließ um 15:30 Uhr Uglitsch und nahm Kurs auf Jaroslawl.

Um 16:30 Uhr lauschten wir in der Newa- Bar einem interessanten Diavortrag „Von Moskau nach Sankt Petersburg mit dem Schiff".

Auf der MS Griboedov gibt es die bereits erwähnten 2 Restaurants, von denen während unserer Reise aber nur das Ladoga- Restaurant in Betrieb war und 2 Bars. Auf dem obersten Deck befindet sich die größere Wolga- Bar und ein Deck tiefer die etwas kleinere Newa- Bar. In dieser Bar steht auch ein Klavier und hier fanden die klassischen Konzerte statt. So auch an diesem Tag ab 20:45 Uhr nach dem Abendessen. Neben Klavierwerken gab es auch von einem hervorragenden Sopran Arien und anderes aus Opern, aber leider auch hier nicht ein einziges wirklich bekanntes Lied.

Um 21:30 Uhr wurde in der Wolga- Bar ein Film „Sankt Petersburg und seine Vororte" vorgeführt und nach ein paar Drinks – man musste ja schließlich den russischen Wodka probieren- gingen wir um 23:30 Uhr zu Bett.

Am Mittwoch erreichte das Schiff noch während des Frühstücks um 07:30 Uhr die Stadt Jaroslawl und legte dort am Kai an. Um 08:30 Uhr starteten wir dann wieder mit unserem Dolmetscher zu einer Stadtrundfahrt in Jaroslawl und besichtigten u. a. eine Kirche und ein Kloster. Es war an diesem Vormittag sonnig und schön warm.

Um 12:00 Uhr waren wir wieder zurück an Bord und die MS Griboedov verließ Jaroslawl und nahm Kurs auf Goritzy. Nach dem Mittagessen ruhten wir uns etwas in der Kabine aus und ließen die Landschaft an uns vorbeiziehen. Auf Flusskreuzfahrtschiffen ist das ja schön, dass man große Fenster in der Kabine hat, die man auch öffnen kann.

Um 16:00 Uhr gingen wir in die Newa- Bar zum ersten Teil eines Russisch- Kurses. Ich hatte bereits vor Beginn der Reise einige Redewendungen in Russisch eingeübt, getraute mich aber noch nicht die russischen Schriftzeichen zu lernen und konnte natürlich nichts lesen.

Bei diesem Russisch- Kurs stellte ich dann aber fest, dass die russischen Buchstaben gar nicht so schwer sind und das Erlernen machte sogar richtig Spaß.

Obwohl meine Frau so gar kein Interesse an fremden Sprachen hat, nahm auch sie an diesen Russisch Kursen an Bord teil und es hat auch ihr gefallen.

Um 17:45 Uhr wurden dann die Ausflüge in Sankt Petersburg in der Wolga- Bar vorgestellt und erst jetzt konnten die gewünschten Ausflüge dort auch gebucht werden. Da wir bereits wussten, dass wir im

August bei der bereits gebuchten Ostseekreuzfahrt nochmals Sankt Petersburg besuchen werden, beschränkten wir uns jetzt bei dieser Reise auf 3 Ausflüge, um keinen zeitlichen Stress zu haben. So buchten wir eine Stadtrundfahrt, eine Kanalfahrt und eine Fahrt nach Pushkin zum Katharinenschloss mit dem berühmten Bernsteinzimmer.

Nach dem Abendessen gab es um 20:45 Uhr in der Wolga- Bar ein Folkore- Konzert mit Akkordeon, Balalaika und Gesang.

Am nächsten Tag war in Deutschland Feiertag (Himmelfahrt), aber hier in Russland war dies ein ganz normaler Werktag. Nach dem Frühstück haben wir im Bordreisebüro unsere gebuchten Ausflüge in Sankt Petersburg bezahlt und um 10:00 Uhr erreichte die MS Griboedov Goritzy.

Um 10:30 Uhr fuhren wir zum dortigen Kirrillillow-Kloster und besichtigten dies. Sehr schön war ein Glockenspiel im Hof des Klosters. Es war an diesem Tag zwar sonnig, aber mit nur 14 Grad recht kühl und windig. Gegen 12:45 Uhr kehrten wir zurück an Bord und nahmen um 14:00 Uhr unser Mittagessen ein.

Um 16:30 Uhr gab es den zweiten Teil des Russisch-Kurses in der Wolga- Bar und es schloss sich um 18:00 Uhr ein heiteres Quiz an. Für 18:30 Uhr hatten wir eine persönliche Einladung als Club Columbus Mitglieder in die Newa- Bar. Nur wir 6 von unserem Tisch im Restaurant waren Clubmitglieder, deshalb hatte man uns also auch zusammengesetzt, so dass wir ein kleiner, intimer Kreis waren. Wir unterhielten uns mit der Kreuzfahrtleiterin, bevor wir zum Abendessen ins Restaurant gingen.

Ab 22:00 Uhr war Tanzmusik in der Wolga- Bar angekündigt, was aber nur Konservenmusik von einer CD bedeutete. Außerdem ärgerten wir uns über die amerikanischen Gäste, die auch hier so auftraten als gehöre ihnen das Schiff. Wenn ihnen eine Musik nicht gefiel, schalteten sie einfach um auf eine andere CD oder legten sogar selbst mitgebrachte CDs ein. Wir standen mehrmals auf der Tanzfläche, begannen einen Tanz und dann wurde einfach die Musik abgebrochen, eine andere eingelegt usw. Leider hat niemand von der Schiffsbesatzung diesem Treiben ein Ende bereitet, so dass wir nach einigen Tanzversuchen dies aufgaben und uns an der Bar ein frisch gezapftes Bier und Wodka munden ließen.

Am Freitagmorgen nahmen wir um 10:00 Uhr am dritten und letzten Teil des Russisch- Kurses teil und um 11:00 Uhr hatten wir Gelegenheit, die Brücke der MS Griboedov zu besichtigen. An diesem Vormittag war es recht kühl. Nach dem Mittagessen erreichte das Schiff um 16:00 Uhr die Museumsinsel Kishy und wir hatten dort eine ausgiebige Führung durch dieses Freilichtmuseum, bevor wir um 18:30 Uhr wieder zurück an Bord waren. Am Nachmittag war es sonnig und auch wieder schön warm. Um 20:00 Uhr verließ unser Schiff die Museumsinsel und nahm Kurs auf Mandrogi. Abends ab 21:00 Uhr gab es in der Wolga- Bar eine so genannte Je-ka-mi-Show (Jeder kann mitmachen), an der sich sehr viele Gäste beteiligten.
Unter anderem war auch meine Frau Mitglied in einem Gästechor, die zwei russische Lieder sangen (wurden vorher nach dem Russisch-Kurs einstudiert), die amerikanischen Gäste bildeten ebenfalls einen Chor und gaben zwei russische Lieder zum Besten. Ehrlich gesagt klangen beide Chöre gleich schräg, aber Spaß gemacht hat es trotzdem. Die amerikanischen Gäste sangen dann noch ein amerikanisches Volkslied und eine Passagierin aus Hawaii brachte zwei hawaiianische Tänze dar, die zwar gut aber viel zu lang waren.
Gemeinsam von Besatzungsmitgliedern und Gästen wurde ein russisches Märchen aufgeführt und von 2 Dolmetschern wurde ein absolut spitzenmäßiger

Sketch dargeboten. Und von einer anderen Gästegruppe wurde nach der Melodie eines russischen Volksliedes ein Tüchertanz vorgeführt.

Am Samstag erhielten wir nach dem Frühstück einige wichtige Informationen zur Abreise und je nach Rückreiseziel unterschiedliche farbige Kofferbanderolen. Um 10:00 Uhr erreichte die MS Griboedov dann Mandrogi. Hier gab es eine grüne Anlegestelle am Swir- Fluss und wir besichtigten zu Fuß dort ein Wodka-Museum mit über 2000 Sorten Wodka, die auch verkostet werden konnten. Aber aus Zeitgründen haben wir nicht alle 2000 geschafft, sondern lediglich 3, einen normalen klaren Wodka, einen mit Zitrone und einen mit Pfeffer.
Es gab dort aber auch so exotische Sorten wie Wodka mit Birke, mit Honig, mit Büffelgras u. v. m. Fakultativ unternahmen wir dann noch eine Kutschfahrt durch das dortige Gelände, bevor wir uns in einem kleinen Cafe die russische Spezialität Piroggen bei einer guten Tasse Tee schmecken ließen. Das Mittagessen an diesem Tag wurde nicht an Bord eingenommen, sondern als Barbecue am Strand dargereicht. Danach ging es zurück an Bord und das Schiff legte um 13:45 Uhr wieder ab und fuhr Richtung Sankt Petersburg. Um 15:00 Uhr wurde in der Wolga- Bar der Film dieser Reise vorgeführt, der bereits in Mandrogi endete. Aus Sankt Petersburg wurden dann leider keine Bilder mehr hinzugefügt. Trotzdem haben wir als Andenken auch von dieser Fahrt die DVD gekauft und sind zufällig auch zweimal in diesem Film zu sehen.
Am Nachmittag und frühen Abend gab es ein schweres Gewitter, aber da waren wir zum Glück im Trockenen auf dem Schiff. Um 16:00 Uhr gab es ein weiteres Klassikkonzert in der Newa- Bar und um 17:00 Uhr wurde in der Wolga-Bar ein Film „Die Romanow Dynastie" vorgeführt, der mich aber nicht so sonderlich interessierte.

Abends gab es dann das Kapitäns-Dinner im Restaurant, das aber auch erheblich einfacher ausfiel als sonst bei Kreuzfahrten üblich. Viele der übrigen Gäste hatten noch nicht einmal dem Anlass angemessen entsprechende Kleidung, es gab kein anderes Essen als an den übrigen Tagen und der Kapitäns-Empfang bestand dann darin, dass der Kapitän, die Kreuzfahrtleiterin und zwei Dolmetscher für deutsch und englisch vor Beginn des Abendessens kurz im Restaurant auftauchten, ein paar wenige Sätze sprachen und dann auch schon wieder verschwunden waren. Es gab keinen Captains Tisch und auch kein Gratis-Getränk o. ä., keine Eisbombe und keine entsprechende Musik.

Ab 21:30 Uhr stand zum zweiten Mal Tanzmusik in der Wolga-Bar auf dem Programm, aber dies verlief genau so wie beim ersten Abend und wie bereits beschrieben, so dass wir kaum zum Tanzen kamen und bereits gegen 23:30 Uhr zu Bett gingen.

Am Sonntagmorgen erreichte die MS Griboedov während des Frühstücks um 07:30 Uhr den Flusshafen von Sankt Petersburg und legte dort am Kai an. Da das Schiff auch die nächsten beiden Tage dort lag, verließ der Kapitän das Schiff und besuchte seine Familie, er wurde an Bord nicht mehr gebraucht. Um 08:10 Uhr starteten wir zur Großen Stadtrundfahrt in Sankt Petersburg und hatten erneut Glück, da unser Reiseleiter (der Chefdolmetscher an Bord) in Sankt Petersburg zu Hause war und selbst hier alles wunderbar erklären konnte. Die Stadtrundfahrt führte uns zu etlichen interessanten Aussichtpunkten, wir besuchten einige berühmte Kirchen u. v. m. Während der Stadtrundfahrt war es mit 12 Grad recht kühl und bedeckt. Die Stadtrundfahrt endete in der Stadtmitte am Kanal und wir unternahmen dort ab 11:50 Uhr noch eine fakultative Kanalfahrt und erlebten Sankt Petersburg auch noch vom Wasser aus und sahen die vielen, schönen Brücken.

Zum Mittagessen um 14:00 Uhr waren wir wieder zurück an Bord und hatten den Nachmittag zur freien Verfügung. Wir hätten dort noch an einem Besuch im Peterhof und abends an einer Ballettvorführung teilnehmen können, hoben uns dies aber bewusst für die August-Kreuzfahrt auf, da wir auch davon ausgingen, dass dann im August das Wetter besser ist und wir im Peterhof mehr davon haben.

Den Nachmittag nutzten wir, um die Fotos des Vormittags zu bearbeiten und Kaffee in der Newa-Bar zu trinken. Das Abendessen wurde an diesem Tag früher als sonst, nämlich bereits um 18:00 Uhr, eingenommen, da einige Gäste anschließend zum Ballett fuhren. Da wir hieran nicht teilnahmen, hielten wir uns bis 00:30 Uhr in der Bar auf, bevor wir zu Bett gingen. Vorher kamen die Besucher des Balletts zurück und waren allesamt begeistert. Das steigerte bei uns die Vorfreude für den Besuch im August.

Am Montagmorgen waren es immer noch kühle 12 Grad, aber es war sonnig. Wir fuhren um 10:00 Uhr mit dem Bus nach Pushkin zur Besichtigung des Katharinenschlosses mit dem weltberühmten Bernsteinzimmer. Aber hiervon hatten wir uns ganz falsche Vorstellungen gemacht und waren dann ziemlich enttäuscht. Der Katharinenpalast selbst ist schon sehr schön und eindrucksvoll und interessant waren auch in den Innenräumen die Infotafeln, die jeweils den Zustand vor dem Weltkrieg und den zerstörten Zustand nach dem Weltkrieg dokumentierten. Aber das Bernsteinzimmer selbst war dann doch sehr klein und auch von der Farbgebung her nicht nach unserem Geschmack. Selbstverständlich ist die handwerkliche Leistung dieses Replikats zu würdigen, aber – wie gesagt- das Zimmer selbst entsprach nicht unseren Vorstellungen.

Im Gegensatz zu anderen Sehenswürdigkeiten durfte hier im Katharinenpalast auch überall fotografiert werden, ausgenommen im Bernsteinzimmer. Dies wurde von einer Aufpasserin auch peinlichst beobachtet.

Um 14:30 Uhr waren wir wieder zurück an Bord des Schiffes und nahmen dort das Mittagessen ein. Danach konnten wir an der Rezeption unsere Reisepässe abholen, die zu Beginn der Reise dort abgegeben werden mussten, und mussten unsere Koffer packen. Nach dem Abendessen, das wieder um 19:00 Uhr serviert wurde, hielten wir uns nochmals bis 00:30 Uhr in der Wolga-Bar auf. Die Schlussrechnung der Getränke konnte dann entgegen der Veröffentlichung in den Reise-unterlagen doch per Kreditkarte bezahlt werden und musste nicht bar beglichen werden.

Am Dienstagmorgen packten wir noch die restlichen Sachen, die wir in der letzten Nacht noch gebraucht hatten, ins Handgepäck und um 10:30 Uhr wurden wir mit einem Transferbus zum Flughafen in Sankt Petersburg gebracht. Nach dem Einchecken bei Lufthansa warteten wir auf den Abflug, der sich um 1 Stunde verzögerte.

Um 15.40 Uhr hob der Flieger dann aber ab und es ging zurück nach Frankfurt am Main.

Nach einer kurzen Flugzeit landeten wir um 15:35 Uhr Ortszeit in Frankfurt und wurden dort schon von unserer Tochter, unserem Schwiegersohn und unserem Enkel erwartet.

Wir fuhren in die damalige Wohnung unserer Kinder in Frankfurt am Main und aßen gemeinsam zu Abend und erzählten schon einmal die wichtigsten Eindrücke unserer Fahrt und konnten bereits die fertigen Bilder auf dem Laptop vorführen.

Nach dem Abendessen fuhr uns unser Schwiegersohn nach Hause, wo wir um 21:30 Uhr eintrafen.

56 Eremitage

Neben der Flusskreuzfahrt von Moskau nach Sankt Petersburg hatten wir 2006 vom 28.08. – 08.09.2006 eine weitere Kreuzfahrt auf der Ostsee mit der MS Astor gebucht. Diese Kreuzfahrt begann in Bremerhaven und endete in Kiel. Da hierfür kein Flug notwendig war, reisten wir mit dem eigenen PKW an, der in Bremerhaven bei einer Spedition abgegeben wurde und am Ende der Reise nach Kiel überführt wurde. So stand sofort nach dem Auschecken unser Wagen bereit und wir konnten ohne Zeitverzögerung sofort die Heimreise antreten.

Die Kreuzfahrt verbanden wir mit einem Kurzbesuch in Bremen, um zum einen nicht am Abreisetag erst anzureisen und unter Zeitdruck zu stehen, pünktlich die MS Astor zu erreichen und zweitens das neue Museum Universe Science Center, von dem ich zufällig im Internet erfuhr, zu besuchen.

Am Sonntag, dem 27.08.2006 starteten wir um 09:00 Uhr zu Hause und fuhren über die Autobahn nach Bremen. Um 14:00 Uhr erreichten wir dort das Hotel „Atlantis", das sich direkt neben dem Universe Science Center befindet und in dem wir bereits von zu Hause aus ein Doppelzimmer reserviert hatten. Nachdem wir unseren kleinen Koffer, der nur das wichtigste für diese eine Nacht enthielt, ausgepackt hatten, fuhren wir um 14:45 Uhr mit der Straßenbahn ins Zentrum, aßen dort ein Eis und bummelten durch das Stadtzentrum mit dem Rathaus, dem Roland und der Bronzeplastik der Bremer Stadtmusikanten sowie durch die bekannte Böttcherstrasse. Es war an diesem Tag etwas kühl und nieselte leicht. Ganz durch Zufall entdeckten wir in Bremen auch die Zentrale von Transocean Tours. Zum Abendessen gingen wir in ein sehr gemütliches Altstadtrestaurant und aßen dort sehr leckeren Fisch. Mit der Straßenbahn ging es anschließend zurück ins Hotel und wir gönnten uns noch ein Bier in der Hotelbar, da ich an diesem Tag ja kein Auto mehr fahren musste.

Am Montag standen wir um 07:15 Uhr auf und checkten nach dem Frühstück aus, den Wagen konnte ich noch auf dem Hotelparkplatz stehen lassen. Wir besuchten das neben dem Hotel gelegene Universe Science Center, ein absolut tolles Museum mit vielen Experimenten zum Anfassen und selbst Beteiligen etc. Dieses Museum müssen wir nochmals zusammen mit unserem Enkel besuchen, wenn dieser etwas älter und in der Schule ist. So gibt es hier z. B. eine Erdbeben-simulation, sehr viele technische Experimente mit Wasser, Licht, Schall u. v. m.

Um 12:00 Uhr fuhren wir von Bremen nach Bremerhaven, wo wir um 13:15 Uhr am Kreuzfahrt-terminal ankamen. Dort gaben wir unseren Wagen bei der Spedition ab und checkten auf der MS Astor ein. Auch jetzt war es recht kühl und regnete.

Für diese kurze Ostseekreuzfahrt hatten wir keine Suite, sondern eine normale Aussenkabine, die Kabine 416, gebucht. Auch diese Zweibettkabine war geräumig und es gab sogar unerwarteterweise einen Schreibtisch in der Kabine, auf dem ich meine Arbeiten am Laptop erledigen konnte.

Um 15:30 Uhr gab es einen Willkommensimbiß im Übersee-Club und um 16:45 Uhr wurde die obligatorische Seenotrettungsübung abgehalten.

Um 17:15 Uhr lief die MS Astor aus dem Hafen aus und dies wurde gebührend mit Live-Musik und kostenlosem Sekt im Überseeclub begleitet.

Da wir auch bei dieser Kreuzfahrt wieder die 1. Tischzeit gebucht hatten, gingen wir anschließend um 18:00 Uhr zum Dinner in das Waldorfrestaurant und erhielten hier wunschgemäß auch wieder einen runden 6er Tisch am Fenster, zusammen mit zwei anderen, netten Paaren.

Nach dem Abendessen trafen wir uns mit anderen Gästen zu einem Drink in der Hanse-Bar, anschließend gab es Live-Musik und Tanz im Übersee-Club. Nach dem Mitternachtssnack um 23:30 Uhr, den wir nicht versäumen wollten, gingen wir zu Bett.

Der Dienstag war ein so genannter Seetag, also ohne Landgänge. Es war sehr kühl und regnete leicht.

Um 07:00 Uhr ließen wir uns – wie immer auf der Astor– vom Bordradio wecken und nach dem Frühstücksbuffet gab es um 10:00 Uhr in der Astor Lounge eine Vorstellung der Reiseleiter und der Ausflüge an den kommenden Tagen. Da wir uns zu Hause schon für die jeweiligen Ausflüge entschieden hatten, buchten wir diese gleich bis zum Ende der Reise.

Für Kreuzfahrer typisch nahmen wir um 11:00 Uhr die angebotene Boillon im Übersee-Club ein, dann das Mittagessen und nachmittags um 15:30 Uhr Tee und Kuchen.

Um 16:30 Uhr beteiligten wir uns an einer Bingoveranstaltung im Überseeclub. Um 17:15 Uhr gab es den Kapitäns-Willkommens-Cocktail in der Astor Lounge und für uns in der 1. Tischzeit um 18:00 Uhr das festliche Kapitäns Abendessen. Ab 21:00 Uhr lauschten wir der Musik in der Astor Lounge und ab 22:15 Uhr der Show-Time mit allen Künstlern, die während dieser Reise an Bord der MS Astor waren. Danach besuchten wir wieder die Hanse-Bar, bevor wir kurz vor 01:00 Uhr in die Kabine gingen.

Am Mittwoch wurden wir um 06:15 Uhr vom Radio geweckt und während des Frühstücks erreichte die MS Astor gegen 07:00 Uhr Danzig / Polen.

Um 08:45 Uhr nahmen wir am gebuchten Ganztagesausflug „Kaschubische Schweiz und Danzig" teil. Am Vormittag war es kühl und es regnete teilweise ziemlich heftig. Aber wir fuhren zu dieser Zeit im Bus durch die so genannte Kaschubische Schweiz und besichtigten dort ein Museum, so dass uns der Regen nichts ausmachte. Das Mittagessen, das zu diesem Ausflug mit dazu gehörte, wurde mit einer sehr schönen Folklore-Vorführung begleitet. Erst nach dem Mittagessen fuhren wir zurück nach Danzig und unternahmen dort einen Spaziergang durch die Altstadt. Jetzt hatte es aufgehört zu regnen und es war mit 20 Grad angenehm warm. Die Gäste, die am Vormittag den Stadtrundgang durch Dresden unternommen hatten, wurden noch nass, wir hatten jetzt am Nachmittag viel mehr Glück mit dem Wetter.

Um 18:00 Uhr waren wir zurück an Bord und das Abendessen der 1. Tischzeit wurde aus Rücksicht auf diese Zeiten erst um 18:30 Uhr serviert. Um 20:00 Uhr legte das Schiff in Danzig ab und fuhr weiter nach Litauen. Ab 21:15 Uhr hörten wir uns die Live-Musik in der Astor Lounge an und als Hauptabendprogramm gab es dort ab 22:15 Uhr „Vertrickst nochmal –es zaubert Rex". Nach einem Besuch in der Hanse-Bar gingen wir kurz nach Mitternacht zu Bett und mussten in dieser Nacht die Uhren um 1 Stunde vorstellen, so dass wir eine Stunde weniger zum Schlafen hatten.

Die MS Astor erreichte am Donnerstag um 08:00 Uhr Klaipeda / Litauen und um 09:00 Uhr begann für uns der Ganztagesausflug „Kurort Polangen und Klaipeda". Es war zwar sonnig und 23 Grad warm, aber sehr windig.

In Polangen nahmen wir das Mittagessen ein und machten danach einen Spaziergang zur Ostsee, wo uns der Wind heftig um die Ohren wehte.

Nachmittags machten wir einen interessanten Stadtrundgang durch Klaipeda.

Um 17:30 Uhr waren wir wieder zurück an Bord des Schiffes und nach dem Abendessen gab es im Captains Club Lieder aus Musicals, ab 21:15 Uhr wie jeden Tag Tanzmusik mit dem Bordorchester und ab 22:15 Uhr die Showtime „Gesang und Parodien mit Charles Fath", einem ganz hervorragenden Sänger. Danach statteten wir der Hanse-Bar unseren Besuch ab und gingen erst nach Mitternacht ins Bett.

Der Freitag war ein reiner Seetag ohne Landgänge. Wir ließen uns um 07:00 Uhr vom Morgenradio wecken und nach dem Frühstück sonnten wir uns bei 23 Grad auf dem Deck. Um 10:45 Uhr gab es den in jedem Reiseabschnitt der MS Astor beliebten Frühschoppen mit Freibier, Brezeln, Würsten, Leberkäse u. v. m., begleitet mit Live Musik des Sängers Charles Fath. Danach ruhten wir uns etwas aus, bevor wir um 17:15 Uhr zum Treffen der Club Columbus Mitglieder gingen.

Nach dem Abendessen gab es als Vorabendprogramm im Captains Club „Megy B. ist die Unschuld vom Lande" und als Hauptabendprogramm in der Astor Lounge nach der Tanzmusik die Show „Music was my first love ...-Die schönsten Melodien der letzten 5 Jahrzehnte".

Am Samstag, dem 02. September 2006 weckte uns das Radio um 06:30 Uhr und um 07:00 Uhr erreichte die MS Astor Tallinn / Estland.

Morgens war es neblig und recht kühl, als wir um 08:30 Uhr von Bord gingen und dabei **das 50. Land der Erde betraten, also für uns ein kleines Jubiläum!**

Wir sind ja nie so recht an Fotos von uns selbst interessiert, so dass wir nur ganz, ganz wenige Fotos des Bordfotografen auch kaufen. Aber hier in Tallinn aus Anlass unseres persönlichen Jubiläums hätten wir natürlich doch gerne ein gemeinsames Foto vor dem Schild der Stadt gehabt, haben dies aber doch glatt vergessen. So gingen wir wie meistens etwas versetzt die Gangway zum Hafen hinunter und haben auch von Tallinn nur zwei getrennte Fotos von uns. Beim 100. Land der Erde werden wir besser darauf achten, dass wir ein gemeinsames Erinnerungsfoto erhalten.

In Tallinn unternahmen wir einen geführten Stadtrundgang durch die Altstadt und sahen eine Vorführung von Volkstänzen. Gegen 12:00 Uhr waren wir wieder zurück an Bord und nach dem Mittagessen legten wir eine Siesta in unserer Kabine ein. Nach der Kaffeestunde in der Astor Lounge legte die MS Astor um 17:00 Uhr in Tallinn ab und fuhr Richtung Sankt Petersburg.

Nach dem Abendessen gab es um 20:15 Uhr im Übersee-Club eine sehr gute Zaubershow „Übersee-Magie mit Bert Rex" und da uns das Programm in der Astor Lounge an diesem Abend nicht zusagte blieben wir auch gleich im Übersee-Club, wo es ab 21:00 Uhr Tanzmusik mit dem „Duo Carolas" gab. In dieser Nacht mussten wir die Uhren erneut um 1 Stunde vorstellen und hatten mal wieder eine Stunde weniger Schlaf. Aber das macht uns im Urlaub nichts aus.

Das Radio weckte uns am Sonntag um 07:00 Uhr und um 08:00 Uhr legte die MS Astor im Hafen von Sankt Petersburg an. Dies war dann in diesem Jahr für uns schon der zweite Besuch in dieser herrlichen Stadt.

Bei der Flusskreuzfahrt im Mai hatten wir bewusst den Besuch im Peterhof ausgelassen und uns für den jetzigen Besuch aufgespart. Leider wurde der Peterhof dieses Mal aber nur in Verbindung mit einer Stadtrundfahrt angeboten, so dass wir diese nun ein zweites Mal mitmachen mussten. Aber das war natürlich überhaupt nicht schlimm, die jetzige örtliche

Reiseleiterin erzählte ohnehin etwas anderes als im Mai. Als Abschluss der Stadtrundfahrt gab es in Sankt Petersburg in einem sehr schönen Hotel das Mittagessen und danach fuhren wir zum Peterhof. Dort besichtigten wir zuerst die Innenräume und danach als Höhepunkt den wunderschönen Park mit den Wasserspielen. Jetzt am Nachmittag war es sonnig und 20 Grad warm, so dass der Spaziergang durch die Parkanlage sehr angenehm war.

Um 17:45 Uhr waren wir zurück an Bord und an diesem Abend fand in der Astor Lounge der beliebte Markttag statt. Wir konnten hier aber leider nur etwas verkürzt ein Essen einnehmen, da wir bereits um 19:00 Uhr zum nächsten Höhepunkt des Tages fuhren, zu einer Ballettaufführung von „Schwanensee". Damit war dieser Tag in Sankt Petersburg schon ziemlich stressig, aber wir wollten dies ja so. Ballett ist eigentlich, im Gegensatz zu Opern und Musicals, so gar nicht mein Ding, aber irgendwie gehört ein klassisches Ballett doch bei einem Besuch in Sankt Petersburg einfach dazu.

Im Theater war es stickig heiß und das Ballett dauerte mir viel zu lange und hat mir ehrlich gesagt eigentlich nicht gefallen. Die Musik dagegen war sehr gut, das höre ich mir schon gerne an. Getrübt wurde der Kunstgenuss auch noch dadurch, dass im Theater auch eine japanische Gruppe war, die sich einfach nur unmöglich benahm. Nicht nur, dass sie für diesen Anlass keine passende Kleidung trugen, sie unterhielten sich lautstark u. v. m.

In der Pause gab es für uns Sekt und Saft, was im Preis eingeschlossen war. Um 22:30 Uhr waren wir zurück an Bord und gönnten uns noch etwas Süßes vom üppigen Dessertbuffet, das immer zum Markttag dazu gehört. Natürlich ließen wir auch diesen stressigen Tag in der Hanse-Bar ausklingen, bevor wir gegen 01:00 Uhr zu Bett gingen.

Am Montagvormittag bearbeitete ich nach dem Frühstück die Fotos des letzten Tages und als Alternative zum regulären Mittagessen gab es um 11:45 Uhr auf dem Lidodeck eine Nudelpfanne mit leckeren Pastagerichten.

Um 14:00 Uhr fuhren wir zur **Eremitage** und besichtigten dieses imposante Museum, aber natürlich nur einen Teil davon. Das Museum komplett zu besichtigen würde Monate oder Jahre dauern. Für uns ganz toll war, dass das Museum eigentlich montags geschlossen ist und nur für die Gäste von Transocean Tours an diesem Tag geöffnet wurde. So konnten wir die Exponate in aller Ruhe bestaunen und waren nicht inmitten hunderter anderer Besucher.

Um 17:30 Uhr waren wir zurück an Bord und nach dem Abendessen gingen wir in den Übersee-Club, wo das Duo Carolas zum Tanz aufspielte. Aber natürlich gab es danach auch wieder einen Besuch in der Hanse-Bar bis gegen 01:00 Uhr. In dieser Nacht erhielten wir eine Stunde Schlaf geschenkt, denn die Uhren durften um 1 Stunde zurück gestellt werden.

Noch während des Frühstücks erreichte die MS Astor am Dienstag um 07:30 Uhr Helsinki / Finnland und legte dort im Hafen an.

Um 08:30 Uhr begann unsere gebuchte Stadtrundfahrt zu den wichtigsten Sehenswürdigkeiten dieser Stadt. Höhepunkt war der Besuch in der Felsenkirche, in der uns ein halbstündiges Orgelkonzert geboten wurde. Und natürlich ging die Fahrt auch zum Sibelius-Denkmal.

Zum Mittagessen waren wir zurück an Bord und um 13:30 Uhr nahmen wir an einem weiteren Ausflug in Helsinki teil und machten eine Bootstour zu Helsinkis Inseln. Leider war es an diesem Nachmittag recht kühl und regnete auch leicht, so dass wir uns nur im Innern des Ausflugschiffes aufhalten konnten.

Rechtzeitig zur Kaffeestunde waren wir zurück an Bord und um 18:00 Uhr verließ die MS Astor den Hafen von Helsinki und fuhr Richtung Stockholm. Um 20:30 Uhr besuchten wir im Captains Club die Show „Man müsste nochmals 20 sein –Romantische Lieder und Schlager von gestern und heute mit Charles Fath" und in der Astor Lounge die Hauptabend-Show „Mit Pumps, Puder und Perücke –Die Verwandlung der Megy B." des Travestie-Künstlers. Erneut konnten in dieser Nacht die Uhren um 1 Stunde zurück gestellt werden, so dass wir nochmals eine Stunde länger zum Schlafen hatten, dafür mussten wir ja bei der Hinfahrt zweimal auf 1 Stunde Schlaf verzichten.

Am Mittwoch standen wir nach dem Wecken durch das Bordradio um 07:00 Uhr auf und beobachteten dann um 08:00 Uhr beim Frühstück die Einfahrt der MS Astor in den Hafen von Stockholm. Da wir einige Jahre zuvor schon einmal in Stockholm waren und damals an einer Stadtrundfahrt teilgenommen hatten und auch das Wasa-Museum besichtigt hatten, blieben wir am Vormittag an Bord des Schiffes und unternahmen nur nach dem Mittagessen einen Ausflug „Stockholms Wasserstrassen", um die Stadt auch einmal vom Wasser aus zu sehen. An diesem Tag war es sonnig und 20 Grad warm, so dass wir die Fahrt im offenen Boot durchführen konnten.
Um 16:30 Uhr waren wir zurück an Bord und ab 18:00 Uhr verließ die MS Astor Stockholm und nahm Kurs auf Kiel. Während unseres Abendessens fuhr die MS Astor durch die Schären, was mit Live-Musik des Duos Carolas auf dem Lidodeck begleitet wurde. Um 22:00 Uhr gab es in der Astor Lounge die Show „Geh'n Sie mit der Konjunktur –Die wilden 50er", die leider fast identisch mit der gleichen Show wie im Jahr zuvor bei der Reise rund um Südamerika war. Hier würden wir uns mehr Abwechslung im Show-Programm wünschen. Wir verließen daher die Show

vorzeitig und gingen bis etwa 00:30 Uhr in die Hanse-Bar.

Der Donnerstag war wieder ein reiner Seetag, es war sonnig und 20 Grad warm. Nach dem Frühstück mussten wir unsere Kofferbanderolen abholen und die Koffer packen. Den restlichen Vormittag verbrachten wir an Deck.
Während der Gala-Tee- und Kaffeestunde in der Astor Lounge wurden dort die Seekarte der Reise und ein Reisegutschein in Höhe von 250,00 € verlost, ab 16:00 Uhr gab es im Übersee-Club eine Bingoveranstaltung.
Abends gab es dann zum Ende der Reise das festliche Kapitäns-Abschiedsessen und danach wurde in der Astor Lounge der Film dieser Reise präsentiert, den wir ohnehin schon als DVD bestellt hatten. Ab 22:15 Uhr folgte in der Astor Lounge die Abschiedsgala „That's Entertainment" mit allen Künstlern, die während dieser Reise an Bord waren.
Um 23:15 Uhr mussten die letzten Dinge in die Koffer gepackt und diese vor die Kabinentür gestellt werden. Wir ließen die Reise mit einem letzten Besuch in der Hanse-Bar ausklingen.

Letztmalig wurden wir am Freitag, dem 08. September um 06:00 Uhr durch das Bordradio geweckt und um 07:00 Uhr legte die MS Astor im Hafen von Kiel an. Hier war es sehr kühl, bedeckt und regnete leicht.
Um 08:45 Uhr konnten wir von Bord gehen und am Kai standen schon unsere Koffer und auch unser Wagen bereit, der von Bremerhaven nach hier überführt wurde.
So konnten wir bereits um 09:05 Uhr mit unserem PKW die Heimreise über Hamburg, Hannover und Kassel antreten und waren um 15:15 Uhr zu Hause.

57 Gaudi

Wie bereits in den vorigen Kapiteln beschrieben, hatten wir schon mehrmals als Einzelpersonen an Bus-Abschlussfahrten teilgenommen, die uns immer sehr gut gefallen hatten. Im Jahre 2005 stießen wir neu zu einem Kegelclub hinzu, der ebenfalls einmal im Jahr eine gemeinsame Fahrt unternahm. Da wir erst Mitte 2005 hinzukamen und in diesem Jahr auch schon eine andere Fahrt gebucht hatten (Friesendoktor in Wilhelmshaven) nahmen wir nicht an dieser Fahrt teil. Der Kegelclub fuhr mit einem an unserem Wohnort beheimateten Busunternehmen an den Gardasee.

Auf Grund unserer guten Erfahrungen mit den Abschlussfahrten des Busunternehmens „Schuy Exclusivreisen" machten wir Reklame für eine Abschlussfahrt nach Inzell und konnten die anderen 3 Ehepaare unseres Kegelclubs überzeugen und so buchten wir vom 19. – 22.10.2006 diese Fahrt, wobei sich dann noch ein 5. Paar aus unserem Bekanntenkreis dazu gesellte.

Leider gab es dann aber bei dieser Fahrt doch einige Mängel, die die Fahrt nicht so positiv wirken ließ wie die vorhergehenden. Besonders schade, da wir ja gerade für diese Fahrt die Werbetrommel gerührt hatten und jetzt sahen, dass unsere Bekannten nicht zufrieden waren. Einer unserer Bekannten hatte die Fahrt für uns alle Anfang Februar bei einer kleinen Touristikmesse in Limburg gebucht und da es dort keinen Messerabatt o. ä. gab, vereinbart, dass wir von unseren Wohnorten kostenlos abgeholt werden. Das war schon sehr angenehm und auch für uns neu. Bisher fuhren wir immer mit dem eigenen PKW zum Betriebsgelände des Busunternehmens nach Elz und stellten dort unseren Wagen ab. Jetzt aber konnten wir zu Hause auf den Abholer warten und mussten nicht selbst fahren. Insbesondere bei der

Rückfahrt sehr angenehm, da wir dann bei der Rückfahrt auch noch ein Bier im Bus-Bistro trinken durften, da keiner heimfahren musste.

Aber hier begann schon die Pannenserie, da – aus welchen Gründen auch immer – das Büro Anschriften von uns vertauscht hatte und insbesondere bei unserer Strasse, die ziemlich lang ist, keine Hausnummer dazu geschrieben hatte. So fuhr der Abholer die Strasse ab, fand uns aber nicht. Er hatte dann auch nur unsere Festnetz-Telefonnummer und rief morgens um 05:15 Uhr bei uns an, wo wir denn wohnten. Zum Glück war der Abholer früher als vereinbart und wir waren gerade noch in der Wohnung und konnten das Telefongespräch annehmen. 2 Minuten später hätte er uns nicht mehr erreicht.

Von der Wegstrecke her waren wir die ersten, die abgeholt wurden und konnten ihn dann zu den anderen Gästen lotsen, deren Wohnorte uns bekannt waren. Ein weiteres Paar wurde aus unserem Ortsteil Kirberg abgeholt, das 3. Paar aus Kaltenholzhausen, 1 Ortschaft weiter und dann das 4. Paar von Heringen, bevor wir zum Busbahnhof in Limburg transportiert wurden. Das 5. Paar aus der Nähe von Montabaur war selbst mit dem PKW angereist und stieg direkt im Betriebsgelände in Elz zu. Insgesamt wurden zu dieser Abschlussfahrt 3 Busse eingesetzt, bei früheren Fahrten waren es meistens immer nur zwei. Aber der 3. Bus war auch etwas Besonderes, dazu später mehr.

Die Busse fuhren vom Betriebsgelände in Elz zur Ortsmitte in Elz, um dort weitere Gäste aufzunehmen und dann zum Bahnhof in Limburg, um auch hier noch Gäste, u. a. auch uns, an Bord zu nehmen. Von Limburg ging die Fahrt dann um 06:20 Uhr über Bad Camberg, wo ebenfalls noch Gäste zustiegen, auf die Autobahn gen Süden. Die Fahrt führte uns über Würzburg, Nürnberg und München nach Inzell.

Unterwegs gab es zwei Pausen an Raststätten, zum einen als notwendige Pause für den Fahrer und zum anderen als Toilettenpause. Einer der wirklich positiven Punkte, die für das Busunternehmen Schuy sprechen ist die Tatsache, dass hier immer sehr nettes und kompetentes Personal an Bord der Busse ist und dass die Fahrer absolut korrekt alle Pausen und sonstigen Vorschriften einhalten. Auch bei dieser Fahrt war wieder ein überaus nettes Team an Bord, sowohl der Fahrer als auch die Stewardess. Die Busse von Schuy haben nur im Obergeschoss Sitzplätze, unten befindet sich ein Bord-Bistro mit Platz für 12 Personen, in dem es ein sehr leckeres Frühstück gibt, Suppen, kleinere andere Speisen und vor allem ein schönes, frisch gezapftes Bier. Kaum waren wir am Abfahrtstag auf der Autobahn fanden wir uns dann auch schon im Bistro ein und frühstückten erst einmal gemütlich mit frisch aufgebackenen Brötchen und einem Glas Sekt zur Einstimmung auf das verlängerte Wochenende.

Unser Ziel Inzell erreichten wir nachmittags um 14:45 Uhr und erhielten dort unsere Zimmer im Bayrischen Hof.
Das Hotel Bayerischer Hof besteht aus einer sehr schönen Gebäudeanlage mit mehreren Appartements in typischen Holzhäusern. Angeschlossen an das Hotel ist der Musik-Stadl, eine Halle, in der das Abendessen eingenommen wurde und die abendlichen Musikveranstaltungen stattfanden. Unser Appartement enthielt ein Schlafzimmer mit einem schönen Balkon davor, 1 kleine Küchenzeile, Bad mit Badewanne und WC und ein weiteres, abgeteiltes Zimmer mit 2 Betten. Wenn wir das meiste bei diesem Kurzaufenthalt zwar nicht nutzten, war das Appartement doch wirklich sehr schön.
Unsere Gruppe erhielt nebeneinander liegend Zimmer im 2. OG eines Flügels. Und hier war dann

das nächste, dieses Mal aber wirklich große, Problem: Ein Herr unserer Gruppe hatte nach einem im April erlittenen Unfall eine Beinprothese und ist daher behindert. Es wäre ihm nicht möglich gewesen, das Zimmer im 2. OG zu erreichen. Seine Behinderung war aber dem Busunternehmen bekannt und es wurde ihm zugesichert, dass er im Hotel ein behindertengerechtes Zimmer erhält. Leider klappte das dann bei der Ankunft nicht. Wie sich herausstellte, gab es nur ein einziges, behindertengerechtes Zimmer dort und das war von einer anderen Person belegt, die aber zu diesem Zeitpunkt nicht anwesend war. Das ganze Prozedere zog sich bis gegen 17:30 Uhr hin, bis unser Freund dann endlich sein Zimmer bekam. Da es bereits um 18:00 Uhr das Abendessen gab, hatte er keine Zeit mehr, sich etwas auszuruhen oder umzuziehen.

Da wir ihm ohnehin nicht helfen konnten, gingen wir andere 4 Paare zu einem ersten Informations-rundgang zur Stadtmitte in Inzell durch den Kurpark und entdeckten dann in der Stadtmitte einen Eissalon, so dass wir vor dem Abendessen noch schnell ein Eis aßen. Bei strahlendem Sonnen-schein und ca. 23 Grad schmeckte dies auch besonders gut. Wir hatten auch noch genügend Zeit, uns vor dem Abendessen zu duschen und umzuziehen.

An den 3 Abenden im Hotel gab es immer ein Buffet mit einer großen Auswahl an Salaten, einer Suppe, mehreren verschiedenen Hauptgerichten und Beilagen, sowie einer Auswahl an Desserts. Um das Gedränge am Buffet etwas zu entzerren, waren die 3 Busse unserer Fahrt im Abstand von 30 Minuten zu unterschiedlichen Zeiten zum Essen eingeteilt. Ein System, das sich sehr gut bewährt hat, so dass es wirklich kein Gedränge an den einzelnen Stationen gab. Während die erste Gruppe schon beim Dessert war und die 2. Gruppe bei den Hauptspeisen, begann die 3. Gruppe dann erst bei den Salaten bzw. der Suppe. Das Essen war an den 3 Abenden immer gut und reichlich. Weniger gut fanden wir, dass teilweise die Hauptspeisen für die 3 Gruppen nicht gleich waren, da Speisen, die bei der 1. oder 2. Gruppe zu Ende gingen durch ganz andere Speisen für die 3. Gruppe ersetzt wurden.

Nach dem Abendessen begann dann um 20:00 Uhr die Tanzmusik mit einer Bigband. Und das war für uns leider eine herbe Enttäuschung. Im Katalog war ausgeschrieben, dass an den 3 Abenden immer Live-Musik zum Tanzen durch eine ortstypische Kapelle gespielt würde, deren Name sogar im Katalog aufgeführt war. Das war u. a. der Grund, dass wir gerade diese Fahrt gebucht hatten. Wenn ich doch eine **Gaudi**-Abschlussfahrt nach Bayern unternehme, erwarte ich dort doch auch eine landestypische Musikkappelle. Aber in unserem Falle war dies eine Bigband aus dem Limburger Raum, die extra mit uns – deswegen auch 3 Busse – anreiste. Bei der Bigband handelte es sich um 12 Musiker, alle weit über 60 Jahre, darunter auch der Seniorchef des Busunternehmens Schuy. Die Musik war in der Halle, in der die Veranstaltung stattfand, viel zu laut und es waren auch nur sehr wenig tanzbare Musiktitel dabei. So blieb die Tanzfläche immer ziemlich leer. Wir hielten es dann auch nur bis gegen 22:45 Uhr aus, nahmen noch einen kleinen Drink an der Hotelbar und gingen dann für uns völlig untypisch bereits vor Mitternacht ins Bett.

Am nächsten Tag, Freitag, gab es ein sehr gutes Frühstücksbuffet, wenn es hier auch keinen gebraten Speck und Spiegeleier oder Rühreier gab, wie es heute eigentlich bei einem Frühstücks-buffet Standard ist. Aber es gab reichlich Säfte, Joghurt, Müsli, diverse Brote und Brötchen, Marmeladen, Wurst und Käse sowie Tee oder Kaffee und auch gekochte Eier. Alles in allem also wirklich reichhaltig und abwechslungsreich.

Um 10:00 Uhr unternahmen wir mit unseren Bussen eine Stadtrundfahrt durch Inzell, die uns u. a. auch an dem weltberühmten Eisstadion vorbeiführte. Zufällig war dort gerade Anne Friesinger zum Training. Nach der Stadtrundfahrt ging es weiter nach Traunstein, wo die dortige Brauerei besichtigt wurde. Und das war schon wieder eine Überraschung. Es war nicht etwa eine Führung durch die in Betrieb befindliche Brauerei mit einer anschließenden Bierverkostung, sondern ein Rundgang durch das Brauerei-Museum.

Dieser Rundgang über mehrere Etagen und vorbei an den unterschiedlichsten Stationen war aber ganz toll aufgemacht und hoch interessant, aber solch eine trockene Brauereibesichtigung hatten wir noch nie erlebt!

Es gab noch nicht einmal einen kleinen Probeschluck am Ende der Führung. Das hatten wir wirklich noch nie erlebt. Also mussten wir das nach der Führung auf eigene Faust nachholen und wir suchten uns einen schönen Platz in der Stadtmitte und tranken dort eine schöne Maß dunkles Bier, zu dem eine Laugenbrezel hervorragend passte. Man hätte zwar auch dort zu Mittag essen können, aber das wäre uns zu viel gewesen. Eine Meinung, der sich auch die anderen 4 Paare anschlossen.

Nach diesem Imbiss fuhren wir mit unseren 3 Bussen zu einer herrlichen Alpenpanoramafahrt über die Roßfeld Höhenstrasse, die bis zu 1600 m hoch liegt. Bei Sonnenschein und völlig unerwarteten 26 Grad hatten wir eine tolle Fernsicht und diese Fahrt brachte uns sehr schöne Eindrücke.

Eine nicht eingeplante Pause gab es, da einer der 3 Busse ein technisches Problem hatte und die beiden anderen Busfahrer helfen mussten.

Nach dem Abendessen des 2. Tages gab es dann ab 20:00 Uhr eine wirklich ganz, ganz tolle Unterhaltungsshow, die so war, wie man sich eine bayerische Gaudi eben vorstellt. Ein Hobbyduo spielte Stimmungslieder etc., es gab ein jugendliches Schuhplattler-Paar sowie einen überaus tollen Moderator und Humoristen, der den Saal zum Kochen brachte. Und als Nonplusultra erschien als Stargast dann Margot Hellwig, die trotz ihres hohen Alters immer noch eine fantastische Stimme hatte und live sang. Klar, dass sie nicht ohne mehrere Zugaben die Bühne verlassen konnte.

Nach dem offiziellen Teil spielte das Hobby-Duo dann noch zum Tanz auf und siehe da, jetzt war die Tanzfläche immer proppenvoll und auch wir fanden uns jetzt zum Tanzen ein. Das hätte doch den ebenfalls anwesenden Mitgliedern der Bigband zu denken geben müssen, was aber nicht der Fall war. Erst lange nach Mitternacht gingen wir an diesem Freitag, dann bereits Samstag, zu Bett.

Der Samstag war dann aus unserer Sicht ein verlorener Tag. Der Vormittag war zur freien Verfügung und man konnte fakultativ auf eigene Kosten eine Kutschfahrt buchen, was wir dann auch taten, da es sonst kein Programm gab. Wir 10 hatten eine Kutsche für uns alleine, obwohl die Kutsche mehr Personen hätte befördern können, und auch eine sehr nette Kutschfahrerin. Die Kutschfahrt ging dann teilweise durch Inzell, teilweise durch das Moorgebiet und am Waldrand entlang. Beim Abbiegen von der Hauptstrasse in eine Nebenstrasse hätte es beinahe noch einen schlimmen Unfall gegeben, da ein Autofahrer rücksichtslos unsere Kutsche überholte und beinahe mit den Pferden zusammengestoßen wäre. Bei einer kurzen Pause, bei der auch ein Gruppenbild von uns gemacht wurde, gab es von der Kutschfahrerin selbst gebrannten Schnaps zum Probieren, lecker.

Bei der Rückkehr im Hotel war dort ein Stand mit Glühwein und Jagatee aufgebaut, aber bei erneut 23 Grad fand dieser Stand keinen Zuspruch. Also gingen wir viel lieber nochmals in die Stadtmitte und aßen erneut ein leckeres Eis.

Um 11:45 Uhr fanden wir uns wieder im Hotel ein, wo es als Mittagessen Kaiserschmarrn aus einer riesigen Pfanne gab.

Danach fuhren wir mit unseren 3 Bussen nach Bad Reichenhall und hatten dort den Nachmittag zur freien Verfügung. Wir nutzten die Zeit zu einem Bummel über die Fußgängerzone und durch den Kurpark mit einer riesigen Saline. Danach sonnten wir uns im Kurpark bis zur Rückfahrt nach Inzell. Alles in allem viel zu lange Freizeit in Bad Reichenhall.

Sinnvoller wäre bei dem schönen Wetter eine Auffahrt mit einer Seilbahn auf irgendeinen Berg in den Alpen gewesen, um die schöne Fernsicht zu genießen, aber von Bad Reichenhall aus gab es diese Möglichkeit leider nicht.

Nach dem Abendessen gab es dann am Samstag erneut Musik von der mitgereisten Bigband, ebenfalls wieder viel zu laut und auch dieses Mal blieb die Tanzfläche meistens sehr leer.

Wir sprachen uns kurz mit unseren Freunden ab und zogen uns in einen etwas abgelegenen Raum der Hotelgaststätte zurück, wo die Musik immer noch laut zu hören war, aber erträglicher als direkt im Musik-Stadl.

Da auch die anderen Paare relativ früh zu Bett gingen, zogen auch wir uns noch vor Mitternacht ins Zimmer zurück.

Am Sonntag wurden nach dem Frühstück ab 09:00 Uhr die Koffer verladen und um 09:20 Uhr ging es über München, Nürnberg, Würzburg, Frankfurt wieder zurück nach Bad Camberg, um dort zugestiegene Gäste wieder auszuladen und dann nach Limburg, wo wir den Bus verließen und wieder mit einem Kleinbus in umgekehrter Reihenfolge wie beim Abholen nach Hause gebracht wurden.

Unterwegs gab es zwei Pausen an Raststätten und da es trotz LKW-Fahrverbotes sehr viel Verkehr gab, erreichten wir unsere Heimat erst gegen 17:50 Uhr.

Neben den bereits zuvor aufgeführten Problemen etc. fielen auch noch der im Katalog ausgeschriebene Begrüßungsdrink im Hotel und eine angekündigte Fahrt zu einem hoch gelegenen See und Forsthaus aus.
Zwar gibt es immer in den Katalogen den Hinweis „Änderungen vorbehalten", aber dieses Mal waren es doch leider ein paar Änderungen und Abweichungen zu viel.

Ich nahm dies zum Anlass einen zweiseitigen Brief an das Busunternehmen zu schreiben, in dem ich lediglich ein Feedback aus meiner Sicht abgab, ohne mich direkt zu beschweren. Auf diesen Brief habe ich aber leider nie eine Antwort erhalten.
Schlimmer erging es aber unserem behinderten Freund, der sich nach der Rückkehr telefonisch bei dem Unternehmen meldete, um seine negativen Erfahrungen zu schildern. Zufällig hatte er bei diesem Telefonat den Seniorchef am Draht (sie erinnern sich –er ist ja Mitglied in der Bigband, die uns nicht gefiel), der ihm völlig unverblümt mitteilte, dass doch alles bestens war und er auf Gäste seiner Art gut verzichten könne. Diese Äußerung ist schon fast als menschenverachtend zu bezeichnen! Klar, dass dieses Paar nie mehr eine Fahrt mit diesem Unternehmen durchführen wird.

58 Befreundet

Wegen eines kurzzeitigen finanziellen Engpasses konnten wir im Jahre 2007 lediglich eine etwas kleinere Kreuzfahrt unternehmen, die wir bereits 2006 während der Ostsee-Kreuzfahrt an Bord der MS Astor gebucht hatten und die benötigten finanziellen Mittel auf unserem Sparbuch zur Verfügung standen.

Wir unternahmen vom 29. Juni bis zum 14. Juli 2007 eine Flusskreuzfahrt auf der Donau von Passau bis zum Donaudelta am Schwarzen Meer in der Ukraine und wieder zurück nach Passau. Diese Reise wurde bei Transocean Tours gebucht und fand mit dem Flusskreuzfahrtschiff MS Moldavia statt, das von Transocean Tours im Vollcharter betrieben wurde.

Entgegen unserer sonstigen Gewohnheiten unternahmen wir diese Reise zusammen mit einem **befreundet**en Paar, was sich im Nachhinein aber als Fehler herausstellte, wie wir es bereits befürchtet hatten. Auf Grund dieser Erfahrungen werden wir nie wieder Urlaube mit Bekannten gemeinsam durchführen.

Am Freitag, dem 29. Juni fuhren wir um 06:10 Uhr zu Hause ab und fuhren ab Idstein über die Autobahn A3 bis zur Raststätte Jura kurz hinter Nürnberg. Der Verkehr floss sehr flüssig, so dass wir ohne Staus bereits um 09:30 Uhr an dieser Raststätte eintrafen. Dort trafen wir uns mit dem erwähnten anderen Paar, die noch früher als wir von zu Hause los gefahren waren und hier bereits seit 1 Stunde auf uns warteten. Da wir sehr gut im Zeitplan lagen und laut Verkehrsfunk für die restliche Strecke auch keine Probleme zu erwarten waren, genossen wir ein ausgiebiges Frühstück, bevor wir weiter bis Passau fuhren.
Um 13:00 Uhr trafen wir in Passau ein und gaben dort in einer Parkgarage unsere beiden Fahrzeuge ab. Mit einem Bus wurden wir in das Zentrum von Passau gefahren, wo

wir einen kurzen Aufenthalt hatten und zur Einstimmung auf den Urlaub ein Bier tranken. Es war allerdings an diesem Tag nur ca. 17 Grad warm (oder kalt?) und das Ende Juni!

Gegen 14:15 Uhr holte uns der Bus wieder ab und fuhr uns zur Anlegestelle der MS Moldavia im Hafen Lindau. Um 14:30 Uhr begann die Einschiffung und wir schauten ganz überrascht, da ein uns bekannter Reiseleiter der MS Astor, Peter vom Club Columbus, diese Reise begleitete. Wir bezogen unsere Aussenkabine 224 im unteren Deck, das befreundete Paar hatte eine Kabine im oberen Deck gebucht. Nach einer ersten Erkundung des übersichtlichen Schiffes begann unser Urlaub um 15:15 Uhr mit der täglich stattfindenden Kaffee- / Teestunde mit Gebäck im Restaurant. Der erste Eindruck des Schiffes war sehr gut, wir waren überaus positiv überrascht. Nach den Schilderungen anderer Gäste auf der MS Astor etc. hatten wir ein nur mittelmäßiges, altes Schiff erwartet, fanden jetzt aber ein überaus attraktives und schönes Schiff vor.

Die Kabine war sehr gut und insbesondere fanden wir hier eine Einrichtung sehr zweckmäßig, die wir so noch auf keinem anderen Schiff vorgefunden hatten: Das Waschbecken war nicht zusammen mit der Dusche und dem WC in der Nasszelle untergebracht, sondern in einer eigenen Nische in der Kabine. Hier hatte sich einmal jemand Gedanken gemacht und sich etwas Gutes einfallen lassen. So konnte einer das Waschbecken nutzen und sich dort z. B. rasieren, die Zähne putzen, sich frisieren oder die Haare föhnen etc. und der andere konnte die Dusche und/oder das WC nutzen.

Die Kabine hatte wie überall auf Flussschiffen üblich ein großes, allerdings nicht zu öffnendes Fenster, da die Kabine nur knapp über der Wasserlinie lag. Im darüber liegenden Deck konnten die Fenster geöffnet werden, was wir aber nicht vermisst haben. Die beiden unteren Betten wurden tagsüber hochgeklappt bzw. eines zur Couch umgeklappt.

Ein ganz kleiner Kritikpunkt ist, dass es etwas zu wenig Fächer oder Schubladen für Dinge, die hingelegt werden (z. B. Hemden, Unterwäsche, T-Shirts etc.), gab. Platz zum Hinhängen von Hosen, langen Hemden, Röcken, Kleider etc. gab es dagegen genügend. Wie immer gab es aber natürlich viel zu wenige Kleiderbügel. Aber da wir das schon wissen, hatten wir vorgesorgt und nehmen in jedem Urlaub immer einige Drahtbügel der chemischen Reinigungen mit, die wir dann meistens einfach im Schrank belassen.

Zwischen den beiden einzelnen Betten gab es einen Beistelltisch und gegenüber dem Waschbecken befand sich ein Schreibtisch, auf dem ich gut meinen Laptop abstellen konnte. Grundsätzliches Manko auf allen Schiffen oder auch in allen Hotels sind die viel zu wenigen Steckdosen, so dass es sich empfiehlt immer eine 3-fach-Steckdosenleiste im Reisegepäck zu haben.

Denn es werden schnell mehrere Steckdosen gleichzeitig benötigt, um den Laptop anzuschließen, Handys zu laden, den Foto-Akku zu laden oder einen Föhn oder Lockstab zu betreiben.

Im Restaurant gab es leider keine 6er Tische, die wir bevorzugen, sondern ausschließlich 2er oder 4er Tische. So hatten wir zusammen mit den Bekannten einen 4er-Tisch am Fenster. Dieser Platz galt für alle Essenszeiten im Restaurant, also zum Frühstück, Mittagessen, Kaffee-/Teestunde und dem Abendessen. Somit fanden wir bei dieser Reise leider keinen Kontakt zu anderen Reisenden, sondern waren immer nur mit dem befreundeten Paar zusammen, was uns schon einmal als erstes missfiel. Bei anderen Fahrten galt der Platz im Restaurant immer nur für das abendliche Dinner, so dass wir zum Frühstück, beim Mittagessen und zur Kaffeestunde immer mit anderen Reisenden am frei zu wählenden Tisch saßen und daher viele unterschiedliche Kontakte bekamen. Irgendwann ging dann nach einer Woche natürlich auch der Gesprächsstoff aus und der Mann des befreundeten Paares hatte mehrere Tage hintereinander bei den Tischzeiten immer nur das gleiche Thema, das darüber hinaus etwas unappetitlich war und nicht zum Essen passte. Ein weiterer Grund, warum unser Verhältnis in der 2. Woche doch stark abkühlte.

Um 16:30 Uhr wurden die ersten Landausflüge der nächsten Tage im Moldavia-Salon, einer sehr schönen Bar im Bug des Schiffes, vorgestellt. Hier wunderten wir uns darüber, dass das andere Paar nicht erschien und offensichtlich kein Interesse an den Ausflügen hatte. Wozu macht man denn eine solche Reise, wenn man keine Ausflüge in fremde Länder und Städte unternimmt? Zwar war der Mann behindert, da er nach einem Motorradunfall im Jahre 2006 sein linkes Bein verlor und eine Beinprothese trägt, aber er war schon wieder so weit gehfähig, dass er keine Hilfen, wie z. B. Krücken benötigte und in jedem Fall Stadtrundfahrten u. ä. hätte mitmachen können. Wie sich dann herausstellte, wollte dieses Paar nur an 2 kleineren Ausflügen teilnehmen und sonst nur an Bord bleiben, was wir absolut nicht nachvollziehen konnten und unverständlich fanden. Wir selbst dagegen wussten schon bei Antritt der Reise ganz genau, welche Ausflüge wir unternehmen wollten, nämlich so gut wie alle angebotenen, um die Länder und Gegenden kennen zu lernen und buchten alle Ausflüge bis zum Ende der Reise gleich nach der Vorstellung.

Um 17:30 Uhr fand die international vorgeschriebene Seenotrettungsübung statt, die ja eigentlich hier Flussnotrettungsübung heißen müsste und auf einem Flussschiff etwas deplaziert ist.

Um 18:00 Uhr sahen wir im Moldavia Salon einen Film „Die Schönheit der Donau bis ins Delta genießen", der allerdings identisch war mit einer DVD, die wir uns zur Einstimmung auf diese Reise schon vor Antritt der Reise gekauft und angesehen hatten.

Und um 19:00 Uhr gab es dann unser erstes Abendessen an Bord der Moldavia und auch hier waren wir positiv überrascht, denn die Auswahl war groß und das Essen immer sehr schmackhaft und ausreichend. Es gab täglich eine Auswahl von Salaten, Suppen und kalten sowie warmen Vorspeisen, zwei Hauptgerichte und ein Dessert sowie Käse und Obst und Kaffee oder Tee. Als 3. Alternative gab es täglich auch eine Schonkost.

Etwas ungewöhnlich und auch aus unserer Sicht unglücklich war die Sitte, dass täglich eine der Vorspeisen bereits auf dem Tisch bereit stand. Manchmal wollte man ja ausgerechnet diese Vorspeise nicht, so dass sie unangerührt zurückging, was man eigentlich hätte vermeiden können. Aber wie gesagt, das Essen war täglich sehr gut und man wusste an manchen Tagen nicht, welche der Vorspeisen oder Hauptgerichte man wählen solle, da alles so lecker klang. Oftmals gab es zum Glück auch für die Gegend typische Gerichte.

Ab 20:30 Uhr spielte im Moldavia-Salon das Bordorchester Rodnitschok zum Tanz und auch hier waren wir positiv überrascht. Dieses aus 4 Personen bestehende ukrainische Orchester spielte viel, viel besser als z. B. das Bordorchester auf der MS Astor, so dass wir sofort am ersten Abend weit öfter tanzten als bei den vorherigen Kreuzfahrten und dies auch an den nächsten Tagen beibehielten, denn das Orchester spielte jeden Abend live im Moldavia-Salon.

Gegen 21:15 Uhr passierte die MS Moldavia die österreichische Stadt Linz und erst kurz nach Mitternacht gingen wir trotz der frühen und langen Anreise zu Bett. Das andere Paar war bereits sehr viel früher in die Kabine entschwunden. Überhaupt war das Paar aus uns unverständlichen Gründen immer sehr, sehr müde und nahm zu Beginn der Kreuzfahrt an keinen abendlichen Veranstaltungen teil und nörgelte außerdem an sehr vielen Dingen herum, z. B. über die angeblich zu kalte Klimaanlage, was überhaupt nicht stimmte. Aus Rücksicht auf dieses Paar suchten wir uns dann einen Platz im hinteren Bereich des Moldavia-Salons, wo es keinen direkten Auslass der Klimaanlage gab, und setzten uns nicht wie wir es eigentlich viel lieber täten an die Bar. Auch dies verhinderte wiederum einen Kontakt zu anderen Mitreisenden, was wir sehr bedauerten.

An Bord des Schiffes wurden von einer Masseurin sehr preiswert diverse Massagen angeboten und unser befreundetes Paar nahm dies dann täglich (!) in Anspruch.

Ein Teil der Termine waren so früh direkt nach dem Mittagessen, dass dieses unter Zeitdruck früher als von uns anderen eingenommen werden musste, was ebenfalls die Harmonie an unserem Tisch störte. Darüber hinaus war die Frau wohl mit ihrem Handy verheiratet, denn auch beim Essen wurden ständig am Handy SMS gelesen oder geschrieben, was eine unmögliche Unsitte ist und sich einfach nicht gehört.

So gab es eine ganze Reihe von Dingen, die uns störten und mit jedem Tag unser Verhältnis mehr und mehr abkühlte. Ich möchte es aber jetzt mit den Kritiken an diesem Paar bewenden lassen und nur noch von unseren Reiseerlebnissen berichten.

Insgesamt nahmen an dieser Fahrt nur 127 Personen teil, 160 wären bei voller Auslastung des Schiffes möglich gewesen, und der Altersdurchschnitt betrug 71 Jahre!! Der älteste Teilnehmer war 95 Jahre alt, aber noch topfitt, dem man dieses hohe Alter nicht ansah und der noch sehr viele Landausflüge mitmachte, bravo.

In der ersten Nacht haben wir nicht besonders gut geschlafen, was sich aber sofort ab der 2. Nacht besserte. Überhaupt kann ich ja an Bord eines Schiffes immer sehr viel besser schlafen als in einem fremden Hotel.

Einer der Gründe war, dass in der ersten Nacht auf dem Reiseabschnitt von Passau bis Wien mehrere Schleusen passiert wurden und durch das aktivierte Seitenruder erheblicher Lärm ausging. Insgesamt mussten auf der Strecke bis zum Ziel 13 Schleusen passiert werden, einige davon als Doppelschleuse, die meisten nachts.

Auch bei dieser Kreuzfahrt behielten wir unsere Gepflogenheiten bei und ließen uns täglich vom Radio wecken. Ich stellte allerdings meinen eigenen Wecker immer eine viertel Stunde früher, so dass ich bereits rasiert und geduscht war, wenn das Radio anging und ich in Ruhe der Musik und dem Tagesprogramm lauschen konnte und auch die erste Information über die aktuelle Temperatur und die Prognose bis zum Nachmittag erhielt.

Am zweiten Tag unseres Aufenthaltes weckte uns das Radio um 07:00 Uhr wie jeden Tag mit der schönen Melodie „Und die Vögel sangen" und um 07:15 Uhr saßen wir am Frühstückstisch im Restaurant. Das tägliche Frühstücksbuffet war sehr gut sortiert und hielt jeden Vergleich mit anderen Kreuzfahrtschiffen aus. Es gab diverse Cerealien, Obstsäfte, Brötchen und Brote, Marmeladen, Wurst, Käse, gekochte Eier, Rühreier mit Speck, Joghurt und Quark etc. Spiegeleier konnten bestellt werden und wurden dann am Tisch serviert.

Der erste Flusstag war vormittags mit 17 Grad angenehm warm. Um 09:00 Uhr legte die MS Moldavia in Wien an, um hier Grenzformalitäten zu erledigen. Einen Landgang gab es bei der Hinfahrt nicht, dieser kam erst bei der Rückfahrt in der zweiten Woche. Um 09:30 Uhr wurde der 2. Teil der Landausflüge vorgestellt. Wir hatten bereits am Tag zuvor alle Ausflüge bis zum Ende der Reise gebucht, nahmen aber trotzdem an dieser interessanten Präsentation teil. Um 11:00 Uhr gab es in der Donau Bar die bei Kreuz-fahrten obligatorische Boillon und ab 11:30 Uhr einen Frühschoppen mit Live-Musik des Bordorchesters. Beim Frühschoppen mussten hier aber alle Getränke selbst bezahlt werden, es war nicht etwa ein Freibierfest wie auf der MS Astor. Bei der Donau Bar handelte es sich um eine überdachte, ansonsten aber offene Bar im Heck des Schiffes mit Platz für ca. 40 Personen.

Das Mittagessen wurde um 13:00 Uhr serviert, wie fast an allen Reisetagen. Nur ab und zu änderte sich diese Uhrzeit, um Rücksicht auf Landausflüge zu nehmen.

Um 14:00 Uhr erreichten wir das erste Ziel unserer Reise, nämlich Bratislava in der Slowakei. Nach den entsprechenden Formalitäten und der Freigabe des Schiffes begann um 15:15 Uhr unser gebuchter Ausflug „Stadtrundfahrt / -rundgang Bratislava". Jetzt war es mit

27 Grad schon ganz schön heiß, aber es war sehr bedeckt.

Mit einer Mini-Eisenbahn ohne Schienen ging es hinauf zur 83 m hoch über der Donau gelegenen Burg aus dem 10. Jahrhundert. Von hier oben hatten wir einen schönen Blick über die Stadt und auf die Donau. Nach der Besichtigung der Burganlage ging es zurück in die Altstadt des früheren Pressburg, wo wir einen kurzen Rundgang unternahmen und u. a. den Martinsdom, den Turm des Michaelertors und das Rathaus aus dem 14. Jahrhundert besichtigten. Gegen 17:30 Uhr waren wir zurück an Bord und tranken in der Moldavia-Bar einen Cocktail, bevor wir uns duschten und umzogen und um 18:45 Uhr das Abendessen einnahmen.

Ab 20:30 Uhr gab es im Moldavia-Salon einen sehr guten und kompetenten Dia-Vortrag des Kreuzfahrtdirektors Markus Wrede „Auf der Donau ins Ukrainische Delta Teil 1 – von Passau bis Südungarn", der völlig auswendig sehr lebendig gehalten wurde.

Danach spielte das Bordorchester Rodnitschok wieder zum Tanz und zur Unterhaltung bis 00.30 Uhr. Zuvor verließ um 20:45 Uhr die MS Moldavia Bratislava und fuhr weiter flussabwärts.

Als Mitternachtssnack gab es an diesem Abend um 22:30 Uhr im Moldavia-Salon einen Hawaii Toast, Obst und Käse.

Am Sonntag ging das Morgenradio um 07:00 Uhr an und während des Frühstücks, heute mit Sekt, erreichte die MS Moldavia um 08:00 Uhr die ungarische Stadt Budapest. Es war schwülwarm mit 26 Grad und sonnig. Da wir vor einigen Jahren schon einmal in Budapest waren, nahmen wir nicht an der angebotenen Stadtrundfahrt teil, sondern gingen nach der Freigabe des Schiffes auf eigene Faust von Bord.

Zu Fuß liefen wir von der Anlegestelle bis zur Kettenbrücke, gingen über diese auf die andere Seite von Budapest und dann wieder zurück zum Schiff. Um 11:00 Uhr nahmen wir die Boillon in der Donau Bar im Heck des

Schiffes und um 12:45 Uhr das Mittagessen im Restaurant ein.

Danach ging es um 14:30 Uhr zum gebuchten Ausflug „Schloss Gödöllö", dem Residenzschloß der Kaiserin Elisabeth („Sissi"). Nach der Besichtigung der Innenräume dieses Schlosses gab es im Cafe eine Tasse Kaffee und 1 Stück Kuchen und wir hatten noch etwas Zeit, um durch den Schlosspark zu lustwandeln. Am Nachmittag war es mittlerweile mit 34 Grad drückend heiß.

Um 18:00 Uhr waren wir zurück an Bord, nahmen wieder einen Cocktail an der Bar und um 19:00 Uhr das gemeinsame Abendessen ein. Danach spielte das Bordorchester ab 21:00 Uhr wieder zum Tanz und zur Unterhaltung auf. Um 22:30 Uhr gab es eine Lichterausfahrt und die MS Moldavia verließ Budapest entlang der schön beleuchteten Gebäude links und rechts der Donau. Passend zu diesem schönen Panorama gab es ab 23:00 Uhr ein Abendbuffet vor dem Restaurant mit diversen Kanapees und Früchten.

Am Montag erreichte die MS Moldavia gegen 06:00 Uhr die Stadt Solt in Ungarn, der Morgenwecker ertönte aber erst um 07:00 Uhr.

Nach dem Frühstücksbuffet begann um 08:45 Uhr unser gebuchter Ausflug „Puszta und Orgelkonzert", an dem ausnahmsweise auch das andere Paar teilnahm. Es war 29 Grad warm und sonnig.

Die MS Moldavia verließ um 09:00 Uhr Solt und fuhr weiter nach Kalocsa, wo sie gegen 11:00 Uhr eintraf.

Wir fuhren von der Schiffsanlegestelle in Solt mit einer Pferdekutsche durch die typische Puszta-Landschaft zu einem für die Gegend typischen Hof (Czarda), wo wir zuerst mit einem kleinen Imbiss und einem Schnaps begrüßt wurden. Danach gab es einige sehr interessante Reitvorführungen etc. Im Handwerkerhof wurden einige handwerkliche Tätigkeiten demonstriert und wir entdeckten bei einer Kerzenmacherin eine schöne Kerze mit einem Elefanten, die wir erwarben, um unsere Elefanten-sammlung wieder zu ergänzen.

Auch der örtliche Wein konnte verkostet werden, bevor wir mit einem Bus weiter fuhren in die Bischofsstadt Kalocsa und dort im Dom ein schönes Orgelkonzert, u. a. die Toccata und Fuge d-moll von Joh. Sebsatian Bach, geboten bekamen.

Dann ging es um 13:00 Uhr zur Anlegestelle zurück auf das Schiff. Nach dem Mittagessen um 13:15 Uhr sonnten wir uns bei dem schönen Wetter auf dem Sonnendeck und erlebten um 15:30 Uhr die Abfahrt der MS Moldavia von Kalocsa. Nach der Kaffee- und Teestunde spielten wir mit 3 anderen Personen eine Runde Shuffleboard auf dem Sonnendeck, um 18:30 Uhr erreichte die MS Moldavia Mohacs in Ungarn, wo die Grenzformalitäten erledigt werden mussten.

Nach dem Abendessen gab es ab 20:30 Uhr den 2. Teil des Diavortrags vom Kreuzfahrtdirektor Herrn Wrede „Von Kroatien bis zum Donaudelta", den er auch wieder sehr kompetent auswendig kurzweilig darbot und danach spielte das Bordorchester Rodnitschok. Als späten Imbiss wurde um 22:30 Uhr im Moldavia-Salon sehr leckere Gulaschsuppe angeboten.

Die Grenzformalitäten bei der Ausreise aus Ungarn dauerten unerwarteterweise über 5 Stunden, so dass die MS Moldavia stark verspätet erst um 23:50 Uhr Mohacs verließ und weiterfahren durfte.

Um 07:00 Uhr weckte uns am Dienstag wieder das Morgenradio und während des Frühstücks erreichte die MS Moldavia verspätet Novi Sad in Serbien.

Um 09:30 Uhr begann ebenfalls verspätet der Ausflug „Novi Sad und Peterwardein". Die MS Moldavia verließ um 09:45 Uhr Novi Sad und fuhr weiter nach Belgrad.

An diesem Vormittag waren es schwülwarme 27 Grad. Wir fuhren zuerst mit dem Bus in die Altstadt von Novi Sad und unternahmen dort einen kurzen Spaziergang und besuchten u. a. die Kathedrale. Nach einer kurzen Erfrischungspause ging es weiter über die Donaubrücke zur Festung Peterwardein, eine der größten Wehrbauten Europas aus dem Jahre 1780. Von hier aus gab es einen herrlichen Rundblick über die Stadt und die Donau. Von hier aus ging die Fahrt weiter durch Sremski Karlovci und dann durch ländliche Gegenden zum Kloster Krusedol im Gebirge Fruska Gora, das wir besichtigten.

Dann brachte uns der Bus zur Schiffsanlagestelle in Belgrad, wo inzwischen das Schiff angekommen war. Da Serbien für uns wieder ein neues Land war, hatten wir an diesem Tag alle drei angebotenen Ausflüge gebucht, so dass wir ganztägig unterwegs waren.

Nach dem Mittagessen an Bord des Schiffes starteten wir daher um 15:30 Uhr zur Stadtrundfahrt Belgrad bei schwülheißen 34 Grad. Ein Bus brachte uns zuerst hinauf auf die Festung Kalemegdan, wo sich ein Rundgang durch den Park mit Militärmuseum, türkischem Bad, Prinz-Eugen-Tor und Siegerdenkmal anschloss. Danach ging die Busfahrt zum Studentenplatz der Republik, vorbei am Nationalmuseum, der Volksoper und dem Bundesparlament bis zum Villenvorort Topcider. Es folgte eine Fahrt zur Kirche des Hl. Sava, der größten orthodoxen Kirche Belgrads, die auch von innen besichtigt wurde. Nach einem nur noch kurzen Bummel durch die Fußgängerzone und einer Erfrischungspause ging es mit dem Bus zurück zum Schiff, wo wir um 19:10 Uhr eintrafen.

Wir hatten nur kurz Zeit uns frisch zu machen, da wir bereits um 20:00 Uhr zum 3. Ausflug an diesem Tag starteten. Wir nahmen am Ausflug „Skadarlija mit Folklore und Abendessen" teil. Ein Bus brachte uns in das Künstlerviertel Skardalija, wo wir in einem Restaurant unter freiem Himmel ein sehr gutes Menü einnahmen und einige schöne folkloristischen Gesangs- und Tanzdarbietungen geboten bekamen. Um 22:45 Uhr waren wir zurück an Bord, um 23:15 Uhr verließ die MS Moldavia Belgrad und kurz vor Mitternacht gingen wir zu Bett.

Mittwoch der 04. Juli war ein so genannter Flusstag, also ein Tag ohne Landausflüge. Der Morgenwecker riss uns um 07:00 Uhr aus unseren Träumen und wir nahmen danach das Frühstücksbuffet ein. Bei bedecktem Himmel, aber warmen 25 Grad erlebten wir die Fahrt des Schiffes durch die Katarakten auf dem Sonnendeck, unterbrochen um 10:00 Uhr durch den Schleusenvorgang in der riesigen Doppelschleuse Derdap I, Einnahme der Boillon um 11:00 Uhr, einem Frühschoppen an der Donau-Bar sowie dem Mittagessen um 13:00 Uhr. Bis zum Nachmittag stieg die Temperatur auf heiße 35 Grad und es war jetzt sonnig.

Um 16:30 Uhr gab es für die Mitglieder des Club Columbus von Transocean Tours einen Clubcocktail und einen Empfang durch den Kapitän und dem Hotelchef im Moldavia Salon. Außer uns waren nur noch 2 andere Club-Paare an Bord des Schiffes, darunter der Leiter des örtlichen Clubs in Frankfurt am Main. Dieses Paar hatte bereits Gold-Status, das andere Paar und wir jeweils Silber-Status. Als Cocktail gab es ein Glas Sekt, das nicht mehr nachgefüllt wurde, so dass wir ca. 1 Stunde nur bei diesem einen Glas Sekt ausharren mussten. Etwas kleinlich, auf der MS Astor werden bei den Clubtreffen die Sektgläser immer wieder nachgefüllt und es gibt leckere Kanapees dazu. Hier an Bord der MS Moldavia gab es lediglich ein paar Salzstangen.

Wir nahmen noch einen weiteren Cocktail an der Bar und mussten uns dann für das Abendessen fertig machen. An diesem Tag gab es den Kapitäns-Empfang und das festliche Kapitäns-Abendessen im Restaurant. Wir waren an unserem 4er-Tisch die einzigen 2 Paare, bei denen wir Männer einen Smoking trugen und unsere Frauen entsprechende Abendkleider. Zumindest eine Krawatte und ein Jackett hatten aber auch alle anderen Männer an, aber der Höhepunkt war an unserem Nachbartisch: Sofort nach dem Kapitänsempfang zog einer der Männer seine Krawatte wieder aus und bei einem Blick nach unten erstarrten wir, denn dieser Mann trug zum Anzug

Sandalen ohne Strümpfe! Unfassbar für den festlichen Abend.

Ab 21:30 Uhr gab es in der Moldavia-Bar eine Crew-Show, bei der durch Besatzungsmitglieder teilweise sehr gute Gesangs- und Tanzdarbietungen geboten wurden, danach spielte das Bordorchester wieder zum Tanz auf. Um 22:45 Uhr gab es in der Moldavia Bar süße Leckereien – Schokospieße aus Früchten – und erst nachdem das Orchester um 00:30 Uhr die Musik einstellte, gingen wir zu Bett und das obwohl heute Nacht die Uhren um 1 Stunde vorgestellt werden mussten und wir daher 1 Stunde weniger Schlaf hatten. Rumänien, Bulgarien und die Ukraine hatten eine andere Zeit als unsere mitteleuropäische Sommerzeit.

Auch am Donnerstag wurden wir um 07:00 Uhr geweckt und gingen danach zum Frühstücksbuffet. Wegen Niedrigwasser auf der unteren Donau und der dadurch bedingten langsamen Fahrt erreichte die MS Moldavia verspätet erst um 09:00 Uhr Giurgiu in Rumänien. Auch Rumänien war für uns ein weiteres neues Land. Um 09:45 Uhr begann unser gebuchter Ganztagesausflug Bukarest. Es war an diesem Tag bedeckt und sehr windig, aber trotzdem angenehme 22 Grad warm. Von Giurgiu aus fuhren wir mit dem Bus zuerst nach Bukarest und wir besichtigten dort die majestätische Patriarchenkirche, der Sitz des orthodoxen Oberhauptes Rumäniens. Während der anschließenden Stadtrundfahrt sahen wir u. a. natürlich auch den unfertigen, größten und protzigsten Bau des ehemaligen Staatschefs Ceaucescu, den Regierungspalast. Dieser ist nach dem Pentagon in den USA der zweitgrößte Regierungsbau auf der Welt! Nach dem Mittagessen, das im Ausflug eingeschlossen war und mit Live-Folklore-Musik begleitet wurde, ging die Fahrt weiter zum weltbekannten Dorfmuseum, auf dem auf ca. 10 ha über 300 originale Häuser aus allen Teilen Rumäniens zusammengestellt sind. Darauf folgte eine Rundfahrt durch die Altstadt, bevor uns der Bus nach

Oltenita brachte, wohin das Schiff in der Zwischenzeit gefahren war.

Während unseres Ausflugs verließ die MS Moldavia um 10:30 Uhr Giurgiu und traf um 14:00 Uhr in Oltenita ein. Hier gingen wir um 16:30 Uhr wieder an Bord. Bis das Schiff um 16:45 Uhr Oltenita verließ, sonnten wir uns bei 28 Grad auf dem Sonnendeck, wobei es aber sehr windig war und teilweise die Liegestühle quer über das Deck rutschten.

Um 19:00 Uhr gab es im Restaurant „Abendessen einmal anders" in Form eines Buffets mit diversen Salaten und leckeren gegrillten Fleisch- und Fischspeisen. Um 21:00 Uhr wurde im Moldavia Salon ein Musikquiz veranstaltet, das ganz schön schwer war und bei dem wir auch nichts gewannen. Danach natürlich wieder Tanz- und Unterhaltungsmusik mit dem Bordorchester bis 00:30 Uhr. Als kleinen Snack gab es um 22:30 Uhr Pizza Margherita im Moldavia Salon.

Nachdem uns das Radio am Freitag um 07:30 Uhr geweckt hatte und wir ausgiebig frühstückten, stoppte das Schiff um 07:45 Uhr in der ukrainischen Stadt Izmail, um die Einreiseformalitäten für die Ukraine zu erledigen. Morgens war es hier angenehme 21 Grad warm.

Während das Schiff dann weiter Richtung Schwarzes Meer fuhr, sahen wir uns ab 09:30 Uhr das Video „Am Ende des blauen Flusses –das ukrainische Delta" im Moldavia Salon an.

Um 11:30 Uhr erreichten wir das Ziel unserer Reise, nämlich die Ortschaft Vilkovo in der Ukraine. Am Kai standen mehrere Kinder und Erwachsene bereit, um uns stimmungsvoll mit Gesang und Tanz und Brot mit Salz zu begrüßen. Da die Ukraine Heimathafen der MS Moldavia ist, fand hier auch ein großer Personalwechsel der Besatzung und des Servicepersonals statt, so dass am Kai auch unzählige Angehörige der Besatzungsmitglieder bereit standen, um ihre Liebsten zu begrüßen. Einige der Besatzungsmitglieder waren bereits etliche Wochen an Bord gewesen und nahmen hier in ihrer Heimat ihren

Urlaub, dafür gingen andere Besatzungsmitglieder neu an Bord. So ganz neu waren diese Leute aber auch nicht, sie hatten in den vergangenen Monaten und Jahren auch schon bereits öfter Dienst auf dem Schiff gemacht. Sehenswert war, welche Unmengen an gekauften Artikeln durch die Besatzungen von Bord gebracht wurden. Es waren nicht nur Lebensmittel und Alkoholika, sondern auch Waschmaschinen, Fahrräder, Fernseher und sogar auch Laminatfußböden, Holzbretter und vieles, vieles mehr. Tatkräftig unterstützten die Familienangehörigen den Abtransport, nach dem der ukrainische Zoll penibel alles kontrolliert hatte.

Bei uns wechselte das Bedienungspersonal im Restaurant und das Servicepersonal in der Bar, das Zimmermädchen blieb uns dagegen erhalten. Aber auch das neue Personal war genauso freundlich und aufmerksam wie das von Bord gegangene. Überhaupt waren wir mit dem Service an Bord sehr zufrieden.

Um 11:45 Uhr unternahmen wir einen geführten Rundgang durch das malerische Dörfchen Vilkovo, das auch das „ukrainische Venedig" genannt wird, wobei es jetzt schon wieder über 25 Grad warm war. Es ging entlang der vielen Kanäle und über viele Holzbrücken zur orthodoxen Nikolauskirche, dem Markt und dem Besucherzentrum des Naturreservats, in dem uns ein Film über die Tierwelt im Delta vorgeführt wurde. Um 13:10 Uhr waren wir wieder zurück an Bord und nahmen dort um 13:30 Uhr das Mittagessen ein.

Um 15:00 Uhr folgte der absolute Höhepunkt dieser Kreuzfahrt, nämlich eine Bootsfahrt durch das ukrainische Delta bis zur Mündung der Donau in das Schwarze Meer und dem dortigen Kilometer 0! Die Donau, der zweitlängste Fluss Europas wird als einziger Fluss nicht von der Quelle zur Mündung kilometriert, sondern umgekehrt ab der Mündung, daher ist hier der Kilometer 0 anzutreffen! Insgesamt gibt es im Delta drei Mündungsflüsse, einer davon auf dem Gebiet der Ukraine, den wir befuhren.

Diese Bootsfahrt machte ausnahmsweise auch unser befreundetes Paar mit. Während sich diese aber im Boot im unteren, geschlossenen Teil aufhielten, setzten wir uns oben auf den offenen Teil des Bootes.

Es war zwar sehr windig und bedeckt, aber angenehme 25 Grad warm. Mit dem Ausflugsboot fuhren wir durch die kleinen und engen Kanäle des Deltas und erlebten die Schönheiten dieser Gegend. Das Boot fuhr durch das insgesamt ca. 6.000 qkm große Naturschutzgebiet aus Wasser, Schilf und Moor bis zum Kilometer 0, der deutlich in Form einer riesigen Metallziffer am Ufer gekennzeichnet ist.

Natürlich wurde hier ein Erinnerungsfoto gemacht und es gab gemäß einem uralten Brauch einen Wodka und einen Donauhering auf Butterbrot. Die Ausbeute an Tieren war leider etwas gering, aber die meisten im Delta lebenden Tiere können sich natürlich sehr gut im Schilf etc. verstecken und zeigen sich nicht den Touristen. Lediglich etliche Pelikane und Reiher konnten wir beobachten.

Um 17:35 Uhr kehrten wir zurück an Bord und das Schiff legte um 17:45 Uhr ab und die Rückfahrt Richtung Passau begann. Nach dem Abendessen gab es um 21:00 Uhr eine Bingo Veranstaltung im Moldavia Salon, an der auch wir teilnahmen. Wie auch auf der MS Astor wurden hier 3 Runden gespielt, wobei es bei den ersten beiden Runden einen etwas kleineren Geldbetrag zu gewinnen gab und bei der letzten Runde, bei der alle 15 Zahlen des Bingofeldes gezogen sein mussten, den größeren Betrag. Die Höhe der Beträge richtet sich nach dem eingenommenen Geld der Teilnehmer, wobei jede Bingo-Karte 3,- € kostet und der eingezahlte Betrag dann in 3 unterschiedlich hohe Gewinne aufgeteilt wird. Ich hatte Glück das zweite Spiel zu gewinnen, bei dem es 20 € gab. Aber leider hatte auch ein zweiter Teilnehmer gleichzeitig mit mir die erforderlichen Zahlen, so dass wir uns den Gewinn teilen mussten und jeder nur 10,- € erhielt.

Ab 22:00 Uhr spielte das Bordorchester zum Tanz in der Moldavia Bar auf, wobei 3 von 4 Musikern ebenfalls in

Vilkovo wechselten. Da aber das 4. Orchestermitglied an Bord blieb und Namensgeber des Orchesters war, blieb es beim Namen Rodnitschok. Gegen 22:00 Uhr musste das Schiff erneut kurz in Izmail anlegen, um die Ausreiseformalitäten aus der Ukraine zu erledigen.

Samstag, der 07.07.07 (schönes Datum!) war wieder ein reiner Flusstag, es wurden also an diesem Tag keine Landausflüge durchgeführt. Nach dem Wecken um 07:30 Uhr und dem Frühstück sonnten wir uns bei ca. 18 Grad auf dem Sonnendeck, nahmen um 11:00 Uhr die Boillon in der Donaubar ein und während des Frühschoppens ab 11:30 Uhr mit Live-Musik des Bordorchesters spielte ich mit 5 anderen Frauen eine Runde Dart. Leider hielten die Dartpfeile nicht die ganze Runde durch und das Spiel wurde vorzeitig abgebrochen. Gewertet wurde nach dem Spielstand zu diesem Zeitpunkt und ich gewann mit der besten Punktzahl. Als Entschädigung für den Spielabbruch lud uns der Reiseleiter Peter, der das Spiel organisierte, zu einer Runde Sekt ein.
Nach dem Mittagessen um 13:00 Uhr sonnten wir uns wiederum auf dem Sonnendeck und genossen die Fahrt durch die schöne Landschaft. Jetzt war es auch wieder sonnig und ca. 28 Grad heiß. Nach der Teestunde im Restaurant spielten wir auf dem Sonnendeck mit dem Reiseleiter Peter eine Runde Shuffle-Board, wobei sich außer mir und meiner Frau noch 3 andere Personen beteiligten. Der Zufall wollte es, dass ich dieses Spiel gewann. Dazu trugen aber auch die anderen Personen bei, die freundlicherweise meine Holzscheibe in ein Feld mit einer hohen Punktzahl beförderten.
Nach dem Abendessen gab es ab 21:00 Uhr ein Großes Allgemeinbildungsquiz im Moldavia Salon, das uns sehr schwer vorkam. Und ich persönlich weiß auch nicht so recht, ob es wirklich zur Allgemeinbildung gehört zu wissen mit wem Brigitte Bardot verheiratet war und in welche Tiere sich Männer oder Frauen am liebsten verwandeln würden etc.?

Gewonnen haben wir bei diesem Quiz nichts, der Sieger hatte von 30 möglichen Punkten 24 Punkte erreicht. Nachdem wir die Lösungen gehört hatten, denke ich, dass wir mit ca. 18 – 20 richtigen Antworten noch ganz gut im Mittelfeld lagen.
Nach dem Quiz spielte natürlich das Bordorchester wieder bis 00:30 Uhr zum Tanz auf.

Mit der schönen Melodie weckte uns das Radio am Sonntag um 07:00 Uhr und es gab an diesem Tag wieder Sekt beim Frühstück.
Um 08:00 Uhr erreichte die MS Moldavia Nikopol in Bulgarien und nach der Schiffsfreigabe begann um 08:30 Uhr unser Ganztagesausflug Pleven. Hier in Bulgarien war es bei 34 Grad sehr heiß und schwül.
Mit dem Bus fuhren wir durch die Donauebene bis nach Pleven. Während einer Rundfahrt besuchten wir dort die heilige Nikolaus Kirche und nach einer kurzen Kaffeepause das Panorama „Plevener Epopöe 1877".
Dieses Denkmal in Form einer 360 Grad Panoramaansicht, wobei echte Gegenstände im Vordergrund in das Bild im Hintergrund übergehen, wurde 1977 zum 100. Jahrestag der Befreiung der Stadt errichtet. Vorbei an Wasserfontänen folgte ein kurzer Spaziergag durch die Fußgängerzone und zur Besichtigung des Mausoleums der 1877 gefallenen russischen und rumänischen Soldaten. Im Anschluss daran nahmen wir im Park Kajlaka unser Mittagessen ein, wozu auch landestypischer Wein gereicht wurde. Während des Mittagessens wurde eine sehr gute Folkloreshow durch das größte nordbulgarische Folkloreensemble dargeboten, bevor es mit dem Bus zurück zum Schiff ging, das wir um 15:40 Uhr erreichten.
Während unseres Ausflugs nach Pleven verließ die MS Moldavia um 09:00 Uhr Nikopol und fuhr weiter nach Oriachovo, wo es um 14:00 Uhr eintraf und wir jetzt um 15:40 Uhr an Bord gingen. Während der Kaffee- und Teepause im Restaurant verließ die MS Moldavia um 16:40 Uhr Oriachovo und fuhr weiter Richtung Passau. Ab

17:00 Uhr wurde im Moldavia-Salon der 1. Teil des Videos vorgeführt, das der Bordfotograf während unseres Aufenthaltes gedreht hatte. Zwar hatten wir uns schon längst entschieden, diesen Film als DVD zu kaufen, sahen ihn uns aber trotzdem an und stellten erstaunt fest, dass wir sehr oft auf dem Film zu sehen waren, manches Mal hatten wir den Fotografen bei den Ausflügen gar nicht wahrgenommen. Oftmals fuhr nur ein einziger Bus mit ca. 40 Personen zu einem Ausflug und da konnte man natürlich dem Fotografen nicht entgehen. Wenn auf der MS Astor bis zu 10 oder mehr Busse zu Ausflügen fahren ist es natürlich ein großer Zufall, dass ausgerechnet der eigene Bus durch den Bordfotografen begleitet wird. Hier auf der MS Moldavia mit nur 127 Gästen war sogar genügend Zeit alle Passagiere beim Check-in und beim Kapitänsempfang im Video festzuhalten, was aus unserer Sicht aber viel zu lange war.

Nach dem Abendessen gab es im Moldavia Salon einen ganz tollen Liederabend mit Clarissa May, der Chefin des Bordreisebüros unter dem Motto „So viele Lieder sind in mir" mit sehr guten Evergreens und Musicalmelodien, u. a. auch mit dem Lied „Wein nicht um mich Argentinien" aus dem Musical „Evita". Frau May hat eine ganz wundervolle Stimme, eine CD mit eigenen Aufnahmen konnte an Bord erworben werden. Nach diesem Liederabend spielte das Bordorchester wieder bis 00:30 Uhr zum Tanz.

In dieser Nacht wurden die Uhren um 1 Stunde zurückgestellt, um wieder auf die mitteleuropäische Sommerzeit zu kommen, dadurch erhielten wir die bei der Hinreise verlorene Stunde wieder zurück und konnten eine Stunde länger schlafen.

Montag, der 09. Juli war ein weiterer reiner Flusstag. Nach dem Wecken und Frühstück ab 07:15 Uhr sonnten wir uns bei heißen 34 Grad auf dem Sonnendeck und genossen die eindrucksvolle Fahrt durch die Katarakten.
Da keine Ausflüge an diesem Tag auf dem Programm standen, ließen wir uns um 11:00 Uhr auch nochmals die

Boillon schmecken und machten ab 11:30 Uhr einen Frühschoppen in der Donau Bar mit Live-Musik des Bordorchesters.

Ab 12:00 Uhr nahm ich an einem weiteren Wettkampf im Dart zusammen mit 5 Frauen teil, wurde dieses Mal aber nur Zweiter. Auch nach dem Mittagessen sonnten wir uns erneut auf dem Sonnendeck.

Um 14:00 Uhr stoppte das Schiff kurz in Veliko Gradiste/Serbien zur Schiffsabfertigung und Passkontrolle. Und nach der Kaffeestunde im Restaurant spielten wir ein weiteres Mal Shuffle Board auf dem Sonnendeck, dieses Mal beteiligte sich auch unser befreundetes Paar.

Nach dem Abendessen gab es zum zweiten Mal einen Bingo-Abend im Moldavia-Salon, an dem sich meine Frau und ich mit jeweils 2 Karten beteiligten. Ich gewann das erste kleine Spiel und gewann 18 Euro und dann auch noch das große Spiel mit der kompletten Karte, wobei ich 45 Euro erhielt.

Nach den 3 eigentlichen Bingorunden gab es noch eine Zusatzrunde für die bisherigen Verlierer und meine Frau gewann diese Runde und wir erhielten auch noch 1 Flasche Sekt. Nach dem Bingo spielte das Bordorchester wieder zum Tanz auf und erst um 01:00 Uhr gingen wir zu Bett.

Der nächste Flusstag am Dienstag war leider mit nur 18 Grad sehr kalt und es regnete zeitweise sehr heftig. An Sonnen war daher nicht zu denken. Um 07:30 Uhr weckte uns das Morgenradio und wir dehnten wegen des schlechten Wetters das Frühstück etwas länger aus als sonst.

Ab 09:30 Uhr mussten wir unsere Kofferbanderolen an der Rezeption abholen, am Freitag war die Reise ja leider auch schon wieder zu Ende. Trotz des Regens spielten wir unter dem Sonnendach auf dem Sonnendeck um 10:30 Uhr die letzte Runde Shuffle Board, Gewinner war der Mann unseres befreundeten Paares. Die Flasche

Sekt wurde dann aber gerecht unter allen 8 Teilnehmern aufgeteilt.

Die heiße Boillon um 11:00 Uhr an der Donau Bar kam bei dem kühlen Wetter gerade recht und wir blieben dann auch gleich in der Donau Bar im Heck des Schiffes, um bei Live-Musik durch das Bordorchesters nochmals einen Frühschoppen zu genießen.

Nach dem Mittagessen ruhten wir uns etwas in der Kabine aus und stellten auch die Klimaanlage auf warm, da es uns doch etwas fröstelte.

Um 13:00 Uhr legte die MS Moldavia nur kurz in Bezdan an, um hier die Zoll- und Passkontrolle der Ausreise zu erledigen, ein Landgang war hier nicht geplant. Nach den Formalitäten fuhr die Moldavia weiter nach Mohacs in Ungarn und legte um 16:00 Uhr hier an, um jetzt die ungarischen Einreise-Formalitäten durchzuführen. Um 16:30 Uhr ging ich nochmals eine Runde Dart spielen, wurde aber von den mitspielenden Frauen geschlagen.

Ab 18:30 Uhr sollte eigentlich eine Grillparty auf dem Sonnendeck stattfinden, was aber wegen des schlechten Wetters leider abgesagt werden musste. Gegrillt wurde trotzdem, aber serviert und gegessen wurde im Restaurant. Es gab verschiedene Salate, gegrillte Fleisch-, Geflügel- und Fischdelikatessen, diverse Brötchen und Brezel, Wurst und Käse und als Dessert Wackelpudding und diverse Früchte.

Um 21:00 Uhr wurde die Original-Flusskarte der Reise im Moldavia Salon verlost. Die Verlosung der Flusskarte ist das gleiche Ritual wie auf der MS Astor, mit einer Spende über 5,- Euro für ein Kinderheim erwirbt man ein Los und kann dann die Karte gewinnen.

Ab 21:15 Uhr veranstaltete das Bordorchester Rodnitschok ein Wunschkonzert. Jeder Gast konnte aus einer Liste von 40 Melodien bis zu 3 Melodien auswählen und die best platzierten 10 Melodien wurden dann vom Bordorchester gespielt und es konnte auch dazu getanzt werden.

Alle 3 Lieder, die wir uns gewünscht hatten, waren auch tatsächlich unter den ersten 10, nämlich „Moskauer

Nächte", „Schwarze Augen" und „Einsames Glöckchen". Sieger mit den meisten Wünschen wurde – erwartungsgemäß – der Walzer „An der schönen blauen Donau". Nach diesem Wunschkonzert spielte das Bordorchester noch bis 00:30 Uhr zum Tanz auf.

Uns störte an diesem Abend das Verhalten unseres befreundeten Paares sowie anderer Gäste, so dass wir bereits sehr frühzeitig kurz nach Ende des Wunschkonzertes die Bar verließen und zu Bett gingen.

Am Mittwoch ging der Morgenwecker um 07:00 Uhr an und kurz nach dem Frühstücksbuffet erreichte die MS Moldavia um 08:15 Uhr Budapest. Dort startete um 08:30 Uhr unser gebuchter Ganztagesausflug zum Donauknie. Zu Beginn des Ausflugs war es mit nur 17 Grad noch recht frisch, bis zum Nachmittag wurde es dann aber 23 Grad warm.

Zuerst fuhren wir mit dem Bus über den ältesten Budapester Stadtteil Obuda, wo es noch römische Ruinen des antiken Aquincum gibt, nach Szentendre. In dieser mittelalterlichen Stadt, die heute eine Künstlersiedlung ist, unternahmen wir einen Spaziergang durch die engen, alten Gassen. Danach fuhr der Bus entlang eines alten Donauarms nach Visegrad, von dem aus man einen tollen Blick auf das Donauknie hatte.

Das Donauknie ist ein langgezogener Flussbogen, wo die Donau eine radikale Richtungsänderung vornimmt. Nachdem wir in Budapest von Bord gegangen waren, fuhr die MS Moldavia um 08:45 Uhr dort wieder los und weiter nach Esztergom. Unser Ausflug war so gut getimet, dass die MS Moldavia genau zu dem Zeitpunkt unten auf der Donau vorbeifuhr, als wir oben an einem Aussichtspunkt standen. So gab es ein sehr gutes Fotomotiv.

Unser Mittagessen nahmen wir in der Nähe von Visegrad in einem sehr schönen, rustikalen Restaurant ein, es gab Wildsuppe und Hirschbraten sowie ungarischen Wein. Nach dem Mittagessen fuhren wir nach Esztergom und besichtigten dort auf dem Burgberg die Basilika, die größte katholische Kirche Ungarns. Danach ging es um

15:30 Uhr zurück auf das Schiff. Um 16:00 Uhr verließ die MS Moldavia Esztergom und fuhr weiter Richtung Wien.

Um 19:00 Uhr gab es ein festliches Gala-Buffet zum Abschied. Um das Gedränge beim Buffet einigermaßen zu entzerren, wurden die Gäste tischweise von zwei Seiten aufgerufen, die Speisen am Buffet zu holen. Aber dieser gute Vorsatz war zwar eine nette Idee, aber leider hielten sich viele Gäste nicht daran, so dass es doch ein sehr großes Gedränge am Buffet gab. Offensichtlich waren einige Gäste kurz vor dem Verhungern und hatten Angst, dass sie nichts mehr zu essen bekamen, wenn sie nicht sofort als erstes anstanden. Ein unmögliches Verhalten, aber leider wohl auch nicht zu verhindern, so sind ältere Leute wohl. Schade, denn das trübt das Ambiente eines festlichen Dinners doch sehr. Da ist es auf der MS Astor doch besser, dass es auch bei den Gala-Dinnern immer Menüwahl gibt und alles am Tisch serviert wird.

Ab 21:00 Uhr spielte wieder das Bordorchester Rodnitschok im Moldavia-Salon zum Tanz auf, ergänzt von 21:30 – 22:15 Uhr durch Vorträge ukrainischer Romanzen, die durch Besatzungsmitglieder dargeboten wurden, darunter u. a. auch von Peter von der Rezeption. Die Beiträge waren sehr gut. Wir fragten uns, ob es Bedingung ist, singen zu können, wenn man auf der MS Moldavia anheuert, denn neben Clarissa May vom Reisebüro und Peter von der Rezeption konnten auch sehr viele andere Besatzungsmitglieder vom Servicebereich sehr gut singen.

Am Donnerstag erreichte die MS Moldavia während des Frühstücks um 08:30 Uhr Wien und legte am Handelskai an. Kurz darauf gingen die Teilnehmer des ersten Ausflugs an diesem Tag von Bord und starteten zur Stadtrundfahrt.

Wir selbst hatten in Wien keinerlei Ausflüge gebucht, da wir einige Jahre früher schon einmal in Wien waren und uns dieses Mal mit einer Cousine meiner Frau, die in Wien lebt, treffen und den Tag auf eigene Faust verleben wollten. So gingen wir erst um 09:30 Uhr von Bord und trafen uns auf dem Kai mit dieser Cousine. Mit der U-Bahn fuhren wir als erstes zum Donaupark, machten dort einen kleinen Spaziergang und fuhren dann hinauf auf den Donauturm, wo sich in der Spitze ein Drehrestaurant befindet. Dort genossen wir bei einer Wiener Melange die schöne Aussicht auf Wien und blieben, bis sich das Restaurant genau zweimal komplett gedreht hatte.

Dann fuhren wir mit der Strassenbahn hinaus in den Prater und unternahmen als erstes gemeinsam eine Fahrt mit dem weltberühmten Riesenrad. Anschließend fuhr ich mit meiner Frau zusammen 3 verschiedene Achterbahnen sowie eine Wasserbahn. Diese war anders gebaut als wir es bisher von Freizeitparks, z. B. in Rust, kannten. Man steigt in runde Boote ein und wird dann als erstes mit einem Aufzug in die Höhe gehievt und dann in einer Art übergroßer Rutschbahn abgesetzt. Von dort aus ging es in schneller Fahrt serpentinenartig nach unten, wobei sich das Boot ständig rechts und links herum drehte. Bis kurz vor Ende der Bahn blieben wir trocken, aber dann erwischte uns wenige Meter vor dem Ziel doch noch eine Welle, die ins Boot schwappte, aber bei den sonnigen Temperaturen an diesem Tag trockneten die Hosen etc. recht schnell.

Eine ganz neue und von der Konstruktion her für mich unbekannte Achterbahn war zu diesem Zeitpunkt leider außer Betrieb. Also taten wir erst einmal etwas für unseren Magen und aßen im Schweizer Haus eine sehr gute gebratene Haxe, hier genannt „Stelze". Diese teilten sich meine Frau und ich, denn alleine hätte man diese Haxe nicht vertilgen können. Dazu tranken wir jeweils 2 Maß herrliches dunkles Bier. Da es mittlerweile 19 Grad warm und sonnig war, konnten wir das Essen im Biergarten des Restaurants einnehmen.

Nach dem ausgiebigen Mahl machten wir nochmals einen Bummel über das Pratergelände, ob es nicht noch irgendein anderes Fahrgeschäft gab, das mich gereizt hätte. Und jetzt war die neue Achterbahn, auf die ich so neugierig war, in Betrieb, so dass ich auch diese noch fahren konnte. Allerdings getraute sich meine Frau nicht, diese Fahrt mit zu machen, so dass ich alleine fahren musste. Obwohl ich überhaupt nicht wusste, wie die Fahrt sein wird, nahm ich einen Platz in der ersten Reihe ein und wartete auf das, was jetzt kommen würde. Die Wagen wurden zuerst rückwärts fast senkrecht hochgezogen und hingen einige Sekunden hoch oben am Beginn der Bahn. Dann ging es ohne Vorwarnung in rasender Fahrt senkrecht hinunter und sofort in einen Looping, danach über einige Windungen und in einen zweiten Looping sowie dann wieder senkrecht hoch an einem Ausleger der Bahn. Dieses Mal hingen wir dort also rückwärts einige Sekunden, bevor erneut ohne Vorwarnung die Bahn wieder rasend schnell nach unten sauste und die gesamte Fahrt dieses Mal rückwärts zurücklegte, also die beiden Loopings und die Drehungen etc. bevor sie am Ausgangspunkt zum Stehen kam. Ein absolut irres und geiles Gefühl, diese Fahrt war der absolute Kick bei unserem Prater Aufenthalt. Leider ging genau zum Zeitpunkt, an dem ich in dieser Achterbahn saß ein heftiger Regenschauer nieder, so dass ich bei den Pausen an den senkrechten Auslegern ziemlich nass wurde.

Vom Prater fuhren wir mit der Straßenbahn zum Schweizer Platz, einem der Hauptumsteigepunkte von U- und Straßenbahnen. Mittlerweile hatte es aufgehört zu regnen und wir gönnten uns hier ein gutes italienisches Eis, bevor wir mit der „Ring"-Straßenbahn eine Rundfahrt über den Ring unternahmen, vorbei an Parks, dem Rathaus, der Wiener Hofburg etc.

Danach schlossen wir noch einen kurzen Spaziergang über die Kärntner Strasse bis zum Stephansdom an, bevor wir um 18:00 Uhr zum Heurigen in den „Zwölf Apostel Keller" gingen und dort bei einigen Weinen und Heurigen-Broten den schönen Tag ausklingen ließen. Zwei Musiker begleiteten den Abend mit Live-Musik und gegen ein kleines Trinkgeld konnte man sich auch bestimmte Lieder wünschen.

Kurz nach 21:00 Uhr begleitete uns die Cousine noch bis zur Anlegestelle der MS Moldavia und um 21:45 Uhr waren wir wieder zurück an Bord des Schiffes und tranken noch ein Bier in der Moldavia Bar. Punkt Mitternacht verließ die MS Moldavia Wien und wir gingen zu Bett.

Am Freitag begann der Tag mit dem Morgenwecker um 06:45 Uhr und nach dem Frühstück erreichte die MS Moldavia um 10:00 Uhr Melk.
Um 10:15 Uhr begann unser letzter Ausflug bei dieser Reise, die Besichtigung des Stifts Melk. Hier waren wir aber sehr enttäuscht, aber anderen Gästen erging es genau so. Statt einer Besichtigung alter Räume, so wie früher die Mönche lebten etc. besichtigten wir mehrere ganz modern gehaltene Räume, deren Sinn sich uns nicht erschloss. Die Räume waren jeweils in einer anderen Farbe, einer rot, einer blau, einer grün usw. gehalten und enthielten hypermoderne Ausstellungsstücke, Wortfragmente an den Wänden, alles sehr mysteriös und sagte uns nichts. Etwas besser wurde es dann am Ende des Rundgangs, bei dem einige der riesigen Bibliotheken bestaunt werden konnten, in denen tausende wertvolle alte Bücher lagern. Das Ende des Rundgangs war in der Stiftskirche, wo aber gerade zu diesem Zeitpunkt eine Messe gehalten wurde, so dass wir nicht stören wollten.
Um 12:30 Uhr waren wir zurück an Bord und nahmen dort um 13:00 Uhr das letzte Mittagessen dieser Reise ein.
Um 14:00 Uhr verließ die MS Moldavia Melk, um die letzte Etappe bis Passau zurück zu legen. Es war zwar 22 Grad warm, aber sehr windig, so dass wir uns nur noch kurz auf dem Sonnendeck aufhielten und dann schon einmal unsere Koffer packten.
Ab 15:45 Uhr gab es eine Festliche Teezeremonie im Restaurant, wobei es an diesem letzten Tag an Bord besonders ausgewählte Kuchen und Torten gab. Aber auch hier am Tortenbuffet wieder ein ziemliches Chaos.
Ab 16:00 Uhr konnte ich die bestellten Fotos und die DVD des Bordfotografen an der Rezeption abholen. Wir haben

lediglich 3 Fotos – unser 4er Tisch, Kapitänsempfang und wir beim Gala-Dinner- zum Preis von je 4 Euro erworben, die ich zu Hause einscannte und zu unseren eigenen Digitalfotos hinzufügte und dann im Papierkorb entsorgte. Obwohl ich ja sowieso den Film als DVD gekauft hatte, sahen wir uns dann doch auszugsweise den Film an, der im Moldavia Salon vorgeführt wurde. Insgesamt waren wir 12 Mal direkt im Film zu sehen, weitere Male nur von hinten etc. und nur durch uns selbst wegen der Kleidung, der Frisur oder anderer Merkmale zu entdecken.

Um 19:00 Uhr wurde im Restaurant aus den abgegebenen Beurteilungsbögen ein Reisegutschein über 250,00 Euro verlost und dann folgte das letzte Abendessen. Ab 20:45 Uhr gab es Unterhaltungs- und Tanzmusik im Moldavia Salon und wir hielten uns an diesem Abend an der Bar auf und unterhielten uns mit anderen Gästen bis kurz nach Mitternacht.

Und dann kam der Abreisetag. Am Samstag, 14. Juli wurden wir um 06:30 Uhr geweckt, nahmen unser letztes Frühstück ein und stärkten uns für die Heimreise.

Noch während des Frühstücks erreichte die MS Moldavia um 07:30 Uhr Passau und legte am Hafenkai an. Wir packten noch die letzten Dinge in die Koffer und stellten diese vor die Kabinentür. Um 08:15 Uhr begann für die Gäste, die ihr Auto in der Globus Garage abgestellt hatten, die Ausschiffung und die entsprechend gekennzeichneten Koffer wurden in den Bus verladen.

Gemeinsam wurden wir dann zur Garage transportiert, konnten dort den PKW in Empfang nehmen und die Koffer verladen. Dies ging alles sehr schnell, so dass wir bereits um 08:45 Uhr die Heimreise starten konnten.

Wir selbst fuhren direkt ohne Zwischenstopps über die A 3 nach Hause, das bis dahin befreundete Paar machte in der Nähe von Passau noch einen privaten Abstecher.

Bei der Rückfahrt hatten wir sehr viel Glück mit dem Verkehr, wir gerieten lediglich in der Nähe von Würzburg in einen kleinen, nur knapp 15 Minuten dauernden, Stau, konnten ansonsten problemlos durchfahren und waren nach 5 Stunden bereits kurz vor 14:00 zu Hause. Da es an diesem Tag bereits wieder 34 Grad heiß war, war ich froh über die vorhandene Klimaanlage in meinem Auto. Auf der Gegenseite sah es sehr viel schlimmer aus, hier stauten sich die Fahrzeuge Richtung Süden in mehreren, teilweise bis zu 25 km langen Staus. Wenn dort jemand nach Passau unterwegs war, um das Schiff zu erreichen, das am Nachmittag schon wieder zur nächsten Fahrt ans Schwarze Meer ablegte, hatte er kaum eine Chance noch pünktlich in Passau anzukommen, denn auch die Ausweichstrecken waren hoffnungslos überlastet.

Wir packten zu Hause die Koffer aus, stellten schon einmal eine erste Waschmaschine an und machten uns frisch.
Ab 19:45 Uhr saßen wir dann schon wieder beim Feuerwehrfest auf der Kirberger Burg, aßen dort zu Abend, ließen uns frisch gezapftes Bier schmecken und tanzten bis kurz vor Mitternacht.

Und am Sonntag gingen wir von 11:00 bis ca. 16:00 Uhr zum Frühschoppen auf die Burg. Wir hatten nur ca. 5 Minuten zu Fuß von unserem Haus bis zur Burg, so dass auch ich ein Bier trinken durfte, da ich nicht mit dem Auto fahren musste.

Der Kapitäns-Empfang

59 Gewinn

Im Mai 2007 erhielt ich eine Email, dass ich angeblich bei einem Internetgewinnspiel eine 8tägige Reise in die Türkei für 2 Personen gewonnen hätte. Diese Reise hätte einen Wert von 498,00 € und außer einer Bearbeitungsgebühr und der Flughafensteuer wären keine Zahlungen für diese Reise zu leisten. Eingeschlossen seien der Flug sowie die Übernachtungen mit Frühstück in 4/5-Sterne-Hotels. Als Reiseveranstalter war James Cook Holidays aufgeführt, eine Namensähnlichkeit mit dem renommierten Reiseanbieter Thomas Cook (Neckermann) war sicherlich beabsichtigt.

Zwar waren meine Frau und ich sehr skeptisch, ob hier alles mit rechten Dingen zugeht, denn man hat schon oft genug von solchen „**Gewinn**en" gehört, aber wir entschlossen uns nach kurzer Beratung die Reise anzunehmen und ich bestätigte per Email den dort angegebenen Code und meldete mich und meine Frau für diese Reise an. Es standen mehrere Termine ab November 2007 zur Auswahl und wir entschieden uns für den Zeitraum 06.11. – 13.11.2007.

Ein paar Tage später erhielten wir die Bestätigung und die Aufforderung pro Person 45,- € Bearbeitungsgebühr zu bezahlen, was wir dann auch taten. Nochmals ein paar Tage später flatterte uns eine weitere Rechnung über Flughafengebühr und Kerosinzuschlag in Höhe von 98,00 € ins Haus und auch diese bezahlten wir, da dies so auch angekündigt war. Wir dachten uns, wenn doch etwas faul an dem Angebot wäre, dann hätten wir halt diese 188,- € in den Sand gesetzt, wären aber wieder um eine Erfahrung reicher. Nochmals einige Tage später erhielten wir ein Angebot der Firma doch für die Reise auch noch Halbpension dazu zu buchen, das türkische Essen sei doch sehr empfehlenswert. Pro Person sollten für die Halbpension 70,- € für die komplette Woche bezahlt werden, was sicherlich nicht übertrieben teuer ist. Aber wir wollten erst abwarten, ob die Reise denn überhaupt zustande kommt und wollten dann eventuell erst vor Ort die Halbpension nachträglich buchen. Also ließen wir dieses Angebot ungenutzt.

Bis Ende Oktober hörten wir dann nichts mehr von der Firma, aber ich erhielt sicherlich noch 5 bis 6 mal erneut eine Email, dass ich angeblich eine 8-tägige Türkeireise für 2 Personen im Wert von 996,- € gewonnen hätte. Da dies ja nicht sein konnte, löschte ich alle diese Emails, ohne darauf zu reagieren.

Meine Frau kam dann Ende Oktober auf die Idee einmal im Internet zu recherchieren, ob es diese Firma denn überhaupt gibt und ob von anderen Reisenden irgendwelche Berichte dort zu lesen seien. Wieso kam eigentlich keiner von uns beiden schon früher auf diese Idee? Manchesmal denkt man nicht an das Naheliegendste. Und tatsächlich wurde meine Frau fündig, im Internet gab es hunderte von Berichten, dass diese Reise ein einziger Betrug sei, dass man keine Reiseunterlagen bekäme und die Reise gar nicht antreten könne bzw. dass man zwar die Unterlagen bekommen habe und auch die Reise angetreten habe, die Reise vor Ort dann aber eine reine Verkaufsfahrt gewesen sei und man die lt. Reisebeschreibung versprochenen Sehenswürdigkeiten nie zu Gesicht bekommen habe etc. Außerdem sei man vor Ort erpresst worden, bereits gezahlte Flughafengebühren etc. nochmals zu bezahlen, ansonsten bekäme man keinen Rückflug etc. Auch seien die Hotels, insbesondere das letzte während der Rundreise, sehr dreckig, das Essen schlecht u. v. m. Von vielen Reisenden wurden bereits Klagen gegen den Reiseveranstalter erhoben. Dieser hatte in der Zwischenzeit auch den Namen gewechselt und firmierte jetzt unter dem Namen Geomedia.

Durch all diese Berichte waren wir absolut davon überzeugt, dass wir nie mehr etwas von dieser Reise hören würden und schrieben die knapp 200,00 € ab. Für uns war die Sache erledigt und ich habe sogar am Freitag vor dem geplanten Abflugtermin noch einen Termin in meiner KFZ-Werkstatt zum Reifen-wechsel (Aufziehen der Winterreifen) für den kommenden Dienstag vereinbart und auch im Dienst hinterlassen, dass ich im Urlaub nicht wegfahren würde, sondern zu Hause erreichbar sei. Den eingetragenen Urlaub wollte ich aber trotzdem antreten und wir hätten dann ersatzweise ein paar Tagestouren oder ein verlängertes Wochenende z. B. in einer Therme durchgeführt.

Ja, und dann kam plötzlich doch alles anders als gedacht: Am Samstag, dem 03.11.2007 fanden wir in der Post unsere Unterlagen für diese Reise, sowohl die Flugscheine für den Hin- und Rückflug als auch den Voucher für die Rundreise incl. Hotelübernachtungen und Frühstück. Abflug sei am Dienstag, den 06.11.2007 um 11:50 Uhr vom Frankfurter Flughafen. Meine Frau und ich berieten uns kurz, was wir denn nun machen sollten und entschieden uns, jetzt erst recht diese Reise anzutreten und abzuwarten, was dann alles passiert, nicht funktioniert o. a.

Also habe ich den Werkstatttermin um eine Woche verschoben, am Montag – meinem letzten Dienst-Tag vor dem Urlaub - meinen Kollegen im Dienst erzählt, dass ich jetzt ganz kurzfristig doch für 1 Woche in die Türkei fliegen würde, um noch etwas Sonne zu tanken und habe vorsichtshalber alle Unterlagen und die Belege über die gezahlten Gebühren kopiert. Außerdem recherchierte ich im Internet, was dort über die Fluggesellschaft Sky Airline, die ich nicht kannte, geschrieben war. Dort erfuhr ich aber nur Positives über diese Fluggesellschaft und war dann doch etwas beruhigt. Unsere Tochter bestätigte diese positiven Berichte, ihr war die Fluggesellschaft gut bekannt. Da ich aber unseren Flug am Dienstag im Internet nicht fand, rief ich vorsichtshalber nochmals bei Geomedia an und erkundigte mich, von wo der Flug denn abginge und erhielt die Auskunft, dass der Abflug vom Terminal 2 des Frankfurter Flughafens starten würde.

Wir also ganz unvorbereitet am Sonntag schnell die Koffer gepackt und mit unserer Tochter die Versorgung unserer 2 Kater für die folgende Woche geklärt sowie die Fahrten zum Flughafen bei der Abreise und das Abholen bei der Rückkehr. Klappte aber alles sehr gut, da unsere Kinder ohnehin auch in dieser Woche Urlaub genommen hatten.

Dann kam der Dienstag, der 06.11.2007. Unsere Tochter holte uns um 08:45 Uhr zu Hause ab und brachte uns zum Frankfurter Flughafen zum Terminal 2. Dort fanden wir ziemlich schnell den Check-In-Schalter von Sky Airline und waren positiv überrascht, dass dort keine langen Warteschlangen vorhanden waren. Wir konnten sehr schnell ohne jegliche Wartezeit einchecken und erhielten unsere Bordkarten. Das Personal an den zwei besetzten Schaltern war sehr freundlich und wir erhielten die Auskunft, dass der Flug sogar 30 Minuten früher als ursprünglich geplant starten würde. Nach dem Check-In gingen wir also sofort weiter durch die Pass- und Handgepäckskontrolle, die bei einigen Fluggästen vor uns sehr intensiv und zeitraubend ausfiel. Durch die vorgezogene Flugzeit entstanden dann nach diesen Kontrollen keine weiteren langen Wartezeiten mehr und nach einem nur kurzen Aufenthalt im Wartebereich vor dem Einsteigen ging es dann auch schon zügig an Bord einer relativ neuen und sehr sauberen Boeing 727-400.
Das Flugzeug hatte an einem der so genannten Finger angedockt, so dass wir direkt vom Wartebereich trocken und warm das Flugzeug betreten konnten. Auch hier waren wir wieder positiv überrascht, auch die Flugbegleiterinnen waren nett und adrett. Wir hatten sogar das Glück, dass das Flugzeug nicht voll ausgebucht war und wir in der Reihe 26 die 3er-Sitzreihe links für uns 2 alleine hatten. War schon viel bequemer als wenn man hier zu dritt gesessen hätte. Aber der Flug dauerte ja ohnehin nur ca. 3 Stunden, da war die Enge in der Economy Class erträglich.
Ganz pünktlich wie angekündigt fuhr das Flugzeug los und rollte zur Startbahn West. Vom Terminal 2 ist dies ein sehr weiter Weg und dauerte ca. 20 Minuten. So startete

das Flugzeug dann eigentlich doch zu der ursprünglich angezeigten Zeit von 11:50 Uhr. Der Flug verlief sehr ruhig und es wurden uns ein warmes Mittagessen sowie antialkoholische Getränke gereicht. Alkoholische Getränke konnten nur gegen Bezahlung erworben werden, aber dies ist eigentlich bei allen Billig-Airlines der Fall, also nichts Negatives gegen Sky Airline.

Pünktlich um 16:05 Uhr Ortszeit (MEZ + 1 Std.) landeten wir in Antalya und gingen durch die Pass-kontrolle und holten unsere Koffer am Kofferband ab. Gleich hinter dem Ausgang nahm uns ein Mitarbeiter des Reiseveranstalters in Empfang und leitete uns zu einem der bereit stehenden Busse für den Transfer ins Hotel. Im Bus bot uns der Reiseleiter nochmals an, jetzt die Halbpension für 70,00 € pro Person und Woche dazu zu buchen, da es während der Rundreise oftmals schwer wäre, außerhalb des Hotels eine andere Gaststätte zu finden. Da es bereits Nachsaison sei, hätten schon einige Gaststätten geschlossen. Da uns dieser Preis nicht als überhöht vorkam, nutzten wir die Gelegenheit und haben die Halbpension gebucht und diese Entscheidung später auch nicht bereut. Wir waren mit den Abendessen-Angeboten in den Hotels immer sehr zufrieden.
Um 18:05 erreichten wir das erste Hotel unserer Rundreise, das Hotel Carelta in einem Vorort von Antalya. Bei der Fahrt zum Hotel war es bereits stockdunkel, es regnete leicht, war aber mit ca. 20 Grad immer noch angenehm war. Der erste Eindruck vom Hotel (Rezeption etc.) war sehr positiv und als wir nach den üblichen Formalitäten unser Zimmer im 2. OG bezogen auch hier sofort ein positiver Eindruck. Das Zimmer war zweckmäßig eingerichtet mit 2 Einzelbetten, einem Schreibtisch, einer kleinen Sitz-gruppe und auch das Bad war sehr sauber, wie wir schnell nach einer ersten Inspektion feststellen konnten. Nirgends nasse Stellen, Schimmelflecke o. ä., wie wir es nach den negativen Berichten im Internet befürchtet hatten. Nachdem wir uns geduscht und umgezogen hatten, gingen wir um 18:30

Uhr zum Abendessen, das in Form eines sehr reichhaltigen Buffets angeboten wurde.

Es gab ein sehr umfangreiches Salatbuffet, mehrere Hauptgerichte und Beilagen zur Auswahl und stets frisch gebackenes Fladenbrot. Und als Abschluss auch ein sehr reichhaltiges Dessertbuffet mit typisch türkischen Nachspeisen, alles sehr süß und schlecht für die schlanke Linie. Und was mich persönlich besonders freute, da ich gerne scharf esse: Es gab bei den Hauptspeisen ein Gewürzrondell mit Pfeffer, Chili, Harissa und anderen scharfen Gewürzen, was ich auch reichlich ausnutzte. Wie gesagt, das Essen war sehr gut und abwechslungsreich, auch an den 3 weiteren Abenden in diesem Hotel. Das Hotel hatte nach Landeskategorie zwar 4 Sterne, aber ich denke nach internationalem Standard waren es nur 3 Sterne. Ziemlich hoch waren die Getränkepreise für 1 Bier oder 1 Raki. Hier kann auf keinem Fall mehr in der Türkei von einem Billigland gesprochen werden. Nach dem Abendessen gingen wir noch für ein paar Drinks in die Hotelbar, eine recht einfach aufgemachte Bar neben der Rezeption, aber mit einem sehr netten Barkeeper.

Für unsere Verhältnisse sehr früh gingen wir kurz nach 22:00 Uhr zu Bett, da zu diesem Zeitpunkt in der Bar nichts mehr los war.

Am Mittwoch standen wir um 06:40 Uhr auf und gingen dann zum ebenfalls sehr guten und reichhaltigen Frühstücksbuffet. Kaffee oder Tee gab es an entsprechenden Automaten, es gab zwei Sorten Fruchtsäfte, diverse Cerealien, sehr viele Marmeladen, diverse Wurst und Käsesorten, verschiedene Brotsorten und Brötchen, gekochte Eier, warme Brötchen und bei einem Koch konnte man sich Spiegeleier braten lassen. Alles in allem also ein durchaus übliches Frühstück, wo es nichts zu bemängeln gab.

Der gewonnene Urlaub fing also sehr gut an, so konnte es weitergehen. Und es ging dann auch so positiv weiter.

Um 09:00 Uhr fuhren wir mit dem Bus in ein Nachbarhotel, wo für verschiedene Reisegruppen eine Informationsveranstaltung angeboten wurde und Ausflüge gebucht werden konnten. Dies war völlig unabhängig davon, ob man die Reise gewonnen hatte oder regulär gebucht hatte, was ja auch möglich war. Und bei den jetzt anwesenden Gästen waren durchaus nicht nur Leute, die die Reise gewonnen hatten. Im Reisepreis inklusive waren der Flug, die Übernachtungen mit Frühstück in den diversen Hotels, die Transfers vom und zum Flughafen, eine Stadtrundfahrt in Antalya, die Fahrt nach Pamukkale und Kusadasi sowie die Rückfahrt nach Antalya. Alle weiteren Ausflüge konnten inklusive einem Mittagessen als Paket für 149,- Euro gebucht werden.

Da wir nicht nur im Hotel bleiben wollten, sondern auch etwas von der Türkei sehen wollten, haben wir dieses Ausflugspaket gebucht und haben dies auch nicht bereut. Alles, was wir im Rahmen dieses Ausflugspaketes gesehen haben, wird im Folgenden näher beschrieben. Unsere Reisegruppe bestand aus insgesamt 28 Personen aller Altersgruppen, lediglich 20 haben das Ausflugspaket gebucht, davon dann aber auch 4 Personen ohne das Mittagessen. Auch das war möglich. Es wurde seitens der Reiseleitung keinerlei Druck auf uns Gäste ausgeübt, es konnte wirklich jeder frei entscheiden, ob er die Ausflüge buchen möchte oder nicht, ob er nur einzelne Ausflüge buchen möchte und ob er die Ausflüge mit oder ohne Mittagessen buchen möchte.

Auch hier waren wir positiv überrascht. Wir hatten befürchtet, dass dies wie bei „Kaffeefahrten" mit sehr viel Druck abgeht, aber nichts davon. Was die anderen Reisegäste allerdings dann den ganzen Tag ohne Ausflug gemacht haben, wissen wir nicht. Wir jedenfalls haben sehr viel Interessantes gesehen und waren mit dem Ablauf der kommenden Woche sehr zufrieden. Auch unser Bus war sauber und gut klimatisiert. Da es sich um einen 44er Bus handelte, die gesamte Reisegruppe aber nur aus angenehmen 28 Gästen bestand, hatten wir immer genügend Platz und konnten uns – wenn gewünscht – einzeln setzen, so dass jeder einen Fensterplatz hatte.

Bei den fakultativen Ausflügen waren wir sogar nur 20 Personen und hatten noch mehr Platz im Bus. Für die gesamte Rundreisewoche hatten wir durchgehend den gleichen Bus, den gleichen Reiseleiter und den gleichen Busfahrer. Der Reiseleiter war sehr nett und organisierte das Einchecken in den Hotels, die Ausflüge und alles was damit zusammenhing bestens, ihm muss ein besonderes Lob ausgesprochen werden. Ein kleines Manko war, dass er nicht so ganz gut Deutsch sprach und es manchmal sehr anstrengend war, seinen Ausführungen zu folgen. Auch der Fahrer war sehr nett und fuhr uns immer sehr sicher und souverän zu allen Punkten und hatte auch noch an verschiedenen Tagen die Arbeit des Koffer-ein- und –ausladens.

Nach der zuvor beschriebenen Infoveranstaltung wurden die Gäste, die keinen Ausflug gebucht hatten, zum Hotel zurück gefahren, für uns andere folgte dann der erste Ausflug nach Phaselis, einer alten, römischen Siedlung mit Theater, Hadriantor, Äquadukt u. v. a. An diesem Tag war es sonnig und weit über 20 Grad warm.

Das Mittagessen nahmen wir in einem ganz tollen Restaurant in einem schön angelegten Botanikgarten ein. Die Mittagessen in den verschiedenen Orten waren immer landestypisch recht einfach, aber immer sehr schmackhaft und ausreichend.

Um 15:30 Uhr waren wir zurück im Hotel und unternahmen einen kurzen Fußweg zum Strand, der hier aber nicht aus Sand, sondern aus Kies bestand. Aber es war ohnehin keine Badesaison mehr und wir wollten ja nicht am Strand faulenzen. Am Nachmittag hatte sich der Himmel ziemlich zugezogen und es wurde schnell kühl.

Auch an diesem Abend gab es dann wieder das reichhaltige Dinnerbuffet und danach gingen wir wieder in die Hotelbar für den obligatorischen Raki. Diesen kann man entweder pur oder mit Eis oder Wasser gemischt zu sich nehmen. Wird er mit Wasser verdünnt, erhält er eine milchige Farbe und wird dann Löwenmilch genannt. Laut den Erklärungen unseres Reiseleiters ist Raki kein Alkohol, sondern Medizin und hat folgende Eigenschaften:

Trinkt der Mann 3 Raki hat die Frau keine Ruhe, trinkt die Frau 3 Raki hat der Mann keine Ruhe, trinken beide je 3 Raki haben die Nachbarn keine Ruhe, trinken aber beide mehr als 3 Raki haben alle Ruhe.

Nach dem Frühstücksbuffet am Donnerstag fuhren wir um 08:00 Uhr nach Olympos und unternahmen von dort eine schöne Bootsfahrt zu einer Versunkenen Stadt im Meer, die im 1. Jahrtausend n. Chr. durch ein starkes Erdbeben zerstört wurde und im Meer versank. Teile der Mauern konnten durch Glasböden im Boot unter Wasser entdeckt werden. Bei strahlendem Sonnenschein und warmen Temperaturen von ca. 24 Grad konnten wir die Bootsfahrt auf dem offenen Deck genießen. Das Mittagessen nahmen wir nach der Bootstour in einer kleinen Gaststätte ein und dann ging die Fahrt weiter nach Myra, wo der echte heilige St. Nikolaus – ein Bischof – geboren wurde und wir besichtigten dort die nach ihm benannte Kirchenruine. Hier steht auch sein Sarkophag, allerdings nicht das Original, das befindet sich im Nationalmuseum in Istanbul.

Gegen 16:20 Uhr waren wir zurück im Hotel, duschten uns und zogen uns um. Nach dem Abendessen fuhren wir nur wenige Minuten zu einem Nachbarhotel zu einem Türkischen Abend, der ebenfalls Bestandteil des gebuchten Ausflugspakets war. Hier kamen ca. 200 Gäste von den unterschiedlichsten Reisegruppen zusammen.

Die Show selbst war eher nur mittelmäßig, es wurden diverse landestypische Tänze gezeigt sowie Bauchtänze nicht nur von einer Tänzerin, sondern auch von einem Tänzer. Das Ganze ist halt Geschmackssache. Selbstverständlich wurden auch immer wieder Gäste zum Mitmachen aufgefordert, was wir persönlich gar nicht mögen. Die Getränkepreise an diesem Abend waren

absolut überzogen und unverschämt, ein Cocktail – auch ein alkoholfreier – kostete z. B. 9,90 €!
Gegen 23:00 Uhr ging es zurück ins Hotel und wir gingen dort nochmals kurz in die Bar, bevor wir schlafen gingen. Am Abend regnete es jetzt leicht und es war ziemlich kühl.

Am Freitag stand die für alle Reiseteilnehmer zum Programm gehörende Stadtrundfahrt in Antalya an. Wir fuhren zuerst in einen schön angelegten Naturpark und besichtigten dort einen idyllischen Wasserfall und hatten Gelegenheit, einen typischen türkischen Kaffee oder einen Apfeltee zu genießen. Danach ging die Fahrt weiter zu einem Nomadenzelt, in dem in einem so genannten „Tunnel der Zeit" verschiedene Epochen der türkischen Geschichte durch Puppen etc. dargestellt wurden. Insgesamt eine interessante Ausstellung.
Nach dem Mittagessen ging es dann zum ersten obligatorischen Besuch eines Sponsors solcher Reisen, nämlich zu einem Juwelier. Insgesamt sponsern 3 Firmen derartige Reisen, so dass auch einige Reisen kostenlos als Gewinn angeboten werden können: Juwelier, Ledergeschäft und Teppichknüpferei. Und diese Firmen erwarten natürlich, dass die Touristen die Firmen besuchen und möglichst auch etwas kaufen. Dies war uns natürlich auch zu Beginn der Reise bewusst, aber wir hatten es uns viel schlimmer vorgestellt und gedacht, dass wir bei jedem Ausflug in ein solches Geschäft geführt werden und dort stundenlang zu einem Kauf animiert werden, aber so war es nicht.
Nach einem kurzen Film über die Firmengeschichte wurden wir in die Verkaufshalle des Juweliers geführt und dort gleich von Verkäufern und Verkäuferinnen in Beschlag genommen.
Da wir absolut nicht vorhatten, etwas zu kaufen, verdrückten wir uns aber sehr schnell und gingen für einen Tee in die Cafeteria am Ausgang des Juweliers. Wir wurden von Niemandem aufgehalten oder genötigt zurück ins Geschäft zu gehen. Nach kurzer Zeit gesellten sich

noch andere Reiseteilnehmer unserer Gruppe zu uns und wir warteten auf den Rest der Gruppe, um dann zu einem örtlichen Basar zu fahren, über den wir frei schlendern konnten.

Hier kauften wir die einzigen Mitbringsel, nämlich für uns selbst die scharfe Gewürzmischung Harissa und Apfeltee und für unsere Kinder eine Mischung der typischen türkischen Süßigkeitsstangen.

Auch an diesem Tag war es vormittags sonnig und ca. 22 Grad warm, am Nachmittag regnete es wieder leicht und es waren nur noch kühle 18 Grad.

Kurz nach 17:00 Uhr waren wir zurück im Hotel und nahmen zum letzten Mal in diesem Hotel um 18:30 Uhr das sehr gute Abendessen ein. Danach schloss sich wieder ein Besuch in der Bar an, um die notwendige Medizin einzunehmen. Bevor es dann zu Bett ging, mussten noch die Koffer gepackt werden, denn am nächsten Tag ging die Reise weiter nach Pamukkale.

Am Samstag mussten wir bereits um 05:45 Uhr aufstehen und es gab wegen der frühen Stunde ein etwas kleineres Frühstück als an den Tagen zuvor. Um 07:15 Uhr wurden die Koffer im Bus verladen und um 07:30 Uhr ging die Fahrt von Antalya zuerst in einen Vorort zum Pflichtbesuch in einem Lederwaren-geschäft. Dort wurden uns im Rahmen einer Modenschau die neuesten Kreationen vorgeführt und anschließend konnten wir uns ziemlich unbehelligt im Verkaufsraum umsehen und hätten natürlich auch alle angebotenen Waren käuflich erwerben können. Soweit ich das aber mitbekommen habe, hat keiner aus unserer Reisegruppe etwas gekauft. Sicherlich frustrierend für unseren Reiseleiter, der ja eine Provision für jeden Kauf erhalten hätte.

Nach diesem Abstecher ging die Fahrt dann weiter Richtung Pamukkale, unterbrochen durch 2 kurze Kaffee- und Toilettenpausen. Während es am Vormittag noch sonnig und 20 Grad warm war, kühlte es jetzt auf der Fahrt über das Taurusgebirge – immerhin fast 1500 m hoch – auf 16 Grad ab und es regnete auch leicht.

Am frühen Nachmittag erreichten wir dann die berühmten Kalksinterterrassen von Pamukkale und hatten dort ca. 2 Stunden Aufenthalt. Von Pamukkale waren wir sehr enttäuscht, wir hatten diese Terrassen ja bereits 19 Jahre zuvor bei unserem damaligen Türkeiaufenthalt (siehe Reisebericht Nr. 7) besichtigt und diese viel, viel schöner in Erinnerung gehabt. Heute fließt dort kaum noch Wasser über die Terrassen, diese sind nicht mehr herrlich schneeweiß, sondern grau und schmutzig und rund um die Terrassen wurden kommerzielle Verkaufsstände etc. errichtet, die den Gesamteindruck ebenfalls erheblich stören.

Vor 19 Jahren konnten wir noch kostenlos im Kleopatrabad im warmen Thermalwasser baden, heute muss man dafür 12 Euro Eintritt bezahlen! Rund um das Bad Geschäfte mit Kitsch und ein Cafe, in dem man türkischen Kaffee oder Apfeltee im Plastikbecher kaufen kann.

Von Pamukkale aus fuhren wir weiter nach Kusadasi, wo wir erst gegen 21:00 Uhr im Hotel Palmin eintrafen und noch vor dem Zimmer verteilen zum Abendessen gingen. Auch hier wurde das Essen als Buffet angeboten, es war ebenfalls schmackhaft und ausreichend, aber nicht ganz so gut wie die Buffets im 1. Hotel. Auch das Hotel Palmin ist nach Landeskategorie ein 4-Sterne-Hotel, international aber ebenfalls wohl nur ein 3-Sterne-Hotel.

Nach dem späten Abendessen bezogen wir unser Zimmer im 5. OG, das erheblich größer war als das Zimmer im Hotel in Antalya. Auch hier waren das Zimmer und das Bad sehr sauber, es gab absolut nichts zu beklagen. Nachdem wir nur kurz unsere Koffer ausgepackt hatten, gingen wir in die Hotelbar und trotz des anstrengenden Tages mit der sehr langen Busfahrt erst gegen 01:00 Uhr zu Bett.

Am Sonntag konnten wir sogar bis 08:00 Uhr schlafen und brauchten erst um 08:30 Uhr zum Frühstück zu gehen. Auch das Frühstücksbuffet war etwas weniger gut sortiert als im ersten Hotel, aber immer noch gut und ausreichend. Bei einem Koch konnte man sich frisch ein Omelett mit Pilzen und Schinken etc. backen lassen.

Um 10:00 Uhr fuhren wir zu unserem gebuchten Ausflug nach Ephesus und besichtigten zu Fuß diese hochinteressante antike Ausgrabungsstätte. Da wir von Pamukkale so enttäuscht waren, war die Besichtigung von Ephesus jetzt der absolute Höhepunkt dieser Rundreise.

Am Vormittag war es zwar sonnig, aber nur ca. 16 Grad warm. Nach der Besichtigung von Ephesus fuhren wir in der Nähe zu einem Restaurant zum Mittagessen und besichtigten danach eine islamische Moschee, wo uns ein Imam sogar einige Zeilen aus dem Koran vortrug (vorsang), dann kehrten wir gegen 14:30 Uhr zum Hotel zurück. Nach dem Mittag war es wieder sonnig und knapp 20 Grad warm.

Da wir bis zum Abendessen noch genügend Zeit hatten, machten wir zusammen mit anderen Mitgliedern unserer Reisegruppe einen Spaziergang zum Strand. Da die Badesaison schon vorbei war, hatten bereits viele Geschäfte und Restaurants an der Strandpromenade geschlossen, mit etwas Glück fanden wir gerade noch ein offenes Cafe und wir gönnten uns nochmals den so guten Apfeltee.

Um 17:15 Uhr kehrten wir ins Hotel zurück und nahmen nach dem Duschen und Umziehen um 19:00 Uhr das gemeinsame Abendessen ein, danach gingen wir wieder zur Einnahme unserer Medizin in die Hotelbar und erst kurz vor Mitternacht ins Bett.

Am Montag mussten nach dem frühen Frühstück um 06:00 Uhr wieder die Koffer verladen werden und um 07:00 Uhr ging unsere Fahrt zurück nach Antalya. Die Fahrt dorthin wurde durch 2 kurze Kaffee- und Toilettenpausen unterbrochen sowie durch den Besuch der noch ausstehenden Besichtigung einer Teppich-knüpferei. Hier wurden uns vom Inhaber die verschiedenen Arten von Teppichen erläutert und es konnten den Teppichknüpferinnen bei ihrer Arbeit zugesehen werden. Anschließend wurden wir einzeln von verschiedenen Verkäufern in Beschlag genommen und es wurden uns Teppiche gezeigt und zum Kauf angeboten. Aber auch hier wurden wir nicht massiv bedrängt, sondern wir konnten nach entsprechenden Hinweisen, dass wir derzeit keinen Bedarf an Teppichen haben und auch kein Geld, unbehelligt das Geschäft verlassen.

Im obligatorischen Verkaufsgeschäft vor dem Ausgang entdeckten wir dann ganz zufällig einen schönen Kissenbezug mit Elefantenmotiv und kauften dies, da wir ja Elefanten aller Art sammeln.

Nach dem Besuch in dieser Teppichknüpferei und einem Mittagessen, übrigens in der gleichen Gaststätte wie bei der Herfahrt 2 Tage zuvor, ging die Fahrt weiter nach Antalya, unterbrochen nur nochmals durch eine Kaffeepause.

Um 17:50 Uhr erreichten wir zwischen Antalya und Kemer das relativ neue 5-Sterne-Hotel Leo, das sich aber als eine Mogelpackung und enttäuschend herausstellte. Das Zimmer selbst und das Bad waren aber ebenfalls wieder sehr sauber und es gab keine Kritik. Aber das Essen war das schlechteste von allen bisherigen. Das Dinnerbuffet war erheblich weniger gut sortiert als bisher, es gab z. B. nur 2 warme Hauptspeisen und 2 Beilagen und auch das Salatbuffet und Dessertbuffet waren nur spärlich sortiert. Geschmeckt hat das Essen aber auch hier.

Der Getränkeservice war aber sehr schlecht. Wir mussten im Restaurant beim Abendessen so lange auf einen Kellner warten, der unsere Wünsche aufnahm, dass wir schon beim Dessert angekommen waren, bis wir unser bestelltes Bier erhielten.

Und auch in der Hotelbar war der Service sehr schlecht und lahm. Nicht nur, dass wir jeweils sehr lange warten mussten, bis wir unsere Wünsche aufgeben konnten und dann die Getränke erhielten, auch waren die Biergläser sehr schlecht nur zu 2/3 gefüllt und das zu einem Preis von 2,50 Euro für ein 0,3er Bier. Aber als Ausgleich irrten sich die Kellner zweimal zu unseren Gunsten, einmal bestellten wir 2 Bier (und haben auch nur für 2 Bier unterschrieben), erhielten aber 4 Gläser Bier, ein weiteres Mal erhielten wir statt der bestellten 2 Bier 3 Bier. So konnten wir unsere nur schlecht eingeschenkten Gläser auffüllen. Und um 24:00 Uhr machte die Bar zu, alle Zapfhähne wurden abgedeckt und das Personal verließ die Bar. Also gingen notgedrungen auch wir zu Bett.

Das Frühstücksbuffet am nächsten Morgen war dann eine wirkliche Enttäuschung, es gab noch nicht einmal Saft, was heute Standard ist, viel weniger Brot und Marmeladen als in den Hotels zuvor und außer gekochten Eiern auch keine weiteren Eierspeisen. Schade, eigentlich wollten wir am letzten Tag in der Türkei noch einmal richtig schön und gemütlich frühstücken, was hier aber nicht möglich war. Ein 5-Sterne-Hotel war dieses Hotel auf keinem Fall, im Vergleich zu den beiden anderen Hotels ebenfalls maximal nur ein 3-Sterne-Hotel, eher sogar noch weniger.

Um uns die Zeit bis zum Transfer zum Flughafen noch etwas zu vertreiben, wollten wir nach dem Frühstück eigentlich noch einen kurzen Spaziergang rund um das Hotelgelände unternehmen, aber es regnete sehr stark und war nur ca. 17 Grad kühl, so dass wir darauf verzichteten.

Wir packten nach dem Frühstück unsere Koffer, checkten dann gegen 11:00 Uhr aus und hielten uns bis zur Abholung in der Hotelhalle auf. Pünktlich um 12:00 Uhr wurden wir abgeholt und zum Flughafen von Antalya gefahren, was ca. 1 1/2 Stunden dauerte. Wir checkten bei Sky Airline ein und erhielten Plätze in der Reihe 20 rechts. Dieses Mal war die Maschine voll besetzt, so dass wir beim Rückflug wirklich zu dritt in unserer Reihe saßen. Ganz pünktlich um 16:00 Uhr startete der Flieger und nach ca. 3 Stunden 45 Minuten landeten wir um 18:45 Uhr auf dem Rhein-Main Flughafen in Frankfurt am Main. Dieses Mal dockte das Flugzeug nicht an einem Finger am Terminal an, sondern parkte auf dem Vorfeld und wir mussten den Weg zum Terminal in einem Bus zurücklegen. Frankfurt erwartete uns mit starkem Regen und es war mit nur 5 Grad ganz schön kalt. Unsere Tochter holte uns am Flughafen ab und brachte uns nach Hause, wo wir um 20:40 Uhr eintrafen.

Alles in allem war diese Kurzreise sehr interessant und hat uns gut gefallen. Keine unserer Befürchtungen traf ein und wir haben tatsächlich ca. 900 Euro gespart. Die Kosten für die Halbpension und die Ausflüge inkl. Mittagessen sowie den Kerosinzuschlag mussten alle Reiseteilnehmer bezahlen, egal ob die Reise normal gebucht war oder angeblich gewonnen.
Und die Besuche in den aufgeführten Geschäften mussten auch alle Teilnehmer über sich ergehen lassen.
Durch Gespräche mit anderen Reiseteilnehmern erfuhren wir, dass sehr viele diese Reise „gewonnen" hatten, aber es hatten auch einige die Reise ganz regulär gebucht. Darunter auch ein Pärchen aus der Nähe von Frankfurt am Main anlässlich des 20. Hochzeitstages. Na ja, ob das eine geeignete Reise zu diesem Ehrentag ist, kann bezweifelt werden, aber jeder nach seiner Facon.

Die Toiletten der Römer in Ephesus

60 Seilbahn

Mitte des Jahres 2007 machten wir uns Gedanken über unser Reiseziel im Jahre 2008 und wählten die Karibik aus. Aber wir hatten ziemlich genaue Vorstellungen von dieser Reise, insbesondere wollten wir sehr viele unterschiedliche Ziele erreichen, um unsere Statistik der besuchten Länder wieder ein gutes Stück nach vorne zu bringen. Also begannen wir, Kataloge der uns bekannten Kreuzfahrtunternehmen zu ordern, teils direkt über unsere Tochter, die zu dieser Zeit in einem Limburger Reisebüro arbeitete, teils über das Internet. Dass Transocean-Tours mit der MS Astor oder MS Astoria keine Karibik-Kreuzfahrt nach unseren Wünschen im Programm hatte, wussten wir bereits. Aus unserer Sicht enthielt die dort angebotene Karibik-Kreuzfahrt einfach viel zu wenige besuchte Länder. Also sichteten wir zig Kataloge aller möglichen anderen Kreuzfahrtanbieter, wurden aber auch dort enttäuscht, denn uns sagte einfach keine der angebotenen Routen zu.

Irgendwann fiel uns dann auch der Katalog von AIDA in die Hände und mehr lustlos als direkt suchend blätterte ich den Katalog durch, denn wir waren eigentlich absolute Gegner von AIDA und deren Auffassung von Kreuzfahrten. Ich hatte mich im Dienst natürlich auch schon des Öfteren mit Kollegen über unsere Urlaube unterhalten und einer meiner Kollegen hatte schon einmal eine Kreuzfahrt mit der AIDA im Mittelmeer unternommen und war davon hellauf begeistert. Mich konnte das aber nicht über-zeugen und ich bot auch diesem Kollegen immer wieder Paroli, dass ich das Konzept von AIDA einfach nicht mag. Mir sei es auf diesen Schiffen zu leger, es gäbe keine festlichen Käpitäns-Dinner, tagsüber überall Remmi-Demmi, nur für jüngeres Publikum ausgerichtete Abend-Shows etc.

Und jetzt hielt ich den Katalog von AIDA in der Hand und fand gleich auf einer der ersten Seiten genau das, was wir suchten. Eine kombinierte Kreuzfahrt Karibik und Mittelamerika mit für uns 7 neuen Ländern! Jetzt steckte ich natürlich in einer Zwickmühle, ich der erbitterte AIDA-Gegner wollte jetzt wirklich eine Kreuzfahrt auf der AIDA buchen? Leicht machten wir uns die Entscheidung aber nicht. Wir lasen mehrmals die Reiseroute und – beschreibung durch, rechneten den Reisepreis vorwärts und rückwärts durch, recherchierten im Internet Reiseberichte über AIDA-Reisen, fragten unsere Tochter ein Loch in den Bauch u. v. m. Irgendwann kamen wir dann zu dem Entschluss, dass wir es versuchen wollten und diese Reise buchen werden. Um auch noch den Frühbucherrabatt (immerhin 800 Euro) auszunutzen, buchten wir rechtzeitig vor Ende September 2007 diese Kreuzfahrt und konnten nicht mehr zurück.

Für den Hin- und Rückflug war als Fluggesellschaft Condor vorgesehen, wobei das komplette Flugzeug von AIDA gechartert war. Da Condor zur Star Allianz gehört und die Comfort Class erheblich preiswerter ist als die Business Class direkt bei Lufthansa, setzten wir keine Meilen für das Upgrade auf die Comfort Class ein, sondern bezahlten die bessere Klasse entsprechend bar.

Zufällig veranstaltete das DER Reisebüro in Limburg im Oktober einen AIDA-Tag in der Limburger Stadthalle. Ein Vertreter von AIDA Cruises brachte sehr lebendig mit Filmen und Bildern die Philosophie von AIDA, die Schiffsflotte etc. den zahlreich anwesenden Gästen nahe. Einige der Gäste hatten bereits Reisen mit AIDA unternommen und bestätigten auf Nachfrage die positiven Worte des AIDA-Vertreters.

Alles Gesehene und Gehörte bestärkte uns darin, dass unser Entschluss eine Reise auf der AIDA zu buchen, nicht ganz falsch sein konnte.

Anfang März 2008 brachte uns unsere Tochter die Unterlagen der Reise nach Hause und wir erfuhren endgültig, dass wir einen sehr frühen Flug, schon morgens um 06:00 Uhr am Samstag, 29. März ab Frankfurt hatten. So entschlossen wir uns, zum ersten

Mal einen Vorabend-Check-In durchzuführen, um am Samstagmorgen etwas später anreisen zu können.

Einen Riesenschreck bekamen wir am Mittwoch, als völlig überraschend der Winter zurückkehrte und uns ein Schneechaos bescherte. Auf den Autobahnen standen LKW's quer und über Stunden ging nichts mehr. Auch ich hatte Probleme morgens zum Dienst den Bahnhof in Bad Camberg zu erreichen, da auch hier auf der Zufahrt mehrere LKW am Berg quer standen und kein Auto mehr vorbei kam. So kam ich erst mit einer Verspätung von 45 Minuten an den Bahnhof und entsprechend später zum Dienst.

Ich machte mich schon mit dem Gedanken vertraut, bereits am Freitagnachmittag an den Frankfurter Flughafen zu fahren und dort 1 Nacht im Flughafenhotel zu übernachten, um nur ja am Samstagmorgen pünktlich zum Abflug erscheinen zu können.

Aber so schnell wie der Schnee am Mittwoch kam, war er auch wieder verschwunden, es wurde ab Donnerstag wieder milder und am Samstag waren keine Verkehrsbeeinträchtigungen zu erwarten.

So fuhren wir am Freitagnachmittag selbst zum Frankfurter Flughafen und checkten unsere 3 Koffer für die Reise bei Condor ein. Der Vorabend Check-In begann erst pünktlich genau ab 18:00 Uhr und es bildete sich in einiger Entfernung zu den Check-In Schaltern eine lange Schlange, alles war ein bisschen chaotisch. Da wir für die Comfort Class einen eigenen Check-In Schalter hatten, ließ uns dieses Chaos kalt und wir konnten sofort um 18:00 Uhr einchecken und erhielten unsere Bordkarten für den nächsten Tag. Zurück in Kirberg gingen wir in ein Gasthaus essen, um den Urlaub einzuläuten. Dies ist schon seit Jahren Tradition bei uns, dass wir am Abend vor dem Urlaub essen gehen, denn der Kühlschrank ist da bereits leer.

Am Samstagmorgen holte uns unsere Tochter um 04:10 Uhr zu Hause ab und brachte uns zum Flughafen. Wegen des sehr frühen Fluges konnten wir ohnehin die Business

Class Lounge nicht nutzen und brauchten nur 1 Stunde vor dem Abflug am Flughafen zu sein. Leider musste unsere Tochter unerwarteterweise ab 12:00 Uhr arbeiten, da sich am Freitagnachmittag eine Kollegin krank gemeldet hatte, so dass sie sich nach der Rückkehr vom Flughafen nicht lange ausruhen konnte.

Da wir im Jahre 2007 keinen Urlaubsflug hatten, war dies unser erster Flug nach Inkrafttreten der neuesten Sicherheitsbestimmungen – es dürfen nur noch Flüssigkeiten, Gels etc. zu je 100 ml und insgesamt max. 1 l in einem durchsichtigen Beutel im Handgepäck mitgenommen werden -, so dass die Handgepäckskontrolle erheblich länger dauerte als wir es bisher gewohnt waren. Zum ersten Mal mussten auch am Frankfurter Flughafen die Schuhe ausgezogen werden und wurden durchleuchtet.

Aber trotz allem startete das Flugzeug ganz pünktlich um 06:10 Uhr nach Aruba. Wir hatten wie gewünscht die Sitze 2A und 2C in der Comfort Class und der lange Flug ließ sich dort gut aushalten.
Um 12:10 Uhr Ortszeit (5 Stunden weniger gegenüber MEZ-Zeit) landeten wir auf Aruba und es empfingen uns warme und sonnige 31 Grad.
Nach der Landung bereits die erste überaus positive Überraschung: Wir brauchten uns um das Gepäck nicht zu kümmern. Wir gingen lediglich mit unserem Handgepäck durch die Passkontrolle, die zügig abgewickelt wurde, wurden danach von einem AIDA Mitarbeiter in Empfang genommen, zu einem Transferbus gebracht und sofort zum Schiff gefahren.
Bereits um 12:45 Uhr erreichten wir den Hafen, wo die AIDAaura lag. Neben ihr 2 weitere riesige Kreuzfahrtschiffe der neuesten Generation, die „Brilliance of the seas" und die „Empress". Obwohl die AIDAaura ja auch nicht gerade klein ist wirkte sie neben diesen Kreuzfahrtriesen wie ein Beiboot.

Im Hafengebäude war alles hervorragend organisiert und das Einchecken ging getrennt nach Decks sehr schnell vonstatten. Auch dies ein weiterer Pluspunkt für AIDA. Obwohl im Katalog stand, dass erst ab 16:00 Uhr eingecheckt werden könne, konnten wir sofort unsere Kabine 4221 auf dem Deck 4 beziehen und auch dies eine überaus positive Erfahrung: Die Kabine war sehr geräumig und im Kleiderschrank standen genügend Kleiderbügel und Fächer zur Verfügung. Nutzte uns im Moment aber noch nichts, da unsere Koffer noch nicht eingetroffen waren. Wir hatten extra die größte der möglichen Aussenkabinen mit 17,5 m^2 gebucht und die Kabine enthielt neben dem Doppelbett auch noch eine Schlafcouch vor dem Fenster, was aber unnötig war. Eine Standardkabine mit 14 m^2 hätte durchaus gereicht. Neben der Schlafcouch befand sich ein Schreibtisch mit mehreren Schubladen und sogar genügend Steckdosen für meinen Laptop, Ladegeräte fürs Handy und den Foto etc., auch nicht überall üblich. Ein fest installierter Föhn befand sich in der obersten Schreibtischschublade, so dass man sich unabhängig vom Bad hier am großen Spiegel über dem Schreibtisch die Haare föhnen konnte. Ein eigener, mitgebrachter Föhn ist auf den Schiffen von AIDA verboten. Zwischen Doppelbett und Schlafcouch befanden sich ein kleiner runden Tisch und ein Sessel. Die Koffer fanden ganz bequem Platz unter den Betten bzw. unter der Couch. Auch dies vermissen wir bei anderen Schiffen. Da sind meistens die Schwimmwesten unter den Betten unter-gebracht oder es gibt gar keinen Platz unter den Betten.

Die Nasszelle enthielt eine Dusche, 1 Handwaschbecken und 1 WC und genügend Ablagen für alle hier benötigten Utensilien.

Da unsere Koffer – wie gesagt - noch nicht da waren, machten wir einen ersten Erkundungsgang über das uns fremde Schiff und wir tranken zur Einstimmung auf den Urlaub einen ersten Cocktail an der Pool-Bar. Überrascht waren wir, dass so viele Gäste an Bord des Schiffes waren, obwohl wir doch schon so früh eingecheckt hatten.

Es herrschte ein leichtes Chaos auf dem Schiff und im Theater lagen überall Gepäckstücke etc. herum, was wir uns zuerst nicht erklären konnten. Aber die Aufklärung ließ nicht lange auf sich warten. Unser Condor-Flug war der einzige pünktliche Flug an diesem Tag, alle anderen Flüge waren verspätet, so dass sich auch die Rückreisen der abreisenden Passagiere entsprechend verzögerten. Sehr kulant aber von AIDA, dass die abreisenden Gäste noch an Bord bleiben durften und dort auch noch essen und trinken durften und nicht am Flughafen „herumhingen". Teilweise verzögerte sich die Abreise bis nach 20:00 Uhr. Wie wir später erfuhren musste eine LTU-Maschine erst noch in Irland zwischenlanden und auftanken, da sonst kein Direktflug nach Aruba möglich gewesen wäre und auch andere Gründe führten zu den Verspätungen.

Wie wir ebenfalls dann von abreisenden Gästen erfuhren, ging es auch bei der zu Ende gegangenen 14tägigen Reise teilweise chaotisch zu, da während der Osterferien 330 Kinder an Bord waren. Die Aufzüge waren tagsüber blockiert, da die Kinder ständig hoch- und runterfuhren, im Theater wurden trotz Verbotes Getränke u. a. verzehrt und ausgeschüttet, auf dem FKK-Deck wurden nachts von Jugendlichen Partys gefeiert, geraucht und Löcher in den Kunstrasenbelag gebrannt etc.

Eigentlich hatten wir vorgehabt, diese Reise über Ostern anzutreten, ließen dies dann aber wegen der hohen Mehrkosten sein. Jetzt waren wir heilfroh, dass wir auf den Turn nach den Osterferien ausgewichen waren, bei unserer Reise waren lediglich 13 Kinder an Bord, die man kaum hörte und sah. Sicherlich hätten wir bei der Reise mit den vielen Kindern ein völlig falsches Bild von AIDA erhalten und hätten sicherlich völlig zu Unrecht den Schluss gezogen „Einmal AIDA und nie wieder". Aber jetzt kam es zum Glück anders und die positiven Punkte überwogen bei Weitem, so dass wir zähneknirschend im Nachhinein zugeben müssen, dass alle unsere Vorbehalte gegen AIDA unbegründet waren.

Um 15:30 Uhr gingen wir zum ersten Mal zum Kaffee und Kuchen in das Calypso Restaurant auf Deck 9 und erlebten hier ein Kuchen- und Tortenbuffet von nie gekanntem Ausmaß, so etwas hatten wir noch auf keinem anderen Schiff gesehen. Also ließen wir alle guten Vorsätze sausen und erlaubten uns entgegen unserer sonstigen Gewohnheiten ein gutes Stück Torte. Auf der AIDAaura gibt es zwei verschiedene Restaurants, das Markt Restaurant auf Deck 8 und das hier erwähnte Calypso Restaurant auf Deck 9. Zur Kaffeezeit war aber immer nur das Calypso Restaurant geöffnet. Bei gutem Wetter gab es allerdings auch Kaffee und Kuchen (mit einem verminderten Angebot) am Pool-Grill auf dem Pooldeck 10, das auch mit Badebekleidung betreten werden durfte.

Bei einer entsprechenden Kontrolle stellten wir um 17:00 Uhr fest, dass unsere Koffer auf der Kabine waren, so dass wir jetzt die Koffer auspackten, uns duschten und umzogen. Da wir bereits seit 13:00 Uhr an Bord waren, erschien uns die Zeit bis 17:00 Uhr, bis wir auch die Koffer erhielten, als sehr lange, aber dies schmälerte nicht den überaus positiven Eindruck des ersten Tages. Bei anderen Gästen gab es viel größere Probleme, dazu aber später mehr.

Um 18:00 Uhr holten wir unsere Ausflugs-Voucher der bereits per Internet vorbestellten Ausflüge am Counter ab und erfuhren, dass ein Ausflug auf der Insel St. Vincent geändert werden musste. Der von uns gebuchte Ausflug zu den Dark View Wasserfällen musste wegen eines Erdrutsches abgesagt werden, dafür erhielten wir einen Ausflug zum Kiss-Me Wasserfall. Alle anderen Ausflüge erhielten wir so wie von uns gewünscht. Auf der Insel Barbados hatten wir lediglich einen Hubschrauberflug gebucht, da wir zu Hause nicht ermitteln konnten, ob dieser Flug noch mit einem anderen Ausflug kombiniert werden könnte. Wir hätten gerne noch einen zweiten Ausflug auf Barbados unternommen, aber leider ließ sich aus zeitlichen Gründen kein anderer Ausflug mit dem Flug kombinieren.

Um 18:30 Uhr gingen wir zu unserem ersten Abendessen an Bord der AIDAaura und wir entschieden uns für das Calypso Restaurant, das wir bereits vom Nachmittagskaffee her kannten. Am ersten Tag gab es in beiden Restaurants das gleiche Welcome Essen und wir waren von der Vielfalt und der Größe des Buffets einfach nur überwältigt. Auch dies ein klarer Pluspunkt für AIDA. Und um es gleich vorweg zu nehmen: Die Buffets waren an jedem Tag so vielfältig und gut, 1A mit 3 Sternchen! Bis auf wenige Ausnahmen gab es jeden Tag in beiden Restaurants unterschiedliche Themen.

Und es ging auch immer sehr gesittet an den Buffets zu. Zwar ist es auf anderen Schiffen sehr schön, wenn man abends am Tisch bedient wird und aus einer Menükarte sein Dinner zusammenstellt, aber auch ein Buffet hat seine Reize.

Problem ist nur, dass man beim Buffet grundsätzlich zu viel isst.

Aber AIDA ist ja eine Abkürzung und heißt „Abnehmen Ist *Danach* Angesagt".

Jetzt beim abendlichen Dinner waren immer noch abreisende Gäste an Bord, so dass es immer noch etwas chaotisch zuging, aber dadurch erhielten wir auch noch einige interessante Informationen der vorangegangenen Reise.

Eine weitere Überraschung für uns war der Altersdurchschnitt auf der AIDAaura: Wir dachten vor Beginn der Reise, dass auf einem AIDA Clubschiff der Altersdurchschnitt bei etwa 30 liege und wir mit unseren über 50 Jahren aus der Reihe fallen und deplatziert sind. Aber hier lagen wir völlig falsch: Es waren sehr viele ältere Gäste an Bord, viele weit über 70 oder 80 Jahre, das hätten wir so nicht erwartet.

Und auch die Gepflogenheit beim Dinner keinen festen Sitzplatz zu haben wird von uns eindeutig auf der positiven Seite verbucht. Wir haben uns abends jeweils an einen anderen 6er- oder 8er-Tisch, manchesmal auch ausnahmsweise an einen 4er-Tisch, gesetzt und hatten bis auf zwei Ausnahmen sofort immer Kontakt zu den anderen Gästen am Tisch und konnten uns sehr interessant unterhalten.

Wenn man bei anderen Reisen während 3 oder mehr Wochen immer mit den gleichen Gästen am Tisch sitzt, geht einem nach einigen Tagen ja schon der Gesprächsstoff aus, was hier nicht der Fall ist. Als weiterer positiver Punkt ist noch zu vermerken, dass sowohl beim Mittagessen als auch beim Abendessen alle Getränke – Bier, Weißwein, Rotwein, Softdrinks etc. – inkludiert sind. Und Mineralwasser kann rund um die Uhr an Wasserstationen auf jedem Deck kostenlos bezogen werden. Dies schont natürlich die Urlaubskasse bei den Nebenkosten an Bord. Ansonsten sind die Nebenkosten für Getränke, insbesondere Cocktails, aber doch ziemlich hoch.

Um 20:15 Uhr nahmen wir an einem geführten Rundgang über die Decks 8, 9 und 10 teil, aber das meiste kannten wir bereits durch unseren eigenen Rundgang am frühen Nachmittag.

Ab 21:30 Uhr fand auf dem Pooldeck die Sail away Show mit einem Begrüßungsdrink statt, wobei aber die Lautstärke der dargebotenen Musik für unser Empfinden viel zu laut war.

Das Schiff hätte eigentlich bereits um 20:00 Uhr ablegen müssen, aber wegen der verspäteten Flüge verschob sich das Auslaufen ständig und auch um 22:15 Uhr fehlten immer noch einige Gäste und Koffer, so dass der genaue Termin zum Auslaufen noch immer nicht genannt werden konnte. Daher beschlossen wir nicht mehr länger auf das Auslaufen zu warten, sondern begaben uns nach der langen Anreise in die Kabine zur Nachtruhe.

Hier stellten wir zu unserer weiteren positiven Überraschung fest, dass die Kabine absolut ruhig war. Es waren keine Motorengeräusche zu hören, man merkte keinerlei Vibrieren, keine Geräusche aus den Nachbarkabinen oder vom Flur etc. So eine ruhige Kabine hatten wir noch auf keinem anderen Schiff gehabt. Man hörte lediglich das An- und Ablegen in den Häfen, wenn die Seitenstrahlturbinen eingeschaltet wurden, sonst aber nichts. In den Folgenächten haben wir uns mehrmals gefragt, ob das Schiff überhaupt fährt, da nichts zu hören und zu spüren war.

In der ersten Nacht bekamen wir noch mit, dass das Schiff irgendwann einmal ablegte, kurze Zeit später aber nochmals anlegte. Den Grund hierfür erfuhren wir dann aber erst am nächsten Morgen: Nachdem die AIDAaura bereits abgelegt hatte, erhielt der Kapitän die Nachricht, dass noch einige Koffer an Land wären, so dass er nochmals anlegen musste, um diese Koffer aufzunehmen. Einige Gäste erhielten daher ihre Koffer erst lange nach dem Auslaufen nach 01:00 Uhr nachts. Und wie wir später erfuhren, hatte ein Paar während der 14 Tage gar keine Koffer und musste sich in Panama erst einmal alles besorgen und neu einkleiden.

Sonntag, der 30. März war ein Seetag ohne Anlaufen eines Hafens, was uns als Neulinge auf der AIDAaura aber sehr recht war. Das Meer war an diesem Tag sehr ruhig und es waren sonnige 32 Grad warm. Um 07:10 Uhr waren wir aufgestanden und gingen zu unserem ersten Frühstück an Bord in das Calypso Restaurant. Auch die Frühstücksbuffets waren täglich riesig und ließen keine Wünsche offen. Ein ganz kleines Manko war lediglich, dass es keine weich gekochten Eier gab, dies sei angeblich nicht erlaubt. Aber Spiegeleier, bei denen das Eigelb doch auch noch flüssig ist, gab es. Musste man nicht verstehen.

Um 09:00 Uhr gab es im Theater, das sich auf der AIDAaura über die beiden Decks 8 und 9 erstreckt eine Ausflugspräsentation über Panama. Zwar hatten wir bereits alle Ausflüge bis zum Ende der Reise gebucht, wir nahmen aber trotzdem an allen Ausflugspräsentationen teil, um auch etwas über die anderen Ausflüge zu erfahren, an denen wir nicht teilnahmen.

Danach schloss sich um 10:20 Uhr die vorgeschriebene Seenotrettungsübung an, anschließend nahmen wir ein erstes Sonnenbad auf dem Pooldeck 10. Auch hier ein kleines Manko auf dem Schiff: es gibt zu wenig Sonnensegel o. ä., um auch Schattenplätze anzubieten. Das gesamte Pooldeck 10, das Deck 11 und das FKK-Deck 12 liegen in der prallen Sonne.

Ab 11:30 Uhr gab es auf dem Pooldeck einen Poolbrunch, wir waren aber noch satt vom ausgiebigen Frühstück und haben nur etwas getrunken, aber nichts gegessen. Und getrunken haben wir hier in der prallen Sonne auch nur Saft, natürlich keinen Alkohol.

Um es nicht gleich am ersten Tag zu übertreiben, gingen wir gegen 13:00 Uhr zum Abkühlen in die Kabine. Um 14:00 Uhr wurde auf dem Pooldeck Eiskaffee und Eisschokolade (gegen Bezahlung) angeboten und wir haben jeweils eine Eisschokolade getrunken.

Um 17:30 Uhr nahmen wir im Theater an der Ausflugspräsentation über Costa Rica teil, danach gingen wir zum Duschen und Umziehen in die Kabine.

Auch das zweite Abendessen nahmen wir um 18:30 Uhr wieder im Calypso Restaurant ein.

Um 20:00 Uhr gab es in der Anytime Bar auf dem Deck 8 ein so genanntes Aktiv-Bingo, an dem wir teilnahmen, da wir eigentlich im Urlaub immer sehr gerne an Bingo-Veranstaltungen teilnehmen. Aber die Art, wie hier das Aktiv-Bingo gespielt und präsentiert wurde, hat uns nicht gefallen, so dass es bei dieser einen Teilnahme blieb und gewonnen haben wir auch nichts.

Ab 21:30 Uhr gab es im Theater die Welcome Show „Born to be wild" mit dem AIDA Show Ensemble, die aus unserer ganz persönlichen Sicht einfach nur grausam war! Das Vorgetragene war schon am Rande der Körperverletzung auf Grund der Lautstärke. Das was das Show Ensemble wohl als Singen bezeichnete, war aus meiner Sicht nur unsinniger Lärm. Nach diesem Spektakel wurden die wichtigsten Leute der Besatzung durch den Kapitän vorgestellt, was wenigstens keinen Lärm machte.

Nach der Show gingen wir noch zu einem Drink in die AIDA Bar auf Deck 8, wo live von einem 4-Mann Orchester Tanzmusik gespielt wurde. Aber die Musik beschränkte sich ausschließlich auf Disco Fox und war nach unserem Geschmack ebenfalls viel zu laut, obwohl die Auswahl der Lieder gar nicht mal so schlecht war. Aber zum Tanzen konnte uns die Musik nicht animieren, kurz nach Mitternacht gingen wir daher zu Bett. Zuvor mussten wir allerdings unsere Uhren um 1 Stunde zurückstellen.

Am Montag erreichte die AIDAaura während unseres Frühstücks im Calypso Restaurant um 08:25 Uhr etwas verspätet Colon in Panama und legte im Hafen an. Die verspätete Abfahrt in Aruba konnte nicht komplett aufgeholt werden.
Um 09:00 Uhr traten wir unseren ersten Landausflug an. Es war an diesem Tag teilweise sonnig, teilweise bedeckt und ca. 26 Grad warm. Zuerst ging es mit einem Bus zum Bahnhof, wo wir in einen Zug der Panama Railway Company einstiegen und dort einen Panoramawagen belegten. Mit dem Zug ging es dann in ca. 1 Stunde entlang des Panamakanals bis auf die andere Seite nach Balboa.
Vom Panamakanal hatten wir ganz andere und falsche Vorstellungen. Wir dachten, dass dieser künstlich angelegt sei wie wir es z. B. vom Nord- Ostseekanal her kennen. Aber der Panamakanal ist natürlich und auf dem ersten Blick gar nicht als Kanal zu erkennen.
Am Ende der Zugfahrt stiegen wir wieder in Busse um, die uns zurück zum Schiff brachten. Unterwegs gab es noch einen Fotostopp an einer Stelle, von der aus man einen sehr schönen Blick auf die Hauptstadt Panama City hatte.
Um 15:55 Uhr waren wir zurück an Bord und da wir an diesem Tag kein Mittagessen hatten – nach der Zugfahrt gab es nur ein kleines Päckchen mit Knabbereien – gönnten wir uns an Bord kurz nach 16:00 Uhr wieder einen leckeren Kuchen. Na ja, man muss halt immer Ausreden parat haben ...
Die Ausflüge, die wir bei AIDA gebucht hatten, waren alle sehr, sehr teuer. Die in Panama unternommene Zugfahrt

entlang des Panamakanals kostete z. B. pro Person 129,00 €! Aber auch bei anderen Kreuzfahrten sind die Ausflüge nicht gerade billig. Als kleiner Ausgleich erhält man jeweils für das Ausflugticket einen Cocktail zum ½ Preis, was von uns natürlich auch genutzt wurde.

Um 18:00 Uhr verlies die AIDAaura Colon / Panama und nahm Kurs auf Costa Rica. Unser Abendessen nahmen wir an diesem Tag im Markt Restaurant ein, das Motto des Buffets an diesem Tag war „russisch". Und nach dem Abendessen entdeckten wir auf dem Deck 7 ganz hinten die offene Ocean Bar, die wir am ersten Tag gar nicht gesehen hatten.

Hier gab es keine Live-Musik, die Bar war sehr gemütlich und wurde ab diesem Tag unser Stammplatz nach dem Abendessen. Man konnte sie etwas mit der Hanse-Bar auf der MS Astor vergleichen, urgemütlich. Auch hier fanden wir abends am Bartresen immer interessante Gesprächspartner. Da die Bar am Heck des Schiffes aber völlig offen war, war es während der Fahrt teilweise sehr windig, aber fast immer warm genug.

Am Dienstag, dem 01. April standen wir bereits um 06:20 Uhr auf und nahmen unser Frühstück im Markt Restaurant ein.

Wir hatten für uns selbst festgestellt, dass es im Markt Restaurant etwas ruhiger zuging als im Calypso Restaurant, so dass wir ab diesem Tag das Frühstück fast ausnahmslos hier einnahmen und auch in den meisten Fällen das abendliche Dinner.

Um 08:00 Uhr legte die AIDAaura im Hafen von Puerto Limon / Costa Rica an und kurz danach startete auch unser gebuchter Landausflug „**Seilbahn** im Regenwald und Kanäle von Tortuguero". Es war an diesem Tag wechselhaft und schwüle 29 Grad warm.

Zuerst ging es in ca. 2 Stunden mit dem Bus vorbei an Bananenplantagen etc. in den Nationalpark Braulio Carrillo. Dort stiegen wir mit jeweils 6 Personen in Seilbahnen um und fuhren mit dieser ca. 1,5 Stunden über die Wipfel des Regenwaldes in bis zu 38 m Höhe.

Die Fahrt selbst war sehr schön und auch die zu bestaunende Flora war sehr interessant, aber die Ausbeute an zu beobachtenden Tieren war sehr mager, um nicht zu sagen fast Null. Noch nicht einmal Vögel waren zu sehen, geschweige denn Faultiere, die hier leben.

Am Wendepunkt der Seilbahn gab es dann wenigstens 3 Affen, die aber in den Bäumen nur sehr schwer auszumachen waren.

Nach der Seilbahnfahrt gab es noch einen kurzen Spaziergang durch den Regenwald und dann nahmen wir ein landestypisches Mittagessen im Nationalpark ein.

Anschließend fuhren wir mit dem Bus ca. 1,5 Stunden zu den Kanälen von Tortuguero und stiegen dort in ein offenes Ausflugsboot um. Während der 1stündigen Fahrt auf dem Kanal konnten wir einige Reiher, 2 Krokodile und mehrere Affen beobachten. Auch 2 oder 3 Faultiere, die aber regungslos in den Bäumen hingen und kaum auszumachen waren.

Mit dem Bus ging es zurück zum Schiff, wo wir um 17:30 Uhr eintrafen.

Wir lösten wieder unsere Ausflugsgutscheine ein und tranken einen Cocktail zum ½ Preis an der Poolbar, bevor wir um 18:30 Uhr zum Abendessen in das Markt Restaurant gingen.

Um 20:15 Uhr fand eine Poolparty mit Lasershow am Pooldeck statt, die uns aber viel zu laut war, so dass wir uns bereits um 20:30 Uhr wieder in die Ocean Bar zurückzogen.

Um 20:45 Uhr verließ die AIDAaura erheblich verspätet Costa Rica und kurz nach Mitternacht gingen wir zu Bett.

Der Mittwoch war wieder ein reiner Seetag ohne Landgang. An diesem Tag war das Meer endlich ein bisschen bewegt, so dass man merkte, dass man auf einem Schiff war. Aber der Seegang betrug nach eigenem Gefühl maximal 3 - 4. Es war zwar sonnig und 27 Grad warm, aber sehr windig.

Um 07:45 Uhr standen wir auf und frühstückten wieder ausgiebig im Marktrestaurant, danach nahmen wir um 10:00 Uhr an der Ausflugspräsentation Kolumbien teil. Auf den Deck 6 suchten wir uns anschließend einen Platz im Schatten, der nur hier unter den Rettungsbooten zu finden war. Aber leider stehen auf dem Deck 6 keine Liegestühle, sondern nur normale Stühle aus Metall, so dass man sich hier nicht besonders bequem hinlegen kann.

Um 12:30 Uhr aßen wir nur eine Kleinigkeit (wirklich!) im Calypso Restaurant und zwar im Freibereich, danach hielten wir kurz Siesta in der Kabine. Gegen 14:00 Uhr zog es uns dann zum Sonnen auf das Pooldeck 11, wobei wir wegen des starken Windes mit den Handtüchern auf den Liegen kämpfen mussten.

Um 15:30 Uhr gab es wieder Kaffee und Kuchen, danach duschten wir uns und zogen uns um, um 17:30 Uhr gab es eine Ausflugspräsentation Curacao im Theater.

Vor dem Abendessen genehmigten wir uns einen Aperetiv in der AIDA Bar und um 18:30 Uhr gingen wir an diesem Abend zum Abendessen in das Rossini Restaurant. Dies ist ein besonderes Restaurant an Bord der AIDAaura, in dem man gegen Aufpreis besonders festlich speisen kann und am Tisch bedient wird. Es gibt täglich wechselnde mehrgängige Menüs, einen Tisch muss man unbedingt vorbestellen. Unsere Kinder hatten uns zu unseren Geburtstagen einen Gutschein für einen Abend im Rossini geschenkt und für den Seetag 02. April einen Tisch reservieren lassen. Natürlich hätten wir an Bord den Tag noch ändern können.

Aber als wir an Bord die Speisekarte für den 02.04. erhielten, stellten wir fest, dass es ausgerechnet an diesem Tag ein 11gängiges Tapas-Menü gab und wir haben sofort beschlossen, die Reservierung für diesen Tag zu belassen und haben daher an diesem Mittwoch dieses Menü genossen. Die servierten 11 Gänge waren alle sehr, sehr lecker und nicht all zu groß, so dass man alle 11 Gänge problemlos zu sich nehmen konnte. Das

Essen zog sich über 3 Stunden hin und war wirklich eine schöne Abwechslung zu den sonstigen Buffets.

An diesem Abend trat im Theater ein Gastkünstler auf, nämlich der aus dem deutschen Fernsehen (Quatsch Comedy Club) bekannte Comedian Ole Lehmann. Uns war dieser Künstler nicht bekannt, da wir solche Sendungen zu Hause nicht sehen. Ole Lehmann war aber sehr, sehr gut.

Sehr frech und teilweise unter der Gürtellinie, aber wirklich sehr gut. Leider dauerte auch seine Show nur 50 Minuten bis gegen 22:20 Uhr.

Ab 22:30 Uhr spielten in der AIDA Bar „Bine, Ron und die Schlagertörtchen", die in Deutschland durch Auftritte beim Dürkheimer Wurstmarkt bekannt wurden. Na ja, wir kannten sie nicht. Die Musik, die sie darboten, alles nur deutsche Schlager, war zwar gut, aber auch wieder viel zu laut. Wir hörten uns dann zwar bis kurz nach Mitternacht die Musik auf einem weit von der Bühne entfernten Platz an, zum Tanzen zog es uns aber auch an diesem Tag nicht nach vorne, wieder nur Disco Fox.

In der Nacht zum Donnerstag wurde das Meer dann immer bewegter und wir hatten zum ersten – und auch einzigen Mal – wirkliche Wellen und einen Seegang von geschätzten 5 bis 6. Etliche Leute jammerten am nächsten Tag schon über diesen Seegang, uns war er aber gerade recht. Er war aber immerhin stark genug, dass man ihn in der Kabine sehr deutlich spürte.

Um 06:40 Uhr erreichte die AIDAaura Cartagena / Kolumbien und wir genossen um 07:10 Uhr das Frühstücksbuffet im Markt Restaurant.

Um 08:30 Uhr begann unser Landausflug „Stadtrundfahrt & Folklore". Mit einem landestypischen, offenen Chiva-Bus fuhren wir zuerst zum Kloster der Jungfrau Candelaria, von dem aus man einen grandiosen Blick auf die Stadt hatte. Viele Kenner behaupten Cartagena sei die schönste Stadt Südamerikas. Nach einem weiteren Halt am Fort San Felipe ging es zu einer Shoppingmeile mit Souvenirläden und Kunsthandwerkläden. Daran schloss sich ein ca. 45minütiger Spaziergang durch die Altstadt an, bei dem auch eine Jesuitenkirche besichtigt wurde. Eine Folkloredarbietung und eine kleine Erfrischung rundete das Programm ab, bevor wir zum Schiff zurückfuhren und dort um 12:45 Uhr eintrafen.

Dieser Vormittag war der schwülste Tag während der Reise und so geschwitzt wie an diesem Tag haben wir an keinem anderen Tag. Es war sonnig und sehr schwüle 33 Grad heiß. Die T-Shirts etc. klebten alle am Körper.

Nach der Rückkehr auf dem Schiff nahmen wir um 13:20 Uhr das Mittagessen im Calypso Restaurant ein und zogen uns danach zum Abkühlen etwas auf die Kabine zurück.

Um 15:30 Uhr sündigten wir wieder bei Kaffee und Kuchen, danach duschten wir und zogen uns für den Abend um. Ich selbst sah am Internetcorner auf Deck 6 nach Emails, schrieb selbst einige Urlaubsgrüße etc. Auch das ist ein großer Pluspunkt für AIDA, dass es hier 6 Internet-PC gibt, über die man im Internet surfen kann, seine eigenen Emails lesen und bearbeiten kann etc. Und die Nutzung ist gar nicht so teuer. Diese Möglichkeit habe ich schon oft auf anderen Schiffen vermisst.

Um 17:10 Uhr haben wir unseren Ausflugsgutschein eingelöst und einen Cocktail zum ½ Preis getrunken, danach gab es in der Anytime Bar auf Deck 10 zum Auslaufen des Schiffes Erdbeerbowle (gegen Bezahlung) und die Koch-Crew des Rossini Restaurants präsentierte ihre Künste mit einem Show-Kochen und die produzierten Satay- und Garnelenspieße gab es sogar kostenlos.

Erneut verspätet – wie auch in Costa Rica – verließ die AIDAaura um 18:20 Uhr Cartagena und nahm Kurs auf Curacao.

Das Abendessen, das wir wieder im Markt Restaurant einnahmen, stand an diesem Tag unter dem Motto „Alpenländisch" und es gab u. a. Weißwürste, Leberkäse, Laugenbrezel u. v. m.

Um 21:30 Uhr zeigte das Aida Show Ensemble im Theater die Show „Backstage" und wir wollten dem Ensemble eine 2. Chance geben, nachdem uns die

Welcome Show so gar nicht gefallen hatte. Also besuchten wir an diesem Tag nochmals die Show und waren erneut enttäuscht. Zwar war die Lautstärke dieses Mal erträglich, die Show selbst aber mäßig bis schlecht. Wir nahmen dann wieder an der ruhigen Ocean Bar ein paar Drinks zu uns und gingen kurz nach Mitternacht zu Bett. In dieser Nacht mussten die Uhren erneut um 1 Stunde vorgestellt werden.

Freitag, der 04. April war wieder ein reiner Seetag, es war 28 Grad warm und das Meer war nach wie vor ziemlich bewegt, der Seegang dürfte so 4 – 5 betragen haben.
Um 07:45 Uhr waren wir aufgestanden und haben das Frühstücksbuffet genossen.
Um 10:00 Uhr gab es im Theater die Ausflugspräsentation über St. Vincent, danach gingen wir zum ersten Mal in die Sauna.
Die Sauna befindet sich auf der AIDAaura auf dem Deck 11 und von der Saunakabine aus hat man einen tollen Blick auf das Meer. Es gibt auf dem Schiff 1 Aufgusssauna 90 Grad, eine Kräutersauna 60 Grad und 1 Dampfbad. Etwas Besonderes ist neben den Duschen und Kaltwasserbrausen eine Eiswand, an die man sich zum Abkühlen vollflächig mit dem Rücken oder Vorderseite stellen kann. Etwas ungünstig eingerichtet ist der Ruheraum. Dieser ist voll verglast und kann von außen eingesehen werden.
Während die Scheiben der Sauna verspiegelt sind und von außen kein Einblick genommen werden kann, sind hier nur reguläre Scheiben eingebaut und jeder kann von außen in den Ruheraum hineinsehen. Man muss sich hier also nach dem Duschen leider doch immer etwas Überziehen, Badehose, Handtuch oder Bademantel, um sich nicht völlig nackt fremden Blicken zu präsentieren.
Ein Deck höher auf Deck 12 befindet sich das FKK-Deck, das aber leider keinen direkten Zugang von der Sauna hat. Das heißt, man muss auch hier erst wieder etwas Anziehen, um auf das Deck zu gelangen, bevor man dort wieder alles auszieht. Und um zurück in die Sauna zu

gelangen muss man über das reguläre Deck zum Haupteingang der Sauna gehen, der Seiteneingang kann nur von innen, nicht von außen geöffnet werden. Also heißt es auch hier nach dem Sonnen erst wieder etwas Anziehen, bevor man in der Sauna wieder alles auszieht. Etwas ungünstig geplant und gebaut.

Auch nach dem Mittagessen gingen wir nochmals in die Sauna und auf das FKK Deck, um Sonne zu tanken.

Nach der Kaffeestunde gab es dann um 17:30 Uhr die Ausflugspräsentation über Barbados im Theater.

Zum Abendessen gingen wir an diesem Abend mal wieder in das Calypso Restaurant, da uns das Motto dieses Abends „philippinisch" mehr zusagte als das mexikanische Buffet im Markt Restaurant.

Danach überbrückten wir die Zeit bis um 23:00 Uhr an der Ocean Bar und gingen um 23:00 Uhr zur Late Night Show des Gastkünstlers Ole Lehmann. Zwar war auch diese Show wieder gut, aber nicht mehr ganz so gut wie seine erste Show ein paar Tage zuvor.

Am Samstag, dem 05. April erreichte die AIDAaura bereits um 06:00 Uhr Willemstad auf der Insel Curacao. Diese Insel gehört mit Aruba und Bonaire zu den 3 so genannten ABC-Inseln, die zu den Niederlanden gehören. Aruba und Curacao erhöhten daher unsere Länderstatistik leider nicht, aber alle anderen 7 Länder dieser Reise waren für uns neu.

Nach dem Frühstück begann um 08:15 Uhr der von uns gebuchte Landausflug „Rund um Willemstad". Es war sonnig und ca. 28 Grad warm. Mit einem Bus fuhren wir zuerst in das Curacao Museum und dann weiter zum Chobolobo Landhaus.

Vor Ort konnte dann der weltberühmte Orangenlikör Curacao probiert werden, der hier in unterschied-lichen Geschmacksvariationen angeboten wurde, die uns bis dahin völlig unbekannt waren. Neben dem wohl bekanntesten Blue Curacao gab es den originalen orangenen Curacao, daneben aber auch Curacao mit Schokolade, Kaffee oder Rum-Rosinen. Die einzelnen

Probiergläschen enthielten aber immer nur so wenig Likör, dass man sich gerade einmal die Lippen nass machen konnte, aber natürlich durfte man so viele Proben nehmen wie man wollte.

Zurück in Willemstad unternahmen wir noch einen Bummel durch die malerischen Gassen mit bunten Häusern und zum schwimmenden Markt.

Um 11:40 Uhr waren wir zurück auf dem Schiff und gingen um 12:30 Uhr zum Mittagessen.

Bis zum Kaffeetrinken besuchten wir kurz die Sauna und duschten dort, nach dem Kaffeetrinken lösten wir unseren Ausflugsgutschein in der Aida Bar ein, zum Abendessen gingen wir wieder in das Markt Restaurant, in dem es an diesem Abend indisch gab.

Und den Abend ließen wir in der Ocean Bar ausklingen, die AIDAaura legte gegen 22:00 Uhr von Willemstad ab und nahm Kurs auf St. Vincent.

Sonntag, der 06. April war nochmals ein Seetag, bevor es dann an den nächsten vier Tagen jeden Tag zu einem anderen Ziel ging. Das Meer war auch an diesem Tag noch etwas bewegt, aber bei weitem nicht mehr so stark wie an den Tagen zuvor, der Seegang betrug nur noch maximal 3 – 4. Es war bedeckt, aber rund 27 Grad warm.

Um 08:00 Uhr waren wir aufgestanden und frühstückten im Markt Restaurant. Um 10:00 Uhr schloss sich die Ausflugspräsentation über Grenada an, danach sonnten wir uns auf dem Deck 11, wobei es wiederum wegen starkem Wind zu einem Kampf mit den Handtüchern auf der Liege kam.

Nach dem Mittagessen gingen wir wiederum in die Sauna und zum Sonnen auf das FKK Deck 12. Nachmittags zogen plötzlich dunkle Wolken auf und es begann heftig zu regnen. Also mussten wir das FKK-Deck räumen und gingen „notgedrungen" zum Kaffee und Kuchen in das Calypso Restaurant, was hätten wir sonst beim Regen tun sollen?

Um 17:30 Uhr wurden im Theater die Ausflüge auf der Insel Isla Margarita vorgestellt und ab 18:00 Uhr gab es

„Apero" mit der Bar Crew in der Aida Bar. Wir konnten zuerst mit diesem Begriff im Tagespro-gramm nichts anfangen und gingen in die Bar, um das Rätsel zu lösen. 2 Leute der Bar Crew mixten dort 2 verschiedene Cocktails, die dann sogar kostenlos (!) probiert werden durften. Apero stand also für Aperetiv vor dem Abendessen.

Das Abendessen, das unter dem Motto „Land des Lächelns" stand, nahmen wir im Markt Restaurant ein, danach ließen wir den Tag wieder in der Ocean Bar ausklingen. Da es uns an diesem Tag ziemlich kalt war, lag wohl an dem Regen tagsüber etc., gingen wir für unsere Verhältnisse sehr früh, nämlich bereits kurz nach 22:00 Uhr zu Bett.

Am Montag standen wir um 06:45 Uhr auf und gingen zum frühstücken in das Markt Restaurant.

Gegen 07:30 Uhr erreichte die AIDAaura Kingstown auf St. Vincent und legte im Hafen an. Es war bedeckt, aber 26 Grad warm.

Um 08:15 Uhr startete unser gebuchter Landausflug „Kiss Me Wasserfall". Dies war ja – wie bereits am Anfang dieses Reiseberichtes erwähnt – der geänderte Ausflug, da der eigentlich gebuchte Ausflug zu den Dark View Wasserfällen wegen eines Erdrutsches nicht durchgeführt werden konnte.

Mit Minibussen ging es zuerst ca. 2 Stunden entlang der Westküste vorbei an Bananen- und Ananasplantagen bis zum Regenwald. Dort unternahmen wir eine ca. halbstündige Wanderung durch den Regenwald, die zwar beschwerlich aber trotzdem sehr schön war. Es ging sehr steil nach unten bis zum Fuß des Wasserfalls und später natürlich wieder steil bergauf zu den Bussen.

Der Wasserfall selbst war wenig spektakulär, er war weder hoch noch breit und enthielt nur sehr wenig Wasser. An Baden war in der kleinen Pfütze nicht zu denken. Während des Spazierganges durch den Regenwald fing es ganz leicht zu regnen an, dies störte uns aber nicht. Erst als wir schon wieder in den Bussen saßen und zurück zum Schiff fuhren, regnete es sehr stark, aber da saßen wir bereits wieder im Trockenen. Andere Reisegäste, die an einem anderen Ausflug teilnahmen, wurden im Botanischen Garten von den starken Regengüssen erwischt und wurden nass bis auf die Haut.

Um 14:15 Uhr waren wir zurück auf dem Schiff und nach der obligatorischen Kaffeestunde zogen wir uns für eine kurze Siesta in die Kabine zurück und machten uns dann frisch für den Abend. Nachdem wir wieder unseren Ausfluggutschein in einen Cocktail umgetauscht hatten, nahmen wir unser Abendessen im Markt Restaurant ein, das Motto an diesem Abend war „indisch".

Die Vorankündigung der Abendshow im Theater „Fuego-Show" hörte sich ganz gut an, so dass wir es doch noch einmal probierten und diese Show ab 21:30 Uhr besuchten. Aber erneut wurden wir enttäuscht, die Show war einfach nur sauschlecht. Das Thema Aida Show Ensemble war damit endgültig abgehakt, wir besuchten keine weitere Show mehr, weder im Theater noch am Pool. An diversen Abenden fanden auch Pool-Partys statt, die wir aber nicht besuchten, so dass ich es in diesem Bericht erst gar nicht erwähnt habe.

Auch an diesem Abend war es uns etwas kalt und wir fühlten uns nicht ganz wohl, so dass wir gleich nach der Show um 22:40 Uhr zu Bett gingen.

Am Dienstag, dem 08. April erreichte die AIDA aura um 07:00 Uhr Bridgetown / Barbados und nach dem Frühstück gingen wir um 08:30 Uhr von Bord und betraten an diesem Morgen das **60. Land** der Erde!

Am Kai vor dem Schiff trafen wir uns mit 2 anderen Gästen und einer Aida Reiseleiterin – die bei Aida Scout genannt werden – um unseren gebuchten Hubschrauberflug anzutreten. Mit einem PKW wurden wir 5 zum Startplatz des Hubschraubers gefahren, was ca. 15 Minuten dauerte. Dort erfolgte ein kurzes Briefing (in englisch) und uns wurde ein Notfallpäckchen mit Schwimmweste etc. umgeschnallt. Auch gewogen wurden wir 5 einzeln, zum Glück war die Gewichtsanzeige aber nur dem Hubschrauber-bediensteten sichtbar und nicht den anderen Gästen.

Nachdem der Hubschrauber aufgetankt war, stiegen wir ein, wobei uns die Sitzplätze zugewiesen wurden, was natürlich etwas mit dem Gewicht zu tun hat. Vorne links neben dem Piloten saßen die beiden anderen Gäste, hinten rechts meine Frau, dann die Aida Scout, daneben links ich.

Wir erhielten Kopfhörer und schnallten uns an und dann startete der Hubschrauber zu einem ca. 20minütigem Rundflug über die Insel.

Zuerst zog der Pilot mit dem Hubschrauber eine große Schleife über dem Meer und wir konnten aus der Luft sehr schön die AIDAaura im Hafen liegen sehen, dann ging es weiter quer über die Insel und entlang der Küste zurück zum Ausgangspunkt. Während des Fluges erklärte der Pilot auf Englisch alles Sehenswerte. Es war an diesem Tag sonnig und ca. 28 Grad warm, die Sicht war ausgezeichnet. Der Flug war ganz toll, aber leider viel zu kurz, von uns aus hätte der Flug noch Stunden länger dauern können.

Nach der Landung noch ein kurzes Erinnerungsfoto vor dem Hubschrauber und dann brachte uns der PKW wieder zurück aufs Schiff und andere 5 Gäste starteten zu ihrem Rundflug. Lt. Aussage der Reiseleiter an Bord wurden aber insgesamt nur 5 Flüge mit jeweils 5 Passagieren durchgeführt.

Und billig war dieser Flug natürlich auch nicht gerade, aber Barbados aus der Luft zu sehen war schon ganz toll und außerdem war es ja für uns das kleine Jubiläum 60. Land der Erde.

Schon um 09:35 Uhr waren wir zurück an Bord des Schiffes, da sich ja leider kein anderer Ausflug mit dem Hubschrauberflug kombinieren ließ. Und da wir auch keine Shopping-Leute sind, zog es uns auch nicht nochmals zurück an Land, um die Souvenirläden etc. aufzusuchen. Also relaxten wir wieder in der Sauna und sonnten uns auf dem FKK Deck. Dies auch nach dem

Mittagessen bis zur Kaffeestunde und danach. Wir gingen extra auch nach dem Kaffeetrinken nochmals in die Sauna, um wenigstens einmal einen Aufguss mit zu erleben. Diese Aufgüsse, die vom Personal durchgeführt werden, finden immer nur zu festgelegten Zeiten 4 nach 4, 5 nach 5 und 6 nach 6 statt und bisher passten diese Zeiten nicht in unseren Tagesablauf. Heute nutzten wir aber die Chance und nahmen am Aufguss 5 nach 5 teil. Die Sauna war zum Aufguss sehr gut besucht. Da wir uns in der Sauna auch schon geduscht und die Haare gewaschen hatten, mussten wir uns in der Kabine nur noch anziehen und die Haare föhnen und waren schnell fertig.

Um 17:30 Uhr verließ die AIDAaura Barbados und nahm Kurs auf Grenada. Nachdem wir wieder unseren Ausflugsgutschein in Cocktail getauscht hatten, gingen wir um 18:30 Uhr zum skandinavischen Abendessen in das Markt Restaurant.

Um 21:30 Uhr wurde im Theater ein „Magisches Intermezzo" mit dem Gastkünstler Magic Murelli dargeboten, das wir uns natürlich nicht entgehen ließen. Aber auch hier wurden wir maßlos enttäuscht. Die gebotene Show war grottenschlecht und eigentlich ist es schon eine Frechheit, dass ein Künstler für so einen Schrott auch noch Geld erhält. Der Magier zeigte während der 50minütigen Show ganze 4 Zauberkunststücke, die das Niveau einer Kaffeefahrt hatten. 2 der gezeigten Kunststücke habe sogar ich als Amateur in meinem Programm, ich zeige aber während einer 45minütigen Show mehr als 20 Kunststücke und nicht nur 4! Jeder Amateur gibt sich mehr Mühe sein zahlendes Publikum gut zu unterhalten, als dieser Berufsmagier. Sehr schade, auch insgesamt für das Ansehen von Magiern.

Natürlich ließen wir den Abend wieder in der Ocean Bar ausklingen und ersäuften den Frust über die miserable Zaubershow.

Am Mittwoch standen wir um 06:45 Uhr auf und frühstückten im Markt Restaurant. Gegen 07:05 Uhr erreichte die AIDAaura St. Georgs auf der Insel Grenada und legte am Pier an. Während dieser Kreuzfahrt lag das Schiff kein einziges Mal auf Reede, sondern legte immer direkt am Hafenkai an. Somit gab es bei dieser Reise auch kein Tendern mit Beibooten zum Land. Auf Grenada war es wechselhaft, aber trocken und tropische 30 Grad heiß.

Um 08:15 Uhr starteten wir zu einem Ganztagesausflug „Highlights des Inselnordens". Als örtliche Reiseleiterin hatten wir eine Deutsche, die schon über 15 Jahre auf Grenada lebt und die uns in perfektem Deutsch viel Interessantes über „ihre" Insel erzählen konnte.

Nach einer kurzen Busfahrt besichtigten wir zuerst das Fort Frederick, von dem aus man auch einen sehr schönen Blick auf St. Georgs hatte, dann ging es weiter zum Kratersee Grand Etang, an dem es einen Aufenthalt von ½ Stunde gab. Auf dem Parkplatz kam ein Affe zu uns und erbettelte sich eine Banane von unserer Reiseleiterin. Der Affe war so zutraulich, dass er sich auch von mir streicheln ließ und sich dann sogar ganz genüsslich auf den Rücken legte und meine Streicheleinheiten genoss. Weitere Affen saßen ringsum in den Bäumen.

Das nächste Ziel war eine Rumfabrik, die besichtigt wurde. Hier hatte man den Eindruck, die Zeit sei stehen geblieben. Die Fabrik war noch so wie vor 100 Jahren, auch die entsprechenden Maschinen, die das Zuckerrohr transportierten, zerkleinerten etc. Schon etwas gewöhnungsbedürftig hier zu sehen, wie offen in alten und nicht gerade sauberen Behältern der Zuckerextrakt gekocht und weiter verarbeitet wird. Nicht selten befanden sich Insekten und andere kleine Tiere in diesen Bottichen. Ganz zum Schluss konnte natürlich der Rum auch gekostet werden. Es gab einmal eine Variante mit 75% Alkohol und eine mit 69% Alkohol. Die erste Variante wird im Land selbst vertrieben, die niedrigere Variante ist für den Export bestimmt. Und dies hat auch einen ganz bestimmten Grund: Alkohol mit mehr als 70% ist brennbar, gilt daher als Gefahrgut und darf nicht in Flugzeugen transportiert werden. Deswegen wird für Touristen die schwächere 69%-Variante angeboten. Ich selbst habe zwar auch einen kleinen Schluck des Rums probiert, aber für mich ist das nichts.

Das landestypische Mittagessen nahmen wir in einem privat geführten Plantagenhaus ein und am Nachmittag fuhren wir zur Besichtigung einer Gewürzhalle mit fachkundigen Erklärungen zu allen auf der Insel angebauten Gewürze und deren Verarbeitung.

Eines der bekanntesten Gewürze auf Grenada ist die Muskatnuss. Solange sich diese noch ungeöffnet in der Schale befindet ist sie 20 Jahre lang haltbar, wurde die eigentliche Nuss aus der Schale entfernt immerhin noch 2 Jahre. Nur wenn sie dann etwa bis zur Hälfte aufgerieben ist verliert sie nach einem ½ Jahr ihr Aroma und sollte dann nicht mehr verwendet werden. Auf der Rückfahrt zum Schiff gab es nochmals einen kurzen Fotostopp an einem Wasserfall, der viel größer und schöner war als auf der Insel St. Vincent.

Um 17:00 Uhr waren wir zurück auf dem Schiff und haben an diesem Tag sehr viel Interessantes gesehen. Von allen Inseln und besuchten Ländern bei dieser Reise hat uns Grenada am besten gefallen.

Um 18:00 Uhr mussten wir alle unsere Reisepässe in der Aida Bar abholen, so dass wir diese Zeit auch wieder nutzten, um unseren verbilligten Cocktail mit dem Ausflugs-Ticket zu genießen.

Im Calypso Restaurant gab es an diesem Abend „exotisches Australien", so dass wir mal wieder wechselten und hier unser Dinner einnahmen.

Danach ließen wir den Tag wieder an der Ocean Bar ausklingen.

Am Donnerstag erreichte die AIDAaura um 08:00 Uhr die zu Venezuela gehörende Insel Isla Margarita, während wir noch das Frühstück im Markt Restaurant genossen. Bereits vor Antritt der Reise hatten wir uns entschieden wenigstens einmal in der Karibik auch an einem Strand gewesen zu sein. Eigentlich sind wir ja keine Leute, die gerne am Strand liegen und ins Meer baden gehen, wir machen viel lieber Ausflüge in den Ländern.

Da das Land Venezuela mit dem Besuch der Insel Isla Margarita noch lange nicht endgültig abgehakt ist, wir wollen irgendwann einmal auch das Festland besuchen, hatten wir diesen Strandbesuch extra auf Isla Margarita vorgesehen. Wenn wir dann nicht viel vom Land sehen würden, wäre das nicht weiter schlimm. Unser Ausflug „Mit dem Fiestabus zum Strand" fand aber erst am Nachmittag statt, daher gingen wir nach dem Frühstück bis zum Mittagessen zum Sonnen auf das Deck 11.

Nach dem Mittagessen trafen wir uns mit anderen Gästen um 12:45 Uhr und begannen unseren Ausflug. Mit einem offenen Bus und sehr lauter Musik (leider nicht nur landestypische Musik) ging es fast 2 Stunden quer über die Insel bis in den Norden. Unterwegs gab es kaum etwas zu sehen, nur trostlose Landschaft und viel Müll überall. Wir waren von dieser Insel ziemlich enttäuscht.

Und auch der Strand, zu dem man uns brachte, war nicht gerade das, was wir uns von einem karibischen Strand erhofft hatten. Kein schöner reinweißer Sandstrand, sondern dunkler Sand und auch hier teilweise Müll und Dreck. Während es wechselhaft, aber über 30 Grad heiß war, hatte das Wasser höchstens 24 oder 25 Grad und war mir selbst zu kalt. Trotzdem waren natürlich meine Frau und ich auch im Meer. Schwimmen ging aber wegen des flachen Wassers an dieser Stelle nicht. Während der 2stündigen Pause am Strand gab es Sandwiches, Rumpunsch oder Saft zur Stärkung.

Nach dem Strandaufenthalt ging es mit dem Bus wieder zurück zum Schiff, unterwegs gab es nochmals einen ca. 30minütigen Stopp an einem Souvenirladen.

Durch das Tagesprogramm, das wir täglich erhielten, wussten wir, dass es um 18:30 Uhr im Theater eine Ausflugspräsentation über Aruba und die Abreiseinformationen gab und hielten dies natürlich für wichtig. Wir wussten ja nicht, ob es da nicht z. B. die

Kofferbanderolen für die Abreise gibt oder andere wichtige Dinge. Die Rückkehr auf dem Schiff sollte um 18:00 Uhr sein, was ohnehin schon sehr knapp bemessen war, um sich vor dem Abendessen noch zu duschen und umzuziehen etc. Wobei ich diese Zeitplanung sowieso für ungünstig hielt, denn um 18:30 Uhr beginnt ja auch das Abendessen.

Jetzt saßen wir auf der Rückfahrt im Bus und es war bereits 18:00 Uhr, von der AIDA aber noch nichts zu sehen. Darüber hinaus gab es jetzt auf der Rückfahrt noch viel lautere Musik im Bus, die mir nicht gefiel und ich wegen der fortschreitenden Zeit immer nervöser wurde.

Endlich um 18:10 Uhr erreichten wir die AIDAaura und hetzten in die Kabine. Hier fanden wir in schriftlicher Form die Abreiseinformationen vor, nahmen uns aber nicht die Zeit, diese jetzt genau durchzulesen. In aller Eile duschten wir uns, ich rasierte mich und wir zogen uns um. Dann hetzten wir ins Theater und kamen dort völlig fertig exakt um 18:30 Uhr zum Beginn der Präsentation an. Die Vorstellung der Ausflüge auf Aruba interessierte uns nicht, denn wir hatten einen frühen Heimflug und konnten auf Aruba keinen Ausflug mehr machen.

Dann kamen die mit Spannung erwarteten Abreiseinformationen, aber dies war lediglich eine Wiederholung der uns bereits schriftlich zugegangenen Informationen, die wir aber erst nach der Rückkehr vom Ausflug in der Kabine vorfanden.

Wir hätten uns also die ganze Hetze sparen können, hätten auf diese Präsentation im Theater verzichten können und stattdessen pünktlich zum Abendessen gehen können.

So kamen wir jetzt erst um 19:00 Uhr im Markt Restaurant an, wo es an diesem Abend griechische Küche gab. Als einzige Ausnahme während der gesamten Reise ging es an diesem Abend etwas chaotisch am Buffet zu und wir fanden auch nur mit Mühe noch 2 Plätze an einem 8er Tisch. Dafür hatten wir aber wieder sehr nette Gesprächspartner. Und danach ließen wir den Tag wieder in der Ocean Bar ausklingen.

Feitag, der 11. April war dann der letzte Seetag während dieser Kreuzfahrt, das Meer war nur leicht bewegt und es war bei strahlend blauem Himmel 34 Grad heiß.

Um 07:45 Uhr standen wir auf und frühstückten im Markt Restaurant. Danach sonnten wir uns bis zum Mittagessen und zwischen Mittagessen und Kaffeetrinken auf dem Deck 11 und auf dem FKK Deck. Da es hier aber nirgends Schatten gab, hielten wir es dort nur eine halbe Stunde in der prallen Sonne aus und zogen uns schnell wieder in die Sauna und den dortigen kühleren Aufenthaltsraum zurück.

Nach der Kaffeestunde packten wir unsere Koffer und gönnten uns auch ohne Ausflugs-Voucher einen Cocktail in der Aida Bar.

Um 18:45 Uhr spendierte der Kapitän in der Aida Bar einen Farewell Sekt und sprach einige Abschlussworte zum Ende der Kreuzfahrt. Etwas später als sonst gingen wir erst um 19:10 Uhr zum letzten Abendessen an Bord der AIDAaura. An diesem Abend gab es in beiden Restaurants das gleiche Farewell-Buffet, das noch üppiger war als sonst und Leckereien wie Hummer und Muscheln etc. enthielt.

Auch diesen letzten Tag ließen wir in der Ocean Bar ausklingen, bevor wir gegen 01:00 Uhr zu Bett gingen und unsere 3 gepackten Koffer vor die Tür stellten.

Am Samstag legte die AIDAaura gegen 06:00 Uhr im Hafen von Oranjestad auf Aruba an. Wir standen um 06:30 Uhr auf und frühstückten zum letzten Mal ausgiebig im Calypso Restaurant, das schon früher geöffnet hatte als das Markt Restaurant.

Um 08:30 Uhr holten wir noch unser Handgepäck aus der Kabine und verließen diese.

Kurz darauf gingen wir von Bord, um den Check-In für den Heimflug zu erledigen. Auch dies war wieder vorbildlich von AIDA organisiert. Der Check-In wurde zeitlich gestaffelt nach den einzelnen Decks durchgeführt und die Business-Class sowie die Decks 3 und 4 waren als erstes an der Reihe. Alle Koffer standen nach Decks sortiert auf dem Hafenkai. Man suchte sich dort seinen persönlichen Koffer und musste diesen dann lediglich knapp 20 Meter weiter in eine Halle zu den Check-In Schaltern transportieren. Dort gab man die Koffer ab und erhielt für den Rückflug seine Bordkarten. Alles in allem verlief der Check-In sehr zügig.

Nur noch mit dem Handgepäck gingen wir zurück an Bord des Schiffes und vertrieben uns die Zeit bis zum Flughafen Transfer auf dem Deck 6 mit Blick auf das Hafengebäude, um den dortigen Betrieb noch etwas zu beobachten.

Um 11:30 Uhr gingen wir zum letzten Mal von Bord der AIDAaura, begleitet von der Musik „Time to say goodbye", und fuhren mit einem Bus ca. 10 Minuten zum Flughafen. Dort mussten wir sehr zeitraubend durch die Pass- und Handgepäckskontrolle, bei der sich lange Schlangen gebildet hatten. Auch hier mussten sogar die Schuhe ausgezogen werden, das Laptop musste aus der Tasche genommen werden, auch die Kamera musste aus der Tasche entnommen und extra in eine Box gelegt werden, wie auch alle Gürtel, Handys, Brillen etc.

Die Business Class Lounge stand an diesem Tag aus uns nicht bekannten Gründen nicht zur Verfügung, so dass wir uns die Zeit bis zum Abflug auch nur in der Flughafenhalle vertreiben mussten.

Mit ca. 45 Minuten Verspätung starteten wir um 15:10 Uhr Ortszeit nach Frankfurt und hatten wie bei der Hinreise die Plätze 2A und 2C in der Comfort Class.

Während des Fluges gab es einige Zeit nach dem Start ein warmes Abendessen und knapp 2 Stunden vor der Landung in Frankfurt am Main ein Frühstück.

Am Sonntag, dem 13. April landeten wir trotz des verspäteten Abfluges in Aruba fast pünktlich um 06:20 Uhr MESZ auf dem Rhein-Main Flughafen in Frankfurt am Main. Der Flieger dockte aber nicht an einem der Abfertigungsfinger an, sondern parkte weit außerhalb, so dass wir mit Bussen zur Ankunftshalle transportiert wurden.

Und hier erwartete uns eine riesige Schlange vor der Passkontrolle. So etwas hatten wir in Frankfurt noch nie erlebt. Und das zu dieser frühen Uhrzeit an einem Sonntag außerhalb der Ferien.

Nachdem wir endlich die Passkontrolle hinter uns gebracht hatten, gab es noch einen sehr weiten Weg bis zum Gepäckband zurückzulegen und auch dort mussten wir ungewöhnlich lange auf unsere Koffer warten. Fast alle Comfort Class Gäste erhielten ihre Koffer als Letzte.

Mit den Koffern gingen wir nach draußen und nach einer nur kurzen Wartezeit von höchstens 10 Minuten holte uns unsere Tochter ab und brachte uns nach Hause.

Als Fazit ist festzuhalten, dass alle unsere Vorbehalte gegen AIDA völlig unbegründet waren und dass uns diese Kreuzfahrt sehr gut gefallen hat. Sie war in einigen Punkten anders als die bisherigen Kreuzfahrten, aber das heißt ja nicht, das es schlechter war. Ganz im Gegenteil.

<u>Eindeutig auf der positiven Seite sind zu verbuchen:</u>

+ Organisation des Ein- und Auscheckens
+ Organisation der Landausflüge
+ Möglichkeit die Landausflüge bereits vor Antritt der Reise im Internet zu buchen
+ Qualität und Auswahl der Buffets zum Frühstück, Mittag, Nachmittagskaffee, Dinner
+ freie Tischwahl bei allen Mahlzeiten, daher immer neue Gesprächspartner
+ Kostenloses Wasser an den Wasserstationen auf allen Decks
+ Alle Getränke inklusive bei den Hauptmahlzeiten

<u>Neutral zu bewerten sind folgende Punkte:</u>

+- Legere Kleidung, kein Käptn's Dinner u.ä.
   zwar gefällt uns dies bei anderen Kreuzfahrten, aber es geht auch ohne

+- sehr teure Landausflüge, diese sind aber auch bei anderen Anbietern nicht viel preiswerter

Negativ zu bewerten sind dagegen folgende Punkte:

- Showprogramm, dies ist in der Tat der einzige negative Punkt, der uns aber nicht von einer weiteren Kreuzfahrt auf einem der AIDA Schiffe abhalten wird. Man kann dem Programm ja entgehen und an einen ruhigen Ort gehen

Hubschrauberflug über Barbados

61 7 Schwestern

Ende 2007 erfuhren wir über entsprechende Publikationen von Transocean Tours, dass das bisherige Schiff MS Arielle aufgegeben wird und dafür das Schiff MS Marco Polo in Dienst gestellt wird. Die Marco Polo war bereits zweimal für jeweils 9 Jahre unter der Leitung von Transocean Tours, fuhr dann bei einer anderen Reederei und wurde im August 2008 erneut bei Transocean Tours ins Programm aufgenommen. Die MS Marco Polo hat die höchste Eisklasse, die für Schiffe vergeben wird und fährt ab dem Winter 2008 in der Antarktis.

Da wir bisher auf Schiffen von Transocean Tours (MS Astor, MS Griboedov, MS Moldavia) immer zufrieden waren und die Antarktis auf unserer Wunschliste ganz weit oben stand, wollten wir dieses Schiff kennen lernen und buchten die Jungfernfahrt vom 11. – 18.08.2008 nach Südnorwegen. Die Kreuzfahrt begann in Bremerhaven und endete in Kiel.

Ich wollte nicht wieder wie im Jahre 2006 die Strecke mit meinem eigenen KFZ zurücklegen, das Auto unterstellen und von Bremerhaven nach Kiel überführen lassen. Wir entschieden uns daher für eine An- und Abreise mit der Deutschen Bahn, was sogar preisgünstiger war als die Fahrt mit dem PKW. Da wir aber sowohl bei der Hin- als auch bei der Heimreise jeweils zweimal umsteigen mussten, nutzten wir zum ersten Mal den Gepäckservice von Tefra, um nur mit einem kleinen Handgepäckstück reisen zu müssen. Zwar ist dieser Service mit ca. 40,00 € pro Gepäckstück und Strecke nicht gerade billig, aber ohne Koffer ist die Bahnreise komfortabel und erhöht den Urlaubsgenuss. Bahn fahren ist nämlich nur schön, wenn man keine Termine und kein Gepäck hat. Der Gepäckservice funktionierte einwandfrei, unsere beiden Koffer wurden am Donnerstagvormittag vor der Abreise abgeholt und am Mittwochvormittag nach der Heimkehr wieder gebracht. Wir waren im Nachhinein froh, dass wir diesen Service in Anspruch genommen hatten und würden dies immer wieder tun, wenn wir mit der Bahn reisen oder per Flugzeug in der Economy Class, wo ein Limit von 20 kg pro Person besteht.

Die Anreise mit der Bahn war aber wieder mal ein Erlebnis für sich. Am Montagmorgen brachte uns unsere Tochter zum ICE-Bahnhof Limburg Süd und wir fuhren mit einem ICE nach Essen. In diesem ICE funktionierte die Anzeige der Sitzplatzreservierungen nicht und auf unseren reservierten Plätzen saßen daher andere Fahrgäste. Diese können ja nichts dazu, wenn nichts angezeigt wird, und ich wollte natürlich auch nicht mit den Gästen diskutieren. Also standen wir erst einmal bis Montabaur, bis ein Schaffner kam und alles klärte. Ab hier konnten wir dann unsere Plätze einnehmen.
Bis Essen fuhr der Zug eine Verspätung von ca. 10 Minuten ein, was für uns aber kein Problem war, da wir ca. 45 Minuten Zeit zum Umsteigen hatten. Wir hatten extra bei der Buchung der Fahrkarten im Internet darauf geachtet, dass wir jeweils mindestens 30 Minuten Umsteigezeit hatten.
So gingen wir trotz der Verspätung entspannt frühstücken und bestiegen dann einen IC nach Bremen. Hier klappte es mit den reservierten Plätzen, dafür funktionierte aber die Klimaanlage in unserem Wagen nicht und die Fahrt war fast ein Saunabesuch, nur leider ohne Kaltwasserbecken zum Abkühlen.
Und aufgrund von Bauarbeiten und einem Notfall an Bord des Zuges kamen wir in Bremen erst mit einer 1stündigen Verspätung an! Unser gebuchter Anschlusszug nach Bremerhaven war natürlich weg. Aber auch hier hatten wir noch ein genügend großes Zeitfenster bis zum Einchecken auf dem Schiff, so dass wir das gelassen sehen konnten.
Statt eines Regionalexpress mit nur knapp 30 Minuten Fahrtdauer mussten wir jetzt eine Regionalbahn nach Bremerhaven nehmen, die fast eine Stunde für die Strecke brauchte. Wegen Bauarbeiten fuhr der Zug außerdem von einem anderen Gleis als ursprünglich angegeben, so dass wir – zum Glück aber ohne Koffer –

auch nochmals das Gleis wechseln mussten. Wir kamen dann 1 Stunde später als ursprünglich geplant im Hauptbahnhof von Bremerhaven an. Von dort ging es mit einem Shuttle-Bus, der knapp 10 Minuten nach unserer Ankunft abfuhr, zum Kreuzfahrtterminal. Der Preis von 5,00 € pro Person für diese kurze Strecke ist aber unverschämt hoch.

Im Kreuzfahrtterminal checkten wir bei Transocean Tours ein und reihten uns dann in die endlos lange Schlange vor der Handgepäcks- und Passkontrolle ein. Zum Einsteigen auf das Schiff waren nur 2 Schalter geöffnet, aufgeteilt auf die Nachnamen der Passagiere von A-M und von N-Z. Unsere Schlange war natürlich die längere (kennt man ja von den Kassen in einem Supermarkt).

Die Prozedur dauerte fast eine ganze Stunde, dies könnte weitaus besser organisiert werden. Klappte bei AIDA im März dieses Jahres viel, viel besser. Für 850 Passagiere nur 2 Schalter und Kontrollen sind einfach zu wenig. Und der Sinn der Handgepäckskontrolle hat sich uns auch nicht erschlossen.

Schließlich gibt es im Gegensatz zu einem Flug keine Verbote, was nicht mit an Bord genommen werden darf. Was also wird hier kontrolliert? Die Reisepässe wurden – wie immer bei solchen Reisen üblich – eingezogen und bis zum Ende der Kreuzfahrt bei der Reiseleitung an Bord aufbewahrt.

Nach den erwähnten Kontrollen ging es dann endlich gegen 16:00 Uhr an Bord des Schiffes und in unsere Kabine. Selbstverständlich wurden wir beim Betreten des Schiffes auch wieder fotografiert, dieses Bild war dann auch das einzige, das wir bei dieser Kreuzfahrt gekauft haben, da unser Foto zusammen mit der Reiseroute und dem Schiff auf einer Postkarte vereint war. Die Bilder an Bord kosteten jeweils 6,00 €, ein stolzer Preis für ein Bild, das nach dem Einscannen und Einsortieren in die eigenen digitalen Bilder in den Papierkorb wandert.

An Bord erhielten wir unsere Bordkarte, die während der gesamten Reise als Zahlungsmittel gilt und bei jedem Landgang und der Rückkehr durch ein Lesegerät gezogen werden muss, damit die Schiffsleitung immer weiß, wer an Bord ist und wer nicht. Erstmals wurden wir für die Bordkarten dieses Mal auch bei Transocean Tours fotografiert. Bei AIDA war dies bereits im März des Jahres der Fall.

Da wir für die nur eine Woche dauernde Kreuzfahrt keine besonderen Ansprüche an die Kabine hatten, wählten wir eine preisgünstige Außenkabine auf dem Deck 5 und hatten die Kabine Nr. 219. Es gab nur noch einige weitere Kabinen ein Deck tiefer und dann teurere Kabinen auf den Decks 6 – 11 darüber. Unsere Kabine hatte keine großen Fenster, sondern nur 2 runde Bullaugen, aber das reichte für diese Reise durchaus aus. Die Kabine selbst war zweckmäßig eingerichtet und hatte 2 einzelne Betten vor diesen Bullaugen. Zwischen den Betten befand sich ein Schränkchen mit 4 Schubladen, jeweils vor beiden Betten ebenfalls 1 Schränkchen mit je 4 Schubladen. So viele Schubladen hatten wir bisher noch in keiner Kabine vorgefunden, hier konnten wir problemlos alle kleineren Artikel, wie Unterwäsche, Strümpfe, T-Shirts etc. bequem unterbringen und benötigten noch nicht einmal alle Schubladen.

Auf einem der erwähnten Schränkchen stand der Fernseher, auf dem anderen konnte ich meinen Laptop unterbringen, da sich hier auch eine Steckdose befand.

Diese war aber die einzige Steckdose im Raum, zum Glück habe ich aber immer eine Dreifachsteckdose mit im Gepäck, um gleichzeitig mit dem Laptop auch noch 1 oder 2 Ladegeräte der Handys oder der Kamera oder den Lockenstab meiner Frau anschließen zu können.

Hinter dem Eingang links befand sich ein zweiflügeliger Kleiderschrank ebenfalls nochmals mit 4 Schub-laden und genügend Kleiderbügeln. Rechts war die Nasszelle mit Waschbecken, WC und Dusche. Sowohl die Kabine als auch die Nasszelle machten einen sauberen Eindruck, alles in allem waren wir mit der gewählten Kabine zufrieden. Vermisst habe ich eigentlich nur einen Stuhl, aber dafür wäre in der Kabine kein Platz gewesen. So musste ich meine Arbeiten am Laptop im Stehen erledigen, ging für diese eine Woche aber auch.

Eigentlich hatte ich erwartet, dass unsere Koffer schon auf der Kabine wären, wenn wir an Bord gingen, dies war aber nicht der Fall. Daher gingen wir zuerst in Marco's Restaurant auf Deck 8, wo für die Gäste ein Buffet mit kleineren warmen Speisen (Nudeln, Würstchen etc.), kalten Snacks und Kuchen bereit stand. Nachdem wir uns hier etwas gestärkt hatten, machten wir einen ersten Rundgang über das sehr überschaubare Schiff, wir fanden uns gleich ganz gut zurecht. Auf unserem Deck 5 befand sich neben verschiedenen Innen- und Außenkabinen nur noch das Hospital. Auf dem Deck 6 über uns befanden sich ebenfalls diverse Kabinen sowie das Waldorf Restaurant. Auf dem Deck 8 gab es das oben bereits erwähnte Marco's Restaurant, in dem es zu allen Mahlzeiten ein Buffet gab sowie die Marco Polo Lounge, in dem die einzelnen Vorträge und die abendlichen Shows dargeboten wurden, weiterhin die Bars „Captains Club", „Columbus Longe" und „Palm Garden". Neben dem Palm Garden war auch das Fotodesk untergebracht, hier wurden immer die Fotos des Bordfotografen zur Ansicht ausgestellt.

Im Freien befanden sich auf diesem Deck der Pool und die Poolbar. Nochmals ein Deck höher befand sich die „Scotts Bar", in der jeden Abend live Tanzmusik dargeboten wurde. Laut Tagesprogramm gab es hier täglich ab 00:15 Uhr eine Disco, ob diese tatsächlich stattgefunden hat, haben wir nie überprüft.

Als wir nach dem Rundgang zurück in die Kabine kamen, waren unsere Koffer da und wir konnten alles auspacken und einräumen.

Um 17:15 Uhr mussten wir schon an der vorgeschriebenen Seenotrettungsübung teilnehmen, es blieb keine Zeit mehr zum Umziehen, nur Rasieren war schnell möglich.

Um 18:00 Uhr fanden wir uns zum Abendessen im Waldorf Restaurant ein, da wir – wie bei jeder Kreuzfahrt – die erste Tischzeit gewählt hatten.

Leider war zeitgleich auch das Auslaufen des Schiffes aus Bremerhaven, aber da wir bei unseren Fahrten schon so viele Auslaufen und Einlaufen mit erlebt haben, fiel es uns nicht schwer, darauf zu verzichten. Wir hatten bereits mit unseren Reiseunterlagen unseren Tisch im Waldorf Restaurant genannt bekommen und fanden auch in unserer Kabine nochmals eine Tischkarte vor. Allerdings war die Nummerierung der Tische etwas ungewöhnlich und die Skizze auf der Tischplatzkarte fehlerhaft, so dass wir unseren Tisch nicht gleich auf Anhieb fanden. Es handelte sich – wie von uns gewünscht –um einen runden 6er-Tisch auf der Steuerbordseite, aber nicht direkt am Fenster, sondern eine Reihe weiter in den Raum hinein. Direkt am Fenster waren jeweils rechteckige 4er-Tische, dann in der 2. Reihe runde 6er- und 8er-Tische. Die Tischplatzreservierung galt immer nur für das Abendessen bei der 1. oder 2. Tischzeit, beim Frühstück und Mittagessen gab es freie Tischplatzwahl.

Als wir das Restaurant betraten, wunderten wir uns, dass am Eingang große Menschenmassen standen, die offenbar noch keinen Sitzplatz hatten.

Wie wir in den nächsten Tagen bei Gesprächen mit anderen Gästen erfuhren, handelte es sich hier um Gäste, die zwar einen Tischplatzwunsch bei der Buchung geäußert hatten, aber auch in der Kabine noch keine Zuteilung vorfanden. Ein organisatorischer Mangel von Transocean Tours, leider nicht der einzige auf diesem Schiff.

Wir nahmen unseren Platz ein und wählten dann zum ersten Mal bei dieser Reise aus der reichhaltigen Menükarte. Es gab täglich 3 verschiedene Vorspeisen, 2 Suppen, ein kleines Zwischengericht und 1 Salat, 3 Hauptspeisen und 3 Desserts zur Auswahl. Zusätzlich konnte eine Käseplatte sowie Kaffee oder Tee als Abschluss bestellt werden. Das Essen war jeden Tag sehr gut und reichhaltig, es gab auch keine Wiederholungen der angebotenen Speisen.

Der ukrainische Kellner, der an unserem Tisch für das Essen zuständig war, war sehr freundlich und es klappte alles vorzüglich inkl. Servieren und Abräumen von der richtigen Seite. Leider waren seine deutschen Sprachkenntnisse nur mangelhaft, was auch für fast alle übrigen Servicekräfte in den Restaurants und den Bars galt. Hier muss sich noch sehr viel ändern, immerhin handelt es sich um ein rein deutschsprachiges Schiff und Publikum. Dieser Punkt wurde von sehr vielen Gästen bemängelt und negativ in der Beurteilung am Ende der Reise geschrieben. Für uns war es nicht ganz so schlimm auf Englisch unsere Bestellungen etc. aufzugeben, aber für viele ältere Passagiere ist dies eine Zumutung.

Im Gegensatz zum Essens-Kellner klappte es an unserem Tisch aber mit den Getränken überhaupt nicht. Wir waren am ersten Tag bereits bei der Hauptspeise angelangt, bevor uns überhaupt erst einmal eine junge Ukrainerin nach unseren Wünschen fragte. Dies besserte sich auch in den nächsten Tagen nicht. Am dritten Tag kam der Restaurantchef an unseren Tisch, um uns zu fragen, ob alles in Ordnung sei. Wir verneinten dies und sagten ihm, dass es bereits schon zum dritten Mal nicht mit den Getränken klappte und wir erhielten dann kurz darauf von ihm persönlich unsere beiden gewünschten Biere, aber das kann es ja auch nicht sein. Der Service insgesamt, egal ob in den Restaurants oder in den Bars, war weitaus schlechter als bisher von uns gewohnt. Hier muss Transocean Tours noch sehr viel nachbessern, sonst werden sicherlich viele Passagiere auf andere Schiffe oder Reedereien wechseln.

In Gesprächen mit anderen Passagieren haben wir sehr viele Klagen über den Service gehört, entweder über den Getränkeservice, was wir ja auch bestätigen konnten oder auch über den Essensservice, der aber an unserem Tisch hervorragend klappte.

Kostenlos gab es zu den Mahlzeiten immer normales Wasser, das aber sehr stark gechlort war, wodurch der Geschmack beeinträchtigt war. Auch dies stieß bei einigen Passagieren auf verständliche Kritik.

Wir wunderten uns am ersten Abend, das wir alleine an unserem 6er-Tisch saßen, führten dies aber auf den Umstand zurück, dass die anderen Gäste sicherlich das Auslaufen des Schiffes an Deck erleben wollten und dann in Marco's Restaurant an das Buffet gingen und gingen davon aus, dass wir am zweiten Abend unsere Tischnachbarn kennen lernen würden.

Für uns war neu, dass es abends jeweils die Wahlmöglichkeit gab, entweder im Waldorf Restaurant bei festem Tischplatz und Menüwahl zu speisen oder bei freier Tischwahl in Marco's Restaurant am Buffet. Bei anderen Schiffen von Transocean Tours gibt es abends grundsätzlich nur den festen Platz mit Menüwahl und auf den AIDA Schiffen gibt es grundsätzlich nur Buffet mit freier Tischwahl. Die Kombination von beidem auf der MS Marco Polo ist aus meiner Sicht für alle Beteiligten ungünstig. Weder die Servicekräfte im Restaurant wissen, wer zum Dinner erscheint, noch die Gäste am Tisch.

Nach dem Abendessen gingen wir – wie auch an allen Folgetagen – kurz in die Kabine, um das Tagesprogramm des nächsten Tages durchzulesen und die für uns wichtigen Termine zu markieren.

Während der Essenszeit wurden immer in der Kabine die Betten aufgeschlagen und – wenn notwendig - nochmals die Duschhandtücher getauscht sowie das Tagesprogramm des nächsten Tages ausgelegt. Der Kabinenservice war gut, hier gab es keine Kritik unsererseits.

Im Tagesprogramm für den Dienstag gab es einen ganz großen Fehler, der eigentlich nicht passieren dürfte. Bei der Einladung zum Kapitäns Empfang stand dort wörtlich: *„Eingang ist auf der Backbord Seite (in Fahrtrichtung* **rechts***)"*! Nach wie vor ist auf Schiffen Backbord in Fahrtrichtung links und rechts ist die Steuerbordseite! Übrigens gibt es eine gute Merkhilfe, wie sich Landratten diese Seiten merken können: In dem Wort Steue**r**- (bord) ist ein **r** wie **rechts**, im Wort Back- (bord) ist kein r.

Nach dem Studium des Tagesprogramms begaben wir uns in die Marco Polo Lounge, wo um 20:15 Uhr die Abendshow für die 1. Tischzeit begann. Im Gegensatz zur MS Astor, wo die Abendshow immer gleichzeitig für beide Tischzeiten erst nach Ende der 2. Tischzeit stattfand, wurden hier auf der Marco Polo immer zwei Shows für beide Tischzeiten getrennt dargeboten. Für die auftretenden Künstler sicherlich eine doppelte Belastung, aber für die Gäste sehr angenehm, insbesondere für uns von der 1. Tischzeit.

Vor Beginn der Show spielte das Marco Polo Show Orchester (5 Mann) zum Tanz auf. Zum Glück handelte es sich nicht um ein Orchester wie auf der MS Astor, dessen Musik uns überhaupt nicht gefiel, sondern dieses Orchester spielte sehr angenehm gute Musik, aber getanzt hat trotzdem niemand. Der erste Eindruck war also schon einmal ganz positiv.

Pünktlich um 20:15 Uhr begann dann die abendliche Show, an diesen Abend unter dem Titel „Around the world". Zusammen mit dem zuvor erwähnten Orchester traten eine 5köpfige Ballettgruppe, 2 Sänger, 2 Sängerinnen, 1 junge Geigerin und ein Profi-Tanzpaar auf. Die 45minütige Show war durchgehend sehr gut und hat uns sehr gut gefallen. Viel besser als auf der MS Astor und viel, viel besser als auf der AIDAaura! Um es gleich vorweg zu nehmen: Auch die Shows an den Folgetagen waren alle sehr, sehr gut! Dies war ein ganz großer Pluspunkt für Marco Polo.

Nach der Show wechselten wir in die Scott's Bar, wo das Excelsior Trio live zum Tanz aufspielte. Auch hier waren wir von der Musikauswahl und der angenehmen Lautstärke sehr angetan und uns gefiel die Musik sehr gut. Ein klein wenig getrübt wurde der sehr gute Eindruck vom ersten Tag aber an den Folgetagen, da das Repertoire des Trio doch sehr begrenzt war und sich die Lieder oft wiederholten. Aber die Titel waren ganz gut tanzbar und manches Mal war die Tanzfläche gut gefüllt.

Gegen 23:00 Uhr wurde der im Programm angekündigte Mitternachtssnack in allen Bars gereicht, aber dieser verdiente diesen Namen nicht: Es wurde ein Tablett mit 3 verschiedenen so genannten „Finger food", z. B. Mini-Frühlingsrolle, Mini-Frikadelle, Mini-Hähnchenschenkel o. a. und 2 Soßen gereicht. Es gab weder einen Teller zum Ablegen der Snacks noch wurde ein zweites Mal angeboten. Man nahm sich also irgendwie 2 Mini-Teile, aß diese aus der Hand und das war's dann. Manches Mal gab es noch nicht einmal eine Serviette. Und auch hier gleich für die Folgetage: An diesem Prozedere änderte sich nichts, auch nicht an den Tagen mit dem Gala-Dinner. Lediglich die Art der 3 angebotenen Snacks variierte etwas.

Kurz nach Mitternacht gingen wir am ersten Tag unserer Kreuzfahrt zu Bett, die eventuell stattfindende Disco in der Scott's Bar wollten wir uns nicht antun. Das Schiff fuhr Richtung Norwegen, die See war nach meiner eigenen Einschätzung ruhig, Seegang höchstens 1 – 2. In der Kabine war ein ständiges leises Rauschen und Brummen zu vernehmen, ansonsten gab es keine störenden Vibrationen oder Geräusche, so dass ich gut geschlafen habe, dies änderte sich auch in den restlichen Nächten nicht.

Dienstag, der 12. August war ein reiner Seetag, der Seegang hatte über Nacht etwas zugelegt und betrug jetzt etwa 2 – 3, also für uns immer noch harmlos und sehr ruhig. Am Morgen war es bedeckt und mit nur 16 Grad für August zu kühl.

Um 07:00 Uhr standen wir auf und gingen zum Frühstück in das Waldorf Restaurant. Diese Angewohn-heit hatten wir auch auf der MS Astor und hielten sie auch hier bei. Zum Frühstücken gingen wir immer in das Waldorf Restaurant, da es hier etwas ruhiger war als in Marco's Restaurant. Kaffee oder Tee und Orangensaft wurden am Tisch serviert, alles andere holte man sich am reichhaltigen Buffet. Es gab verschiedene Brot- und Brötchensorten, Ceralien, Müsli, Konfitüre, verschiedene

Wurst-, Schinken- und Käsesorten, Obst, Rühreier, Speck, Würstchen und einiges mehr.

An Seetagen ging es zu den frühen Zeiten zu denen wir frühstückten ruhig zu, an Tagen mit einem Landausflug morgens war es teilweise etwas hektisch.

Es war immer wieder erstaunlich zu beobachten wie sich manche Gäste am Buffet benehmen, nicht wissen was sie nehmen sollen und den Betrieb aufhalten, aber böse werden, wenn man an Ihnen vorbei nach vorne ans Buffet geht, weil dort gerade niemand ansteht. Allerdings war das Frühstücksbuffet auch etwas ungünstig aufgebaut. Wollte man ans hintere Ende zu den Eierspeisen und wollte vorher gar nicht zur Wurst und zum Käse musste man sich trotzdem erst in die Warteschlange stellen, obwohl die Gäste vorne bei anderen Artikeln verweilten und niemand weiter vorne anstand.

Und sehr interessant waren auch die Diskussionen am ersten Morgen zwischen Passagieren und Servicekräften, weil die Gäste auf ihrem festgelegten Platz vom abendlichen Dinner bestanden. Aber morgens und mittags war im Waldorf Restaurant freie Tischwahl, was doch wohl auch logisch ist. Wenn es abends 2 Tischzeiten gibt, wie sollen dann morgens denn die gleichen Plätze durch 2 Personen besetzt werden? Was ist daran denn so schwer zu verstehen? Rein zufällig setzten wir uns zum Frühstück an „unseren" Tisch, da zur frühen Stunde gleich bei Öffnung des Restaurants kein Andrang war und unser Tisch günstig stand.

Manches Mal hatten wir an unserem Tisch auch noch andere Gäste, aber im Gegensatz zur AIDAaura, bei dem wir bereits morgens nette Gesprächspartner am Tisch hatten, ging es hier über ein bisschen Small Talk über das Wetter und die Fahrt nicht hinaus. Weder beim Frühstück noch beim Mittagessen entwickelten sich dieses Mal ausgiebige Gespräche mit den anderen Gästen. Irgendwie animierten die Atmosphäre an Bord und die Gäste nicht zu einem längeren Gespräch.

Nach dem ersten ausgiebigen Frühstück bei dieser Reise gingen wir zum Foto-Desk, um unser Foto von der Einschiffung zu suchen und zu kaufen. Um 10:00 Uhr wurden in der Marco Polo Lounge die Ausflüge in Bergen, Oslo und Kopenhagen vorgestellt und diese konnten jetzt an Bord gebucht werden. Die Ausflüge in Geiranger und Balestrand mussten bereits vor Antritt der Reise in Deutschland gebucht werden und wurden daher jetzt hier nicht mehr vorgestellt. Die Voucher für diese Ausflüge fanden wir bereits bei der Einschiffung in der Kabine vor.

Zwar wussten wir bereits ganz genau, welche Ausflüge wir unternehmen wollten, sahen uns aber trotzdem die Ausflugspräsentation an und buchten dann die entsprechenden Ausflüge.

In der Zwischenzeit war es sonnig und hatte sich auf über 23 Grad erwärmt, so dass wir nach der Ausflugspräsentation auf das Pooldeck gingen und uns dort sonnten.

Zum Mittagessen wurde der Poolgrill in Betrieb genommen und es gab dort frisch gegrillten Fisch. An diesem und auch an den restlichen Tagen an Bord gingen wir mittags immer an den Poolgrill, um dort den frisch gegrillten Fisch oder das gegrillte Steak mit etwas Salat zu essen. Auch das Salatbuffet war draußen neben dem Poolgrill aufgebaut und wir mussten nur zum Dessert nach innen in Marco's Restaurant. Der Betrieb dort war sehr chaotisch und auch hier gifteten sich die Gäste untereinander an, wenn es Ihnen nicht schnell genug ging oder wenn ein Gast sich wagte an der Schlange vorbei zu gehen, um ganz vorne etwas zu holen, wo niemand stand. Ähnlich wie im Waldorf Restaurant war auch hier das Buffet sehr ungünstig aufgebaut. Zu Beginn gab es die Suppe, Brot und Brötchen, dann die warmen Speisen und ganz am Ende die Desserts. Wollte man also nur zum Dessert, musste man sich trotzdem hinten anstellen, obwohl die anderen Gäste zum Salat oder den Hauptspeisen wollten, sonst wurde man böse angegiftet. Diesen „Stress" beim Mittagessen wollten wir uns nicht antun, so dass wir   – wie gesagt – immer außen am

Poolgrill unser Mittagessen einnahmen. Hier ging es etwas gesitteter zu.

Auch nach dem Mittagessen sonnten wir uns noch weiter auf dem Pooldeck, bevor wir gegen 16:00 Uhr in die Kabine gingen, um uns für den Kapitäns Willkommens-Cocktail und das Gala Abendessen frisch zu machen und umzuziehen.

Das nachmittägliche Kuchenbuffet ließen wir ausfallen, hier war das Chaos in Marco's Restaurant noch viel schlimmer als zum Mittagessen. Bei manchen Gästen hatte man den Eindruck, sie stünden kurz vor dem Verhungern, so viel türmten sie sich auf ihren Teller. Wir hatten auf unseren bisherigen Kreuzfahrten schon viel erlebt, aber ich hatte den Eindruck, dass es dieses Mal auf der MS Marco Polo am schlimmsten war. Einiges lag an organisatorischen Versäumnissen der Schiffsleitung, vieles aber auch an den Gästen.

Um 17:00 Uhr gab es in der Marco Polo Lounge für die Gäste der 1. Tischzeit den Kapitäns Willkommens-Cocktail mit Sekt (oder Orangensaft) und diversen Finger-foods.

Zuvor mussten natürlich alle Gäste an der Schiffsleitung vorbei, wurden von der Kreuzfahrtdirektorin – übrigens eine sehr nette Österreicherin – beim Kapitän vorgestellt, von diesem mit einem Handschlag begrüßt und dabei vom Bordfotografen fotografiert. Üblich ist bei diesen Anlässen eine festliche Garderobe, so steht es auch im Tagesprogramm.

Zwar war ich nicht der einzige Gast im Smoking, aber wir Smokingträger waren doch in der absoluten Minderheit. Einige Gäste hatten wenigstens einen Anzug mit Krawatte an, aber bei der Mehrheit der Gäste fragte man sich, was sie wohl unter festlicher Kleidung verstehen. Aber nicht nur die Herren, auch etliche Damen fielen kleidungsmäßig aus der Rolle, aus meiner Sicht sehr schade.

Direkt nach dem Kapitäns Willkommens-Cocktail schloss sich um 18:00 Uhr das Gala Abendessen im Waldorf Restaurant an. Und wir waren ja gespannt, ob wir heute unsere Tischnachbarn kennen lernen würden. Dies erfüllte sich aber nur zur Hälfte. Kurz nach uns erschien ein Paar an unserem Tisch, das am ersten Abend das Auslaufen in Bremerhaven beobachtet hatte und dann zum Buffet in Marco's Restaurant gegangen war. Das hatten wir ja schon ganz richtig vermutet.

Aber ein drittes Paar, das ja eigentlich an unserem 6er-Tisch sitzen sollte, haben wir bei dieser Reise nicht mehr kennen gelernt. Entweder waren die 2 Plätze in der 1. Tischzeit nicht vergeben, was ich aber nicht glaube, da das Schiff komplett ausgebucht war, oder dieses Paar wollte nicht am Tisch bedient werden und zog immer Marco's Restaurant vor. Wir werden es nie erfahren.

Mit dem anderen Paar hatten wir aber das große Los gezogen, es handelte sich um ein sehr nettes Ehepaar, das ebenfalls schon viele Kreuzfahrten unternommen hatte und wir daher viel Gesprächsstoff hatten. Und der Zufall wollte es, dass dieses Paar aus einer Gemeinde in Hessen kam, in der wir Ende der 70er Jahre für 3 Jahre gewohnt hatten. Sie kannten unsere damalige Adresse dort ganz genau. Manches Mal saßen wir noch lange nach dem Essen im Restaurant, um uns noch weiter zu unterhalten und verließen als letzte das Restaurant, um zur Abendshow zu gehen und Platz für die 2. Tischzeit zu machen.

Die abendliche Gala Show in der Marco Polo Lounge begann an diesem Abend erst um 21:00 Uhr, die Zeit bis dahin verbrachten wir bei einem Drink im Captain's Club. Die Nebenkosten an Bord der MS Marco Polo waren sehr moderat, in etwa gleich wie auf der MS Astor, aber erheblich günstiger als auf der AIDA aura. Auch die Gala Show war sehr gut. Nach der Vorstellung der höchsten Besatzungsmitglieder durch den Kapitän gab es die Unterhaltungsshow mit den gleichen Künstlern wie am Tag zuvor aber natürlich mit einem völlig anderen Programm. Nach der Show gingen wir wieder zur Tanzmusik in die Scott's Bar. Dort spielte wie am Abend zuvor und auch an allen Folgetagen das Excelsior Trio. Gegen 23:30 gab es wieder den „Mitternachtssnack „ und kurz nach Mitternacht gingen wir zu Bett.

Am Mittwoch standen wir um 06:30 Uhr auf, um wieder sofort nach Öffnung des Restaurants um 07:00 Uhr beim Frühstück zu sitzen. Vermisst habe ich auf der Marco Polo den morgendlichen Radiowecker wie wir es von der MS Astor gewöhnt waren, schade. An diesem Morgen war es mit nur 15 Grad sehr kühl und es gab einen leichten Nieselregen. Trotzdem gingen wir nach dem Frühstück um 07:45 Uhr auf das Pooldeck und beobachteten die Fahrt durch den Geirangerfjord, ein Höhepunkt dieser Reise. Neben der grandiosen Landschaft der zu beiden Seiten steil emporragenden Berge, zum Teil noch mit Schnee bedeckt, gab es u. a. auch die weltbekannten Wasserfälle „Die **7 Schwestern**" und gegenüber den „Brautschleier" zu bestaunen. Da die Schneeschmelze aber schon einige Zeit zurück lag, führten die Wasserfälle leider nur wenig Wasser.

Um 11:30 Uhr nahmen wir unser Mittagessen am Poolgrill ein, gleichzeitig erreichte die MS Marco Polo den Liegeplatz am Ende des Geirangerfjordes und ging dort vor Anker.

Um 13:30 Uhr trafen wir uns in der Marco Polo Lounge zu unserem ersten gebuchten Landausflug. Wir wurden ausgebootet und an Land gebracht. Mittlerweile hatte der Regen aufgehört, es war aber immer noch recht kühl mit nur 16 Grad. Mit einem Bus fuhren wir zur 1.500 m hoch gelegenen Bergkuppe Dalsnibba. Von hier aus hatten wir einen herrlichen Blick ins Landesinnere und in den Geirangerfjord, in dem sowohl die MS Marco Polo als auch ein Schiff der Costa Reederei auf Reede lagen.

Weiter ging es dann zur „Teufelskanzel" und zur „Adlerkehre", bevor wir wieder zur Anlegestelle gebracht wurden und mit einem Boot zurück zur Marco Polo fuhren.

Erst gegen 17:50 Uhr gingen wir wieder an Bord und hatten nur sehr wenig Zeit zum frisch machen und Umziehen für das Abendessen um 18:00 Uhr. Wir sind derartige Situationen aber gewohnt und schaffen es uns in ca. 15 Minuten essensfein zu machen, trotzdem erreichten wir erst gegen 18:10 Uhr unseren Tisch im

Restaurant, aber das ist ja kein Problem. Die 1. Tischzeit ist bei Nachmittagsausflügen ein bisschen früh, aber das nehmen wir in Kauf. Auf anderen Schiffen wird teilweise darauf Rücksicht genommen und bei Nachmittagsausflügen die 1. Tischzeit um ein paar Minuten verschoben. Hier auf der Marco Polo leider nicht, wie wir es an mehreren Tagen erfahren mussten.

Als wir beim Dinner saßen, verließ die MS Marco Polo den Geirangerfjord und fuhr weiter zum Sognefjord.

Als Abendshow gab es in der Marco Polo Lounge „Tatjana & friends". Bei Tatjana handelte es sich um die bereits erwähnte Geigerin, mit einem sehr breit gefächerten Repertoire. Als „friends" trat ein Musiker mit seinem Saxophon auf. Auch diese Show war ganz große Klasse, nur warum es „& friends (also in der *Mehrzahl*)" hieß, erschloss sich uns nicht, da ja neben der Geigerin nur *ein* „Freund" auftrat.

Auch an diesem Abend gingen wir nach der Show in die Scott's Bar zum Tanzen. An diesem Abend fiel uns dann auch das erste Mal auf, dass das Trio viele Lieder jeden Abend immer wieder spielten.

Zu etwas vorgerückter Stunde fing das Schiff plötzlich ziemlich zu schwanken an, was mich zuerst wunderte. Nach eigenem Gefühl hatten wir einen Seegang von ca. 3 – 4, das war deutlich spürbar und das Tanzen auf der Tanzfläche wurde plötzlich ziemlich erschwert. Die Erklärung dafür war aber einfach: Das Schiff hatte den geschützten Fjord verlassen und war jetzt auf der offenen See Richtung Süden unterwegs.

Auch am Donnerstag standen wir um 06:30 Uhr auf und gingen gleich zu Beginn der Öffnung des Waldorf Restaurants zum Frühstück. Gegen 08:30 Uhr erreichte die MS Marco Polo Balestrand im Sognefjord und ging auch dort auf Reede vor Anker.

Um 08:45 Uhr gingen wir zu unserem gebuchten Ganztagesausflug und wurden wieder wie am Vortag ausgebootet und an Land gebracht. Es war an diesem Vormittag mit 14 Grad sehr kühl und stark bewölkt. Mit einem Bus ging es bergauf bis zum Nystolsee und dann weiter Richtung Westen, vorbei an Wasserfällen, Flüssen und kleinen Seen. In Sunnfjord besichtigten wir ein Freilichtmusem mit alten, landestypischen Gebäuden, z. B. einer alten Schule, einem Bauernhaus etc., die meisten aus dem 15. Jahrhundert stammend. Weiter nordwärts machten wir in einem guten Hotel in Forde Mittagspause bei einem sehr guten Buffet, u. a. mit Lachs und anderen landestypischen Leckereien.

Nach der Mittagspause ging die Fahrt weiter zu einem Wasserfall. Hier regnete es jetzt ziemlich heftig, so dass wir nicht ganz bis zum Wasserfall wanderten, sondern aus einiger Entfernung unsere Bilder „schossen". Weiter fuhren wir durch den relativ neuen, 6 km langen Fjaerland-Tunnel bis zum Goya Gletscher. Diesen konnten wir bei leichtem Regen ganz aus der Nähe bewundern, dann sahen wir im benachbarten Gletscher-Museum einen ganz tollen Panoramafilm „Das blaue Eis", bevor wir bei starkem Regen nach Fjaerland fuhren und dort auf ein Tenderboot zum Schiff warten mussten.

Nachdem wir in Balestrand von Bord gegangen waren, verließ die Marco Polo um 12:30 Uhr ihren Liegeplatz und fuhr weiter nach Fjaerland, wo sie gegen 14:00 Uhr eintraf und dort wieder vor Anker ging.

Wie am Vortag erreichten wir erst gegen 17:50 Uhr das Schiff und mussten uns wieder sehr beeilen, um kurz nach 18:00 Uhr das Dinner im Waldorf Restaurant zu erreichen.

Um 20:15 Uhr gab es in der Marco Polo Lounge die sehr, sehr gute Show „From Russia with love" mit vielen schönen russischen Melodien jeweils mit passender Kleidung des Balletts und der übrigen Künstler. Und auch an diesem Abend gingen wir zum Tanzen in die Scott's Bar und kurz nach Mitternacht zu Bett.

Während unseres Frühstücks erreichte die MS Marco Polo um 07:00 Uhr am Freitag die hübsche Stadt Bergen im Süden Norwegens und legte dort am Pier an. Hier entfiel zum Glück das zeitraubende Ausbooten, so schön dies auch ist.

In Bergen hatten wir einen Flug mit einem Wasserflugzeug zum Folgefonn Gletscher gebucht und aus zwei Gründen lange gebangt, ob dieser Flug zustande kommt. Erstens wurden wir bei der Buchung nur auf eine Warteliste gesetzt, da nicht klar war, ob sich genügend Teilnehmer für die Flüge anmelden würden, schließlich war der Flug mit über 200 € nicht gerade preiswert. Pro Flug konnten 8 Passagiere mitfliegen und 3 Flüge wurden an diesem Vormittag angeboten. Erst am Abend des Vortages erhielten wir die Bestätigung des Fluges und den entsprechenden Voucher in unsere Kabine.

Und zum zweiten bangten wir, wie das Wetter wird, ob der Flug nicht vielleicht wegen Schlechtwetter abgesagt würde. Aber nach den kühlen und verregneten Tagen zuvor hatten wir am Freitagmorgen traumhaftes Flugwetter. Es war sonnig, völlig wolkenlos und knapp 20 Grad warm. Wir hatten den ersten Flug des Tages und wurden um 08:45 Uhr mit einem Minibus vom Pier zum Startplatz des Wasserflugzeuges gebracht, der nur knapp 1,5 Kilometer vom Hafen entfernt lag. Um 09:00 Uhr starteten wir zu einem ca. 50minütigem Flug über Bergen, die Fjorde und am Folgefonn-Gletscher vorbei. Wir hatten eine herrliche Fernsicht und konnten den Flug richtig genießen.

Nach unserer Landung zogen schon wieder Wolken auf, aber auch die beiden weiteren Flüge konnten trotzdem durchgeführt werden.

Wegen der kurzen Entfernung verzichteten wir auf die Rückfahrt im Minibus und gingen zu Fuß zurück zum Schiff, um noch ein paar schöne Aufnahmen von Bergen zu machen.

Mittags gab es am Poolgrill an diesem Tag Pizza und wir verbrachten die Zeit bis 15:30 Uhr bei Sonnenschein auf dem Pooldeck.

Die MS Marco Polo verließ um 13:30 Uhr Bergen und dieses Mal konnten wir das Auslaufen an Deck miterleben. Leider wurde auf der MS Marco Polo keine Musik beim Auslaufen gespielt, wie wir es sonst von allen anderen Schiffen gewohnt waren. Wir haben das schon etwas vermisst und auch bei der Bewertung am Ende der Reise angemerkt.

Um 15:30 Uhr besuchten wir in der Marco Polo Lounge einen sehr interessanten Vortrag des Lektors „Einführung in die Landschaft und Tierwelt der Antarktis" mit ganz tollen Dias. Das Thema passte zwar nicht zu Norwegen, aber die MS Marco Polo hat ja die höchste Eisklasse und fuhr ab dem Winter 2008 in die Antarktis. Der Vortrag sollte also Appetit auf die Reise machen und zum Buchen animieren. Auch wir hatten vor, in einigen Jahren die Reise in die Antarktis anzutreten und interessierten uns daher für diesen Vortrag. Später kam es dann aber anders, da Transocean Tours bereits nach nur 2 Jahren die MS Marco Polo schon wieder aufgab und an eine englische Reederei verkaufte. Die Gründe dafür haben wir nie erfahren, lange Jahre verblieb nur die MS Astor bei Transocean Tours, da 2009 auch die MS Astoria nach mehreren Zwischenfällen verkauft wurde und Transocean Tours nur ganz knapp der Insolvenz entging. Für die spätere Reise in die Antarktis müssen wir uns doch ein anderes Schiff suchen.

Um 17:30 Uhr gab es ein Treffen der Club Columbus Mitglieder und der so genannten Repeater von Transocean Tours Reisen.

Beides traf auf uns zu, denn dies war bereits die 5. Kreuzfahrt auf einem Schiff von Transocean Tours und wir sind Mitglieder im Club Columbus mit dem Status Silber. Insgesamt waren bei dieser Reise 45 Clubmitglieder an Bord und ca. 250 Repeater. Bei einer Gesamtzahl von ca. 850 Passagieren sehr wenig, ich hätte mit weit mehr Clubgästen und Mehrfachfahrern gerechnet. Und von den zuvor erwähnten ca. 250 Gästen erschienen auch nur 55 Gäste zu diesem Treffen, der Rest hatte wohl kein Interesse an dieser Veranstaltung. Es gab Sekt und kleine Häppchen sowie eine kleine Ansprache des Kapitäns und der Kreuzfahrtdirektorin. 3

Gäste stiegen bei dieser Reise im Club Columbus vom Status Bronze in den nächst höheren Status Silber auf und wurden entsprechend geehrt. Der Status im Club ist abhängig von den an Bord verbrachten Nächten. Bronze erhält man ab 18 Nächten, Silber ab 50 Nächten und Gold ab 175 Nächten. Neben einer Bevorzugung bei Reisebuchungen und Tischplatzreservierungen sowie kleineren Clubgeschenken jedes Jahr (z. B. eine Armbanduhr, eine Kühltasche, ein Rucksack, ein Badetuch, ein Schirm etc.) ist der größte Vorteil des Clubs eine Ermäßigung bei den Landausflügen und bei Einkäufen an Bord des Schiffes.

Nach dem Abendessen um 18:00 Uhr, an diesem Tag konnten wir uns einmal ganz in Ruhe umziehen und tischfein machen, gingen wir zu einem Drink in den Captain's Club und dann um 20:15 Uhr zur Abendshow in die Marco Polo Lounge. An diesem Abend gab es zum Gedenken an Sammy Davis jr., Frank Sinatra und Dean Martin die so genannte „Rat Pack Show", die nicht so ganz nach unserem persönlichen Geschmack, aber trotzdem sehr gut war.

Danach gingen wir einmal nicht in die Scott's Bar, sondern in die Columbus Lounge, da dort der Saxophonist aufspielte, den wir schon bei einer Show in der Marco Polo Lounge kennen gelernt hatten und dessen Musik uns gut gefiel.

Am Samstagmorgen war es bedeckt und mit nur 12 Grad empfindlich kalt.

Trotzdem gingen wir nach dem Frühstück auf das Pooldeck, um uns rechtzeitig für den angekündigten Frühschoppen einen guten Platz zu sichern. Mit einer warmen Jacke lies es sich ganz gut aushalten. Wir saßen mit unseren Tischnachbarn vom Dinner am gleichen Tisch und hatten somit sehr nette Gesprächspartner.

Und mit Beginn des Frühschoppens um 10:30 Uhr riss die Wolkendecke auf, die Sonne schien und es wurde sehr schnell ca. 24 Grad warm. Wir konnten unsere Jacken ausziehen und das Freibier wieder kurzärmelig genießen.

Für 1 Stunde gab es Freibier und zum Essen wurden Leberkäse, Weißwürste, Laugenbrezel, Krautsalat, Kartoffelsalat u. a. angeboten. Dazu Livemusik vom Excelsior Trio, einem Reiseleiter und der Kreuzfahrtdirektorin. Wie wir bereits wussten, war die Kreuzfahrtdirektorin ausgebildete Opernsängerin und den singenden Reiseleiter Jerry aus Polen kannten wir bereits von der MS Astor. Auch auf der MS Astor wird bei jeder Reise einmal an einem Seetag ein derartiger Frühschoppen durchgeführt.

Um 13:30 Uhr erreichte die MS Marco Polo Oslo und legte dort am Pier an. Auch hier war kein Ausbooten notwendig. Wir hatten erst am Tag zuvor im Tagesprogramm erfahren, dass an diesem Tag das zweite Gala-Dinner mit festlicher Kleidung anstand, wir aber erst kurz vor 18:00 Uhr von unserem eigentlich gebuchten Landausflug zurück an Bord kämen.

Da dies zeitlich nicht zu vereinbaren war, wir andererseits aber am Galaabend weder zum Buffet in Marco's Restaurant gehen wollten, noch nur an diesem Abend in die 2. Tischzeit wechseln wollten, wie es uns vom Reisebüro angeboten wurde, stornierten wir den Ausflug. Da wir bereits 1999 in Oslo waren und die Stadt sowie den Holmenkollen etc. kannten, fiel uns diese Entscheidung auch nicht besonders schwer. Sehr schade, dass es eine derartig unflexible Zeitplanung gibt und keine Rücksicht bei Nachmittags-ausflügen von Gästen der 1. Tischzeit gibt. Auf anderen Schiffen läuft dies besser ab. Einer von mehreren Mängeln auf der Marco Polo.

So ruhten wir uns nach dem Frühschoppen etwas in der Kabine aus und gingen dann ausnahmsweise an diesem Tag einmal um 15:45 Uhr zum Kuchenbuffet in Marco's Restaurant.

Um 18:00 Uhr gab es dann das bereits erwähnte Gala-Dinner für die 1. Tischzeit und gegen 18:30 Uhr verließ die Marco Polo Oslo.

Als Showtime gab es um 20:15 Uhr eine ganz tolle „Mamma Mia"-Show mit den bekannten Liedern der

Popgruppe ABBA. Die Show war sehr gut, aber alle Lieder in Englisch, so dass bestimmt viele Gäste den Sinn des kurz anmoderierten Musicals Mamma Mia nicht verstanden haben.

Auch an diesem Abend gingen wir nochmals in die Columbus Lounge, um ein zweites Mal dem Saxophonisten zu lauschen. Ein bisschen erinnerte die Musik an „Captain Cook und seine singenden Saxophone", die wir lieben.

An diesem Abend fühlte ich mich etwas unwohl, noch nicht einmal das Bier schmeckte mir in der Bar, so dass wir bereits kurz nach 23:00 Uhr zu Bett gingen.

Auch am Sonntag standen wir um 07:00 Uhr auf, um früh zum Frühstück zu gehen. Leider gab es hier auf der MS Marco Polo auch am Sonntag keinen Sekt zum Frühstück. Auf der MS Astor war dies schon vor 4 Jahren der Fall, da gab es sonntags immer Sekt und Lachs beim Frühstück. Seit 2006 gibt es Sekt sogar täglich auf der MS Astor und hier gar nicht. Sicherlich nur eine Kleinigkeit, aber im Vergleich zu anderen Transocean Tours Schiffen summierten sich die fehlenden Kleinigkeiten. So gab es zum Beispiel auch in keiner Bar Erdnüsse oder Chips etc. zum Knabbern. Dies gibt es heute in jeder Hotel-Bar und gab es bisher auch auf allen anderen Schiffen, mit denen wir reisten.

Nach dem Frühstück steckten wir unsere Nase kurz in den Wind auf dem Außendeck und stellten fest, dass es stark bewölkt und mit nur ca. 12 Grad ziemlich kühl war.

Da dies unser letzter Tag vor der Abreise war und wir abends keinen Stress haben wollten, gingen wir in die Kabine und packten schon einmal unsere 2 Koffer für die Abreise. Die notwendigen Banderolen für den Transport mit Tefra hatte ich vorher am Bordreisebüro abgeholt.

Danach konnte ich unsere Reisepässe an der Rezeption abholen. Eigentlich wären wir auch gerne in die Sauna gegangen, gerade bei diesem kühlen Wetter, aber hier auf der MS Marco Polo gab es nur getrennte Saunen für Damen und Herren und das reizte uns nicht. Ebenfalls im

Vergleich zu anderen Schiffen ein Mangel, bisher gab es auf allen Schiffen, die wir kennen, gemischte Saunen.

So hielten wir uns bis zum Mittag auf dem Pooldeck auf, mit einer Jacke war es gut auszuhalten und nahmen gegen 12:30 Uhr auch dort wieder unser Mittagessen am Pool-Grill ein, es gab an diesem Tag wieder leckeren, gegrillten Fisch sowie Minutensteaks, die aber etwas zäh waren.

Um 13:00 Uhr erreichte die MS Marco Polo Kopenhagen und legte im Hafen an.

Mittlerweile war es zwar immer noch bedeckt, aber ganz angenehme 19 Grad warm.

Um 13:30 Uhr trafen wir uns mit anderen Gästen in der Marco Polo Lounge, um am gebuchten Ausflug „Stadtrundfahrt und Bootsfahrt Kopenhagen" teilzunehmen. Mit einem Bus ging es zuerst zum Schloss Amalienborg, dem Sitz der königlichen Familie, das aber größtenteils eingerüstet war und gerade renoviert wurde. Dann ging es vorbei am Vergnügungspark Tivoli und verschiedenen anderen interessanten Bauten der Stadt hinunter zu einem der Kanäle. Dort bestiegen wir ein Ausflugsboot, um durch verschiedene Kanäle bis zum Hafen und wieder zurück zu fahren. So sahen wir die eindrucksvolle Kulisse Kopenhagens auch von der Wasserseite aus. Unter anderem auch das neue Opernhaus, ein Museum und die königliche Segel-Yacht. Nach der Bootsfahrt ging die Fahrt mit dem Bus zu einem Botanischen Garten und als Abschluss natürlich auch noch zur berühmten kleinen Seejungfrau.

Auch an diesem Tag kehrten wir erst kurz vor 18:00 Uhr auf das Schiff zurück und wir mussten uns wieder sehr beeilen, um pünktlich kurz nach 18:00 Uhr im Waldorf Restaurant zum Dinner zu erscheinen. Aber da an diesem Abend legere Kleidung angesagt war, bereitete uns dies keine Probleme.

Gegen 19:00 Uhr verließ die MS Marco Polo Kopenhagen und nahm Kurs auf Kiel, dem Endziel dieser Kreuzfahrt.

Die letzte Abendshow an diesem Abend stand unter dem Motto „Love Show" und war wie alle vorhergegangenen

Shows sehr gut. Die Kreuzfahrtdirektorin gab als Probe ihres Könnens im ursprünglich erlernten Beruf das Lied „Memories" aus „Cats" zum Besten sowie ein Duett mit dem Reiseleiter Jerry.

Nach 2 Abenden in der Columbus Lounge gingen wir an diesem Abend wieder in den Scott's Club zur Tanzmusik des Excelsior Trios.

Da wir schon ungewöhnlich früh, nämlich noch vor 24:00 Uhr unsere Koffer vor die Tür stellen mussten, gingen wir gegen 23:30 Uhr zurück in die Kabine, um noch die letzten Kleidungsstücke in den Koffern zu verstauen. Wir verzichteten sogar auf den Mitternachtssnack, aber das war ja kein großer Verlust.

Am Montagmorgen hieß es um 06:00 Uhr aufstehen und zu frühstücken.

Mit ca. ½ Stunde Verspätung erreichte die MS Marco Polo Kiel und legte dort am neuen Kreuzfahrt-terminal an. Dieses neue Terminal kannten wir noch nicht. Bei unserer Ostsee-Kreuzfahrt im Jahre 2006 kamen wir noch am alten Terminal an.

Die Verspätung ergab sich u. a. durch ein technisches Problem bei der Verbindung der Fahrgastbrücke mit dem Schiff, es musste hier mehrmals manövriert werden.

Trotz allem konnten wir dann aber doch rechtzeitig gegen 09:30 Uhr das Schiff verlassen, wir mussten ja unseren gebuchten Zug erreichen.

Eine persönliche Identifikation unserer Koffer bei Tefra wie es im Tagesprogramm noch angegeben war, war dann doch nicht nötig, wie uns die Kreuzfahrtdirektorin bei der Ausschiffung mitteilte, so dass wir unverzüglich zum Hauptbahnhof gehen konnten. Der Kieler Hauptbahnhof befindet sich ganz in der Nähe des neuen Kreuzfahrtterminals und war gut in knapp 20 Minuten zu Fuß zu erreichen. Es war zum Glück trocken, aber nur ca. 16 Grad kühl.

Die Heimfahrt mit der Deutschen Bahn gestaltete sich dann weniger aufregend als die Hinfahrt.

Mit nur 5 Minuten Verspätung startete der Regional-express nach Hamburg, wo wir pünktlich um 11:40 Uhr ankamen. Ebenfalls pünktlich ging es von Hamburg um 12:46 Uhr mit einem IC weiter nach Köln, wo wir um 16:49 Uhr ankamen. Und dann ging es pünktlich um 17:07 Uhr mit einem ICE zu unserem Ziel Limburg Süd. Diesen Bahnhof erreichten wir um 17:50 Uhr, unsere Tochter holte uns dort ab und brachte uns nach Hause, wo wir um 18:15 Uhr eintrafen und die einwöchige Kreuzfahrt zu Ende ging.

Resümee:

Nach so vielen Kreuzfahrten, die wir bisher auf unterschiedlichen Schiffen unternommen haben, stellt man natürlich Vergleiche an. Es gab einiges an Bord der MS Marco Polo, das besser war als auf anderen Schiffen, aber es gab auch vieles, das schlechter war. Insgesamt aber würde ich dieser Kreuzfahrt die Gesamtnote gut geben. Wir unterstellen aber, dass vieles bei der Jungfernfahrt unter der Leitung von Transocean Tours noch nicht klappte und sich im Laufe der nächsten Wochen und Monate erheblich verbessern würde.

In einer kurzen tabellarischen Übersicht die Vorzüge und die Nachteile der MS Marco Polo. Eine Bewertung der Kabine unterlasse ich an dieser Stelle, da dies natürlich je nach Kategorie unterschiedlich und kaum vergleichbar ist.

Art:	MS Marco Polo:	MS Astor	AIDAaura
Eincheckprozedur	langwierig	langwierig	sehr schnell
Service Restaurants/Bars	mittelmäßig	gut	gut
Sprachkenntnisse	sehr schlecht	gut	gut

Showprogramme	sehr gut	mittelmäßig – gut	sehr schlecht
Tanzmusik	gut – sehr gut	mittelmäßig	zu laut
Nebenkosten Getränke	moderat	moderat	Sehr hoch
Menüwahl Restaurant	gut – sehr gut	gut – sehr gut	Sehr, sehr gut
Buffets Restaurant	gut, aber chaotisch	gut	Sehr, sehr gut
Knabbereien in den Bars	fehlen	gut	gut
Musik beim Auslaufen	keine	sehr gut	zu laut
Morgenradio	fehlt	sehr gut	fehlt
Sauna	schlecht, da getrennt	gut, aber ohne Sicht nach außen	Sehr, sehr gut
Landausflüge	gut, moderat	gut, moderat	sehr vielseitig, aber sehr teuer

Bergen

62 Seesauna

Nachdem wir im Jahre 2007 einmal bei Abschlussfahrten ausgesetzt hatten, haben wir 2008 wieder an einer solchen Fahrt teilgenommen und zwar vom 01. bis 05.10.2008 an den Klopeiner See in Österreich. Gebucht haben wir diese Fahrt wie auch die vorangegangenen bei Schuy Exclusivreisen in Elz.

Da eine Fahrtstrecke von über 900 km zu bewältigen war, war die Abfahrt extrem früh, so dass wir am 01.10. bereits um 03:00 Uhr aufstehen mussten und um 03:35 Uhr nach Elz an den Betriebshof des Busunternehmens fuhren und dort unseren PKW abstellten. Nach dem Koffer verladen ging die Fahrt pünktlich wie geplant um 04:20 Uhr los. Wir hatten die zwei Sitze ganz vorne links in der ersten Reihe, dahinter war der vordere Treppenabgang zum Bordbistro, die Reihe 2 entfiel daher auf der linken Seite. Die Firma Schuy hat nur noch Busse mit 2 Treppenaufgängen, einer vorne und einer in der Mitte. Vorne in der ersten Reihe hat man zwar eine gute Sicht während der Fahrt, aber weniger Beinfreiheit als in den übrigen Reihen. Außerdem ist dort weniger Stauplatz für das Handgepäck und man hat keinen Kontakt zu den hinten fahrenden Gästen, so dass wir uns entschlossen, bei späteren Fahrten wieder Sitzplätze weiter hinten zu nehmen.
Der Bus fuhr weitere Haltepunkte in der Ortsmitte von Elz, dem Bahnhof in Limburg, einer Autobahn-raststätte in Bad Camberg und einen Parkplatz auf der A3 kurz vor dem Mönchhofdreieck an, um dort noch weitere Gäste aufzunehmen. Komplett mit allen Gästen ging dann die Fahrt über die Autobahnen A3, A67, A6, A9 und A99 über Mannheim, Nürnberg und München nach Österreich und dort weiter über die A8 nach Salzburg, durch den Tauern- und Katschbergtunnel über Villach und Klagenfurt an den Klopeiner See.
Die Fahrt verlief relativ störungsfrei, lediglich kurz hinter München gab es zwei kürzere Staus in Baustellen. Unterwegs gab es vier Pausen an Raststätten für einen

Toilettengang etc. Während der Fahrt regnete es teilweise sehr heftig und es war mit nur 12 Grad auch sehr kühl. Wir selbst nutzten die Zeit im Bus, um uns bei einem gemütlichen Sektfrühstück im Bordbistro schon auf den Kurzurlaub einzustimmen.

Um 16:45 Uhr erreichten wir das Hotel Sonne am Klopeiner See und bezogen dort unser Zimmer. Wir erhielten das Zimmer 301 im 3. OG und waren überrascht über das riesige Zimmer. Wir hatten einen großen Schlafraum mit 2 Betten, einer Sitzecke, einem riesigen Sideboard mit vielen Fächern und Schubladen sowie einem TV. Vor dem Schlafzimmer befand sich ein großer Balkon mit einem kleinen Tisch und 2 Sesseln und man hatte einen direkten Blick auf den See. Weiter gab es einen großen Flur mit 2 riesigen Kleiderschänken und mehr als genügend Kleiderbügeln, 1 Bad mit einer Badewanne/Dusche und einem Waschbecken sowie genügend Ablageflächen für alle Utensilien. Das WC war in einem eigenen Raum untergebracht und es gab ein weiteres kleines Schlafzimmer mit 2 Betten. Sicherlich war das Zimmer in der Hauptsaison für eine Familie mit 2 Kindern gedacht und für unseren Kurzaufenthalt viel zu groß.

In der Zwischenzeit hatte es auch aufgehört zu regnen, es war sogar sonnig und mit 14 Grad etwas wärmer als bei der Abfahrt in Deutschland.

Wir packten unsere wenigen Sachen für die paar Tage aus und gingen dann um 18:30 Uhr zu einem Begrüßungscocktail und erhielten einige wichtige Informationen zum Hotel und zum Ablauf der nächsten Tage.

Um 19:00 Uhr gab es im Restaurant des Haupthauses, in dem auch wir untergebracht waren, das gemeinsame Abendessen. Wir erhielten einen Tisch zusammen mit einem einzelnen jüngeren Mann aus dem Taunus und einem Paar aus Bad Camberg. Mit allen drei hatten wir schnell Kontakt und konnten an allen Abenden sehr nette Gespräche führen. Etwas mehr mit dem Paar als mit dem einzelnen Mann, aber auch dieser war ganz sympathisch.

Beim Abendessen gab es immer ein sehr reichhaltiges Salatbuffet, eine Suppe, der Hauptgang und das Dessert wurden am Tisch serviert. Das Essen war an allen Abenden immer gut bis sehr gut. Außer am Ankunftstag konnten wir an den übrigen Tagen zwischen 2 Hauptgängen wählen. Am ersten Abend gab es neben der Suppe faschiertes Fleisch mit Beilagen.

Ein Abendprogramm gab es nach der doch sehr langen Anreise am ersten Tag nicht. So nahmen wir in der Hotelbar nur noch einen Schlummertrunk und gingen bereits gegen 22:00 Uhr ziemlich müde ins Bett.

Am Donnerstag standen wir um 07:30 Uhr auf und gingen um 08:00 Uhr zum reichhaltigen Frühstücks-buffet in das Restaurant. Auch das Frühstücksbuffet war immer gut und hatte genügend Auswahl an warmen und kalten Speisen.

Um 10:00 Uhr fuhren wir mit einem Bummelzug ca. 50 Minuten zu einer Heurigen Buschenschenke hoch über dem Klopeiner See. Die Abfahrtsstelle lag direkt am Hotel und alle Gäste von Schuy konnten mit den 2 Bahnen zum gleichen Zeitpunkt mitfahren. In der Buschenschenke wurden wir mit einem Schnaps begrüßt, dann konnten wir dort bei Akkordeon-Musik einen Jausenteller mit diversen Wurstsorten, Käse und Brot etc. einnehmen. Zwar waren wir nach dem ausgiebigen Frühstück nicht wirklich hungrig, aber der Jausenteller sah so einladend aus und war sehr schmackhaft. Natürlich gab es dazu passend auch ein gutes Bier oder einen leckeren Wein. Von uns musste ja keiner mehr fahren, so dass ein paar Bierchen erlaubt waren.

Um 13:00 Uhr und um 13:30 Uhr fuhren die beiden Bummelbahnen zurück zum Hotel, wir selbst gingen aber zusammen mit dem anderen Paar von unserem Tisch zu Fuß zurück ins Hotel, das wir schon nach einer halben Stunde erreichten, es ging auch ausnahmslos nur bergab. Auch andere Gäste gingen vor uns oder nach uns zu Fuß zurück. Es war bedeckt und ca. 13 Grad, sehr angenehm für diesen Fußweg. Als wir das Hotel erreichten, war es sogar sonnig und rund 16 Grad warm.

Eine Besonderheit des Hotels war eine **Seesauna** am Ende eines Steges im See mit direktem Zugang zum See. So ließen wir diese Sauna einschalten und machten dort am Nachmittag 4 Saunagänge. Etwas später gesellten sich noch 3 andere Gäste zu uns, die ebenfalls einen oder 2 Saunagänge unternahmen. Wir hatten vorgesorgt und unser Aufgussmittel mit dabei, so dass wir jedes Mal einen Aufguss machen konnten. Zum Abkühlen gingen wir in den See, der aber mit nur 16 Grad doch ganz schön kalt war, aber nach einem Saunagang mit 90 Grad war dies kein großes Problem. Es war auch noch warm genug, um zwischen den Saunagängen auf den sehr bequemen Liegen mit weichen Auflagen im Freien auszuruhen.

Um 19:00 Uhr gab es das gemeinschaftliche Abendessen, wie am Tag zuvor mit einem Salatbuffet, einer Suppe, dem Hauptgang (wir hatten uns an diesem Abend für Spanferkel entschieden) und einem Dessert.

Nach dem Abendessen spielte ab 20:30 Uhr ein Duo (Keyboard und Gitarre/Saxophon) zum Tanz auf. Die Musik war sehr gut und wir tanzten bis zum Ende kurz nach 23:00 Uhr weit mehr als bei anderen Fahrten. Aber auch etliche andere Paare aus unserer Reisegruppe tanzten fleißig mit, ebenfalls mehr als sonst. Das Duo spielte sehr abwechslungsreich alle Tänze von Walzer, Langsamer Walzer über Disco-Fox, Rumba. Cha-Cha bis zum Tango und auch Jive und Rock'n Roll. Es war wirklich für jeden etwas dabei.

Nachdem die Musik kurz nach 23:00 Uhr aufhörte genehmigten wir uns noch einen Hausbrand, der sehr gut (mild) war und gingen gegen 23:45 Uhr zu Bett.

Am Freitag (in Deutschland Feiertag „Tag der Deutschen Einheit") standen wir um 07:15 Uhr auf und nach dem Frühstücksbuffet fuhren wir mit unseren zwei Bussen zu einer Seenrundfahrt. Leider regnete es an diesem Tag teilweise sehr stark und es war auch mit nur 10 Grad sehr kühl, so dass wir unterwegs nicht all zu viel sahen und die einzelnen Ausstiege aus dem Bus immer sehr nass waren.

Am Hotel stiegen zwei örtliche Reiseleiter in die Busse zu und erklärten uns unterwegs die wichtigsten Dinge über die Landschaft und Kärnten allgemein. Die Fahrt ging über Völkermarkt und Klagenfurt bis zum Wörthersee, wo es über die Mittagszeit einen etwas längeren Aufenthalt mit Einnahme des Mittagessens in einem Selbstbedienungsrestaurant gab. Anschließend bummelten wir nur ganz kurz an den See und dort zum aus dem Fernsehen bekannten Schlosshotel am Wörthersee, das wir aber nur von außen besichtigten.

Entlang der Karawanken ging die Fahrt immer noch bei starkem Regen zurück ins Hotel, wo wir um 16:45 Uhr eintrafen. Leider war die Frontscheibe des Busses ständig angelaufen, so dass wir kaum Sicht auf die Berge etc. hatten.

An diesem Abend gab es in einem Nebengebäude des Hotels ausschließlich für uns Schuy-Gäste ein Großes Kärntner Bauernbuffet mit diversen kalten und warmen Speisen. Die Atmosphäre in diesem Gebäude war aber leider nicht so gut wie im Haupthaus, das Essen aber wieder gut.

Ab 20:30 Uhr spielte ein Alleinunterhalter am Keyboard zum Tanz auf. Der Alleinunterhalter war zwar auch gut, aber nicht ganz so gut wie das Duo am Tag zuvor. Außerdem waren die Fliesen im Nebengebäude sehr stumpf, so dass das Tanzen etwas beschwerlich war.

Trotzdem tanzten wir aber mit anderen Gästen auch wieder bis zum Ende der Musik kurz nach 23:00 Uhr gingen dann um 23:30 Uhr zu Bett.

Am Samstag schliefen wir einige Minuten länger und standen erst um 08:00 Uhr auf. Nach dem Frühstücksbuffet nahmen wir an einem fakultativen Ausflug nach Völkermarkt teil. Mit nur einem Bus, der aber bis zum letzten Platz, einschließlich im Bordbistro, besetzt war, ging die nur kurze Fahrt um 10:30 Uhr am

Hotel los und bereits gegen 10:45 Uhr erreichten wir die Stadt.

Dort fand auf dem Marktplatz ein Markt der Köstlichkeiten mit verschiedenen Ständen aus Kärnten statt. Es gab dort u. a. diverse Öle, Salami, Wild, Holzartikel etc. Allerdings war der Markt ziemlich klein und auch wenig besucht. Es war zum Glück an diesem Tag sonnig und ca. 6 Grad kühl. Nach einem kurzen Bummel durch den Ort, um einige Sehenswürdigkeiten wie das Rathaus, die Lichtsäule u. a. zu fotografieren gingen wir uns zuerst in einem Caffee aufwärmen und dann wieder zum Marktplatz. Mittlerweile war es etwas wärmer geworden und auf einer kleinen Bühne gab es Live-Musik von einem kleinen Blasorchester, eine Trachten-Modenschau und eine Vorführung einer Volkstanzgruppe.

Gegen 13:00 Uhr gab es den Fassbieranstich durch den Bürgermeister und das Bier wurde anschließend gratis an die Besucher verteilt. So kamen auch wir in den Genuss des besten Bieres der Welt, nämlich dem Freibier.

Um 14:30 Uhr fuhren wir zurück zum Hotel und machten anschließend nochmals 3 Saunagänge in der See-Sauna. Trotz der kühlen Witterung konnte man zwischen den Saunagängen auch wieder im Freien ausruhen, allerdings mit Bademantel und warm eingewickelten Füßen. An diesem Nachmittag waren wir die beiden einzigen Gäste in der Sauna.

Um 18:30 Uhr gab es das Abendessen, dieses Mal wieder im Restaurant im Haupthaus. Wir hatten uns an diesem Abend für ein Pariser Schnitzel als Hauptgang entschieden.

Ab 20:30 Uhr spielte das Duo Foxtrott zum Tanz auf und auch dieses Duo, bestehend aus einem Keyboarder und einem Musiker am Schlagzeug, war wieder sehr gut und spielte zum Glück entgegen ihrem Namen abwechselnd alle Tänze. Dieser Abend war öffentlich, so dass sich auch andere Gäste unter die Tanzenden mischten. Auffällig war ein jüngeres Tanzpaar – offensichtlich Turniertänzer – die ohne Rücksicht auf andere Tänzer die ganze Tanzfläche für sich beanspruchten und zur

Erheiterung der übrigen Gäste mehr schlecht als recht „herumhopsten". Jeder im Saal amüsierte sich über diese zwei, wie sie sich hier präsentierten und in den Vordergrund stellten.

Auch an diesem Abend gingen wir, nachdem die Musik beendet war, gegen 23:15 Uhr ins Bett.

Die Heimreise am 05. Oktober war nicht ganz so extrem, aber trotzdem auch wieder sehr, sehr früh immerhin mussten ja wieder um die 900 Kilometer zurückgelegt werden. So mussten wir bereits um 05:00 Uhr aufstehen und um 05:45 Uhr wurden die Koffer in die Busse verladen. Danach ging es zum Frühstücksbuffet, das wegen der frühen Stunde etwas kleiner ausfiel als an den Tagen davor und auch wieder für uns im Nebengebäude angerichtet war.

Um 06:50 Uhr traten wir die Rückreise an, wobei es auf österreichischer Seite an diesem Morgen zwischen plus 3 und minus 1 Grad kalt war und wieder regnete. Auf der deutschen Seite wurde es dann wärmer bis zu 12 Grad am Nachmittag und der Regen hörte teilweise auf.

Da es vor München einen längeren Stau gab, wechselten die Busse auf die Landstrasse und umfuhren so München. Trotzdem war die Heimreise erheblich langsamer als auf dem Hinweg trotz LKW-Fahrverbot. Aber wegen der Herbstferien in manchen Bundesländern und dem Feiertag 03. Oktober waren doch sehr viele Autos unterwegs. Auch auf der Rückreise gab es vier Pausen für die Busfahrer und für WC- Gänge etc. der Reisegäste. Wir selbst verbrachten zur Mittagszeit einen Teil der Fahrt im Bordbistro und nahmen dort ein kleines Mittagessen ein und tranken einen Cappuccino etc.

Nachdem einige Gäste auf dem Rastplatz Weilbach, der Autobahnraststätte Bad Camberg und dem Limburger Bahnhof ausgestiegen waren, erreichten wir nach ca. 13 Stunden um 20:50 Uhr den Betriebshof in Elz, übernahmen dort unseren abgestellten Wagen und fuhren – wieder im Regen – nach Hause.

63 Särge

Im Jahre 2008 erhielten wir über eine Zeitungsannonce und im Internet Kenntnis über eine Westafrika-Kreuzfahrt mit der MS Vistamar über Plantours und Partner. Wir forderten einen Katalog und ein Sonder-prospekt über diese Reise an. Uns gefielen sowohl das Schiff als auch die etwas ungewöhnliche Route so gut, dass wir unmittelbar nach unserer Karibik-Kreuzfahrt auf der AIDAaura diese Reise buchten. Es handelte sich um eine Kreuzfahrt von Namibia über Sao Tomé, Benin, Ghana, Gambia bis nach Dakar im Senegal vom 11. – 28. März 2009 und um ein Vorprogramm in Namibia vom 05. – 11. März, das wir dazu buchten. Ausschlaggebend für die Buchung dieser Reise war weniger das Schiff, sondern vielmehr diese Route, die nicht von anderen Reiseanbietern angeboten wird und bei der wir 6 neue Länder besuchen konnten. Aufgrund seiner geringen Größe kann die MS Vistamar auch auf dem Gambia River fahren, was größere Schiffe nicht können. Die MS Vistamar hat maximal 290 Passagiere, war bei unserer Fahrt aber nur mit 182 Passagieren belegt, was äußerst angenehm war. Nach der Buchung der Reise recherchierten wir noch etwas im Internet und lasen dort sehr viele negative Bewertungen über die MS Vistamar, was uns aber nicht davon abhielt trotzdem an der Buchung festzuhalten um uns bei der Reise ein eigenes Bild zu machen, was sich dann bei der Reise auch als richtig herausstellte. Richtig ist aber, dass die MS Vistamar in der Vergangenheit sehr viele technische Probleme hatte und auch im Winter 2008/2009 wegen Maschinenschaden für mehrere Wochen außer Dienst war. Dadurch mussten die Kreuzfahrten über Weihnachten und Silvester storniert werden, was für die Passagiere, die diese Reisen gebucht hatten natürlich mehr als ärgerlich war. Die MS Vistamar nahm erst 4 Wochen vor Beginn unserer Reise wieder den Betrieb auf und fuhr dort zweimal die Route rund um Südafrika bevor sie dann mit unserem Abschnitt weitermachte.

Wir waren also sehr gespannt, wie unsere Reise verlaufen würde und wurden in allen Punkten positiv überrascht, wir hatten absolut keinen Grund zur Klage.

Am Donnerstag, dem 05. März brachte uns unsere Tochter um 19:40 Uhr zum Frankfurter Flughafen und wir checkten dort gegen 20:20 Uhr bei Lufthansa ein. Plantours hatte für den Hinflug Lufthansa vorgesehen, was uns sehr gelegen kam, denn wir hatten genügend Meilen gesammelt und konnten für den Hinflug Meilen für das Upgrade in die Business Class einsetzen. Leider wurden uns hier aber viel mehr Meilen angerechnet, als es in den Unterlagen stand, da Plantours offensichtlich die preisgünstigsten Tickets als Gruppenbuchung erworben hatte. So wurden uns statt 35.000 satte 50.000 Meilen für das Upgrade berechnet. Zwar hatten wir diese Anzahl an Meilen, es ärgerte uns aber dann doch, insbesondere auch deshalb, weil das Upgrade nur bis Johannesburg galt und nicht auch für den Weiter-flug mit SAA nach Windhoek, obwohl SAA auch zur Star Alliance gehört und Business Class für den erwähnten Flug auch angeboten wurde. Insgesamt mal wieder eine negative Erfahrung mit Lufthansa.

Nach dem Einchecken und der Personen- und Handgepäckskontrolle hielten wir uns in der Business Class Lounge auf, die mittlerweile etwas besser ausgestattet war als wir es bisher kannten. Es gab jetzt sogar warme Würstchen und mehr Auswahl an Knabberzeug und Obst.

Die Handgepäckskontrolle war sehr sorgfältig und es wurde eine Flasche Sonnenöl entdeckt, die versehentlich im Handgepäck gelandet war, was nicht erlaubt ist. Diese Flasche wurde uns daher abgenommen, was aber zu verschmerzen war. Auch meine Personenkontrolle war übergründlich und es piepste massiv beim Durchgang durch den Detektor. Ich wurde im Oktober 2008 an der linken Schulter operiert und habe seit dieser Zeit ein künstliches Schultergelenk aus Titan, das jetzt erwartungsgemäß natürlich Alarm auslöste. Wegen dieser

Prothese besitze ich aber einen entsprechenden Ausweis und konnte dies sofort nachweisen, was dann auch in Ordnung war. Ich hatte aber nicht daran gedacht, dass ich für alle Fälle Immodium akut in der Hosentasche hatte und dass diese Tabletten mit Metallfolie umwickelt sind. Dies löste dann auch Alarm aus und ich musste auch diese aus der Tasche entfernen.

Leicht verspätet startete unser Flug LH 572 um 22:35 nach Johannesburg. Wir hatten 2 Sitze in der Mitte, Reihe 24 E und G. Nachdem das Flugzeug die Reiseflughöhe erreicht hatte, gab es ein sehr gutes warmes Abendessen – viel zu viel für die späte Stunde - und früh morgens vor der Landung ein üppiges warm/kaltes Frühstück.

Der Flug verlief problemlos und wir landeten am Freitag, dem 06.03.09 um 10:15 Uhr Ortszeit (MEZ -1 Stunde) in Johannesburg.

Wir orientierten uns an den Hinweisschildern und gingen selbstständig Richtung Transferbereich zum Weiterflug nach Windhoek. Wir hatten uns vorsorglich frische T-Shirts in das Handgepäck eingepackt und auch meinen Akku-Rasierer. So konnten wir uns in den Toiletten umziehen und frisch machen. Da der Weiterflug in der Economy Class erfolgte, durften wir in Johannesburg leider nicht die Business Class Lounge aufsuchen.

Noch als wir in der Nähe der Toiletten auf einer Bank etwas ausruhten kam eine ganze Gruppe mit Kofferanhängern von Plantours zusammen mit einem Reiseleiter an uns vorbei und wir schlossen uns spontan dieser Gruppe an. Wie wir dann erfuhren, begleitete ein Reiseleiter von Plantours den gesamten Flug bereits ab Frankfurt bis Windhoek, was uns aber nicht bekannt war. Die restlichen Reiseteilnehmer in der Economy Class lernten den Reiseleiter bereits in Frankfurt kennen. Da wir uns aber in der Business Class Lounge aufhielten, erfuhren wir das nicht.

Bei dem Reiseleiter handelte es sich um Lutz St., über den im Folgenden noch viel zu erzählen sein wird. Er gab uns in Johannesburg dann den Tipp, doch bereits hier

Geld für Namibia zu tauschen, da es in Windhoek dafür zu wenig Zeit gäbe. In Namibia gilt neben dem Namibischen Dollar auch der südafrikanische Rand mit exakt gleichem Kurs. Umgekehrt gilt aber der Namibische Dollar nicht in Südafrika. Zusammen mit anderen Reiseteilnehmern tauschten auch wir daher hier Geld um und erlebten auch schon wieder eine Überraschung: Zum Umtauschen musste neben dem Reisepass auch die eigene Telefonnummer von zu Hause angegeben werden. Wozu erschloss sich uns nicht.

Danach hatten wir immer noch sehr viel Zeit bis zum Weiterflug, die wir langweilig in den unbequemen Stühlen auf dem Flugplatz verbrachten. Diese Warterei bei der An- und Abreise ist immer der unschöne Teil einer Reise. Wir sahen hier auch erstmals die gesamten 36 Teilnehmer des Vorprogramms, zu engeren Kontakten kam es hier aber noch nicht, jeder ging so seinen eigenen Weg.

Endlich um 14:30 Uhr startete die Maschine der South African Airlines SA 076 nach Windhoek. Wir hatten Sitze in der Reihe 17 A und F. Zwei zusammenhängende Sitze konnten wir beim Einchecken nicht mehr erhalten, die beiden zugewiesenen Plätze lagen jeweils am Notausgang rechts und links, was etwas mehr Beinfreiheit bedeutete, die Sitze selbst waren aber sehr eng.

Zum Glück war es nur ein kurzer Flug, denn bereits um 17:10 Uhr landeten wir planmäßig in Windhoek/Namibia. Nach der Passkontrolle und dem Empfang der Koffer am Gepäckband wurden wir von 2 örtlichen Reiseleitern empfangen und gemäß einer vorliegenden Liste in 2 Gruppen aufgeteilt. Nach welchen Gesichtspunkten diese Einteilung erfolgte, ist uns nicht bekannt, aber im Nachhinein können wir sagen, dass wir das große Los gezogen hatten und in der besseren Gruppe waren!

Wegen einer Namensverwechslung des in der Gruppe 4mal vorkommenden Namens Müller gab es noch eine kleine Verschiebung und die 2 Gruppen waren nicht gleichmäßig mit je 18 Personen besetzt, sondern unsere Gruppe 1 hatte 20 Personen und die Gruppe 2 16

Personen. In unserer Gruppe war zufälligerweise u. a. auch ein Paar ganz aus unserer Nähe, nämlich Christina und Benedikt aus Diez. So klein ist die Welt, dass man sich im fernen Afrika trifft. Nach ersten noch reservierten Kontakten entstand mit diesem Paar eine engere Freundschaft bei dieser Reise, da wir viele Gemeinsamkeiten bei uns entdeckten. Dieses Paar war einige Jahre jünger als wir, die restlichen Teilnehmer waren alle etwa gleich alt bzw. älter, darunter ein Paar von der Insel Usedom, ein Paar aus Bamberg, ein Paar aus Eschborn bei Frankfurt und ein Paar aus Oberursel/Taunus. Mit diesen Paaren hatten wir ebenfalls etwas nähere, aber lockere Kontakte. Zu den weiteren Paaren im Bus 1 entstanden keine näheren Kontakte. Im Bus 2 waren sehr viele Einzelreisende und mit einer einzigen Ausnahme gab es hier keine näheren Kontakte, auch nicht bei der Kreuzfahrt im Anschluss an das Vorprogramm.

Der zuvor bereits erwähnte Reiseleiter Lutz von Plantours stellte sich kurz in unserem Bus 1 vor und wechselte dann in den Bus 2, um sich dort ebenfalls vorzustellen und dann mit diesem Bus zum Hotel zu fahren. Fahrer und Reiseleiter im Bus 1 war Tom und Fahrer/Reiseleiter im Bus 2 Roland. Auch im direkten Vergleich stellten wir fest, dass wir auch mit Tom den mit Sicherheit besseren Reiseleiter „erwischt" hatten. Tom ist gebürtiger Deutscher, der in Namibia eine Farm betreibt und zusammen mit seiner Frau auch als Reiseleiter tätig ist. Er konnte so toll und interessant über jedes Thema in Namibia berichten, so dass die kommende Rundreise in allen Teilen ganz toll war und uns hervorragend gefallen hat. Dieses Vorprogramm vor der Kreuzfahrt zu buchen, war absolut die richtige Wahl!
Mit unseren 2 Bussen ging es vom Flughafen Windhoek, der ca. 42 Kilometer außerhalb liegt, in die Stadt zum Safari Court Hotel. Unterwegs gab es lediglich einen kurzen Halt an der lutherischen Christuskirche von 1896 und dem Reiterdenkmal aus dem Jahre 1912.

Windhoek ist die Hauptstadt Namibias, hat ca. 250.000 Einwohner und liegt auf einer Höhe von ca. 1.650 Metern. Es gibt deutsche Restaurants, deutsches Brot, Wurst, Bier und Karneval in Windhoek. Eine Verständigung auf Deutsch ist überall problemlos möglich, wenngleich die offizielle Landessprache aber Englisch ist. Es war an diesem Nachmittag stark bewölkt und ca. 20 Grad warm.

Um 19:15 Uhr trafen wir im Hotel ein. Das 4 Sterne Safari Court Hotel liegt inmitten eines 13 Hektar großen Privatgrundstücks und ist das größte Hotel Namibias. Das Hotel verfügt über 234 Luxuszimmer, 14 de Luxe Zimmer, 9 Suiten und ist umgeben von einer Vielzahl von einheimischen Bäumen, Büschen und gepflegtem Rasen sowie verschiedenen Stein- und Wasserspielanlagen.

Wir erhielten dort einen Begrüßungscocktail und dann die Zimmerschlüssel, für uns das Zimmer 2021. Nachdem wir auch unsere Koffer auf dem Zimmer erhalten hatten, konnten wir endlich nach der langen Anreise duschen und uns umziehen.

Während der gesamten Rundreise mussten wir uns nicht um unsere Koffer kümmern, außer morgens beim Verladen darauf achten, dass sie auch wirklich in den Bus eingeladen wurden. Das Aus- und Einladen im Bus sowie der Transport zum und vom Zimmer wurde jeweils durch Hotelangestellte durchgeführt. Es gab bei dieser Reise leider keine Möglichkeit die Koffer für die Kreuzfahrt irgendwo zu deponieren, so dass wir alle Koffer mit auf die Rundreise nehmen mussten und diese täglich aus dem Bus erhielten und am nächsten Tag wieder verladen mussten.

Um 20:00 Uhr gab es das erste gemeinsame Abendessen in Form eines Buffets im Hotel. Mit nur sehr wenigen anderen Reiseteilnehmern nahmen wir noch einen Drink an der Bar und gingen dann doch auch ziemlich müde gegen 23:00 Uhr zu Bett.

Am Samstag, dem 07.03.09 hieß es um 06:15 Uhr aufstehen und nach dem Duschen die Koffer vor die Tür zu stellen. Nachdem wir das sehr gute und reichhaltige

Frühstücksbuffet genossen hatten, wurden um 08:10 Uhr die Koffer verladen und bei sonnigem Wetter und heißen 28 Grad begann der erste Tag unserer Rundreise. Heute kamen dann auch die ersten Kontakte zu den anderen Reiseteilnehmern im Bus 1 zustande sowie der engere Kontakt zum Reiseleiter/Fahrer Tom. Wir hatten im Bus freiwillig die Plätze auf der hintersten Bank rechts eingenommen, direkt vor uns saß das Paar aus Bamberg, links in der vorletzten Reihe das Paar aus Diez. So ergaben sich zwangsläufig wegen der unmittelbaren Nähe zu diesen beiden Paaren die engsten Kontakte während der Fahrt. Nach dem Vorprogramm ebbte der Kontakt zu dem Bamberger Paar aber wieder ab, da dieses Paar auf der MS Vistamar weit von uns entfernt einen Platz im Restaurant hatte und dort neue Bekannte fand.

Die Fahrt führte uns zuerst ca. 70 km nach Okahandja, wo wir die Hererogräber und einen Handwer-kermarkt besichtigten. Okahandja hat ca. 20.000 Einwohner und seine Geschichte ist eng mit der Geschichte des Hererovolkes verbunden. Neben der Missionskirche von 1976 liegen die wichtigsten Häuptlinge begraben. Von Okahandja ging die Fahrt weiter über Otavi und Tsuneb zum Etosha Nationalpark. Unterwegs gab es einen kurzen Halt an einem Spar Supermarkt, um, wie es Tom sagte „etwas zum Knabbern" einzukaufen. Um keine Zeit mit einem Mittagessen zu vergeuden, hielten wir jeden Tag an einem solchen Supermarkt und nahmen die gekauften „Speisen" im Bus während der Weiterfahrt ein. Wir selbst fanden dies sehr gut, ob alle anderen Reiseteilnehmer dies auch so sahen, wissen wir nicht.

Um 17:30 Uhr erreichten wir den Etoscha Nationalpark und checkten dort in der Kempinski Mokuti Lodge ein. Nach einem Begrüßungscocktail wurden die Zimmerschlüssel verteilt und die Koffer dort hin transportiert. Die Lodge ist sehr weitläufig und besteht aus mehreren Komplexen von Chalets, die alle mit Klimaanlage, eigenem Badezimmer, Föhn, Fernseher, Telefon und einem Moskitonetz über dem Doppelbett ausgestattet sind. Weiterhin gibt es einen Swimmingpool, den wir bei unserem Aufenthalt aber nicht nutzten. Wir erhielten ein Chalet ganz am Ende der Anlage im Block N, Zimmer 242.

In dieser Lodge hatten wir den ersten Kontakt mit einheimischem Wild, denn mehrere Gruppen von Antilopen kamen bis zu unserer Terrasse und grasten friedlich vor den Chalets. Jetzt waren wir wirklich in Afrika angekommen und fühlten uns einfach nur wohl.

Nach dem obligatorischen Koffer auspacken und Duschen etc. nahmen wir um 19:00 Uhr im Restaurant unser Abendessen ein, das in Form eines Buffets angeboten wurde und auch einheimische Fleischspeisen, z. B. Kudu enthielt.

Da es auch am Abend immer noch so warm war, dass man kurzärmelig im Freien sitzen konnte, nahmen wir dort noch einen Drink zusammen mit anderen Reiseteilnehmern ein, bevor wir gegen 23:00 Uhr zu Bett gingen.

Am Sonntag, 08.03.09 brauchten wir keine Koffer zu packen, da wir 2 Nächte in der Mokuti Lodge verbrachten. So standen wir um 06:00 Uhr auf und genossen dann das sehr gute und reichhaltige Frühstücksbuffet. Eierspeisen wurden von einem Koch frisch zubereitet. Es war an diesem Morgen leicht bewölkt und ca. 22 Grad warm.

Um 08:00 Uhr starteten wir mit beiden Bussen zu einer Wildbeobachtungsfahrt durch die Etosha Pfanne. Der Besuch des Etosha Nationalparks gehört zu den Highlights einer Namibia Reise. Etosha umfasst eine Fläche von 22.000 qkm und wurde bereits 1907 zum Wildschutzgebiet erklärt. Die Pfanne ist nahezu immer trocken, enthält aber vorwiegend im Süden zahlreiche Wasserlöcher. Nahezu die gesamte Palette an afrikanischem Großwild ist im Park vertreten, nach einer neuen Zählung ca. 250 Löwen, 4000 Gnus, 8000 Oryx-Antilopen, 300 Nashörner, 2500 Giraffen, 6000 Zebras und über 2000 Elefanten. Springböcke gibt es über 20.000 Exemplare. Bei der Größe des Parks ist es natürlich mit sehr viel Glück verbunden zum richtigen

Zeitpunkt an der richtigen Stelle zu sein, um die zuvor erwähnten Tiere auch zu sehen. Zum einen wandern die Tiere ja ständig hin und her und zum anderen finden sie hinter Bäumen und Sträuchern auch genügend Deckung vor den neugierigen Touristen. Selbst die riesigen Giraffen sind manchmal nur schwer ausfindig zu machen. Durch den Park führen zwar gepflegte, aber ungeteerte Strassen, die man nicht verlassen darf. Bei unserer Pirschfahrt sahen wir zwar weder Elefanten noch Löwen, aber sehr viele Giraffen, Zebras, Antilopen, Warzenschweine und unzählige Springböcke, kein Wunder bei der hohen Zahl dieser Tiere. Oftmals waren es aber nur „Stehböcke", da sie nicht sprangen. Weiterhin konnten wir sehr viele unterschiedliche Vögel beobachten.

Um 13:00 Uhr kehrten wir in die Lodge zurück, um uns kurz etwas auszuruhen. Um 15:30 Uhr ging es mit den 2 Bussen zu einer weiteren Pirschfahrt in den Park bis zum Einbruch der Dunkelheit und wir konnten nochmals wie bei der Vormittagsfahrt sehr viele Tiere, u. a. auch an einem Wasserloch beobachten. Es setzte jetzt leichter Regen ein, der aber nur sehr kurz war.

Um 17:15 Uhr kehrten wir zurück zur Lodge und nahmen um 18:15 Uhr das gemeinsame Abendessen ein, wieder in Buffetform und auch wieder mit einheimischem Wild, sehr gut. Nach dem Abendessen trafen wir uns erneut mit anderen Reiseteilnehmern auf der Terrasse vor der Bar und nahmen einen Schlaftrunk ein, bevor wir gegen Mitternacht zu Bett gingen.

Am Montag, dem 09.03.09 hieß es auch wieder um 06:00 Uhr aufstehen und heute mussten auch wieder die Koffer gepackt und vor die Tür gestellt werden. Bereits zu dieser frühen Stunde kamen auch wieder die Antilopen bis zu unserer Terrasse. Es war an diesem Morgen leicht bewölkt, aber bereits 23 Grad warm.

Nach dem ausgiebigen Frühstücksbuffet und dem Koffer verladen ging unsere Rundreise ab 08:00 Uhr weiter über Tsuneb und Otjiwarongo zum Okunjati Wildreservat. Die

Stadt Otjiwarongo ist das Zentrum des mittleren Nordens und auch Hauptanlauf- und Versorgungspunkt für die Farmer der Region. Am Bahnhof der Stadt steht noch immer die alte „Henschel Lokomotive": Die alte Dampflok Nr. 41, die 1912 in Kassel bei der Firma Henschel fertig gestellt wurde, fuhr früher zwischen Otavi und Swakopmund.

Otjiwarongo hat ca. 22.000 Einwohner. Selbstverständlich gab es um die Mittagszeit wieder den obligatorischen Halt an einem Spar Supermarkt, um etwas zum Knabbern einzukaufen.

Hinter Otjiwarongo trennten sich die Wege unserer 2 Busse. Da die Mount Etjo Safari Lodge nicht über genügend Zimmer verfügt, wurden wir ausnahmsweise für die nächste Nacht und den nächsten Tag in zwei verschiedenen Lodges untergebracht.

Unser Bus 1 fuhr daher nicht zur Mount Etjo Safari Lodge sondern zur Epako Game Lodge. Diese Lodge verfügt über 24 luxuriöse Appartements mit en-suite Badezimmern, Telefon, Klimaanlage und Terrasse. Die Badezimmer sind sogar mit einem Bidet ausgestattet. Man konnte nicht übersehen, dass die Besitzer Franzosen sind. Desweiteren gibt es einen Swimmingpool und eine offene Terrasse für die Mahlzeiten.

Um 14:45 Uhr erreichten wir diese Lodge und nach dem Begrüßungscocktail wurden wir auf die Zimmer verteilt. Vor der Lodge war zwar ein Fluss, der aber zu dieser Zeit völlig ausgetrocknet war, so dass hier keine Tiere zu beobachten waren.

Die Besitzer der Lodge halten einen Hund, der gerade 2 Junge hatte, die sofort bei uns Kontakt suchten und sich auch gleich ins Bett unserer Nachbarn, dem Paar aus Diez, legten.

Um 17:00 Uhr starteten wir unsere erste Pirschfahrt mit 2 offenen, aber oben überdachten, Jeeps mit je ca. 10 Personen durch das weitläufige Gelände. Ab diesem Tag unternahmen wir soweit möglich alles zusammen mit dem Diezer Paar, so auch diese Pirschfahrt. Hier gibt es kaum befestigte Strassen, die Fahrt geht querfeldein über

Savanne, ausgetrocknete Flussbette etc., wir wurden ordentlich durchgeschüttelt, aber durch die vielen Tierbeobachtungen entschädigt. Die Temperatur war jetzt auf tropische 29 Grad gestiegen. Zwar sahen wir auch hier weder Löwen noch Elefanten, aber sehr viele andere interessante Tiere, z. B. 2 Geparden, eine Nashorn-familie, sehr viele Zebras, Gnus, Wasserböcke, Giraffen und natürlich Antilopen. Die Fahrt endete auf einem kleinen Hügel, wo wir einen ganz tollen Sonnenuntergang erleben durften. Dazu gab es Sangria (passt ja zu Afrika? ☺) und Knabberzeug.

Um 19:30 Uhr kehrten wir zur Lodge zurück und nahmen dort nach dem Duschen und Umziehen um 20:00 Uhr das gemeinsame Abendessen in Buffetform auf der offenen Terrasse ein.

Ein „harter Kern" von 10 Reiseteilnehmer, darunter wir und das Diezer Paar, blieb dann noch bis Mitter-nacht auf der Terrasse sitzen und erzählte sich bei mehreren Bieren von anderen Reisen, lachte bei Witzen und lies den schönen Tag lustig ausklingen. In dieser Lodge waren die Getränke am günstigsten während der gesamten Rundreise, wenngleich sie ohnehin in Namibia sehr günstig sind. Ich war positiv überrascht, wie wenig ich am nächsten Morgen für die Getränke des Vortages bezahlen musste.

Am nächsten Morgen standen wir bereits um 05:45 Uhr auf und genossen ebenfalls auf der offenen Terrasse das Frühstücksbuffet, das zwar etwas weniger reichlich ausfiel als in der Lodge zuvor, aber immer noch abwechs-lungsreich genug war. Zu dieser frühen Stunde war es bereits sonnig und 25 Grad warm.

Um 07:45 Uhr starteten wir erneut mit den offenen Jeeps zu einer weiteren Pirschfahrt und sahen auch hier wieder sehr viele Tiere, Höhepunkt war dabei eine Nashorn-familie mit Vater, Mutter und Kind, nur ca. 5 m von uns entfernt!

Um 09:30 Uhr waren wir zurück in der Lodge, die Koffer wurden im Bus verladen und dann ging die Fahrt weiter über Karibib und Usakos nach Swakopmund. Unterwegs – natürlich – der Halt am Spar Supermarkt.

Gegen 15:00 Uhr erreichten wir Swakopmund und unternahmen dort eine kurze Stadtrundfahrt, u. a. zum Atlantikstrand mit dem Leuchtturm als Wahrzeichen der Stadt, bevor wir zum gebuchten Hotel fuhren. Für die nächsten 2 Nächte schliefen wir im Bahnhof☺. Na ja nicht so wirklich, das Swakopmund Hotel ist der umgebaute ehemalige Bahnhof von Swakopmund, ein 4 Sterne Hotelkomplex mit angeschlossenem Kasino etc. Das Hotel der „upper-class" ist das beste Haus am Platz und verfügt über 90 moderne Zimmer und 2 Präsidenten-Suiten.

Hier im Hotel trafen wir uns auch wieder mit den Reiseteilnehmern des Busses 2, die die letzte Nacht in einer anderen Lodge untergebracht waren. Im Gespräch mit diesen erfuhren wir, dass wir auch bei der Lodge wieder das bessere Los gezogen hatten. Zwar sei die andere Lodge vielleicht etwas besser gewesen (was aber nicht bestätigt ist), aber es wurden dort viel weniger Tiere gesichtet als bei uns und nur das zählt.

Das große Hobby des Plantours Reiseleiter Lutz ist Fotografieren und er hat alleine während des Vorprogramms weit über 1500 Fotos gefertigt. Eine Auswahl von ca. 1000 Fotos auf einer DVD konnten wir am Ende der Kreuzfahrt von ihm für nur 10,00 € erwerben. Da Lutz zusammen mit den Teilnehmern des Bus 2 in der Mount Etjo Safari Lodge war und dort die Pirschfahrten mitmachte, konnten wir jetzt die Fotos von dort sehen und mit unseren eigenen Erlebnissen vergleichen und dadurch einwandfrei feststellen, dass wir den besseren Part erwischt hatten.

Wir erhielten das Zimmer 104 im Swakopmund Hotel, ganz am Ende eines langen Flures. Nach dem Koffer auspacken gingen wir zu Fuß durch Swakopmund, um uns einen ersten Eindruck von dieser Stadt zu verschaffen, in der wir später vielleicht einmal leben werden. Swakopmund hat ca. 30.000 Einwohner und ist die zweitgrößte Stadt Namibias und überall deutsch geprägt. Es gibt ein deutsches Brauhaus, eine Konditorei mit Original Schwarzwälder Kirschtorte, deutsches Brot u. v. m. Eine Verständigung in Deutsch ist fast überall problemlos möglich.

Um 18:00 Uhr kehrten wir zum Hotel zurück, duschten und zogen uns um und nahmen dann um 19:00 Uhr das Abendessen (Buffet) im Hotelrestaurant ein.

Anschließend gingen wir zu Fuß zum Brauhaus und tranken dort noch ein gutes, nach deutschem Reinheitsgebot gebrautes Bier. Wir waren an diesem Abend aber alleine dort und trafen lediglich Tom und den anderen Reiseleiter an der Bar.

Um 23:30 Uhr ging es zurück zum Hotel und zur Nachtruhe.

Am Mittwoch, 11.03.09 standen wir um 06:10 Uhr auf und genossen das sehr reichhaltige Frühstücks-buffet im Hotel. Eierspeisen wurden auch hier im Hotel frisch von einem Koch zubereitet. Völlig ungewöhnlich für uns gab es am Frühstücksbuffet sogar einen Grill, um Steaks zu braten, und Austern! Ich esse Austern zwar gerne, aber doch nicht zum Frühstück. Außer unserem Reiseleiter Tom habe ich auch keinen anderen Gast Austern frühstücken gesehen.

Vor Antritt der Reise konnten bereits alle fakultativen Ausflüge gebucht werden und wir hatten in Swakopmund einen Rundflug zum Sossusvlei gebucht. Es wurde alternativ auch noch eine Fahrt zur Robbenkolonie Cape Cross angeboten, aber in den Unterlagen stand, dass sich beide Ausflüge überschneiden und daher nur einer gebucht werden kann. Also entschieden wir uns für den Flug, der uns wichtiger war.

Am Tag vor der Ankunft in Swakopmund eröffnete uns Tom aber, dass doch beide Ausflüge kombiniert werden können und wir entschieden uns sofort spontan dafür, auch noch die Fahrt zur Robbenkolonie zu buchen, was wir auch nicht bereut haben. Im Gegenteil, wir hätten uns sehr geärgert, wenn wir dies nicht getan hätten.

So trafen wir uns um 08:00 Uhr vor dem Hotel und fuhren mit unserem Bus nach Cape Cross, wo wir hunderte von Robben beobachten konnten. Ein absolut traumhaftes Erlebnis. Zwar verströmen die vielen Robben einen etwas unangenehmen Uringeruch, dieser ist aber erträglich, wir hätten es uns nach der Vorwarnung schlimmer vorgestellt. Nach einem leichten Nieselregen am Vormittag wurde es im weiteren Verlauf des Tages wieder knapp 30 Grad heiß. Um 13:15 Uhr waren wir zurück im Swakopmund Hotel und wir aßen eine Kleinigkeit im Garten des Hotels. Na ja, wir wollten nur eine Kleinigkeit essen, aber das bestellte Sandwich hatte dann doch riesige Ausmaße.

Um 14:30 Uhr fand unser kurzer Transfer zum Flughafen in Swakopmund statt, von dem aus wir unseren gebuchten Flug zum Sossusvlei mit einem Kleinflugzeug starteten. Insgesamt wurden 4 Passagiere mit der Cessna geflogen, ich selbst erhielt den Platz als Copilot rechts neben dem Piloten, meine Frau und 2 weitere Gäste saßen hinter uns in 2 Reihen. Der Flug selbst dauerte ca. 2 Stunden und war einfach traumhaft. Das Sossusvlei ist eine von mächtigen Sanddünen umschlossene Lehmsenke. Die Dünen erreichen teilweise Höhen von 300 Metern und gehören damit zu den höchsten der Welt. Nur ca. alle 10 Jahre gibt es so heftigen Regen, dass sich die Lehmsenke mit Wasser füllt und ein türkisblauer See für eine Weile entsteht. Je nach Sonnenstand ändern die Dünen ständig ihre Farben, was ein eindrucksvolles Schauspiel ist. Mitten im Sossusvlei befindet sich weiterhin der Fish River Canyon, der vor ca. 20 Millionen Jahren entstanden ist und dem Grand Canyon in den USA ähnelt. Das hatten wir hier so nicht erwartet und wir waren vom Anblick aus der Luft einfach überwältigt. Anders als aus der Luft wäre dieser Anblick auch nicht möglich. Nach dem Sossusvlei drehte das Flugzeug ab Richtung Küste und wir sahen von oben u. a. auch noch ein verlassenes Goldgräberlager sowie 2 Schiffswracks, die in früheren Zeiten an der Küste Namibias strandeten und jetzt weit im Landesinnern in den Sanddünen liegen.

Da plötzlich dichter Nebel an der Küste aufzog, mussten wir kurz vor Walfish Bay wieder Richtung Landesinnere abdrehen und flogen zurück nach Swakopmund. Mit einem Kleinbus wurden wir zurück ins Hotel gefahren, wo wir gegen 17:30 Uhr eintrafen.

Am Abend gab es einen weiteren Höhepunkt dieser Reise, nämlich ein Abendessen in der Wüste. Um 18:45 Uhr fuhren wir mit unseren beiden Bussen kurz hinter Swakopmund in die Sandwüste. Dort erwartete uns ein Zelt mit einem reichhaltigen Buffet. Rund um das Zelt standen Fackeln zur Beleuchtung, vor dem Zelt brannte ein Lagerfeuer und auch eine mobile Toilette war hinter dem Zelt aufgebaut. An mehreren runden Tischen nahmen wir hier unser Essen in einem stilvollen Rahmen ein. Wir hatten am Tag zuvor für unseren Reiseleiter gesammelt und ein Teilnehmer aus unserem Bus Nr. 1 übergab dieses Geld nun im Rahmen einer kurzen Dankesrede an unseren Reiseleiter Tom.

Dies wurde von den Reiseteilnehmern des Busses 2 erheblich kritisiert, aber sie hätten ja schließlich etwas Ähnliches machen können. Aber wie wir erfuhren gab es im Bus 2 keine Einigung über die Höhe des Trinkgeldes und jeder gab da individuell.

Auch eine kleine Wüstenmaus stattete uns fremden Touristen einen Besuch ab. Wie wir erfuhren steht das Zelt dort nicht etwa immer und Touristen werden regelmäßig nach dort gebracht, sondern das Zelt und alles was dazu gehört wird immer nur für bestimmte Anlässe aufgebaut und muss am nächsten Tag auch wieder komplett abgebaut werden, es darf nicht für längere Zeit dort stehen bleiben.

Die Rückfahrt zum Hotel wurde in zwei Etappen durchgeführt, wir selbst und fast alle anderen Teilnehmer des Bus 1 wählten die spätere Rückfahrt um 23:10 Uhr zusammen mit Tom und Lutz. Der Bus 2 mit Roland war bereits lange Zeit vorher zurück gefahren.

Dieser „harte Kern" des Busses 1 wollte an der Hotelbar noch einen Abschiedstrunk nehmen, aber die Bar war schon geschlossen. Das wollten wir so nicht akzeptieren und der Plantours Reiseleiter Lutz regelte an der Rezeption, dass die Bar extra für uns nochmals geöffnet wurde und eine Bedienung für uns abgestellt wurde. Lutz organisiert halt alles. Mit ca. 18 Personen „feierten" wir dann noch bis 01:30 Uhr das Ende der wundervollen Rundreise durch Namibia.

Am Donnerstag, dem 12.03.09 standen wir um 07:20 Uhr auf, packten unsere Koffer und genossen das überaus reichhaltige Frühstücksbuffet im Hotelrestaurant. Um 09:30 Uhr mussten wir die Koffer vor die Tür stellen und im Hotel auschecken. Um 10:00 Uhr trafen wir uns in der Hotel Lobby mit einer Vertreterin von Namib I, um einige Fragen für eine künftige Wohnung in Swakopmund zu besprechen. Seit einigen Jahren haben sich unsere Pläne für unseren Lebensabend nach meiner Pensionierung dahingehend gefestigt, dass wir dem deutschen Winter entfliehen wollen und diesen in Namibia verbringen wollen, im deutschen Sommer wollen wir zu Hause sein. Ende 2008 hatte ich daher im Internet entsprechend recherchiert und durch Zufall einen Makler gefunden, der nur 2 Orte von uns entfernt wohnt. Wir trafen uns mit diesem im Januar 2009 und hatten bereits sehr viele wichtige Informationen für unsere Pläne erhalten. Die Tochter dieses Maklers, Frau Almuth S., wohnt in Swakopmund und betreibt dort das Büro Namib I, das in unmittelbarer Nähe des Swakopmund Hotels liegt, daher konnten wir das Treffen sehr gut organisieren. Nach allen bisherigen Gesprächen und Recherchen haben wir fest vor im Jahre 2012 / 2013 eine Eigentumswohnung in Swakopmund zu kaufen, um dort ca. 6 – 7 Monate im Jahr zu leben. Um das alles aber nicht zu überstürzen, wollen wir im Jahre 2010 einen Langzeiturlaub, ca. 6 – 8 Wochen, in Namibia verbringen und so leben, als wären wir bereits fest dort sesshaft. Wir werden über die zuvor erwähnte Frau Almuth S. ein Appartement für die Zeit mieten und uns dann selbst um alles kümmern, also den nächsten Bäcker, den nächsten Supermarkt suchen und einkaufen und so leben wie ein Einwohner und nicht ein

Tourist. Gleichzeitig werden wir Kontakte zu anderen dort lebenden Deutschen herstellen, um dann noch weitere offene Fragen etc. zu klären. Wenn dies alles positiv verläuft, werden wir dann wie gesagt 2012 / 2013 eine Eigentumswohnung dort erwerben. Ein kleiner Wermutstropfen in dieser Ange-legenheit ist, dass zur Zeit ein großer Bauboom in Swakopmund herrscht, da in der Nähe mehrere Uranminen neu eröffnet werden und dadurch die Immobilienpreise in den nächsten 2 – 3 Jahren ansteigen werden. Aber vor 2012 können wir es uns leider nicht leisten eine Immobilie zu erwerben. Nach heutigen Erkenntnissen wird dies aber auch in 2 -3 Jahren noch für ca. 100.000 € möglich sein. Heute könnten wir eine Eigentumswohnung mit 2 Schlafzimmern mit begehbarem Kleiderschrank, Wohnzimmer, voll eingerichteter Küche, Bad, Balkon und 2 Kfz-Stellplätzen für ca. 80.000 € erwerben. Ob diese Pläne wirklich in Erfüllung gehen wird die Zukunft zeigen und Sie können es im späteren Verlauf dieses Buch lesen.

Nach dem Gespräch mit Almuth S. gingen wir zu Fuß zum Brauhaus und nahmen dort unser Mittagessen ein und genossen das gute Bier. Um 15:00 Uhr fuhren wir mit unseren 2 Bussen nach Walfish Bay zur Einschiffung auf der MS Vistamar für die weitere Kreuzfahrt. Zuvor wurden auf der Treppe vor dem Swakopmund Hotel noch ein paar Gruppenfotos von der kompletten Reisegruppe des Vorprogramms gefertigt. Ein Foto zur Erinnerung erhielten wir später auf der MS Vistamar kostenlos vom Reiseleiter Lutz.

Um 15:45 Uhr erreichten wir die MS Vistamar und checkten dort ein. Das Einchecken ging sehr schnell, da zu diesem Zeitpunkt nur wir 36 Teilnehmer des Vorprogramms an Bord gingen. Die Gäste, die jetzt erst aus Deutschland anreisten, waren noch nicht eingetroffen. Da das Schiff auch nicht ausgebucht war, erhielten wir ein kostenloses Upgrade in die nächst höhere Kabinenkategorie und waren dadurch 1 Deck höher als eigentlich gebucht. Wir erhielten die Kabine 221 und hatten auch sehr schnell unsere Koffer auf der

Kabine und konnten sofort mit dem Auspacken etc. beginnen.

Endlich konnten nach 1 Woche Rundreise alle Koffer ausgepackt werden und die Kleidung ordentlich verstaut werden. Wir machten auch sofort 3 Wäschesäcke mit der gebrauchten Wäsche aus dem Vorprogramm fertig und gaben diese zum Wäscheservice auf dem Schiff.

Die Kabine war zweckmäßig mit 2 Einzelbetten links und rechts eingerichtet. Besonderheit auf der MS Vistamar sind überbreite Betten mit 1,05 m. Unter dem Fenster, zwischen den beiden Betten, befand sich ein kleiner Schrank mit 3 Schubladen, vor dem linken Bett befand sich ein weiterer Schrank mit 4 Schubladen, vor dem rechten Bett befand sich Schreibtisch mit 2 abschließbaren Schubladen, darauf der Fernseher. Nach dem Eingang rechts befand sich ein 2flügeliger Kleiderschrank, der ebenfalls nochmals 2 kleine Schubladen enthielt. Links nach dem Eingang befand sich die Nasszelle mit einer Dusche, WC und Waschbecken. Alles war sehr zweckmäßig und sauber, wir waren mit der Kabine zufrieden. Kleiderbügel gab es absolut genügend im Kleiderschrank, es hätte lediglich etwas mehr Ablageplatz für Hemden, T-Shirts u. ä. geben können. Aber wir haben auch so irgendwie alles untergebracht.

Am Schreibtisch gab es auch leider nur eine einzige Steckdose, die durch den Fernseher belegt war, aber zum Glück habe ich immer eine Dreifach-Steckdosenleiste im Reisegepäck, so dass ich Fernseher, meinen Laptop und fallweise noch ein Ladegerät fürs Handy oder die Kamera gleichzeitig anschließen konnte.

Um 16:50 Uhr gab es bereits Kaffee, Tee und Gebäck im Musiksalon, danach machten wir einen ersten Rundgang durch das Schiff, um uns zu orientieren. Die MS Vistamar ist ein relativ kleines Schiff, auf dem man sich sofort gut zurecht findet. Auf dem Deck, auf dem sich unsere Kabine befand, war das Spielzimmer mit 2 Internet-PCs und der Musiksalon, in dem jeden Tag nachmittags Kaffee und Gebäck angeboten wurde, abends gab es hier die unterschiedlichsten Veranstaltungen und Shows. Vom

Musiksalon ging es hinaus auf das Lidodeck mit dem Pool und Liegen sowie mehreren Tischgruppen für das Frühstück und das Mittagsbuffet. Beides wurde sowohl im Restaurant als auch hier auf dem Freideck angeboten. Ein Deck höher gab es Liegeflächen zum Sonnen etc. und den Verandaclub, in dem abends ein Alleinunterhalter zum Tanz aufspielte. Weiterhin befand sich hier eine Bibliothek, der Bordarzt und die Sauna- und Massageabteilung. Ein Deck unter unserem befand sich die Rezeption, das Bordreisebüro und das Restaurant Andalucia, in dem in nur einer Tischzeit das Abendessen serviert wurde.

Am Anreisetag fand das Abendessen um 20:00 Uhr statt und für uns war der Tisch Nr. 5 reserviert und welche Überraschung: Wir saßen dort zusammen mit dem Paar aus Diez, Christina und Benedikt. Als 5. Gast hatten wir an unserem Tisch einen allein stehenden Mann aus der Nähe von Hannover –Andreas, der bei Telekom beschäftigt ist. Der 6. Platz am Tisch blieb während der gesamten Reise frei, da ja – wie gesagt – das Schiff nicht ausgebucht war. Andreas hatte das Vorprogramm im Bus 2 durchgeführt, so dass wir bis zu diesem Zusammentreffen am Tisch kaum Kontakt zu ihm hatten. Wir waren erst etwas skeptisch, ob Andreas zu uns 4 passt, aber dies war völlig unbegründet, wir verlebten mit ihm eine schöne Zeit an Bord und hatten viel Spaß und viel Gesprächsstoff. Während der Kreuzfahrt behielten alle Gäste immer den gleichen Platz im Restaurant, also sowohl für das Frühstück als auch für das Mittagessen und das Abendessen. Schade, da man dadurch nur schlecht Kontakt zu anderen Gästen bekommt und nicht jeden Tag neue Gesprächspartner an seinem Tisch vorfindet. Aber wir 5 passten gut zusammen und alles verlief sehr harmonisch. Auch mit unseren Tischkellnern hatten wir viel Glück, insbesondere der Essens-Kellner Antono aus Bali war ein überaus lieber und aufmerksamer Kellner. Die Getränkekellnerin Martha aus der Ukraine schätzten wir am ersten Abend etwas vorschnell als unfreundlich ein, aber das mussten wir im Verlauf der

Reise revidieren, auch Martha war ganz o. k. Als dritten Kellner hatten wir noch einen jungen Mann von den Philippinen an unserem Tisch, der immer mit der großen Pfeffermühle zum Nachwürzen ankam und auch beim Abräumen half. Er wurde von uns nur der „Pepperman" genannt, seinen richtigen Namen habe ich leider vergessen.

Zum Abendessen gab es immer eine Menükarte mit mindestens einer Vorspeise, 2 Suppen, einem Zwischengericht, 3 Hauptgerichten und 2 Desserts, aus der man auswählen konnte. Salat konnte man sich zusätzlich jeder Zeit selbst an einem Buffet zusammenstellen, ebenso Käse und Obst als Abschluss des Dinners. Nach dem Essen konnte noch Kaffee oder Tee geordert werden, was aber während dieser Reise keiner von uns 5 in Anspruch nahm.

Sowohl beim Mittagessen als auch beim Abendessen gab es kostenlos weißen oder roten Tischwein. Meistens entschieden wir uns für den Weißwein, der zwar relativ trocken, aber dennoch gut zu trinken war. Das Dinner war an allen Tagen, an denen wir es erlebten, immer sehr gut, sehr schmackhaft und reichhaltig. Die einzelnen Portionen waren aber nicht übermäßig groß, so dass man gerne sowohl die Vorspeise als auch das Zwischengericht zusätzlich wählen konnte.

Ab 21:30 Uhr spielte die Cocktail Combo im Musiksalon zum Tanz auf, ein bestimmtes Programm gab es am Anreisetag verständlicherweise nicht. Die Cocktail Combo bestand aus 4 Musikern aus Ungarn und sie spielten wirklich sehr gute und abwechslungsreiche Tanzmusik. Aber viel Betrieb war leider nie auf der Tanzfläche, wenn einmal 3 oder 4 Paare tanzten, dann war das schon viel. Und am Anreisetag hatte gar keiner Lust zum Tanzen, wir selbst allerdings auch nicht.

Wir warteten nur noch bis zum so genannten Späten Snack, der täglich gegen 22:30 Uhr gereicht wurde. An diesem Tag gab es Sandwichvariationen, danach gingen wir zu Bett und schliefen bis zum nächsten Morgen gut durch. Das Schiff lag noch fest am Kai, so dass keinerlei

Motorengeräusche o. ä. zu hören waren. Die aus Deutschland eintreffenden Gäste kamen erst gegen 23:00 Uhr an, aber auch davon hörten wir in der Kabine nichts.

Am Freitag, dem 13. standen wir um 07:15 Uhr auf und genossen nach dem Duschen etc. das gute und reichhaltige Frühstücksbuffet im Restaurant. Wie auch bei allen anderen Kreuzfahrten behielten wir unsere Angewohnheit bei und standen immer 30 Minuten vor der Frühstückszeit auf und saßen immer als Erste gleich zu Beginn der Frühstückszeit am Tisch. Das jüngere Paar aus Diez kam so früh noch nicht aus den Federn, diese sahen wir nur ganz selten beim Frühstück, meistens erst, wenn wir schon fertig waren und aufstanden. Andreas hingegen war auch ein Frühaufsteher und wir frühstückten meistens zusammen.

Auch auf der MS Vistamar gab es ein Morgenradio mit einer für die MS Vistamar komponierten Melodie und Informationen für den jeweiligen Tag, z. B. genauer Standort, Temperatur, Seegang, Tagesprogramm etc. Aber leider begann dieses Morgenradio immer erst 15 Minuten vor Frühstücksbeginn, was uns zu spät war, so dass wir immer nur einen kleinen Teil davon mitbekamen.

Wie zuvor erwähnt konnte das Frühstück auch auf dem Lidodeck im Freien eingenommen werden, wir nahmen es aber bei dieser Reise immer im Restaurant ein. Es gab täglich ganz frische Brötchen, Croissants und sehr gutes Vollkornbrot, verschiedene Wurst- und Käsesorten, Marmeladen, Ceralien, Joghurt, Quark, frisches Obst, 3 Sorten Saft und täglich auch Sekt. Eierspeisen und Speck konnten beim Ober bestellt werden und wurden in der Küche frisch zubereitet und dann am Tisch serviert. Täglich gab es hier eine Spezialität, z. B. ein Omelett oder einen Pfannkuchen mit Obst, oder Leberkäse mit einem Ei oder vieles andere.

Die MS Vistamar lag an diesem Tag noch fest am Kai in Walfish Bay und die Gäste, die erst zur Kreuzfahrt anreisten, hatten an diesem Tag einen Landausflug nach Swakopmund und zu den Dünen, was wir ja bereits im

Vorprogramm erlebt hatten. Wir lasen daher nach dem Frühstück etwas in der Bibliothek und sonnten uns auf dem Lidodeck, dort standen genügend Liegen zur Verfügung, da die meisten Gäste ja an Land waren. Aber auch an allen anderen Tagen gab es nie Probleme, eine freie Liege zu bekommen, unter anderem auch deswegen, da das Schiff nicht ausgebucht war. Lediglich Plätze im Schatten standen etwas zu wenig zur Verfügung und waren früh vergeben.

An diesem Tag war es sonnig und 28 Grad heiß. Um 13:15 Uhr nahmen wir das Mittagessen auf dem Lidodeck am Buffet ein. Neben dem Mittagessen im Restaurant gab es täglich auf dem Lidodeck ein Mittagsbuffet mit einer Salatbar, 2 oder 3 Hauptgerichten, Obst und Dessert sowie eine Nudelpfanne.

Es hat sich bei uns dann so eingependelt, dass wir wegen des immer schönen Wetters bis auf sehr wenige Ausnahmen unser Mittagessen immer auf dem Lidodeck einnahmen. So musste man sich nicht extra umziehen. Im Gegensatz zu anderen Kreuzfahrtschiffen gab es auf der MS Vistamar an Seetagen keine Vormittagsboillon, sondern ab ca. 10:00 Uhr bis zum späten Nachmittag warme Würstchen und Brot auf dem Lidodeck. Hier konnte man sich ständig bedienen und als Zwischenmahlzeit oder auch zum Mittagessen oder zum Kaffee ein Würstchen essen. Fanden wir viel besser als die Boillion.

Um 16:00 Uhr wechselten wir aus der Sonne in den kühlen Musiksalon, um dort Kaffee und Kuchen zu genießen. Musikalisch wurde die Kaffeezeit immer durch die Cocktail Combo untermalt. Neben verschie-denen Kuchen und Torten gab es hier täglich auch Sandwichvariationen und immer auch ein warmes Gericht, z. B. heißen Apfelstrudel, Arme Ritter, Bananenauflauf o. ä.

Um 18:00 Uhr verließ die MS Vistamar Walfish Bay und begleitet durch die Vistamar Melodie begann nun die Kreuzfahrt von Namibia bis zum Senegal. Das Auslaufen, das immer auch etwas sentimental ist, erlebten wir auf dem Lidodeck. Danach gab es im Musiksalon einen Vortrag „Sicherheit immer zuerst" und „Auf ein Wort", bei denen die wichtigsten Sicherheitsbestimmungen etc. auf dem Schiff erläutert wurden.

Danach folgte um 19:00 Uhr das Abendessen im Restaurant und ab 21:00 Uhr folgte im Musiksalon eine „Hitparade", bei der die Cocktail Combo diverse Musiktitel spielte. Das Ganze wurde vom Allroundtalent Lutz moderiert, den wir bei dieser Kreuzfahrt als einen der besten Reiseleiter aller Reisen kennen und lieben lernten. Lutz kann und macht einfach alles, es wird noch viel von ihm zu berichten sein.

Die Hitparade selbst war nicht so ganz nach meinem Geschmack, ich hatte mir da vielleicht auch etwas anderes vorgestellt.

Als späten Snack gab es an diesem Abend Kleine Häppchen und danach gingen wir um 23:30 Uhr zu Bett. Noch eine Bemerkung zu den Späten Snacks: Man braucht sie ja nicht, es gibt ja schließlich den ganzen Tag genügend zu essen, aber hier auf der MS Vistamar fielen diese im Vergleich zu anderen Schiffen doch recht mager aus. Die Portionen selbst, die gereicht wurden, waren sehr, sehr klein und meistens kam der Kellner auch kein zweites Mal, so dass man noch ein 2. Häppchen hätte nehmen können. Aber das ist natürlich kein Kriterium für die Bewertung des Schiffes, dies ändert nichts am guten Gesamteindruck des Schiffes und der gesamten Reise.

Am Samstag, dem 14.03.09 standen wir um 07:45 Uhr auf und genossen in aller Ruhe das Frühstücks-buffet, da es sich um einen reinen Seetag handelte und kein Landausflug auf dem Programm stand. Es war bereits morgens sonnig und ca. 24 Grad warm, die See war mit einer Stärke von 3 noch ziemlich ruhig.

Um 10:15 Uhr mussten wir an der vorgeschriebenen Seenotrettungsübung teilnehmen, die hier weit ausführlicher und etwas anders durchgeführt wurde, als wir es bisher kannten. Nach Ertönen des Alarm-signals mussten wir bereits in der Kabine die Schwimmweste anlegen und damit vor der Kabinentür warten. Von dort wurden wir abgeholt und von Besatzungsmitgliedern zum zugeordneten Sammelplatz auf dem Aussendeck geführt. Dort trafen wir uns am zugeordneten Rettungsboot, die Vollzähligkeit aller Passagiere wurde in einer Liste abgehakt und es wurden nochmals alle wichtigen Informationen für den Fall eines Notfalles erläutert.

Danach nahmen wir um 11:00 Uhr an der ersten Partie Shuffleboard auf dem Sonnendeck teil. Meine Frau und ich bildeten zusammen mit noch einem weiteren unbekannten Mann ein Team und wir gewan-nen diese Partie. Moderiert wurde das Spiel – natürlich – von Lutz und als Preis gab es ein gelbes Plantours Schlüsselband. Insgesamt haben wir bei dieser Reise bei verschiedenen Spielen etc. 8 solcher Schlüsselbänder, 2 blaue Plantours Kappen und eine CD mit der Vistamar Melodie gewonnen.

Das Mittagessen nahmen wir wieder auf dem Lidodeck ein, mittlerweile war die Temperatur auf über 30 Grad gestiegen und nach einigem „Braten" in der Sonne wechselten wir zur Kaffeezeit wieder in den kühlen Musiksalon. Dort wurden anschließend um 17:00 Uhr die kommenden Landausflüge in Wort und Bild vorgestellt und konnten anschließend gebucht werden. Dies hatten wir aber bereits vor Antritt der Reise getan. Zwar mussten die Ausflüge (für uns auch ungewöhnlich) auch schon vorher bezahlt werden, aber dafür hatten wir schon die Voucher und die Gewissheit, dass der von uns gewünschte Ausflug auch tatsächlich stattfindet. Bei AIDA kann man zwar auch alle Landausflüge vorher im Internet buchen, aber die Bestätigung und die Voucher erhält man erst an Bord, man weiß vorher also noch nicht, ob der gewünschte Ausflug auch tatsächlich zustande kommt. Das war hier schöner.

Nach der Präsentation der Ausflüge mussten wir uns relativ schnell für den festlichen Abend duschen und umziehen.

Um 18:45 Uhr gab es im Musiksalon einen Begrüßungscocktail (Sekt oder Orangensaft) und die persönliche Begrüßung durch den Kapitän und die Kreuzfahrtdirektorin, natürlich verbunden mit einem Foto durch den Bordfotografen. Der Bordfotograf war allerdings bei dieser Reise aus unserer Sicht das schlechteste Besatzungsmitglied. Er war bei Veranstaltungen an Bord kaum präsent, der Film der Reise war ziemlich lieblos zusammengestellt, nicht mit Kommentaren versehen, sondern nur mit langweiliger Musik unterlegt und enthielt keine Originalmusik, wenn z. B. eine örtliche Folkloregruppe gefilmt wurde. Als einzige Ausnahme enthielt der Film einige Sekunden von der Begrüßungs-rede des Kapitäns, das war's dann aber auch schon. Allerdings war der Film mit nur 39,90 € viel preiswerter als sonst üblich, so dass wir ihn trotzdem genommen haben.

Nachdem alle Gäste begrüßt waren, stellte der italienische Kapitän seine wichtigsten Offiziere und die deutsche Kreuzfahrtdirektorin Anke Rüsch, die Reise-leiter, den Bordfotografen und den Lektor vor. Nach dieser „Prozedur" gab es um 19:30 Uhr im Restaurant das festliche Willkommens-Gala-Abendessen.

Ab 21:45 Uhr stellten sich im Musiksalon unter dem Titel „It's Showtime" alle Künstler dieser Reise vor. Neben der bereits erwähnten Cocktail Combo waren dies der Alleinunterhalter Siggi Klein, die Sängerin Angelika Blum, die Comedian Claudia Griseri und der Entertainer Timur Cevik. Näheres zu den einzelnen Künstlern, die im Verlaufe der Reise auch mehrere Solo-Auftritte hatten, folgt dann an den jeweiligen Tagen.

Als Späten Snack gab es um 23:00 Uhr Fish fingers, danach gingen wir kurz nach Mitternacht ins Bett. An diesem Tag musste erstmals während der Kreuzfahrt die Uhr um 1 Stunde zurückgestellt werden, so dass die Nacht 1 Stunde länger war.

Am Sonntag, dem 15.03.09 war es morgens bereits 28 Grad heiß und der Seegang hatte von 3 auf 2 nachgelassen, die See war leider noch ruhiger als am

Tag zuvor. Nach dem Frühstück gingen wir in das Bordreisebüro, um den beim Vorprogramm nachträglich noch gebuchten Ausflug zur Robbenkolonie zu bezahlen. Auch dies war anders als bei unseren bisherigen Kreuzfahrten. Reisebüro und Schiff waren völlig getrennte Bereiche und mussten auch einzeln bezahlt werden.

Auf dem Bordkonto wurden nur die Ausgaben auf dem Schiff, also die Getränke, Fotos, Zugang zum Internet, Einkäufe im Shop etc. addiert und am Ende der Reise bezahlt. Die Landausflüge dagegen mussten extra im Reisebüro bezahlt werden. Betraf uns jetzt nur noch für den Robbenausflug, alles andere war ja bereits vor Antritt der Reise in Deutschland bezahlt.

Danach sonnten wir uns auf dem Lidodeck und sicherten uns schon einmal zusammen mit Christina, Benedikt und Andreas einen guten Platz für den Frühschoppen, der ab 11:15 Uhr dort stattfand. Unter der musikalischen Begleitung des Alleinunterhalters Siggi Klein gab es eine Stunde lang Freibier und dazu Würstchen mit Sauerkraut etc., das reguläre Mittagsbuffet entfiel an diesem Tag am Lidodeck. Im Restaurant dagegen wurde ganz normal auch ein Mittagessen angeboten, schließlich nahmen nicht alle am Frühschoppen teil, die Beteiligung war ohnehin ziemlich gering.

Nach dem Frühschoppen in der Hitze auf dem Lidodeck zogen wir uns anschließend für eine kurze Siesta in die kühle Kabine zurück, bevor wir zur Kaffeezeit um 16:00 Uhr wieder auf dem Lidodeck waren.

Ab 17:00 Uhr nahmen wir im Musiksalon an drei Bingorunden teil, gewannen aber leider nichts. Moderiert hat Bingo wer? Natürlich Lutz. Gespielt wurden eine kleine Runde, die Hauptrunde mit der kompletten Karte und eine Rückrunde.

Nach dem Abendessen um 19:00 Uhr im Restaurant gab es ab 21:00 Uhr im Musiksalon die Show „In mir klingt ein Lied –Die schönsten Operetten- und Musicalmelodien", präsentiert von Angelika Blum. Diese Wiener Sängerin hatte eine hervorragende Stimme und die musikalische Darbietung war sehr gut.

Was uns an diesem und allen folgenden Tagen auffiel war die Tatsache, dass fast alle Gäste sofort nach Ende der Show den Musiksalon verließen und auf die Kabinen gingen und das schon gegen 22:15 Uhr. Zwar waren die meisten Gäste viel älter als wir, aber so drastisch hatten wir das bisher noch auf keiner Reise erlebt. Wenn nach der Show noch 15 – 20 Personen im Musiksalon verblieben, um der Musik der Cocktail Combo zu lauschen und davon 2 oder 3 Paare auch tanzten, dann war das schon viel.

Nach der Show wechselten wir in den Verandaclub ein Deck höher, um dort dem Alleinunterhalter Siggi Klein und seiner Tanzmusik zuzuhören. Auch Christina und Benedikt kamen mit. Leider war auch der Verandaclub nicht besser besucht als der Musiksalon, auch hier fanden sich höchstens 10 – 15 Gäste zur späten Stunde ein. Stammgäste waren das Paar aus Bamberg und das Paar aus Eschborn, das mit uns das Vorprogramm im Bus 1 unternommen hatte, wir mit Christina, Benedikt und Andreas und 4 oder 5 andere uns unbekannte Reiseteilnehmer. Siggi ist Kölner und spielte an seinem Keyboard abwechslungs-reiche Stimmungs- und Tanzmusik, begleitet durch manch lockere Sprüche. Er kannte die Alleinunter-halterin Hedi, die sonntags im Müllerland in unserer Gegend zum Tanz aufspielt und hat selbst dort früher auch schon aufgespielt. Die Musik war zwar gut, wiederholte sich aber täglich.

Ungewöhnlich auch die Tatsache, dass Siggi während dieser Kreuzfahrt mit einer Reisenden „anbandelte", diese öffentlich küsste, mit ihr Händchen haltend zu Landausflügen ging etc. Das kennen wir nicht, dass ein Künstler sein Verhältnis zu einem Reisegast so offen zeigt. Die Dame verließ das Schiff dann aber zusammen mit uns in Dakar. Wie es dann mit den Beiden weiterging haben wir nie erfahren.

Nach dem späten Snack, dieses Mal Fleischbällchen, gingen wir gegen 01:00 Uhr zu Bett. Auch in dieser Nacht mussten die Uhren wieder um 1 Stunde zurückgestellt werden, so dass wir erneut 1 Stunde mehr Schlaf hatten und es eigentlich ja erst 12:00 Uhr nachts war.

Auch der Montag war wie auch noch der nächste Tag ein reiner Seetag, wir hatten also 4 Seetage am Stück. Viele finden dies langweilig und können nicht verstehen, dass wir solche Seetage auch lieben.
Natürlich wollen wir bei einer Kreuzfahrt immer wieder neue Länder etc. kennen lernen, aber wir wollen uns zwischendurch natürlich auch an Bord erholen und außerdem ist an Seetagen an Bord ja auch immer Programm, am Tag zuvor der erwähnte Frühschoppen, die Präsentation von Landausflügen, Vorträge des Lektors, von denen noch zu berichten sein wird, Shuffleboard, Bingo und vieles mehr. Außerdem brauche ich ab und zu auch etwas Zeit, um die Fotos von der Kamera auf den Laptop zu überspielen und zu sortieren, im Internet nach Emails zu sehen etc.
Auch an diesem Tag war es morgens schon wieder 28 Grad heiß und der Seegang hatte sich auf etwa 4 erhöht, endlich spürte man wenigstens so ganz leicht, dass man sich auf einem Schiff befand. Nach dem Frühstück sonnten wir uns auf dem Lidodeck, um 11:00 Uhr spielten wir mit Lutz wieder 2 Runden Shuffleboard, an diesem Tag spielten auch Christina und Benedikt zum ersten Mal mit. Unser Team (meine Frau, Christina und ich) gewannen 1 Runde, wieder ein Plantours Schlüsselband.
Nach dem Mittagessen, das wir erneut auf dem Lidodeck einnahmen, begann es leicht zu regnen, so dass wir uns in den Musiksalon zurückzogen und uns zusammen mit Christina und Benedikt Urlaubsbilder unserer früheren Kreuzfahrten etc., die ich alle auf meinem Laptop habe, ansahen.
Ungewöhnlich bei dieser Reise war, dass die meisten Gäste schon weit mehr Kreuzfahrten als wir unternommen hatten und auch in Gegenden, in denen wir noch nicht waren, z. B. in der Antarktis, auf dem Amazonas, Panamakanal usw. Wir haben ja auch schon sehr viele Reisen unternommen und waren bisher bei den

früheren Reisen immer diejenigen, die mehr hatten als andere Reisenden, dieses Mal war es anders.
Und auffällig war auch die Zahl der Repeater auf der MS Vistamar. Christina und Benedikt z. B. hatten schon 7 andere Reisen mit der MS Vistamar unternommen, sie gehören schon fast zum Inventar des Schiffes und kennen natürlich auch sehr viele Servicekräfte u. a. persönlich. In Gesprächen mit diesen Beiden und anderen Gästen erfuhren wir dann auch, dass sich im letzten Jahr sehr viel zum Positiven auf der Vistamar verändert hatte, z. B. in der Inneneinrichtung, beim Service etc. Wir können den Unterschied als Erstfahrer auf diesem Schiff nicht beurteilen, waren mit dem Schiff und allem Drum und Dran aber sehr zufrieden und werden sicherlich noch öfters Reisen auf der MS Vistamar unternehmen. Die Größe des Schiffes hat erhebliche Vorteile für bestimmte Zielgebiete, da das Schiff z. B. sehr weit in den Amazonas einfahren kann, bei Antarktisreisen das Ausbooten schneller geht, bestimmte Flüsse befahren werden können usw. Wir erlebten bei unserer Reise keinerlei technische Probleme, von denen so oft berichtet wurde und die gesamte Reise verlief zu unserer vollsten Zufriedenheit.
Um 17:00 Uhr spielten wir im Musiksalon wieder 3 Runden Bingo (moderiert natürlich von Lutz), gewannen aber leider auch wieder nichts. Um 19:00 Uhr nahmen wir das Abendessen im Restaurant ein. Und um 21:30 Uhr wurde im Musiksalon das ABC-Quiz „Wissen ist Macht – Nichts wissen macht auch nichts" veranstaltet. Bei diesem Quiz wurden zu einer Frage von 3 Personen (A-B-C) 3 unterschiedliche Antworten vorgestellt, von denen natürlich nur eine richtig war. Die 3 Personen waren der Entertainer Timur, der Reiseleiter Frederic und die Kreuzfahrtdirektorin Anke Rüsch. Die Lösungen mussten tischweise abgesprochen werden und ein Zettel mit der Tischplatznummer durch einen „Tisch-Läufer" in einen der 3 Sektkübel vor den Personen A, B oder C eingeworfen werden.

Und dann folgte jeweils ganz theatralisch der Auftritt eines Vollstreckers, der sehr gut pantomimisch und in jedes Mal einer anderen Verkleidung den Inhalt der falschen Kübel ausleerte und nur den Inhalt des richtigen Kübels an die Jury, eine weitere Reiseleiterin, zum Auszählen überbrachte. Dort wurden die richtigen Ergebnisse tischweise addiert, insgesamt gab es 10 Fragerunden und der Tisch mit den meisten richtigen Antworten gewann eine Flasche Sekt. Leider waren wir das nicht, die Fragen waren aber auch sehr, sehr schwer und obwohl wir mit 7 Personen einen Tisch bildeten, fanden wir oftmals nicht die richtige Antwort.

Und jetzt dürfen Sie noch dreimal raten, wer der „Vollstrecker" war, der pantomimisch, mit sportlichen Einlagen und in immer neuer Verkleidung auftrat: Natürlich der Tausendsassa Lutz!

Nach dem Quiz gingen wir wieder ein Deck höher zu Siggi in den Verandaclub, dort gab es dann als späten Snack Chicken Nuggets und gegen 00:30 Uhr gingen wir zu Bett, dieses Mal ohne Uhren umzustellen.

Am Dienstag, dem 17.03.09 hatte sich die See schon wieder beruhigt und der Seegang auf Stärke 3 abgenommen, es war morgens schon wieder 29 Grad heiß.

Nach dem Frühstück sonnten wir uns auf dem Sonnendeck und ab 11:00 Uhr fand auf dem Lidodeck das Spektakel der Äquatorüberquerung statt, das wir aber nur vom oberen Sonnendeck aus beobachteten. Andere Gäste, darunter auch Christina und Benedikt, nahmen dagegen an der ganzen Prozedur teil, die wir schon von anderen Schiffen kannten. Für uns war dies schon die 4. Äquatorüberquerung auf einem Kreuzfahrtschiff. Erwähnen möchte ich noch, dass als Neptun der Alleinunterhalter Siggi auftrat und als sein Gehilfe Lutz, der in seiner Verkleidung fast nicht zu erkennen war.

Als das Spektakel vorbei war nahmen wir unser Mittagessen wieder auf dem Lidodeck ein und sonnten uns anschließend bis zum Kaffee dort. Ab 17:00 Uhr erlebten wir dann das erste Mal den Lektor an Bord mit seinem Diavortrag über Sao Tomé, unserem ersten Ziel bei dieser Reise. Der Lektor hat völlig auswendig zu den gezeigten Bilder sehr interessant über das Land berichtet, aber die vorgegebene Zeit stark überzogen, so dass der Vortrag erst nach 18:00 Uhr beendet war und wir uns etwas beeilen mussten, um uns für das Abendessen umzuziehen etc. Uns hat das nichts ausgemacht, wir sind da eingespielt und können auch in kurzer Zeit die Abendtoilette erledigen, aber am nächsten Tag hörten wir, dass sich andere Gäste darüber beschwert hatten, dass der Lektor überzogen hatte.

Kann ich nicht verstehen, im Urlaub habe ich doch wohl Zeit. Der Effekt war dann, dass der Lektor beim nächsten Vortrag exakt die vorgegebene Zeit von 45 Minuten eingehalten hat und wir dadurch viel weniger Informationen erhielten, was ich persönlich sehr bedauerte, da ich den Lektor sehr gut fand und ihm gerne noch länger zugehört hätte.

Ab 18:30 Uhr nahmen wir einen Aperitif im Musiksalon, dazu gab es an diesem Tag kostenlos kleine Häppchen. Das Abendessen um 19:00 Uhr stand an diesem Abend unter dem Motto „Französisches Abendessen" und enthielt französische Kostbarkeiten. Was uns auf diesem Schiff auffiel war, dass der Kapitän zusammen mit seinen beiden wichtigsten Offizieren zu allen Mahlzeiten − nicht nur beim Kapitäns Essen − im Restaurant anwesend war und dort sein Frühstück, das Mittag- und Abendessen einnahm. Aber nur bei den beiden festlichen Kapitäns-Essen waren auch Gäste mit an seinem Tisch. Überhaupt fiel auf, dass der Kapitän ständig auf dem Schiff präsent war, wer fuhr dann eigentlich das Schiff?

Ab 21:00 Uhr gab es im Musiksalon die Show „Es leben die Diven − Chansons von Piaf, Leander, Dietrich, Knef und anderen großen und kleinen Frauen", präsentiert von Claudia Griseri. Diese Sängerin, die auch als Comedian auftrat, war leider nur mittelmäßig, ihre Stimme war bei weitem nicht so gut wie die ihrer Kollegin Angelika Blum aus Wien. Da haben wir schon Besseres gehört. Und ebenfalls ungewöhnlich für uns war, dass diese Künstlerin täglich überall auf dem Schiff präsent war und auch an allen Bordveran-staltungen teilgenommen hat. Sie nahm am Shuffleboard teil, rauchte und trank Bier beim Frühschoppen, wechselte von einem Reisegast zum anderen, tanzte mit Gästen etc. Normalerweise halten sich die Künstler mehr im Hintergrund. Die anderen Künstler taten dies auch, aber Claudia war immer und überall.

Nach dem späten Snack, an diesem Abend Cheese fritas, gingen wir um 23:30 Uhr zu Bett.

Am Mittwoch, 18.03.09 stand der erste Landgang auf dem Programm. Wir standen um 07:00 Uhr auf und gingen zum Frühstücksbuffet. Kurz danach erreichte die MS Vistamar ihren Liegeplatz vor der Insel Sao Tomé und ging gegen 08:45 Uhr dort vor Anker.

Um 09:00 Uhr trafen sich alle Ausflugteilnehmer im Musiksalon und tauschten dort ihre Ausflugsvoucher gegen entsprechende Buskarten, an diesem Tag eher Bootskarten. Aufgrund der relativ geringen Zahl von Passagieren verlief dies meistens ziemlich gesittet, wir haben das auf anderen Schiffen schon schlimmer erlebt. Wenn es mehrere Ausflüge an einem Zielort gab, begannen die Ausflüge auch zeitlich etwas versetzt, so dass auch hier das Gedränge im Musiksalon entzerrt war.

Auf Sao Tomé wurden zwei verschiedene Ausflüge angeboten, wir hatten uns für den Ausflug „Inselfahrt mit Nova Moca Plantage" entschieden. Um 09:15 Uhr begann für uns das Austendern mit den bordeigenen Zodiacs, wozu natürlich die Schwimmwesten angezogen werden mussten, jeder Zodiac wurde mit ca. 18 Personen besetzt. Die Überfahrt von der Reede bis zur Insel dauerte nur ca. 10 Minuten. Die See war zu diesem Zeitpunkt völlig ruhig und es herrschten Temperaturen von ca. 28 Grad.

Auch bei den Landgängen gab es andere Regeln als wir es bisher kannten. Jeder, der das Schiff verließ, musste eine grüne Landgangsmarke mitnehmen und diese nach der Rückkehr auf dem Schiff wieder an die entsprechende Tafel neben der Rezeption hängen. Die Vollzähligkeit wurde zwar vor dem Auslaufen des Schiffes kontrolliert, nicht aber, ob wirklich auch jeder eine Marke mitgenommen hatte. Bei der Rückkehr auf das Schiff fand keinerlei Kontrolle statt, wie es bei anderen Schiffen üblich ist.

Dort muss man seine Bordkarte beim Verlassen des Schiffes durch ein Lesegerät ziehen, man darf nur nach Vorzeigen der Karte wieder das Schiff betreten und muss bei der Rückkehr die Karte wieder durch das Lesegerät ziehen. Das alles gab es hier nicht. Und noch etwas fiel uns auf: Wenn man das Schiff über die Gangway verließ stand dort kein Schild mit dem Namen des Hafens und des Landes sowie des aktuellen Datums etc. und es wurden auch keine Fotos vom Bordfotografen gemacht. Das hat uns aber absolut nicht gefehlt, diese Bilder brauchen wir nicht.

An Land wurden wir in 2 Busse aufgeteilt und haben dann eine Rundfahrt durch den südlichen Teil der Insel unternommen, wobei es nur zu kurzen Fotostopps an interessanten Punkten kam. Erster längerer Aufenthalt war an der Nova Moca Kaffee- und Kakaoplantage. Diese ist aber nicht mehr in Betrieb, so dass wir dort nur die Anlagen von früher ohne Funktion besichtigen konnten und uns die Kaffeekirschen und Kakaobohnen nur kurz demonstriert wurden. Schade, es konnte auch kein Kaffee oder Kakao probiert werden, wie wir es eigentlich dachten. Wir hatten uns etwas mehr von diesem Ausflug versprochen. Vor der Plantage konnte dann lediglich abgepackter Kaffee erworben werden.

Schnell sprach es sich rum, dass „weiße" Touristen eingetroffen sind und von einer nahe gelegenen Schule kam eine große Zahl Kinder, um uns zu bestaunen. Oder wir sie? Eine kleine Folkloregruppe zeigte dann auch noch ein paar Lieder und Tänzchen für uns, bevor wir zurück zum Hafen fuhren.

Kurz davor gab es nochmals einen kurzen Stopp an einem Marktplatz, auf dem ein für uns völlig fremder

Volkstanz aufgeführt wurde, dessen Sinn sich uns nicht erschloss. Die Teilnehmer in ihren bunten Masken und Kostümen waren aber nett anzusehen.

Gegen 13:15 Uhr wurden wir mit den Zodiacs zurück zum Schiff transportiert und wir nahmen das Mittag-essen wieder auf dem Lidodeck ein. Bis zum Kaffee und Kuchen sonnten wir uns danach auf dem Deck. Noch während der Kaffeepause lichtete die MS Vistamar um 16:30 Uhr den Anker und verließ die Reede vor Sao Tomé. Ab 17:00 Uhr spielten wir zusammen mit ca. 12 anderen Gästen „Stadt-Land-Fluss" auf dem Lidodeck, moderiert –natürlich- von Lutz. Ich selbst erreichte das drittbeste Ergebnis und erhielt ein weiteres Schlüsselband als Gewinn.

Nach dem Abendessen gab es um 21:00 Uhr im Musiksalon ein Reisequiz der besonderen Art „Kennen Sie die Welt", präsentiert von der Kreuzfahrtdirektorin Anke. Es wurden 21 Fotos gezeigt und es musste erraten werden, in welchem Land oder welcher Stadt dieses Foto entstand. Vieles wussten wir zwar, vieles aber auch nicht, so dass wir leider nichts gewannen.

Nach dem Quiz wechselten wir wieder in den Verandaclub zu Siggi, auch deswegen, um uns nicht den späten Snack, an diesem Abend Gulaschsuppe, entgehen zu lassen, die nur dort serviert wurde.

Um 01:30 Uhr gingen wir zu Bett und mussten dieses Mal nochmals die Uhren um 1 Stunde vorstellen, d. h., die Nacht war wieder eine Stunde kürzer.

Donnerstag, der 19.03.09 war erneut ein Seetag, da bis Benin wieder eine größere Seestrecke zurück-zulegen war. Wir standen um 07:45 Uhr auf und genossen das gute Frühstück im Restaurant, danach sonnten wir uns auf dem Lidodeck. Es war zwar etwas bedeckt, aber trotzdem 28 Grad heiß, die See war ruhig mit einem Seegang von höchstens 2. Um 11:00 Uhr spielten wir zwei Runden Shuffleboard und gewannen erneut ein Schlüsselband in der 2. Runde. Beim ersten Durchgang wurden wir Zweiter.

Um 12:00 Uhr präsentierte der Küchenchef Klaus auf dem Lidodeck „Wie tranchiere ich einen Blue Marlin?". 3 dieser riesigen Fische hatte er am Tag zuvor in Sao Tomé auf dem Markt eingekauft, das Stück für ca. 80 US Dollar. Einer der Fische wurde jetzt fachgerecht tranchiert und für das Abendessen vorbereitet. Nach dieser Vorführung, die von Lutz (wer sonst?) moderiert wurde, nahmen wir unser Mittag-essen auf dem Lidodeck ein und blieben dann dort zum Sonnen.

Nach dem nachmittäglichen Kaffee- und Kuchenbuffet gab es um 17:00 Uhr im Musiksalon einen weiteren Vortrag des Lektors Michael Alex und zwar über „In der Bucht von Benin entlang der Gold- und Sklaven-küste".

Das Abendessen um 19:00 Uhr stand unter dem Motto „italienisch" und enthielt neben dem jetzt zubereiteten Blue Marlin viele Pasta-Kreationen etc.

Als Abendprogramm folgte um 21:00 Uhr im Musiksalon eine gute musikalische Darbietung von Angelika Blum unter dem Titel „Mei Muatterl war a Weanerin". Danach wechselten wir wieder ein Deck höher zu Siggi in den Verandaclub und als späten Imbiss gab es an diesem Abend Flambierte Früchte. Gegen 23:45 Uhr gingen wir zu Bett.

Am Freitag, 20.03.09 wurde es gegen 06:15 Uhr etwas laut in der Kabine, da die MS Vistamar stoppte und einen Lotsen an Bord nahm, der die MS Vistamar sicher in den Hafen von Cotonou leitete.

Wir standen ohnehin um diese Zeit auf und gingen zum frühstücken. Gegen 08:00 Uhr erreichte die MS Vistamar den Hafen Cotonou in Benin und machte dort an der Pier fest. Bereits so früh am Morgen war es schon wieder 28 Grad heiß.

Wir hatten uns in Benin für den Ausflug „Cotonou mit Voodoo Tempel" entschieden, der um 08:45 Uhr begann. Wir trafen uns wieder im Musiksalon und erhielten Tickets für den Bus 1. Mit dem Bus ging es kurz durch die Hafenstadt Cotonou, wo wir die ersten Eindrücke von Schwarzafrika sammeln konnten, danach folgte eine ca.

1stündige Fahrt ins Landesinnere zu einem Voodoo Tempel. Dort erwartete uns eine ziemlich langwierige Voodoo Zeremonie, dessen Sinn wir natürlich nicht so ganz verstanden haben. Es gab eine Zeremonie mit traditionellen Tänzen und danach eine öffentliche Opfergabe an die Ahnen und Voodoo Götter. Zum Glück war es Freitag und da dies der höchste Feiertag der Woche ist (nicht der Sonntag) wurde hierfür kein Lamm geschlachtet, wie es an den anderen Tagen üblich ist. Das müssen wir auch nicht erleben. Die Könige der einzelnen Reiche in Benin gelten als die wahren Hüter der Traditionen und der Religion des Voodoo, über den viel Falsches berichtet wird. Benin ist auch das einzigste Land der Welt, in dem Voodoo zur Staatsreligion erklärt wurde. Der Tempel Adjahouto Houta wird geleitet von Seiner Königlichen Hoheit, Prinz Dah Bokpe von Allada, der sich aber in Berlin in der Botschaft aufhält und nicht anwesend war. Die Zeremonie wurde von seiner Mutter und dem Dorfältesten geleitet.

Nach dieser Zeremonie ging es per Bus entlang der Atlantikküste zurück zum Hafen. In Cotonou fuhren wir noch zum Präsidentenpalast und zur Kathedrale und besichtigten das Kunstgewerbezentrum der Stadt.

Um 14:10 Uhr waren wir zurück auf dem Schiff und nahmen dort verspätet nur noch ein Würstchen als Mittagssnack auf dem Lidodeck ein. Da wir vom morgendlichen Ausflug stark erhitzt und durchgeschwitzt waren, zogen wir uns für eine ganz kurze Zeit in die kühle Kabine zurück, bevor wir um 16:15 Uhr zum Kaffee gingen.

Um 18:00 Uhr verließ die MS Vistamar den Hafen von Cotonou und nahm Kurs auf Ghana.

Nach dem Abendessen fand ab 21:00 Uhr auf dem offenen Lidodeck mit Siggi „Tanz unter den Sternen Westafrikas" statt, was zu einer Riesengaudi wurde. Nicht fehlen durften an diesem Abend die beliebten Lieder „Hol das Lasso raus", „Viva Colonia", „Heute ist ein schöner Tag (das Fliegerlied)", natürlich immer auch mit den entsprechenden Gesten und unter Mitwirkung von

Christina und Benedikt und uns. Was ich bisher noch nicht erwähnt hatte ist, dass Christina in der Session 2008/2009 Faschingsprinzessin in Limburg an der Lahn war!

Als späten Snack gab es an diesem Abend Pizza und erst gegen 01:00 Uhr gingen wir alle zu Bett. Die Uhren konnten an diesem Abend um 1 Stunde zurückgestellt werden und wir hatten wieder eine Stunde mehr Schlaf.

Am Samstag, dem 21.03.09 standen wir um 06:45 Uhr auf und gingen zum Frühstück in das Restaurant. Gegen 08:00 Uhr erreichte die MS Vistamar den Hafen Tema in der Republik Ghana und machte dort an der Pier fest.

Um 08:30 Uhr begann unser gebuchter Ausflug „Stadtrundfahrt Accra". Als wir von Bord gingen, erwartete uns dort eine tropische Hitze von 34 Grad und das T-Shirt klebte sofort am Körper.

Accra ist die Hauptstadt der Republik Ghana und liegt einige Kilometer von der Hafenstadt Tema entfernt. Unsere Fahrt ging zuerst entlang durch verschiedene Stadtviertel mit typisch afrikanischem Flair zum Kwame Nkrumah Memorial Park, wo sich das Mausoleum und eine Statue des ersten ghanaischen Staatspräsidenten befinden. Das Mausoleum ist offen und kann von jedem besichtigt werden. Vor dem Mausoleum befindet sich ein schöner Park mit zahlreichen Wasserspielen. Nach dem Mausoleum statteten wir dem Nationalmuseum einen kurzen Besuch ab, das Museum selbst ist relativ klein. Unsere Fahrt ging dann weiter zu einem Kunsthandwerkerzentrum und zum Unabhängigkeitsplatz.

Die Rückfahrt zum Schiff führte durch die Townships von Accra und zu einem absoluten Novum, was wir bisher noch nie gesehen hatten, nämlich zu einem Sargmacher! Dieser fertigt alle möglichen **Särge** in allen nur denkbaren Formen und Farben nach den Wünschen der Kunden an, mehr als 20 verschiedene konnten auf einer Galerie bewundert werden, darunter Särge in Form einer Banane, eines Handys, eines Elefanten, Flugzeugs, Rennwagens, Senftube, Vogel u. v. m. Die Form des Sarges soll jeweils einen Bezug zum Beruf oder Hobby des Verstorbenen herstellen. So etwas hatten wir tatsächlich noch nie gesehen, etwas makaber, aber trotzdem interessant. Wäre doch auch ein nettes Souvenir gewesen, aber wie im Flugzeug transportieren ….

Bemerkenswert bei dem Ausflug in Ghana war, dass jeder Ausflugsbus durch einen Polizisten auf einem Motorrad begleitet wurde, der den Weg für uns frei machte, wir fühlten uns wie VIP-Gäste mit dieser Eskorte. Aber speziell am Mittag bei der Rückfahrt zum Schiff war diese Eskorte auch dringend notwendig, denn unser Bus hätte sich sonst keinen Weg durch den ständig stockenden Verkehr bahnen können.

Mit Polizeibegleitung waren wir um 13:10 Uhr sicher zurück am Schiff und nahmen an diesem Tag aus-nahmsweise einmal das Mittagessen im Restaurant ein, da uns speziell an diesem Tag das angebotene Gericht aus der Mannschaftsküche interessierte.

Nach dem Essen sonnten wir uns auf dem Lidodeck und spielten mit Christina und Benedikt 2 Runden Shuffleboard nur für uns ohne Wertung und ohne Preise.

Um 16:15 Uhr gab es natürlich wieder die obligatorische Kaffee- und Kuchen Pause und um 18:00 Uhr verließ die MS Vistamar den Hafen von Ghana und setzte die Fahrt Richtung Gambia fort.

Nach dem Abendessen folgte um 21:00 Uhr im Musiksalon die Show „Das Leben ist zu kurz für ein langes Gesicht –Schlager, Hits, Evergreens und eine Prise Magie", präsentiert vom Entertainer Timur Cevik. Die dargebotenen Schlager und Evergreens waren ganz gut, die kleinen Zaubereien zwischendurch aber nur mittelmäßig. Aber ich möchte nicht zu negativ über einen „Kollegen" berichten.

Nach der Show führte uns der Weg wieder hoch zu Siggi in den Verandaclub, wo es als Späten Snack Penne all Arrabbiata gab. Gegen Mitternacht gingen wir zu Bett.

Sonntag, der 22.03.09 war wieder ein reiner Seetag und endlich hatte der Seegang auch wieder etwas zugelegt und die Seestärke betrug zwischen 3 und 4, was immer noch sehr wenig ist. Trotzdem klagten bereits einige Reisende über den Seegang und wir hörten auch von ein paar Passagieren, die seekrank geworden seien, aber niemand aus unserem nächsten Bekanntenkreis.

Den Vormittag hielten wir uns bei 28 Grad auf dem Lidodeck auf, wir spielten wieder eine Runde Shuffleboard, gewannen dieses Mal aber nichts und ich selbst spielte auch eine Runde Darts mit Lutz, gewann dort aber ebenfalls nichts.

Auch nach dem Mittagessen auf dem Lidodeck hielten wir uns weiter dort auf und genossen die tropische Sonne, auch unseren Kaffee tranken wir im Freien auf dem Deck.

Nach dem Abendessen gab es um 21:15 Uhr im Musiksalon die zweite Show von Claudia Griseri unter dem Titel „Ich find mich schön –Chansons, Couplets und kleine Geschichten". Leider war auch diese Show nicht besser als die erste. Die einzige, die die Künstlerin schön fand, war wohl sie selbst.

Nach der Show wechselten wir in den Verandaclub, denn dort stand an diesem Abend ein besonderes Ereignis an und der Verandaclub war das erste und einzige Mal voll belegt. Ab 22:30 Uhr gab es dort nämlich ein riesiges Dessert-Buffet mit sehr vielen kalten und warmen Leckereien. Das wollte sich natürlich kaum einer der Passagiere entgehen lassen. Aber gleich nach dem Dessert leerte sich der Club schon wieder blitzartig und zurück blieb wie an allen anderen Tagen auch nur der „harte Kern".

Auch Montag, der 23.03.09 war ein weiterer Seetag, den wir um 07:30 Uhr mit dem Frühstück begannen. Der Seegang hatte schon wieder auf 1 – 2 abgenommen, die Temperaturen lagen weiterhin bei 28 Grad, so dass wir uns wieder den ganzen Tag auf dem Lidodeck aufhalten konnten.

Zum zweiten Mal bei dieser Reise fand ab 11:00 Uhr auf dem Lidodeck ein Frühschoppen mit Freibier und musikalischer Begleitung von Siggi statt. Claudia Griseri trat hierbei als Klein Erna von Hamburg auf, auch nicht viel besser als ihre Sangeskünste im Musiksalon. Nach der Kaffeestunde gab es ab 17:00 Uhr nochmals eine Bingorunde im Musiksalon, aber auch dieses Mal war uns das Glück nicht hold und wir gewannen wieder nichts.

Bereits 2 Tage vorher konnten sich alle Interessenten für den so genannten „JeKaMi = Jeder kann mitmachen"-Abend melden und ich war erstaunt, dass sich doch so viele Interessenten meldeten, mit mir zusammen 12 Personen bzw. Gruppen. Ich war auf so einen Abend vorbereitet und hatte 3 kleine Zauber-kunststücke, die noch gut in den Koffer passten, dabei. Die Requisiten meiner eigentlichen Zaubershow sind ja leider zu groß und zu schwer, um sie im Rahmen einer Reise mitführen zu können. Siggi vom Verandaclub hatte schon gleich zu Beginn der Kreuzfahrt aufgerufen, sich für einen Vistamar-Chor anzu-melden und diese Passagiere hatten schon mehrmals ihre Lieder geprobt.

Jetzt am Montagabend trafen sich alle Teilnehmer des JeKaMi-Abends vor dem Abendessen zu einer letzten Lagebesprechung und zur Festlegung der endgültigen Reihenfolge.

Die „JeKaMi-Show" selbst startete dann nach dem Abendessen um 21:00 Uhr im Musiksalon. Moderiert wurde der Abend natürlich von Lutz, von wem denn sonst? Ich selbst habe ihn geringfügig unterstützt und nach meinen beiden Auftritten den jeweils nächsten „Künstler" angesagt. Insgesamt gab es die folgenden Beiträge von Passagieren:

Eine ostpreußische Geschichte eines Passagiers; eine volkstümliche Gesangsdarbietung einer Passagierin; ein lustiges Gedicht einer Passagierin; ein Lied von Zarah Leander von einer Passagierin, die auch wie Zarah Leander gekleidet war; ein Zauberauftritt von mir mit 2 Kunststücken (weiße Punkte verschwinden von einem schwarzen Tuch und erscheinen wieder; In einem Malbuch mit lauter weißen Seiten erscheinen zuerst schwarz/weiß Skizzen, die dann zum Schluss farbig ausgemalt sind); ein Gesangsvortrag im Stil der Comedian Harmonists von einem Passagier; ein

Witzvortrag eines Passagiers; eine sehr gute Tango-Argentino-Darbietung eines Paares; eine plattdeutsche Geschichte (der gleiche Passagier wie zu Beginn); das Lied O sole mio eines Passagiers, der ausgebildeter Tenor ist!; nochmals ein Zauberkunststück von mir (die frei gewählte und mitten in eine Kartenschachtel zurückgegebene Karte eines Gastes erscheint blitzartig in einem Luftballon); ein Sketsch „Theaterbesuch" von einem Paar und dann zum Schluss 3 Lieder des nur bei dieser Reise zusammengestellten Chores unter Leitung von Siggi. In diesem Chor wirkten auch Benedikt und Andreas mit. Alles in allem war der JeKaMi-Abend ein voller Erfolg, wie man an den Reaktionen im Publikum erkennen konnte. Und auch am Tag danach wurde man nochmals auf die Darbietungen angesprochen. Mein Traum wäre es, einmal auf einem Kreuzfahrtschiff auftreten zu dürfen und ich habe mich nach meiner Pensionierung im Jahre 2010 bei allen größeren Kreuzfahrtunternehmen beworben, aber leider nur Absagen oder gar keine Antwort erhalten. Schade, als Amateur ohne Agentur und Management hat man in diesem Gewerbe keine Chance.

Nach dieser Show gingen wir wieder zu Siggi in den Verandaclub zum Tanzen und Unterhalten und als Später Snack gab es an diesem Abend Wiener Schnitzel, na ja Schnitzel ist weit übertrieben, Bonsai-Schnitzelchen wäre passender gewesen, man konnte die Schnitzelchen kaum auf dem Teller erkennen.

Erst gegen 01:00 Uhr gingen wir wieder zu Bett, da zu diesem Zeitpunkt ohnehin niemand mehr im Verandaclub anwesend war und Siggi auch die Musik eingestellt hatte.

Dienstag, der 24.03.09 war nochmals ein Seetag, bis Gambia lag noch eine große Seestrecke vor uns. Wir standen um 07:30 Uhr auf und frühstückten schön gemütlich, so wie immer. Die See war schon wieder ganz glatt, aber immer noch waren es heiße 27 Grad.

Um 09:30 Uhr sollten wir im Bordreisebüro sein, um für den Rückflug einzuchecken. Das war bei dieser Reise ganz toll organisiert, dass der Check-In bereits an Bord erfolgte. Von Dakar aus ging ein Charterflug mit LTU nach München und die gesamte Abwicklung wurde jetzt an Bord vorgenommen. Wir selbst hatten die bessere First Comfort Class für den Rückflug gebucht (vergleichbar mit der Comfort Class bei Condor, nicht ganz der Business Class Standard) und erhielten einen eigenen Termin für den Check-In.

Die restlichen Gäste hatten ihren Check-In am nächsten Tag. Wir konnten das gesamte Gepäck aufgeben, erhielten bereits die Gepäckanhänger für die Koffer und die Bordkarten, in unserem Falle die Plätze Reihe 2 A und C. Das Gepäck konnte natürlich direkt bis nach Frankfurt durchgecheckt werden. Am Abreisetag wurde das gesamte Gepäck von Bord zum Flughafen transportiert und dort in einem Container verladen, wir mussten uns bei der Abreise um kein Gepäck kümmern, das war schon sehr angenehm.

Den Tag haben wir anschließend auf dem Lidodeck in der Sonne verbracht, das Mittagessen auf dem Deck eingenommen, Kaffee und Kuchen dagegen im Musiksalon. Dort fand nach der Kaffeepause ein weiterer Vortrag des Lektors Michael Alex statt, mit dem Titel „Gambia und Senegal –Küstenstaaten am Rande des Sahel".

Nach dem Abendessen gab es im Musiksalon die „Crew-Show" mit Tanz-, Gesangs- und Sketsch-Darbietungen von Besatzungsmitgliedern und Reiseleitern. Den Sketsch hatten wir schon öfter –und besser – bei anderen Kreuzfahrten gehört, die Liedbeiträge waren nicht nach meinem Geschmack, aber das ist natürlich subjektiv. Insgesamt fand ich diese Crew Show nur mittelmäßig, ein guter Lichtblick war eigentlich nur wieder Lutz, der hier in 2 Rollen auftrat und brillierte.

Da wir an diesem Abend ziemlich müde waren, gingen wir ausnahmsweise einmal nicht mehr in den Verandaclub, sondern gleich nach der Show bereits um 23:00 Uhr zu Bett und verzichteten auch auf den späten Snack, na ja, das war keine große Überwindung.

Mittwoch, der 25.03.09 war der letzte Seetag dieser Kreuzfahrt und das Ziel Gambia und Senegal, damit aber auch das Ende der Reise, rückte immer näher. Der Seegang hatte wieder etwas an Stärke zugelegt und lag jetzt bei 3, die Temperaturen waren relativ stark gefallen und lagen jetzt nur noch bei 21 Grad, aber dies war nach der Hitze der letzten Tage direkt angenehm. Die Temperatur reichte auch aus, dass wir uns tagsüber wieder auf dem Lidodeck sonnten.

Ab 11:30 Uhr gab es auf dem Lidodeck eine Beach Party mit BBQ-Grill. Der Grill war sehenswert, denn es handelte sich um eine aufgeschnittene halbierte Tonne, in die der Grillrost eingearbeitet war. Vom Grill gab es Steaks und Würstchen, dazu Brot und Salat vom Buffet.

Um 15:30 Uhr spielten wir zum letzten Mal bei dieser Reise eine Runde Shuffleboard und um die Gewinnchancen zu erhöhen, änderten wir unsere Taktik und die Teamzusammenstellung. Meine Frau spielte in einem anderen Team mit Benedikt und einem weiteren Mann. Ich selbst bildete mit Christina und Andreas ein Team. Unser Team gewann dann dieses Spiel und es gab ein weiteres Schlüsselband.

Nach der Kaffeepause gab es zum letzten Mal eine Bingorunde, aber verkürzt, da die Zeit nicht für drei Runden gereicht hätte. Es wurde nur eine Hauptrunde mit der kompletten Karte gespielt. Zu gewinnen gab es neben den Plantours-Sachpreisen ca. 75 Euro, aber leider nicht für uns.

Da dies der letzte Seetag der Reise war und die nächsten Tage wieder mit Landausflügen u. a. versehen waren, fand an diesem Tag ungewohnt früh bereits 3 Tage vor Reiseende das Gala-Abschiedsessen statt.

Um 18:30 Uhr gab es im Musiksalon den Abschieds-cocktail mit einigen begleitenden Worten des Kapitäns und der Kreuzfahrtdirektorin, daran schloss sich um 19:00 Uhr das festliche Kapitäns-Abschieds-Abendessen an, bei dem es u. a. Hummer und andere Köstlichkeiten gab. Das Essen war ohnehin jeden Tag exzellent und sehr, sehr gut, wurde heute aber nochmals etwas getoppt. Unsere Bekannten Christina und Benedikt hatten an diesem Abend eine Einladung am Kapitänstisch, so dass wir den Tisch 5 mit Andreas alleine hatten. Und wie es bei allen Kreuzfahrten üblich ist gab es am Ende des Dinners die große Eisbomben-Parade mit Wunderkerzen, hier sogar live begleitet durch Siggi am Keyboard.

Von allen Köchen und Kellnern wurden Eisbomben mit brennenden Wunderkerzen durch den Speisesaal getragen, sie stellten sich für ein Foto auf und wurden nochmals durch den Kapitän vorgestellt und er gab allen persönlich die Hand zum Dank, auch das hatten wir noch auf keiner anderen Fahrt erlebt. Danach wurde die Eisbombe als Dessert an alle verteilt.

Nach diesem festlichen Dinner gab es um 21:30 Uhr im Musiksalon die Abschieds-Show aller Künstler, die bei dieser Reise an Bord waren „Auf Wiedersehen und nicht Good Bye".

Als späten Snack gab es gegen 22:30 Uhr diverse Canapees und wir waren nach der Show noch bis 01:00 Uhr bei Siggi im Verandaclub zum Tanzen und schon einmal Vorab- Abschied nehmen. Abends legte die See an Stärke zu und erreichte bis kurz vor Mitternacht endlich einmal die Stärke 5, was uns zwar beim Tanzen behinderte, aber ansonsten sehr gefiel. Wir wurden in der Kabine dann so richtig schön in den Schlaf geschaukelt.

Bereits am Donnerstagmorgen hatte sich die See aber schon wieder beruhigt und der Seegang betrug nur noch 2, früh morgens war es erfrischende 18 Grad kühl. Wir standen um 07:00 Uhr auf und genossen das Frühstücksbuffet, gegen 09:30 Uhr erreichte die MS Vistamar dann Banjul in Gambia und machte dort am Kai fest.

Um 09:45 Uhr begann unser gebuchter Ausflug „Banjul und Serekunda". Vom Hafen in Banjul ging die Fahrt mit dem Bus nach Serekunda. Diese Stadt liegt etwa 12 Kilometer südwestlich von Gambias Hauptstadt und ist die größte Metropole des Landes.

Der erste Stopp war an einer Batikfabrik, wobei diese Bezeichnung etwas übertrieben ist. An 2 Ständen arbeiteten 2 Männer und 2 Frauen, um Batik-arbeiten herzustellen, die dort natürlich auch erworben werden konnten. Uns waren die Batiken aber alle viel zu bunt und Elefantenbatiken gab es leider keine.

Danach ging es zurück nach Banjul, wo wir das Nationalmuseum besichtigten und dann weiter zum lebhaften St. Albert's Market fuhren. Neben Obst, Gemüse, Fisch und Geflügel gab es dort natürlich auch wieder die überall üblichen Souvenirs aus Stoff, Leder, Holz etc. Nach einem Rundgang über diesen Markt ging die Fahrt weiter zum Wahrzeichen der Stadt, dem eindrucksvollen Arch 22. Dieser Triumphbogen wurde im Jahre 1996 errichtet und erinnert an den Militärputsch vom 22. Juli 1994. Er ist 35 Meter hoch und man kann im Innern auf eine Aussichtsplattform steigen, um einen Blick über die Stadt zu haben. Wir selbst ersparten uns aber diesen Aufstieg.

Von hier aus ging es dann wieder zurück zum Hafen und um 13:30 Uhr waren wir zurück auf dem Schiff.

Wir nahmen unser Mittagessen auf dem Lidodeck ein, mittlerweile war die Temperatur wieder auf 29 Grad gestiegen. Um 14:30 Uhr begann der Ausflug „Mit Pirogen zur Lamin Lodge", der zum Bordprogramm gehörte und nicht extra bezahlt werden musste. Mit 3 so genannten Pirogen ging es knapp 2 Stunden zu einer Insel mit dem Besuch eines dortigen Dorfes und des Dorfältesten. Der Einstieg in die Pirogen unmittelbar neben der Vistamar im Hafen von Banjul gestaltete sich etwas schwierig, da auf Grund des niedrigen Wasserstandes vom Kai über ein schmales, steiles Brett auf das Schiff gegangen werden musste, aber natürlich halfen hier viele fleißige Hände.

Die Pirogenfahrt selbst war sehr schön, bei strahlendem Sonnenschein konnte man entweder oben auf dem offenen Dach oder unten im Schatten sitzen und es gab kalte Getränke.

An der Insel angekommen musste man über eine abenteuerliche, sehr wackelige Holzbrücke an Land gehen. Wer hierbei Hilfe benötigte, bekam diese natürlich auch von Einheimischen. Auf der Insel ging es dann ca. 15 Minuten lang beschwerlich zu Fuß über Sandpisten zu einem Dorf, wo man das Haus des Dorfältesten besuchen konnte, was wir uns erspart haben. Wir wollten auch keine Fremden in unserem Haus haben. Hauptzweck des Ganzen war natürlich, dass am Hauseingang eine Spende vom Dorfältesten erwartet wurde. Wenn wir auch die Wohnung nicht von innen angesehen haben, so haben wir doch natürlich auch eine Spende gegeben, ein paar Dollars tun uns ja nicht weh und die Leute dort können sie gut gebrauchen.

Natürlich mussten wir anschließend auch wieder über die Sandpiste zurück zur Holzbrücke und dort wieder auf das Boot. Etwas lästig waren die vielen Einheimischen, sowohl Erwachsene als auch Kinder, die uns auf dem Hin- und Rückweg begleiteten und ständig von der Seite in ein Gespräch verwickeln wollten und anbettelten. Es gab mehr Einheimische als Touristen, so dass jeder von uns mehrmals von verschiedenen Personen „angemacht" wurde. Aber bei einem höflichen aber bestimmten No ließen sie dann auch bald von einem ab und gingen zum Nächsten.

Mit den Pirogen ging es dann nochmals ca. 20 Minuten zu einer Lodge, an der wir ausstiegen. Dort gab es natürlich wieder die üblichen Souvenirs zu kaufen und dann ging es mit Bussen zurück zum Hafen und auf das Schiff, wo wir erst gegen 20:00 Uhr eintrafen.

Wir mussten uns etwas schneller als sonst duschen und Umziehen, denn um 20:20 Uhr gab es bereits das Abendessen im Restaurant. Uns fiel auf, dass einige Gäste ungeduscht und ohne frische Kleidung dort erschienen, für uns unvorstellbar.

Ab 21:15 Uhr folgte im Musiksalon eine Folklore-Darbietung aus Gambia mit Musik und Tanz. Die Darbietung war zwar sicherlich authentisch für das Land, hat sich uns aber nicht so ganz erschlossen und die Musik war für den relativ kleinen Raum aus unserer Sicht viel zu laut und immer wieder dasselbe für unsere Ohren.

Sehr schlecht organisiert war, dass man nicht darauf vorbereitet war, dass diese Gruppe natürlich auch ein Trinkgeld für ihre Darbietungen erwartete und die meisten Gäste kein Geld dabei hatten. Auf dem Schiff zahlt man schließlich alles immer nur über die Schiffskarte und benötigt ja kein Bar-geld.

Nach den 2 Ausflügen an diesem Tag und den nachmittäglichen hohen tropischen Temperaturen und dieser Folkloreshow waren wir an diesem Tag abends doch etwas groggy und gingen bereits um 22:45 Uhr zu Bett.

Am Freitagmorgen verließ die MS Vistamar gegen 06:15 Uhr den Hafen von Banjul und fuhr auf dem Gambia River flussaufwärts bis Albreda / James Island und setzte dort auf der Reede den Anker. Wegen Niedrigwasser war eine Weiterfahrt mit dem Schiff leider nicht möglich, sonst wäre die MS Vistamar noch weiter flussaufwärts gefahren. Da die Abfahrt natürlich mit den entsprechenden Geräuschen verbunden war, standen wir auch schon zu dieser Zeit auf, Frühstück gab es aber erst ab 07:00 Uhr. An diesem Morgen waren es schon wieder 24 Grad warm.

Um 08:45 Uhr begann unser gebuchter Ausflug „Auf den Spuren von Roots". Wir wurden mit den bordeigenen Zodiacs ausgebootet und fuhren zur Insel James Island, wo der aus dem Film Roots bekannte Sklave Kunta Kinte im 17. Jahrhundert 14 Tage gefangen gehalten wurde, bevor er weiter zur Insel Gorée und von dort nach Amerika verschifft wurde. Auf der Insel sind noch die Ruinen der entsprechenden Gebäude und der fensterlose Raum, in dem er damals leben (?) musste, zu besichtigen. Von dieser Insel ging es anschließend mit den Zodiacs nach Albreda, wo das Dorf Juffure, der Geburtsort von Kunta Kinte, besichtigt werden konnte. Neben seinem Geburtshaus und seinen Nachfahren in der 8. Generation konnte im Dorf die Bürgermeisterin (ja, wirklich eine Frau!) und ein kleines Museum besichtigt werden. Hier die Geschichte von Kunta Kinte hautnah zu erleben führte bei uns spontan zu dem Entschluss gleich nach der Rückkehr zu Hause die DVDs zu der in den 70er Jahren ausgestrahlten TV-Serie zu kaufen und nochmals anzusehen. Meine Frau hatte im Gegenteil zu mir diese Fernsehserie damals nie gesehen.

Von Albreda ging es mit den Zodiacs zurück zum Schiff, wobei das Übersteigen auf die MS Vistamar jetzt wegen doch ziemlich hohem Wellengang etwas problematisch war, aber Spaß gemacht hat. Wir waren um 13:15 Uhr wieder auf dem Schiff und nahmen unser Mittagessen im Freien auf dem Lidodeck ein.

Da die MS Vistamar wie erwähnt nicht weiter flussaufwärts fahren konnte, wurde alternativ eine Zodiac-Fahrt am Nachmittag angeboten und wir nahmen dieses Angebot gerne an, so eine Fahrt macht ja riesigen Spaß. Allgemein fand dieses Angebot aber keinen großen Anklang, vermutlich waren die anderen Gäste schon mit Koffer packen beschäftigt und mit ihren Gedanken schon bei der Heimreise? Wir wissen es nicht.

So kam nur eine einzige Zodiacfahrt mit 18 Personen zustande, die um 14:30 Uhr begann. Wir fuhren entlang der Mangroven am Ufer und sahen dort etliche Pelikane und andere Vögel. Weit in der Ferne sollen auch lt. dem Matrosen, der das Boot steuerte, Delphine zu sehen gewesen sein, aber das war zu weit weg, wir selbst haben sie nicht gesehen.

Um 16:00 Uhr waren wir pünktlich zum Kaffee zurück auf dem Schiff und um 17:00 Uhr lichtete die MS Vistamar den Anker und fuhr zum letzten Ziel unserer Reise nach Dakar. Wir nutzten die Zeit, um unsere Koffer zu packen und alles für die Abreise am nächsten Tag vorzubereiten. Nach dem Abendessen gab es ab 21:00 Uhr im Musiksalon die Präsentation des Filmes „Von Namibia bis zum Senegal" durch den Bordfotografen. Ich hatte ja bereits berichtet, dass dieser Film qualitativ ziemlich schlecht ist, aber auf Grund des günstigen Preises haben wir ihn dann doch erworben. Wir selbst sind 4-mal im Film zu sehen, manchmal nur ganz kurz und von hinten oder der Seite.

Nach dieser Präsentation gingen wir ein letztes Mal zu Siggi in den Verandaclub und nahmen mit unseren neuen Bekannten aus Diez und Andreas schon einmal Abschied vom Schiff und dieser schönen Reise.

Nach dem Späten Snack, Sandwichvariationen, gingen wir dann doch schon etwas wehmütig gegen 01:00 Uhr zum letzten Mal in unsere Kabine und zu Bett.

Jede Reise, egal wie lange sie dauert, geht nun einmal zu Ende und so war am Samstag, dem 28.03.09 dieser Zeitpunkt auch für diese Kreuzfahrt gekommen. Aber auf Grund der gesamten Umstände und des Programms war der Ausschiffungstag bei dieser Reise viel entspannter und schöner als sonst üblich, da es keine übermäßig lange Warterei auf dem Schiff gab.

Wir standen um 06:45 Uhr auf und genossen das letzte Frühstück an Bord der MS Vistamar. Draußen war es zu dieser frühen Stunde angenehme 20 Grad. Um 08:00 Uhr erreichte die MS Vistamar Dakar in der Republik Senegal und machte dort an der Pier fest.

Bereits ca. 2 Stunden vorher hatte die MS Vistamar am Treibstoffkai festgemacht, um Diesel zu tanken, was mit erheblichen Geräuschen verbunden war.

Um 08:30 Uhr begann unser letzter gebuchter Ausflug „Dakar und Soumbedioune". Die Fahrt mit dem Bus (wir hatten mal wieder den Bus Nr. 1) begann im Hafen durch das geschäftige Zentrum Dakars, wo sich alte Gebäude aus der Kolonialzeit neben hochmodernen Geschäftshäusern behaupten müssen. Das Herz der Stadt ist der Platz der Unabhängigkeit, La Place de l'Indépendence, wie er auf Französisch, der Amtssprache Senegals, heißt. Weiter sahen wir auf der Rundfahrt den schicken alten Bahnhof, das Rathaus und die katholische Kathedrale. Wir passierten den schön gelegenen Präsidentenpalast mit der Königlichen Garde und fuhren durch die ältesten Stadtteile Dakars mit dem lebhaften Markt, der Medina und vorbei an den weitläufigen Gebäuden der Universität. Am Atlantik markiert ein

Leuchtturm den westlichsten Punkt des afrikanischen Kontinents, den wir jetzt hier erreichten.

Somit waren wir bei unseren Reisen bisher sowohl hier am westlichsten Punkt als auch in Südafrika am südlichsten Punkt, dem Cape Hope gewesen. Während der Fahrt entlang der Küstenstrasse wurde der Kontrast zwischen reicher Villengegend und der alten Medina ganz deutlich. In ganz Dakar wird enorm gebaut, Baustelle an Baustelle.

Weiter ging die Fahrt in das Künstlerdorf Soumbédeoune, wo wir in einer Werkstatt etwas für uns völlig Neues erleben durften. Von den dortigen Künstlern werden nämlich Sandbilder hergestellt und zwar alles aus natürlichen Stoffen. Auf einer Holzplatte wird eine Art Leim vom Affenbrotbaum auf eine Skizze aufgebracht und dann wird Sand mit unterschiedlichen Farben darauf gestreut. Nach einer kurzen Wartezeit wird der überzählige Sand abgeschüttelt und die beschriebenen Arbeitsschritte wiederholen sich, bis ein komplettes Bild in unterschiedlichen Größen und Farben fertig gestellt ist. Der Sand kommt aus unterschiedlichen Gegenden Afrikas und ist in mehr als 10 verschiedenen Farbtönen von hellgelb über rötlich bis hin zu schwarz vorhanden.

Auf dem Arbeitstisch lag ein Bild eines Elefanten, das aber gerade erst angefangen war. Da wir dachten, es gäbe bereits ein fertiges Bild mit einem Elefanten, äußerten wir unser Interesse an diesem Bild ujd dachte uns würde ein fertiges verkauft. Aber es gab kein fertiges Bild mit diesem Motiv. Sofort erklärte uns der Künstler, dass er uns natürlich dieses Bild sofort fertig stellen würde. Jetzt konnten wir natürlich nicht mehr Nein sagen und so mussten ausnahmsweise einmal die anderen Gäste aus unserem Bus ca. 10 Minuten auf uns warten, bis das Bild fertig gestellt war. Aber das war dann natürlich schon etwas Besonderes, dass das Bild für uns vor unseren Augen angefertigt wurde, was wir in verschiedenen Fotos auch dokumentiert haben. Da das Bild dann aber noch nicht ganz trocken war, konnte es dort noch nicht eingepackt werden und wir erhielten das Bild so.

Auf dem Armaturenbrett des Busses konnte es bis zur Rückkehr im Hafen in der Sonne, die jetzt auch schon wieder ganz schön vom Himmel brannte, in Ruhe trocknen.

Um 12:45 Uhr waren wir zurück auf dem Schiff und konnten nochmals in unsere Kabine, um zu duschen, uns umzuziehen und dann die Koffer fertig zu packen. Erst um 14:00 Uhr mussten die Koffer vor die Kabine gestellt werden und wir gingen zum Mittagessen in das Restaurant.

Danach hielten wir uns mit dem kleinen Handgepäck im Musiksalon auf und konnten ab 16:45 Uhr auch nochmals Kaffee trinken und Kuchen essen. Somit war die Wartezeit bis zur Ausschiffung gut ausgefüllt und nicht so langweilig wie sonst meistens. Ab 17:30 Uhr begann deckweise geordnet die Ausschiffung und der Transfer zum Flughafen.

Die Fahrt zum Flughafen dauerte nur ca. 20 Minuten und wir mussten dort weder einchecken noch unser Gepäck aufgeben, somit war alles ganz entspannt. Wir mussten nur durch die Passkontrolle, vorher mussten mal wieder Ausreisezettel ausgefüllt werden, die ziemlich lange dauerte und dann noch durch die Handgepäckskontrolle. Komischerweise piepste meine Schulterprothese hier nicht und ich konnte unbehelligt durch den Detektor gehen. Im Nachhinein stellte ich fest, dass ich sogar vergessen hatte meine Uhr mit Metallarmband abzunehmen, auch dies hatte der Detektor nicht registriert. So viel zu den Kontrollen an internationalen Flughäfen.

Leider hatten wir jetzt am Flughafen doch noch eine längere Wartezeit bis zu unserem Rückflug nach Deutschland, die wir auf den unbequemen Metallsitzen im Wartebereich verbringen mussten.

Ich ging daher in den Duty Free Shop und erwarb dort für unsere Kinder ein Glas Bananenmarmelade, typisch für

Afrika. Das war aber ein Fehler, wie sich dann in München herausstellte.

Ganz pünktlich um 22:00 Uhr startete der Air Berlin Flug (gehört zu LTU) nach München und wie bereits erwähnt hatten wir in der First Comfort Class die Sitze 2 A und C. Wir waren mit dem Service an Bord und dieser Klasse sehr zufrieden. Nachdem das Flugzeug die Reiseflughöhe erreicht hatte, gab es ein warmes Abendessen und am nächsten Morgen kurz vor der Landung einen kleinen Snack als Frühstück.

Wegen starkem Rückenwind war der Flug sogar noch um 30 Minuten kürzer als geplant, so dass wir am Sonntag, dem 29.03.09 sehr früh um 05:30 Uhr in München landeten und sich dadurch die Wartezeit bis zum Anschlussflug nach Frankfurt verlängerte.

Wir gingen daher ganz ruhig und gelassen Richtung Transferbereich und zum Abfluggate für diesen Weiterflug und mussten dazu in München sogar teilweise im Freien von einem Terminal zum anderen wechseln. Zu dieser frühen Stunde waren es in München nur knapp 8 Grad, nach den heißen 3 Wochen in Afrika ganz schön kalt.

Vor dem Weiterflug mussten wir erneut durch die Personen- und Handgepäckskontrolle. Während die Personenkontrolle reibungslos verlief, mussten wir unser Handgepäck öffnen und das Glas Marmelade aus Dakar wurde beschlagnahmt, da dessen Mitnahme angeblich nicht erlaubt sei. Selbstverständlich kannten wir die neuesten Bestimmungen im Luftverkehr, das Flüssigkeiten und Cremes etc. bis maximal 100 ml im Handgepäck mitgeführt werden dürfen, aber Marmelade, nachweislich erst im Duty Free Shop am Flughafen gekauft? Aber die entsprechende Kontrolleurin war am frühen Morgen wohl schlecht aufgelegt und wir wollten uns nicht auch nicht mit ihr streiten. Der Verlust der Marmelade war zwar ärgerlich, aber zu verschmerzen.

Um 08:10 Uhr startete unser Lufthansa-Anschlussflug nach Frankfurt am Main, wir erhielten die Sitze 23 A und

B, die Maschine war leider komplett ausgebucht und voll besetzt, u. a. mit einer amerikanischen Schülergruppe, so dass wir nicht wie erhofft die 3er Reihe für uns alleine hatten.
Nach nur 70 Minuten landeten wir um 09:20 Uhr auf dem Frankfurter Rhein Main Flughafen und gingen dieses Mal nur einen ganz kurzen Weg zum Kofferband. Zwar mussten wir dort wenige Minuten warten, aber dann kamen die Koffer ungewöhnlich schnell. Da die große amerikanische Schülergruppe weiter in die USA flog und nicht ans Kofferband musste, warteten hier nur sehr wenige Gäste des LH-Fluges und alles ging ganz schnell.

Wir verabschiedeten uns von dem Paar aus Diez und warteten eine kurze Zeit, bis unsere Tochter, die ich erst nach der Landung angerufen hatte, uns abholte und nach Hause fuhr, wo wir gegen 11:10 Uhr eintrafen.

Nie wieder Sklaverei!!!!

64 Heiße Schokolade

Am 20.06.2009 fand in Willingen zum 4. Mal das Sauerland Open Air statt. Unser heimischer Rundfunksender hr4 veranstaltete dies zusammen mit WDR 4 und bot eine hr4- Hörerreise vom 19. – 21.06.2009 an, die neben dem Besuch des Open Air auch ein attraktives Rahmenprogramm sowie die An- und Abreise mit einem Bus bot, so dass keine eigene Anreise mit dem PKW und eine Zimmersuche notwendig war. Wir entschieden uns im März dazu, dieses Angebot wahrzunehmen und buchten bei DER Tour dieses komplette Arrangement.

Am Freitag, dem 19. Juni brachte uns unser Schwiegersohn um 07:50 Uhr nach Bad Camberg an den Bahnhof und wir fuhren mit einem Regionalzug um 08:15 Uhr nach Frankfurt am Main-Hauptbahnhof. Dort frühstückten wir und begaben uns danach an die Südseite des Bahnhofes, wo „unser" Bus Nr. 4 um 09:45 Uhr abfahren sollte. Auch andere Gäste warteten dort bereits auf den Bus und wir bekamen schon die ersten Kontakte zu anderen hr 4 Fans. Der Bus kam pünktlich an und wir nahmen unsere Sitzplätze ein. Aber der Bus war schon die erste kleine Enttäuschung. Im Prospekt stand, dass die Fahrt nach Willingen mit einem Partybus durchgeführt und von einem hr4-Moderator begleitet würde. Es handelte sich aber um einen ganz normalen Reisebus, bei dem auch noch die CD- Anlage defekt war, so dass wir auf der Fahrt keine Musik per CD hören konnten. Und statt eines hr4-Moderators begleitete uns der Fotograf des Hessischen Rundfunks, der die gesamte Veranstaltung fotografisch festhielt. Außerdem gab es diverse Meinungsverschiedenheiten, ob der Bus direkt nach Willingen fahren solle oder in Gießen noch andere Gäste aufzunehmen hätte, wie es im Programm angegeben war. Dies wurde telefonisch geklärt und auch, dass Gäste, die bereits für den weiteren Bus Nr. 5 am Bahnhof warteten, nicht mit diesem Bus mitfahren durften, sondern auf den Bus 5 warten müssen, der 1 Stunde später abfuhr.

Durch diese Probleme starteten wir mit einer Verspätung von ca. 15 Minuten und fuhren nach Gießen. Dort nahmen wir weitere Gäste auf und dann ging die Fahrt nach Willingen zu unserem Reiseziel. Insgesamt fuhren 6 Busse für hr4 von verschiedenen Orten in Hessen nach Willingen, die Busse 4 und 5 wie oben geschildert von Frankfurt am Main über Gießen. Insgesamt waren dies ca. 300 hr4-Hörer, die sich an dem Wochenend-Arrangement beteiligten. Alle Busse fuhren zeitversetzt ab, damit es beim Einchecken im Hotel nicht zu langen Wartezeiten kam.

Gegen 13:00 Uhr kamen wir in Willingen im Hotel Sauerland 2010 an und checkten dort ein und erhielten unsere Zimmer. Die Zimmer waren sehr geräumig und entsprachen dem 4-Sterne-Standard des Hotels. Da wir nur kleines Gepäck für die 3 Tage hatten, gab es nicht viel auszupacken, so dass dies sehr zügig vonstatten ging.

Anschließend gingen wir zu Fuß in die Stadtmitte, nur ca. 10 Minuten, und entlang der Hauptstrasse bis zum Ortsende, um etwas den Ort zu erkunden. Fast am Ende der Stadt gibt es eine Kneipe in einer Kirche, die unverändert blieb und dort u. a. auch noch die Kanzel und die Empore vorhanden sind. Allerdings war es uns in dieser Kneipe zu laut, so dass wir dort nicht einkehrten, sondern zurück Richtung Hotel gingen. Wir hatten bereits auf dem Hinweg entdeckt, dass es an der Hauptstrasse ein Brauhaus gibt und dort kehrten wir ein und genossen zum Wochenendauftakt ein gutes, dunkles Bier. Es war an diesem Freitag zwar etwas kühl, aber man konnte noch kurzärmelig draußen auf den rustikalen Bänken sitzen. Zwar standen hier zwischen den Tischen gasbetriebene Heizstrahler, diese wären aber an diesem Nachmittag nicht nötig gewesen.

Da es ab 17:00 Uhr das Abendessen im Hotel gab, gingen wir gegen 16:45 Uhr zurück zum Hotel, duschten uns und zogen uns um und gingen dann gegen 17:30 Uhr in das Restaurant zum Abendessen. Im Speisesaal gab es mehrere runde und lange weiß gedeckte Tische und die Plätze waren namentlich reserviert. Unser Tisch war im Speisesaal der hinterste.

Es gab ein sehr reichhaltiges und sehr gutes kalt-warmes Buffet. Daran gab es keinerlei Kritik, allerdings war der Zeitpunkt sehr früh gewählt, da die hr4-Tanzparty erst um 21:00 Uhr starten sollte. So wusste man nicht so recht, wie man die Zeit zwischen dem Abendessen und der Tanzparty sinnvoll verbringen sollte.

Da einige Gäste das Restaurant nach dem Essen verließen und auch nicht mehr zur Tanzparty erschienen, setzten wir uns an einen anderen freien Tisch näher zur Tanzfläche. Nachdem Teile des Buffets abgeräumt waren, um Platz zum Tanzen zu schaffen, begann fast pünktlich kurz nach 21:00 Uhr die Tanzparty, moderiert von einem bekannten hr4-Moderator, unterstützt durch 2 junge Techniker. Für diese muss die Arbeit wegen der dargebotenen Schlagermusik eine Strafe gewesen sein, aber für uns hr4-Hörer war die Musik genau das richtige und es wurde fleißig bis weit nach Mitternacht getanzt.

Als Überraschung trat eine junge Nachwuchssängerin live auf, die auch am nächsten Tag beim Sauerland Open Air zu Gast war.

Zur Tanzparty wurde zwar nur fertig vorbereitete Musik vom Computer gespielt, der Moderator war aber trotzdem in der Lage, ab und zu auch einmal einen Wunsch zu erfüllen, der nicht in seinem fertigen Musikprogramm enthalten war. Und zu später Stunde gab es vom Hotel noch leckeres Chili con carne mit Weißbrot als Mitternachtsimbiss.

Am Samstagmorgen gab es ab 07:00 Uhr ein ebenfalls sehr reichhaltiges und gutes Frühstücksbuffet, das fast keine Wünsche offen lies (na ja, es gab z. B. keinen Sekt).

Der Wetterbericht für diesen Tag verhieß leider gar nichts Gutes, es war sehr kühl und stark bewölkt. Aber noch ließen wir uns davon nicht die Laune verderben und genossen erst einmal das Frühstück. Danach ruhten wir uns noch etwas aus und zogen uns dann warme Kleidung und Regenschutz an, um hoffentlich für alle Wetterkapriolen gerüstet zu sein.

Gegen 11:30 Uhr verließen wir gemeinsam unser Hotel und traten den knapp 30minütigen Fußweg zum Open Air Gelände an. Bereits beim Einchecken am Freitag hatten wir einen VIP- Ausweis von hr4 erhalten, der uns zum bevorzugten Einlass auf das Open Air Gelände berechtigte. Der Eingang für die hr4-Gäste befand sich aber nicht am Haupteingang, sondern auf der linken Seite des Festivalgeländes. Angeblich sollten wir eine Stunde früher das Gelände betreten dürfen als andere Gäste, um einen guten Sitzplatz zu erreichen.

Kaum am Eingang angekommen, der noch geschlossen war, gab es den ersten Regenschauer, kurz darauf den zweiten. Aber die Sicherheitsleute am Eingang hatten kein Erbarmen mit uns und öffneten den Eingang nicht eine Minute früher. So mussten wir in der Kälte und im Regen vor dem Gelände stehen bleiben, bis endlich gegen 12:30 Uhr der Eingang geöffnet wurde. Als wir das Festivalgelände betraten, die erste Enttäuschung: Auf den vorderen Plätzen saßen bereits mehrere hundert Leute. Dass wir also extra früher auf das Gelände durften, war so ja wohl nicht richtig. Die nächste Überraschung war die Aufteilung des Geländes, wofür hr4 natürlich nichts konnte: Vor der großen Bühne war ein Bereich für Stehplätze abgesperrt, dahinter standen in mehreren Reihen Bierzeltgarnituren, Platz für ca. 6.000 Personen. Die Plätze zentral in Richtung Bühne hatten einen direkten Blick auf die Bühne, aber der Blick von den Plätzen links von der Mittelachse war durch einen Bierwagen verdeckt, wer denkt sich eigentlich so einen Schwachsinn aus? Viele Getränke- und Essenausgabestellen waren ganz außen angeordnet, nur dieser eine Bierstand nicht.

Als wir das Gelände betraten, sahen wir, dass ganz links außen 3 Plätze überdacht waren und wir eilten schnellen Schrittes dorthin und ergatterten auch tatsächlich noch einen freien Platz unter einer Plane. Zwar war es ringsum offen und es zog bei nur 12 Grad ganz empfindlich, aber wenigstens waren wir durch die Plane etwas gegen den Regen, der jetzt immer stärker wurde, geschützt. Und was das Sehen betraf, hatten wir sogar noch das große Los gezogen, denn links von der Bühne war eine riesige Leinwand aufgebaut, auf der das Geschehen auf der Bühne projiziert wurde. Und von unserem Platz aus hatten wir einen direkten Blick auf diese Leinwand und konnten die einzelnen Künstler viel besser sehen als beim direkten Blick auf die Bühne.

Wie wir dann später von anderen Gästen hörten, waren diese alle sehr enttäuscht vom Blick auf die Bühne. Wegen der sehr großen Entfernungen konnte man von hinteren Plätzen kaum etwas sehen und außerdem stellten sich während des Konzertes dann sehr viele Leute in die Quergänge, die eigentlich für den Rettungsdienst freigehalten werden sollten und versperrten damit den sitzenden Gästen dahinter komplett die Sicht auf die Bühne. Und da rechts von der Bühne keine Leinwand installiert war, konnten die Gäste rechts von der Mittellinie auch nichts sehen.

Pünktlich um 14:00 Uhr begann dann Open Air Konzert und wir erlebten zu Beginn die junge Nachwuchs-sängerin Marijke, die auch am Freitagabend bei der Tanzparty als Überraschungsgast auftrat. Das Programm wurde dann fortgesetzt von Sandy Wagner, Bata Illic, Gaby Albrecht, G. G. Anderson, Andy Borg und Helene Fischer.

Kurz nach 17:00 Uhr gab es eine 1stündige Pause. Bis dahin waren wir so durchgefroren und auch etwas nass, dass wir eigentlich zuerst nur vorhatten, einen kurzen Fußweg in den Ort zu machen, um uns in einem Cafe bei einer **heißen Schokolade** aufzuwärmen und dann wieder zum 2. Teil zum Open Air zurück zu kehren. Dass mit der heißen Schokolade machten wir auch, aber dann entschieden wir uns wegen des immer schlechter werdenden Wetters auf den 2. Teil zu verzichten. Wir wollten in einer Gaststätte etwas essen, aber auf diese

Idee waren hunderte andere Festivalbesucher auch gekommen und es gab in keiner Gaststätte einen freien Platz. So entschlossen wir uns, zum Hotel zurückzukehren.

So versäumten wir zwar den 2. Teil des Open Air mit den Künstlern Jörg Bauch, Brunner & Brunner, Fernando Express, Bernd Clüver, Ireen Sheer und DJ Ötzi, aber unsere Gesundheit war uns doch wichtiger. Es handelte sich ja nicht um etwas ganz Ausgefallenes, was man versäumte. Die Künstler, die dort auftraten hören wir auch so täglich im Radio und kennen sie auch aus dem Fernsehen.

Im Hotel wärmten wir uns an der Bar in der Lobby auf und tranken dort etwas. Nach und nach kamen auch andere Gäste unserer Reisegruppe, die ebenfalls enttäuscht vom Wetter waren, was niemand beeinflussen kann, aber auch über die schlechte Organisation und die merkwürdige Bestuhlung auf dem Gelände, verbunden mit einer schlechten oder gar keiner Sicht auf die Bühne. Viele, die zurückkamen, schimpften über diese Verhältnisse. Nur ganz wenige Personen aus der hr4-Reisegruppe blieben wirklich bis zum Ende des Konzertes, sprachen sich zwar lobend über die Künstler und deren Darbietungen aus, waren aber auch stark unterkühlt und nass.

Eine weitere Diskussion entstand dann im Hotel wegen eines angekündigten Mitternachtsimbisses. Dies war im Programmheft von hr4 etwas ungünstig ausgeführt. Hier stand, dass wir nach der Open Air Veranstaltung im Hotel noch bis 01:00 Uhr einen kleinen Imbiss einnehmen könnten. Es stand dort aber nirgends, dass dieser Imbiss kostenlos bzw. im Preis der gesamten Reise eingeschlossen sei. Viele hatten dies aber so verstanden und diskutierten jetzt mit der Hotelleitung.

Da wir schon relativ früh vom Festival zum Hotel zurück gingen und uns dort in der Lobby- Bar aufhielten, konnten wir amüsiert das Gehabe diesen Imbiss betreffend beobachten.

In einem kleinen Nebenraum der Lobby wurden so gegen 21:00 Uhr diverse Speisen bereit gestellt, z. B. warme

Würstchen, Frikadellen, Gulaschsuppe, Brot u. a. Eine Bedienung stellte auf alle Tische in der Bar Kärtchen mit diesem Speiseangebot nebst Preisen. Kurze Zeit später kam eine andere Bedienung und sammelte diese Karten wieder ein. Schön, dass immer jeder weiß, was er tut. Uns selbst war das Ganze ziemlich egal, da wir nichts mehr essen wollten –außer den Salzstangen, die es in der Bar gab. Aber wie bereits erwähnt, führte das Ganze zu einer Verwirrung bei den anderen Gästen und zu bewegten Diskussionen. Wir haben allerdings nie erfahren, ob denn wirklich ein Imbiss für uns hr4- Gäste kostenlos gewesen wäre oder nicht, hörten aber am nächsten Tag beim Frühstück, dass außerdem ab ca. 23:00 Uhr kein Essen mehr angeboten wurde, obwohl es uns bis 01:00 Uhr versprochen war.

Gegen 23:30 Uhr gingen wir zu Bett und haben das Ende der Diskussionen nicht mehr erlebt.

Laut Programm gab es am Sonntag ab 08:00 Uhr Frühstück und von 08:00 – 11:00 Uhr einen musikalischen Frühschoppen. Wir konnten unsere Zimmer bis zur Abreise behalten, die für die 6 Busse zeitlich gestaffelt vorgesehen war. Unser Bus 4 nach Frankfurt am Main sollte um 13:45 Uhr starten. So standen wir gegen 08:00 Uhr auf, um gegen 08:30 Uhr das reichhaltige Frühstücksbuffet zu genießen. An diesem Sonntag gab es sogar 1 Gläschen Sekt zum Frühstück.

Obwohl wir nicht gleich zu Beginn der Frühstückszeit im Restaurant waren, waren wir doch noch unter den Ersten, die meisten anderen Gäste erschienen viel später. Und sehr merkwürdig war die festgelegte Zeit des Frühschoppens. Wenn man ab 08:00 Uhr erst einmal frühstückt, wie soll man dann auch schon ab 08:00 Uhr einen Frühschoppen genießen! Begleitet wurde der Frühschoppen, bzw. das Frühstück, durch eine ortsansässige 3-Mann-Jazzband. Diese Musik ist so gar nicht nach unserem Geschmack, aber das ist natürlich unsere subjektive Meinung. Natürlich hat jeder einen anderen Musikgeschmack, aber dennoch denke ich, dass ein Frühschoppen mit Stimmungsmusik zum Mitsingen u. ä. begleitet werden sollte.

Da noch viel Zeit bis zur Abfahrt war, packten wir unsere Koffer und ruhten uns auf dem Zimmer noch etwas aus. Um 13:30 wurden dann unsere Koffer in den Bus verladen und pünktlich um 13:45 Uhr fuhr unser Bus zurück nach Gießen, um dort wieder die Gäste abzusetzen, die dort zugestiegen waren und weiter nach Frankfurt am Main, wo wir um 17:30 Uhr eintrafen. In unserem Bus fuhr bei der Rückfahrt kein Begleiter von hr4 mit. Wir wurden aber in Willingen von den hr4-Moderatoren verabschiedet und uns wurde gesagt, dass wir wegen der diversen Pannen bei dieser Reise als Ausgleich alle eine Freikarte für die große hr4-Schlager-Party im November in der Frankfurter Festhalle erhalten würden. Dies stimmte auch und im Oktober erhielten wir 2 Freikarten für den Innenraum (Stehplätze) in der Frankfurter Festhalle. Diese nutzten wir aber nicht, da wir überraschend zu diesem Zeitpunkt nach Dubai flogen – siehe den nächsten Reisebericht - und ich verschenkte die 2 Karten im Dienst an eine Kollegin.

Wir fuhren mit dem nächsten Zug vom Frankfurter Hauptbahnhof zurück nach Bad Camberg, wo wir von unserer Tochter abgeholt und nach Hause gebracht wurden. Von einer Open Air Veranstaltung hatten wir vorerst genug, in der nahen Zukunft wurden nur noch Veranstaltungen in geschlossen Räumen geplant.

65 Atlantis

Rein zufällig erfuhr ich im Oktober im Internet von einer VIP-Sonderreise vom 27.11. – 02.12.2009 nach Dubai, wo im Ballsaal des weltberühmten Burj al Arab ein Galakonzert mit Rene Kollo und Eva Lind, begleitet durch Claudia Hirschfeld an einer WERSI Orgel stattfinden sollte. Ich hatte in den 80er Jahren selbst eine WERSI Orgel gebaut und gespielt, aus zeitlichen Gründen dieses aber Ende der 90er Jahre aufgegeben und die Orgel verkauft.

Da ich Anfang 2010 in Pension ging, interessierte ich mich ab 2009 wieder für eine Orgel und besuchte im Juli 2009 auch das Sommerfest der Fa. WERSI im Hunsrück. Dort erlebte ich erstmalig die Künstlerin Claudia Hirschfeld live, die ich bis dahin nur dem Namen nach kannte. Zwar gab es zu diesem Termin auch einige gebrauchte Orgeln zu kaufen, dies war mir aber noch zu früh. Im Oktober stöberte ich dann im Internet, ob WERSI jetzt eine gebrauchte Orgel anzubieten hat, die ich mir finanziell auch leisten kann. Bei dieser Recherche stieß ich auf das Angebot der VIP- Luxusreise nach Dubai zu einem unschlagbar günstigen Preis. Ich überlegte gar nicht lange und rief sofort an, ob noch 2 Plätze frei seien. Nach Auskunft des Reisebüros Dubai Travel, über das diese Reise gebucht werden musste, war die Maschine aus Frankfurt leider bereits ausgebucht, es standen nur noch 2 Plätze in der Maschine ab München zur Verfügung. Ich buchte spontan diese Plätze sowie zusätzlich 2 Karten für eine Zugfahrt von Frankfurt am Main nach München. Erst nach erfolgter Buchung überraschte ich meine Frau mit dieser Reise.

Am Freitag, dem 27.11.2009 fuhren wir kurz vor 13:00 Uhr mit dem eigenen Wagen zum Frankfurter Hauptbahnhof und stellten ihn dort in der Tiefgarage ab. Wir stärkten uns kurz mit einem kleinen Imbiss und fuhren dann um 14:55 Uhr mit einem ICE nach München. Der Zug war total überfüllt, die Leute standen in den

Türbereichen und in den Gängen, so dass wir nur mit viel Mühe zu unseren reservierten Plätzen gelangen konnten. Dieser Zustand hielt bis Nürnberg an und erst nach Nürnberg kam auch der Zugbegleiter zur Fahrkartenkontrolle durch.

Vom Münchener Hauptbahnhof mussten wir noch ca. 45 Minuten mit der S-Bahn zum Flughafen München fahren, der weit außerhalb der Stadt liegt. Der Check-In und die Pass- und Handgepäckskontrolle verliefen sehr zügig und wir hatten noch ca. 2 Stunden Zeit bis zum Abflug. Diese nutzten wir zu einem typisch bayerischen Imbiss, nämlich Weißwürste, Laugenbrezel und Weißbier.

Pünktlich um 22:15 Uhr starteten wir mit einem Airbus der Fluglinie Etihad Airlines, angeblich eine der besten Airlines der Welt. Dies können wir aber nicht bestätigen. Der Service an Bord war zwar gut, die Stewardessen nett und auch das Essen war gut, aber so viel besser wie bei anderen Fluggesellschaften, der diesen Titel „Beste Fluglinie" rechtfertigen würde, war der Gesamteindruck doch nicht. Kurz nach dem Start erhielten wir einen kleinen Imbiss in Form eines Sandwiches, morgens vor der Landung dann ein ausgiebiges Frühstück mit frischem Omelett etc.

Um 07:15 Uhr Ortszeit (gegenüber der mitteleuropäischen Zeit +3 Stunden) landeten wir auf dem Flughafen von Abu Dhabi. Die Vereinigten Arabischen Emirate bestehen aus 7 Emiraten, Abu Dhabi ist eines davon und die Hauptstadt heißt genau so wie das Emirat. Dubai ist eine weitere Stadt im Emirat Abu Dhabi. Kurz vor der Landung hatten wir aus der Luft einen tollen Blick auf das erst im Jahre 2009 eingeweihte neue Formel-1-Renngelände.

Die Passkontrolle verlief sehr zügig und wir waren sehr überrascht, dass wir keinerlei Einreisezettel o. ä. ausfüllen mussten, wie wir es von anderen Ländern kannten. Unsere Koffer erhielten wir sehr schnell, auch hier waren wir positiv überrascht.

Am Ausgang erwartete uns bereits ein Vertreter von Dubai Travel, der uns in Empfang nahm. Nachdem alle Gäste, sowohl aus Frankfurt als auch aus München, eingetroffen waren, gingen wir zu 2 Bussen und wurden auf diese aufgeteilt. Insgesamt nahmen 90 Gäste aus Deutschland an dieser Reise teil. Im Bus fanden wir auf jedem Sitzplatz einen kleinen Imbiss, ein Sandwich, zwei kleine Kuchen und eine kleine Flasche Apfelschorle. Das Getränk war hoch willkommen, aber Hunger hatte keiner von uns, denn schließlich hatten wir kurz vorher im Flugzeug erst ausgiebig gefrühstückt.

Mit den 2 Bussen fuhren wir von Abu Dhabi nach Dubai und erhielten bei dieser ca. 1,5 Stunden dauernden Fahrt bereits erste Informationen über das Land und die Stadt Dubai. In Dubai selbst unternahmen wir eine Stadtrundfahrt und hielten u. a. am Strand mit direktem Blick auf das weltberühmte Hotel Burj al Arab sowie in einer Einkaufs-Mall direkt vor dem höchsten Gebäude der Welt, dem Burj Dubai. Dieser Turm ist 811 m hoch und sollte eigentlich am 02.12.2009 eröffnet werden. Da aber der 04. Januar der Gründungstag der Vereinigten Arabischen Emirate ist, wurde die Eröffnung durch den Scheich von Abu Dhabi auf den 04. Januar 2010 verlegt. Dies ist dann der 38. Jahrestag der Gründung.

So kam es dann auch, die Eröffnung fand trotz Finanzkrise mit einem riesigen Feuerwerk am 04.01.2010 statt, wobei der Turm umbenannt wurde in Burj Khalifa, da der Scheich des Nachbaremirats Dubai mit einer Finanzspritze über mehrere Milliarden Dollar unterstützt hatte. Aber das Ganze war eine große Mogelpackung, denn der Turm war nur von außen fertig und innen noch im Rohbau. Eröffnet wurden daher am 04.01.10 nur die untersten 10 Geschosse und die Aussichtsplattform in 600 m Höhe.

Schade, dass diese bei unserem Besuch noch nicht offen war, aber auch von außen war der Turm schon gewaltig und imposant.

Aber der Rest von Dubai war doch sehr ernüchternd, Dubai war eine einzige Großbaustelle. Überall wurden Hochhäuser gebaut und es gab Umleitungen, schmale Baustellenstrassen und überall Lärm und Staub. Von Glanz konnte eigentlich keine Rede sein. Beeindruckend war in der Mall of Dubai ein riesiges Aquarium im 1. Obergeschoss. Der Rest interessierte uns nicht so sehr, wir sind keine Shopping-Leute und kaufen im Urlaub nichts.

Nach dem Besuch in dieser Mall fuhren wir mit einem typischen Wassertaxi, den so genannten Abras, von einer Seite auf die andere Seite des Creeks. Dieser ist kein Fluss, sondern ein Meeresarm, der Dubai in zwei Stadtteile teilt. Bei ca. 29 Grad im Schatten war die kurze Fahrt auf dem Wasser eine willkommene Erfrischung. Auf der anderen Seite des Creek besichtigten wir den Gewürz- und Goldsouk.

Danach ging es mit den Bussen zum 5-Sterne-Hotel Grand Millenium, in dem wir die nächsten 4 Nächte zubrachten. Wir trafen dort gegen 13:30 Uhr ein und gingen ungeduscht und unrasiert zuerst zum Mittagessen, einem reichhaltigen und sehr guten Buffet. Aber so erging es ja auch allen anderen 88 Teilnehmern der Reise.

Da in den Vereinigten Arabischen Emiraten Alkohol verpönt ist, gab es zum Essen nur Wasser zu trinken, was aber angesichts der warmen Temperaturen ganz gut war. Nach dem Essen wurden die Zimmer zugeteilt und wir erhielten das Zimmer 1903 im 19. OG. Das Zimmer war sehr geräumig mit einem großen französischen Bett, 1 Tisch mit 2 Sesseln, 1 Schreibtisch, 1 Sideboard mit Flachbild-Fernseher und Minibar etc. Auch das Bad war sehr geräumig und enthielt sogar neben Waschbecken, WC, Badewanne/ Dusche ein Bidet und eine Waage. Wer braucht die denn im Urlaub? Und auch die Kleiderschränke waren sehr geräumig, so dass wir problemlos alle Kleidung gut unterbringen konnten, aber für die 4 Tage war es ja auch nicht sehr viel.

Nur der Blick aus dem Fenster war wieder sehr ernüchternd: Wir sahen auf 11 Hochhäuser, die gerade gebaut wurden und die dazu gehörenden Kräne. Unser Hotel war inmitten dieser Baustelle wohl das einzige fertige Gebäude. Wie uns später der Reiseleiter erzählte, standen zu diesem Zeitpunkt 2/3 aller Kräne weltweit in

Dubai, das muss man sich einmal vorstellen! Zwar wurde auch Dubai von der weltweiten Finanzkrise 2009 stark betroffen und etliche Großprojekte lagen erst einmal auf Eis, aber an vielen Stellen wurde trotzdem weiter gebaut. So z. B. die vielen Hochhäuser und auch die Metrostrecke. Diese Strecke wurde zwar im Sommer 2009 eröffnet und in Betrieb genommen, aber von geplanten mehr als 20 Stationen waren bei unserem Besuch erst 4 Stationen fertig gestellt, alles andere war noch im Bau. Unweigerlich drängte sich uns natürlich die Frage auf, für wen eigentlich diese vielen Hochhäuser gebaut würden und ob diese nicht zum größten Teil leer stehen würden. Dass dies nicht so ist, wurde uns dann vom Reiseleiter sehr schlüssig erklärt.

Abgesehen von der Finanzkrise 2009, die auch in Dubai Auswirkungen zeigte, hatte Dubai davor jährlich eine Zuwachsrate von 100.000 – 200.000 Bewohnern. Wenn man annimmt, dass in einem Hochhaus ca. 1.000 Personen wohnen können, dann müssen jedes Jahr ca. 100 – 200 Hochhäuser für diesen Zuzug errichtet werden! Dies erklärt natürlich den überall sichtbaren Bauboom.

Nachdem wir unsere Koffer ausgepackt hatten, hatten wir knapp 3 Stunden Zeit zum Ausruhen und Duschen etc.

Um 19:00 Uhr fuhren wir mit den 2 Bussen zum Creek und unternahmen dort mit einem traditionellen Holzboot, einer Dhau, eine Fahrt entlang dem nächtlich beleuchteten Dubai bis zum offenen Meer und wieder zurück. Auf dem Schiff gab es ein sehr gutes und reichhaltiges Buffet.

Um 22:45 Uhr waren wir zurück im Hotel und nahmen noch einen Schlummertrunk in der Bar im 18. OG unseres Hotels. Dieses erste Bier an diesem langen ersten Tag in Dubai kostete 7,00 Euro, schmeckte aber trotzdem sehr gut.

Nachdem wir seit Freitagmorgen 08:00 Uhr auf waren, gingen wir gegen 23:30 Uhr am Samstagabend todmüde zu Bett und schliefen gut durch bis zum nächsten Morgen.

In der islamischen Welt ist der Sonntag kein Feiertag, so dass ab ca. 07:00 Uhr die Kräne der benachbarten Baustellen schon wieder in Betrieb waren, aber die Fenster des Hotelzimmers waren gut schallgedämpft und außerdem standen wir zu diesem Zeitpunkt ohnehin schon wieder auf, so dass uns das nicht störte.

Nach einem ausgiebigen Frühstück im Hotel fuhren wir um 08:30 Uhr mit unseren Bussen in die Nachbaremirate Sharjah und Ajman. Unterwegs gab es eine etwas längere Pause am Freitagsmarkt (…am Sonntag!), auf dem es neben Obst und Gemüse auch Blumen und Teppiche etc. zu kaufen gab. Bei der Fahrt konnten wir das bis zu 2.000 m hohe Hajar-Gebirge sehen und Kolonnen von LKWs, die von Steinbrüchen dort Steine nach Dubai transportierten. Diese Steine werden dort auf den Baustellen benötigt und auch die Steine für die künstlich aufgeschüttete „Palme" kamen von dort. So etwas hatten wir noch nie gesehen: Bestimmt mehr als 100 mit Steinen beladene LKWs hintereinander auf dem Weg nach Dubai. Manche LKWs hatten nur 2 Steine auf der Ladefläche, diese aber unvorstellbar groß.

Bei einem weiteren Halt besichtigten wir unterwegs das Bithna-Fort. Unser Mittagessen in Buffetform nahmen wir dann im JAL-Hotel in Fujeirah auf der Terrasse im Freien mit Blick auf den Indischen Ozean ein. Hier in Fujeirah war es an diesem Tag bedeckt und „nur" ca. 24 Grad warm.

Die Rückfahrt zum Hotel erfolgte ohne Zwischenstopps und wir erreichten unser Hotel gegen 17:30 Uhr. Das Abendessen nahmen wir an diesem Sonntag in unserem Hotel ein und zwar im Ballroom im 20.OG. Auch beim Abendessen gab es nur Wasser zu trinken, so dass wir danach erst wieder nach 21:30 Uhr unser erstes Bier des Tages tranken, dieses Mal in der Bar im Erdgeschoß des Hotels hinter der Rezeption. Wir trafen dort nette Gäste unserer Reisegruppe und hatten damit gute Unterhaltung. Neben einem frisch gezapften Bier – wie gesagt für 7,00 Euro – gönnten wir uns auch einen Mojito. Dieser war aber erheblich schwächer als in Deutschland gewohnt

und jeder Mojito schmeckte anders. Außerdem gingen der Bar dann wohl die Limonen aus und der letzte Mojito enthielt statt Limonen normale Zitronen.
Um 01:45 Uhr gingen wir zu Bett.

Am Montagmorgen standen wir um 08:00 Uhr auf und nach dem Frühstück fuhren wir um 10:30 Uhr mit den Bussen nach Dubai Marina, ein eigener Stadtteil Dubais. Dort hatten wir einen Stopp am Strand, von dem aus man einen schönen Blick auf die Palme und dem dortigen, erst Anfang 2009 eröffneten Hotel **Atlantis** hatte. An diesem Tag war es wieder sonnig und ca. 29 Grad warm. Aber da es eine trockene Wärme war, lies sich diese gut vertragen.
Nach dem Stopp am Strand fuhren wir über den Stamm der Palme zum Aussenring und dort zum Hotel Atlantis. Im Atlantis durften wir nur die Eingangshalle und das Untergeschoß betreten. Alle anderen Bereiche waren uns als Nicht-Hotelgäste verwehrt. An allen Aufzügen, Treppen und Türen standen Livrierte, die nur Gäste mit Hotelausweis hineinließen.
Das Hotel selbst ist schon sehenswert und hat eine interessante Architektur, aber die Empfangshalle hat uns selbst gar nicht gefallen. Hier befindet sich in der Mitte ein Brunnen mit sehr bunten gedrehten Glasstalagmiten, was aus unserer Sicht nicht zum Stil des Hotels passt. Außerdem versprühten zahlreiche Duftlampen an den Wänden einen unangenehmen Geruch, aber auch das ist natürlich Geschmackssache.
Sehr imposant war im Untergeschoß ein riesiges Aquarium mit Haien, Rochen und zahlreichen anderen Fischen. 2 Taucher waren im Aquarium ständig damit beschäftigt von innen die riesigen Scheiben zu putzen und den Boden mit einem Staubsauger rein zu halten.
Höhepunkt des Tages war aber das hervorragende Mittagessen im Atlantis, einem Buffet mit riesigen Ausmaßen. Hier gab es Speisen aus allen Teilen der Welt. Italienische Pastagerichte, japanisches Sushi, asiatische Gerichte, arabische Gerichte, feinste Desserts

und und und. Dieses Lunchbuffet war das Beste während der 4tägigen Reise und ließ keine Wünsche offen.

Auch der Weg zum Strand und zum dem Hotel angeschlossenen Aqua-Park blieb uns aber als Nichtgäste des Hotels verwehrt. Mit Verwunderung lasen wir, dass der Eintritt in den Aquapark selbst für Hotelgäste 40,00 Euro kostete! Das fanden wir angesichts der horrenden Preise für ein Zimmer oder eine Suite im Hotel schon unverschämt.

Um 15:45 Uhr waren wir zurück im Hotel und hatten knapp 2 Stunden Zeit, um uns frisch zu machen und für das abendliche Galakonzert festlich zu kleiden.

Um 17:30 Uhr fuhren wir mit unseren zwei Bussen zum Burj al Arab und gerieten an diesem Tag in die Rush hour. Normalerweise hätte die Fahrt von unserem Hotel zum Burj al Arab lediglich 10 Minuten gedauert, wir aber brauchten ca. 1 Stunde! Die Autobahn hatte zwar insgesamt 12 Spuren, aber alle 12 Spuren standen und wir kamen nur Meter für Meter langsam vorwärts. Das Burj al Arab steht auf einer künstlichen Insel und kann nur über eine Brücke erreicht werden.

In allen Bereichen erhebt Dubai den Anspruch das Höchste, das Größte etc. zu besitzen, aber bei den Zufahrten zu den Hotels hat man dort gespart, diese sind so eng gebaut, dass kein 2. Fahrzeug an einem anderen vorbeifahren kann. Steht z. B. eine Stretch-Limousine oder ein Bus vor dem Hoteleingang, dann können dahinter wartende Fahrzeuge nicht vorfahren und müssen warten. So mussten auch wir auf der Brücke weitere 15 Minuten warten, bis wir am Hotel vorfahren konnten.

Das alles muss doch für einen reichen Scheich o. ä. frustrierend sein, wenn er in seinem teuren Rolls Royce sitzt und im Burj al Arab eine Luxussuite mit 750 qm Fläche für mehrere 100.000 Euro pro Nacht gebucht hat. Erst steht er in seiner Luxuskarosse im Stau auf der Autobahn und dann muss er auch noch warten, bis er am Hotel vorfahren kann, weil dort vielleicht ein Touristenbus steht und es natürlich ein paar Minuten dauert, bis alle 45 Gäste ausgestiegen sind.

Es ist uns völlig schleierhaft, warum man bei den Hotelauf- und zufahrten so mit dem Platz gegeizt hat. Auch der erste Eindruck vom Hotel war dann doch sehr ernüchternd. Zwar ist die Eingangshalle schon imposant, aber dann führen zwei profane Rolltreppen wie im Frankfurter Hauptbahnhof auf die nächste Etage mit der Rezeption und den Fahrstühlen. Insgesamt gibt es 6 innenliegende und 2 verglaste Aussen-aufzüge. Mit den Aussenaufzügen fuhren wir nonstop in das 54. Obergeschoss zum Ballsaal. Es gab keine Möglichkeit in ein anderes Geschoss zu gelangen, um sich z. B. ein Restaurant oder eine Bar anzusehen. All dies war uns als Nicht-Gäste des Hotels verwehrt. Vom Aufzug aus hatten wir einen Blick auf die Palme mit dem erleuchteten Hotel Atlantis. Die künstlich erschaffene und noch im Bau befindliche „The World" dagegen war nicht zu sehen, da dort noch keine Gebäude stehen und nichts erleuchtet war.

Beim Betreten des Ballsaales auch wieder die Ernüchterung: Unter einem so gepriesenen Ballsaal hatten wir uns etwas viel Größeres und Anderes vorgestellt, nämlich einen großen Saal mit Parkett o. ä. Aber der Ballsaal war mit Teppichboden ausgelegt und es standen dort ca. 12 runde Tische für jeweils 10 Personen. Damit war der Raum auch fast ausgefüllt. In einer Ecke war ein Buffet aufgebaut und gegenüber ein Podest mit der WERSI Orgel und den Mikrofonen für die auftretenden Künstler.

Vor dem Galakonzert gab es das Abendessen, wobei das Buffet zwar gut war, aber einem so angepriesenen Gala-Buffet im 7-Sterne-Hotel Burj al Arab aus unserer Sicht nicht gerecht wurde. Da war das Mittagessen im Hotel Atlantis weit besser. Und auch hier gab es leider wiederum nur Wasser und Säfte, was wir etwas schade fanden. Wir hatten uns eigentlich vorgenommen, zu diesem festlichen Anlass eine Flasche Wein zu trinken, aber daraus wurde nichts. Wir wurden noch nicht einmal gefragt, ob wir etwas Alkoholisches trinken möchten.

Aber der restliche Abend war dann wirklich der absolute Höhepunkt dieser Reise und entsprach unseren Erwartungen. Zuerst hatte ich Bedenken, ob ich mit meinem Smoking nicht overdressed wäre, aber 2 weitere Gäste hatten ebenfalls einen Smoking an, ein weiterer Gast ein weißes Dinnerjacket und die meisten anderen Herren dem Anlass entsprechend Anzug, Hemd und Krawatte. Absolutes Negativ-beispiel aber ein Mann, der zum Konzert mit einer Jeanshose und einem karierten kurzärmligen Hemd erschien, wobei seine Frau aber festlich gekleidet war. Auch alle anderen Frauen waren durchweg festlich gekleidet.

Pünktlich um 20:00 Uhr begann das Galakonzert mit Rene Kollo und Eva Lind, begleitet von Claudia Hirschfeld an der WERSI Orgel Louvre. Rene Kollo sang einige Lieder von Robert Stolz, leichte Klassik-lieder und andere. Eva Lind sang u. a. den Frühlingsstimmenwalzer und das Ave Maria.

Zwischen den Gesangstücken spielte Claudia Hirschfeld einige Solostücke auf der Orgel, darunter z. B. den Gefangenenchor aus Nabucco, den Triumphmarsch aus Aida und vieles mehr. Sie beherrscht das Instrument phänomenal und es macht Spaß ihrem Spiel mit den Händen und vor allem ihrer Füße auf den Pedalen zuzusehen. Selbstverständlich mussten die Künstler noch 2 Zugaben geben und das schöne Konzert ging leider viel zu schnell vorbei, es hätte gerne noch 1 oder 2 Stunden länger dauern können. Gegen 23:30 Uhr waren wir zurück im Hotel und trafen uns in der Bar mit netten anderen Reiseteil-nehmern in der Bar und unterhielten uns dort noch angeregt, bis wir kurz nach 01:30 Uhr zu Bett gingen.

Am Dienstagmorgen standen wir ebenfalls wieder erst gegen 08:00 Uhr auf und nach dem großartigen Frühstück fuhren wir mit den Bussen zur „Mall of the Emirates", der größten Einkaufshalle der Welt mit über 450 Geschäften und der beeindruckenden Skihalle „Ski Dubai".

Nach einem kurzen Bummel durch die Mall tranken wir dort in einem Cafe einen großen Milchkaffee, da uns das Einkaufen ja nicht interessierte.
Um 13:00 Uhr trafen wir uns mit allen Reiseteilnehmern in einer Gaststätte in der Mall mit direktem Blick in die Skihalle. Bei 29 Grad Außentemperaturen fuhren dort die Einheimischen Ski oder Bob bei -3 Grad in der Halle. In der Skihalle gibt es einen Skilift, eine Abfahrtsstrecke, eine Slalomstrecke, einen Eiskanal für Bobfahrten u. v. m. mit echtem Schnee.
An diesem Tag gab es kein Buffet, sondern man konnte zwischen 3 Vor- und 3 Hauptspeisen wählen, die dann am Tisch serviert wurden. Da im Restaurant Lachs die Spezialität war, wählten wir auch als Vorspeise geräucherten Lachs und als Hauptspeise gegrillten Lachs. Nach dem Mittagessen ging es zurück ins Hotel, wo wir gegen 15:00 Uhr eintrafen.
Um 17:00 Uhr wurden wir dort von Jeeps abgeholt und jeweils 6 Gäste wurden pro Jeep aufgeteilt. Mit den Jeeps fuhren wir ca. 1,5 Stunden bis zur Wüste vor den Toren Dubais. Kurz vor der Wüste gab es einen Toilettenhalt und aus den Reifen der Jeeps wurde Luft abgelassen, damit sie auf dem Sand der Wüste besseren Halt hatten. Und dann begann eine aufregende Safari mit den Jeeps über die Dünen der Wüste, genau so wie man es schon etliche Male im Fernsehen gesehen hatte. Mit Speed hinauf auf die Düne, quer seitlich wieder hinunter und das mehrere Male hintereinander. Diese rasante Fahrt war einfach nur toll und hätte ruhig noch viel, viel länger dauern können. Selbstverständlich wurden am Hotel alle Gäste gefragt, wer diese rasante Fahrt nicht verträgt und es lieber soft haben möchte. Diese Gäste wurden dann auf eigene Jeeps verteilt. Soweit wir das mitbekommen haben, haben sich aber nur 12 Teilnehmer für die softe Fahrt entschieden, also 2 Jeeps, alle anderen wollten die rasante Fahrt.
Wir erlebten bei dieser Fahrt den Sonnenuntergang in der Wüste und die Fahrt endete in einem Beduinencamp inmitten der Wüste, wo es ein Barbecue Buffet gab und

eine Bauchtanzdarbietung. Sehr beschwerlich waren aber das Sitzen und das Essen im Camp. Die Tische waren sehr niedrig und zum Sitzen hatte man nur ein Kissen. Nichts für bandscheibengeplagte Touristen. Es war schon sehr mühsam sich hinzusetzen und am niedrigen Tisch zu essen.

Nach dem Essen und der Tanzdarbietung ging es ohne Zwischenhalt mit den Jeeps zurück zum Hotel, wo wir gegen 21:00 Uhr eintrafen. Nach dem Sonnenuntergang kühlte es in der Wüste ab, aber es war immer noch über 20 Grad warm, aber trotzdem war eine leichte Jacke angebracht.

Im Hotel trafen wir uns nochmals mit einigen netten Gästen in der Bar und gingen kurz nach 01:00 Uhr ins Bett.

Am Mittwoch, dem 02.12.2009 war unser 32. Hochzeitstag und da wir noch die Koffer packen mussten, standen wir bereits um 06:30 Uhr auf und gingen nach dem Packen zum Frühstücken und genossen zum letzten Mal bei dieser Reise das ausgiebige Buffet. Nur gab es leider keinen Sekt, den wir anlässlich des Hochzeitstages gerne genossen hätten.

Um 09:45 Uhr wurden wir mit den Bussen zum Flughafen Abu Dhabi gebracht und checkten dort für den Rückflug bei Etihad ein. Wir waren sehr früh am Flughafen, da alle Reiseteilnehmer gleichzeitig zum Flughafen gebracht wurden, die Maschine nach Frankfurt aber eine Stunde früher startete als unsere Maschine nach München. So hielten wir uns im Wartebereich vor dem Abfluggate auf und ich sortierte schon einmal alle Urlaubsbilder auf dem Laptop. Außerdem gab es hier am Flughafen ein Internetterminal mit kostenlosem Zugang und ich konnte schon einmal sowohl meine privaten als auch meine dienstlichen Emails lesen.

Pünktlich um 13:15 Uhr startete unsere Maschine nach München. Wir erhielten beim Einchecken die Plätze 36 E und F in der Mitte des Flugzeuges, hatten dann aber Glück und konnten in die Reihe 33 am Notausgang

„umziehen", wo wir erheblich mehr Beinfreiheit hatten. Hier saßen 2 sehr nette Damen aus Wien, die ebenfalls zu unserer Reisegruppe gehörten, die beiden anderen Plätze waren frei. So war der Rückflug weitaus entspannter als der Hinflug.

Kurz nach dem Start gab es ein warmes Essen und kurz vor der Landung nochmals einen kleinen Imbiss. Dieser bestand aus einem Becher Eis! So etwas hatten wir auch noch nicht im Flugzeug, es gibt immer wieder etwas Neues.

Sogar früher als im Plan landeten wir um 17:30 Uhr auf dem Münchener Flughafen. Nach der Passkontrolle und dem Kofferempfang am Kofferband fuhren wir sofort mit der S-Bahn zum Münchener Hauptbahnhof und erreichten dort sogar noch einen ICE 1 Stunde früher als ursprünglich geplant. Zwar hatten wir jetzt für diesen Zug keine Sitzplatzreservierung, diese war aber auch nicht notwendig. Der Zug war nur sehr schwach besetzt und wir konnten uns einen Platz an einem Tisch aussuchen.

So sahen wir uns bei der Fahrt schon einmal die Urlaubsbilder an und gingen dann für einen kleinen Abendimbiss in das Bordbistro. Der Zug nahm eine andere Route als bei der Hinfahrt, nämlich über Ulm, Stuttgart und Mannheim nach Frankfurt am Main.

Um 23:25 Uhr erreichten wir den Frankfurter Hauptbahnhof, übernahmen dort unseren Wagen und fuhren nach Hause, wo wir um 00:25 Uhr eintrafen.

Zusammenfassend können wir sagen, dass wir von der Reise nicht „enttäuscht" waren, das wäre zu hart und träfe das Erlebte nicht richtig. Aber „ernüchtert" waren wir allemal.

Früher hatte ich immer vorgehabt, wenn ich einmal in Dubai wäre, unbedingt mindestens 1 Nacht im Burj al Arab oder im Atlantis zu verbringen. Nachdem ich jetzt aber beide Hotels kennen gelernt habe, ist dies für mich nicht mehr wichtig und durchaus entbehrlich. Es gibt weitaus schönere Hotels in Dubai, wo sich ein Aufenthalt lohnen würde.

Aber eigentlich haben wir jetzt genug von Dubai gesehen und halten einen weiteren Urlaub dort nicht für notwendig. Lediglich 3 Dinge würden uns in Dubai noch interessieren und würden diese gerne nachholen, wenn wir eventuell einmal im Rahmen einer Kreuzfahrt nochmals nach Dubai kämen:

1) die Fahrt zur Aussichtsplattform in 600 m Höhe im Burj Dubai,
2) ein Hubschrauberflug über „The Palm" und „The World" und
3) ein Besuch im größten Freizeitpark der Welt, der 2009 noch im Bau war.

Die Punkte 1) und 2) haben wir dann im Rahmen unserer Kreuzfahrt mit der AIDAblu 2011 (Reise Nr. 73) durchgeführt.

Burj al Arab

66 Hafenkneipe

Wir waren schon recht häufig über Silvester in Urlaub gewesen, teils mit unserer Tochter, teils alleine, aber noch nie über Weihnachten. Nachdem wir die letzten beiden Jahre Silvester im Kurhaus von Bad Camberg gefeiert hatten, wollten wir 2009 wieder Silvester außerhalb unseres Wohnortes feiern und speziell bei mir selbst wuchs der Wunsch, endlich auch einmal Weihnachten außerhalb der Familie zu verbringen. Das hat auch rein gar nichts mit unseren Kindern zu tun, zu denen wir ein sehr gutes Verhältnis haben, aber jedes Jahr Heilig Abend unterm Tannenbaum und Gans essen muss ja nun auch nicht sein.

So gingen wir im Spätsommer 2009 ins Reisebüro und suchten nach einer passenden Reise, um das letzte Weihnachten und Silvester während meiner aktiven Berufszeit entsprechend festlich zu verleben. Da schon etliche Reisen ausgebucht waren, gestaltete sich die Suche nach einer passenden Reise dieses Mal etwas schwieriger als sonst, wenn wir mit bereits fertigen Vorstellungen ins Reisebüro kommen und dort nur noch die Formalien zu erledigen sind. Aber die nette Mitarbeiterin im DER Reisebüro in Limburg fand dann nach einiger Suche doch genau das passende für uns und zwar eine Festtagsreise vom 22.12.2009 bis 02.01.2010 auf der MS Swiss Gloria von Köln über Xanten, Nijmegen, Amsterdam, Rotterdam, Antwerpen u. a. zurück nach Köln beim Reiseanbieter Phoenix. Sowohl Phoenix als auch die MS Gloria waren für uns unbekannt, aber die Beschreibung im Katalog hörte sich sehr gut an und auch die Bilder des Schiffes waren sehr ansprechend, so dass wir diese Reise buchten. Ein Großteil der Kabinen war bereits ausgebucht, aber wir konnten noch eine Kabine auf dem Deck 1 im hinteren Teil mit der gut zu merkenden Nummer 111 bekommen. Zwar versuchen wir bei Flussschiffen möglichst Kabinen im Heck zu vermeiden, da es hier am lautesten ist, aber die Kabinen auf dem Deck 1 gingen nur bis zur Mitte des

Schiffes, daran schlossen sich die Kabinen der Besatzung an, so dass wir hier keine besondere Lärmbelästigung erwarteten. So war es dann auch, die Kabine war sehr ruhig, abgesehen vom Lärm beim Schleusen und beim Ablegen, aber dies ist mit Sicherheit in allen Kabinen zu hören. Die Kabinen in den 2 Decks darüber verfügten teilweise über einen französischen Balkon mit zu öffnenden Fenstern, waren ansonsten aber ziemlich gleich groß. Da die Reise in der kalten Jahreszeit stattfand, legten wir keinen Wert auf die zu öffnenden Fenstern, hier war uns der Aufpreis für diese Kabinen zu hoch. Innenkabinen gibt es auf Flusskreuzfahrtschiffen ohnehin keine und auch unsere Kabine hatte natürlich ein großes Fenster, nur dass dieses nicht geöffnet werden konnte.

Ursprünglich hatten wir vor, mit dem Zug nach Köln zu fahren, hätten dann aber wieder unsere Kinder gebraucht, um uns an den ICE-Bahnhof nach Limburg Süd zu bringen und wir hätten uns mit unseren 3 Koffern im Zug abquälen müssen oder hätten diese transportieren lassen müssen, was pro Gepäckstück auch sehr teuer ist. Und die Bahnfahrkarten für 2 Personen wären auch nicht gerade billig gewesen. So entschloss ich mich nach unserer Rückkehr aus Dubai, doch mit dem eigenen Wagen nach Köln zu fahren und den Wagen dort für die Dauer der Reise unterzustellen. Von uns nach Köln sind es nur ca. 150 Kilometer, eine sehr überschaubare Strecke, auch im Winter.
Als wir Anfang Dezember unsere Reiseunterlagen erhielten, war dort auch ein Anmeldeformular für eine Parkgarage in Köln mit dabei und ich meldete meinen Wagen entsprechend an. Gleiches hatten wir schon bei der Flusskreuzfahrt auf der Donau ab und bis Passau so gemacht und bei unserer Ostseekreuzfahrt von Bremerhaven nach Kiel, wobei hier der Wagen am Ende der Reise sogar überführt wurde. Die Fahrt mit dem PKW nach Köln war trotz der Unterstellgebühren und dem

Benzinverbrauch insgesamt billiger als die Bahnfahrt plus Aufgeben der 3 Koffer.

Am Wochenende vor unserer Abfahrt begann es bei uns heftig zu schneien. Der Schneefall hörte dann zu Beginn der Weihnachtswoche zwar auf, aber gerade für den Dienstag – unseren Reisetag – wurde Eisregen und Blitzeis angekündigt. Da kam ich dann doch arg ins Zweifeln, ob meine Entscheidung mit dem eigenen PKW zu fahren, die richtige war. Jetzt war aber alles gebucht und eine Änderung nicht mehr möglich.

Aber wir hatten unerwartetes Glück. Als wir am Dienstagmorgen, dem 22.12.2009 aufstanden, erwartete uns mildes Wetter bei ca. 5 Grad plus und es war trocken. Da ich nicht wusste, was uns unterwegs auf der Autobahn nach Köln erwartete, Baustellen, Schnee, Berufsverkehr etc., fuhren wir sicherheitshalber sehr früh schon gegen 12:30 Uhr von zu Hause ab und waren ohne jegliche Beeinträchtigungen bereits gegen 13:45 Uhr am Parkhaus in Köln. Dort stellten wir unseren PKW ab, luden unsere Koffer aus und bezahlten das Unterstellen bis zum 02. Januar.

Die Koffer wurden durch das Parkunternehmen zum Schiff transportiert und auch wir hätten mit dem Bus zum Schiff fahren können. Allerdings hatten wir noch 2 Stunden Zeit, da die Einschiffung erst um 16:00 Uhr begann und die Schiffsanlegestelle war nur knapp eine Viertelstunde vom Parkhaus entfernt.

Daher verzichteten wir auf den Bustransfer zum Schiff und gingen zu Fuß in die Fußgängerzone, um in einem Cafe einen Cappuccino zu trinken und eine Kleinigkeit zu essen. Es regnete leicht, war aber mit ca. 5 Grad plus sehr mild, von Eisregen zum Glück keine Spur.

Kurz vor 16:00 Uhr gingen wir zum Schiff, um dort einzuchecken und unsere Kabine 111 zu beziehen. Der erste Eindruck des Schiffes war sehr positiv, der Eingangsbereich sehr hell und freundlich, das Personal an der Rezeption freundlich, die Klassifizierung 5 Sterne erschien uns berechtigt. Unser Deck war eins tiefer als die Rezeption und nur über eine Wendeltreppe zu erreichen. Die Kabine 111 war die letzte auf der Backbordseite, dahinter dann – wie bereits erwähnt – die Kabinen der Besatzung, direkt an unsere anschließend die Kabine des Kapitäns.

Auch der erste Eindruck der Kabine, als wir sie öffneten und betraten, war sehr positiv. Die Kabine war geräumig und enthielt ein Doppelbett mit 2 getrennten Matratzen, 2 Nachttischchen mit je 3 Schubladen rechts und links neben dem Bett, einen kleinen Glastisch mit 2 Stühlen, ein kleines halbrundes Wandbord und einen geräumigen 3teiligen Kleiderschrank mit genügend Platz für Wäsche und Kleidung. An der Wand gegenüber dem Bett hing ein Flachbild-Fernseher, auf dem neben dem Fernsehprogramm auch das Tagesprogramm und das Mittagessen abliefen sowie über eine Aussenkamera die Fahrt beobachtet werden konnte. Auch die Nasszelle war gut ausgestattet mit einem Waschbecken, einem WC und einer Eckdusche mit geteilter Glastür zum Einstieg. Zum Glück kein Duschvorhang, der beim Duschen am Körper klebt, dies hasse ich!

Ganz besonders positiv empfand ich die völlig ungewöhnlich große Anzahl von Steckdosen in der Kabine. Dies ist oftmals ein Problem, insbesondere für Frauen, die einen Lockenstab verwenden wollen. In der Nasszelle gibt es zwar einen Spiegel, oftmals aber keine Steckdose für den Lockenstab. Und in der Kabine gibt es manchmal nur eine einzige Steckdose, aber meistens weit weg von einem Spiegel. Und man weiß heutzutage oftmals nicht, wo man sein Laptop anschließen soll, Handy und Kamera aufladen soll etc. So habe ich bereits seit Jahren immer eine 3-fach-Steckdosenleiste im Urlaubsgepäck, um hier Abhilfe schaffen zu können. Dieses Mal brauchte ich diese Steckdosenleiste aber nicht, denn es gab auf jeder Seite des Bettes über den Nachttischchen jeweils eine Steckdose und oberhalb des Wandbordes, auf das ich mein Laptop stellte sogar 2 Steckdosen. Da über dem Wandbord auch noch ein hoher Spiegel hing, war die Benutzung des Lockenstabes kein Problem bei dieser Reise. Und noch etwas Positives: Unter den Betten war genügend Platz, um alle 3 Koffer problemlos zu verstauen, auch dies ist bei anderen Schiffen oftmals ein Problem.

Unsere Koffer waren bereits auf der Kabine, so dass wir uns sofort ans Auspacken machen und alles verstauen konnten. Wie üblich gab es aber nicht genügend Hosenbügel im Schrank und ich hänge nicht gerne mehrere Hosen übereinander auf einen Bügel. Aber hier sind wir immer gut gerüstet und haben immer genügend Reinigungs-Drahtbügel mit dabei, die wir am Ende der Reise im Schrank zurück lassen.

Viel Zeit zum Auspacken hatten wir allerdings nicht, denn bereits um 16:30 Uhr trafen sich alle Gäste im Salon, um dort ihre Tischreservierung zu erhalten. Der positive Eindruck des Schiffes setzte sich im Salon fort, dieser lag im Bug des Schiffes und war rundum verglast, so dass man während der Fahrt schön die vorbeiziehende Landschaft betrachten konnte. Im vorderen Drittel des Salons befand sich eine Bar mit einem schönen, halbrunden Tresen, der bei der Reise – mal wieder – abends unser Stammplatz wurde. So schön der Salon war, für Veranstaltungen war er leider schlecht „geschnitten". Die Darbietungen fanden vor der Bar statt und alle Leute, die an der Bar und an den Sitzgruppen ganz vorne im Bug saßen konnten nichts von den agierenden Künstlern sehen, nur hören. Dies war ein kleiner Minuspunkt des Schiffes.

Zuerst erhielten wir bei der Tischvergabe einen 4er-Tisch im Restaurant. Da wir uns aber gerne kommunikativ mit anderen Gästen austauschen, fragten wir, ob nicht auch ein 6er-Tisch möglich wäre. Da das Schiff nicht komplett ausgebucht war, war dies überhaupt kein Problem und wir erhielten einen 6er Tisch am Fenster auf der Steuerbordseite.

Zwar waren alle Kabinen ausgebucht, aber offensichtlich gab es bei dieser Reise sehr viele Einzelreisende, so dass statt der möglichen ca. 150 Gäste nur etwa 120 Gäste an Bord waren. Die meisten Gäste waren darüber hinaus erheblich älter als wir. Der Sitzplatz im Restaurant galt für alle Mahlzeiten, also Frühstück, Mittagessen und Abendessen. Mittag- und Abendessen wurden jeweils zu einer festen Uhrzeit in nur einer Tischzeit eingenommen. Nach der Tischvergabe schloss sich um 17:00 Uhr eine kurze Information über die Sicherheit an Bord des Schiffes an und der Kapitän, der Reiseleiter und der Hotelmanager stellten sich vor.

Der Kapitän war ein Deutscher, ebenso der Reiseleiter Uwe. Der Hotelmanager war ein Holländer. Alle 3 machten einen sehr guten, netten Eindruck.

Nach dieser Kurzinfo hatten wir nochmals etwas Zeit unser Auspacken in der Kabine zu beenden, uns zu duschen und für das Abendessen umzuziehen.

Um 18:30 Uhr trafen sich erneut alle Gäste im Salon und bei einem Begrüßungscocktail, einem Gläschen Sekt, wurden jetzt durch den Kapitän, den Hotelmanager und den Reiseleiter die komplette Mannschaft an Bord vorgestellt. Bis auf wenige Ausnahmen handelte es sich vorwiegend um ausländische Mitarbeiter aus über 20 verschiedenen Nationen. Aber die Servicekräfte, mit denen wir direkt zu tun hatten, z. B. im Restaurant und an der Bar, waren alle sehr nett und sprachen auch ausreichend bis gut Deutsch.

Um 19:00 Uhr legte die MS Swiss Gloria vom Anlegesteg an der Deutzer Brücke in Köln ab und unsere festliche Reise konnte beginnen. Gleichzeitig begann unser erstes Abendessen an Bord des Schiffes. Das Restaurant befand sich auf dem gleichen Deck wie unsere Kabine, aber trotzdem mussten wir immer die Wendeltreppe nach oben gehen und dann wieder eine Treppe nach unten, da zwischen dem Restaurant und dem Flur mit den Kabinen der Wellnessbereich lag und daher kein direkter Durchgang bestand. Unser Tisch 30 war ein länglicher 6er-Tisch auf der Backbordseite, von der Treppe aus der 2. Tisch.

Als wir zum Tisch kamen, saß dort auf den vorderen Stühlen ein Pärchen aus Berlin, wie wir später im Verlaufe unserer Gespräche erfuhren, so dass wir uns für die beiden Stühle direkt am Fenster entschieden. Der sehr gute Eindruck des Schiffes wurde am Tisch jetzt doch stark abgeschwächt, denn die Tische standen so eng, dass es sehr schwierig, wenn nicht sogar unmöglich war, aufzustehen, wenn alle Gäste saßen. Dies war absolut kein 5-Sterne-Standard!

Kurze Zeit nach uns gesellte sich dann ein allein stehender 78jähriger Schweizer zu uns, der den mittleren Platz zwischen meiner Frau und dem Berliner Mann einnahm (in Fahrtrichtung), als letztes erschien eine allein stehende Frau aus dem Ruhrgebiet, die den mittleren Platz entgegen der Fahrtrichtung zwischen mir und der Berliner Frau einnahm. Somit war unser Tisch komplett und wir waren mit der zufälligen Zusammenstellung der Gäste sehr zufrieden. Insbesondere der Schweizer hatte schon fast die ganze Welt gesehen und war ein wandelndes Lexikon. Er wusste zu allen Themen und zu allen Ländern und Städten immer sehr viel Interessantes zu berichten. Selbst Namen von Kirchen und Straßen etc. hatte er immer parat. Er war zwar etwas schwerhörig und auch schon etwas „tüttelig", aber auf eine sehr nette Art. Landausflüge machte er nie mit, er erkundete die Städte immer nur auf eigene Faust, da er alle schon kannte und schon mehrmals besucht hatte. Auch das Berliner Paar war schon viel gereist und hatte schon viel von der Welt gesehen. Witzig war, dass sich das Paar und der Schweizer erst das Jahr zuvor auf einem anderen Schiff von Phoenix getroffen hatten und jetzt rein zufällig wieder und sogar am gleichen Tisch saßen. Von beiden erfuhren wir während der Reise viel Interessantes über die anderen Hochseeschiffe von Phoenix. Auch das Paar aus Berlin war bereits im Rentenalter und älter als wir Beide. Die allein stehende Frau war verwitwet und das erste Mal alleine unterwegs. Sie war insgesamt etwas ruhiger und zurückhaltender als wir anderen am Tisch, hatte dafür aber etwas eigenartige Ansichten und Gewohnheiten und u. a. eine panische Angst bei Landgängen nicht mehr zum Schiff zurück zu finden, da sie sich nicht orientieren könne. Sie wollte sich daher immer anderen Gästen anschließen. Allerdings machte auch sie nur sehr wenige Landausflüge mit und auch das Berliner Paar unternahm nur sehr wenige Landausflüge. Dieses Paar erkundete die Städte aber ähnlich wie auch der Schweizer meistens auf eigene Faust. Das liegt uns nicht so sehr, im Urlaub wollen wir schon „bedient" werden und von einem Reiseleiter etwas über die besuchten Orte erzählt bekommen.

Ja, und dann kam die große Enttäuschung des ersten Abends, nämlich das Abendessen! Dies war eine absolute Enttäuschung und absolut kein Essen in einem 5-Sterne-Schiff! Aber diesen Eindruck hatten wir alle sechs am Tisch. Das Servicepersonal war sehr unaufmerksam –aber dies besserte sich zum Glück ab dem nächsten Tag! Das Servieren und Abräumen war eine Katastrophe, nicht wie gewohnt Servieren von rechts, Abräumen von links, aber dies war größtenteils der Enge zwischen den Tischen geschuldet. Ganz unmöglich das Servieren der Suppe, dies hatte Jugendherbergscharakter und selbst da ist es heute viel besser. Zuerst wurden die Suppenteller ausgeteilt, dann kamen 2 Servicekräfte mit 2 verschiedenen Suppen in Suppenterrinen, die Suppenteller wurden den Servicekräften quer über den Tisch gereicht, mit Suppe gefüllt und dann gefüllt auch wieder über den gesamten Tisch zurückgereicht. Die Gäste am Anfang und in der Mitte des Tisches hatten immer genügend zu tun.

Es gab 2 verschiedene Vorspeisen, 2 verschiedene Suppen und 3 Hauptgerichte zur Auswahl sowie ein Dessert oder alternativ frische Früchte oder eine Käseauswahl sowie Kaffee oder Tee. Andere Getränke bei den Essen waren nicht inklusive.

Da am ersten Abend nicht bekannt war, welche Speisen von den Gästen gewünscht wurden, dauerte es sehr lange, bis die Bestellung aufgenommen war und bis dann die einzelnen Gänge kamen. Das Essen selbst war dann ebenfalls eine große Enttäuschung. Erstens waren die Portionen so klein, wie wir es noch von keinem anderen Kreuzfahrtschiff kannten und zweitens ließ auch die

Qualität sehr zu wünschen übrig. Mehr als 3 Sterne würde ich diesem Essen auf keinen Fall geben, eher nur 2 Sterne. Aber auch das besserte sich zum Glück dann schlagartig ab dem nächsten Tag, obwohl das Essen aus meiner Sicht auch später kaum mehr als 3 – 4 Sterne verdient hatte, im Gegensatz zum 5-Sterne-Schiff.

Auch das System der Essenbestellung änderte sich ab dem 2. Tag, was wir als sehr positiv vermerkten. Beim Mittagessen lag immer die Speisekarte für das Abendessen auf dem Tisch und nach dem Mittag-essen nahmen die Servicekräfte die Wünsche für abends auf, so dass abends das Servieren viel besser klappte und schneller ging. Aber am System der Suppenzuteilung hatte sich während der gesamten Reise nichts geändert.

Nach dem Abendessen machten wir uns mit dem Tagesprogramm für den nächsten Tag vertraut, das zu diesem Zeitpunkt immer auf der Kabine lag. Während des Abendessens wurden auch immer die Betten für die Nacht hergerichtet, manches Mal hatten wir sie tagsüber für eine kurze Pause genutzt. Danach gingen wir in den Salon an die Bar, um unser erstes Urlaubsbier zu trinken. In der Bar gab es dezente, leise Pianomusik von dem ungarischen Pianisten Imre. Die Musik war sehr schön und leise genug, um sich trotzdem noch unterhalten zu können. Der Barkeeper Mathias war sehr nett und ab dem 2. Abend wusste er genau, was wir wollten und wir mussten nichts mehr sagen, außer wenn wir außer der Reihe mal etwas anderes trinken wollten.

Um 22:30 Uhr wurden im Salon kleine – wirklich sehr kleine! – Häppchen als Mitternachtssnack gereicht. Ehrlich gesagt braucht man natürlich überhaupt keinen Mitternachtssnack, aber wenn so etwas schon angeboten wird, dann sollte es auch dem Namen gerecht werden. Aber diese Winzigkeiten, die hier angeboten wurden, waren ein Witz. Die Servicekraft erschien auch kein 2. Mal. Positiv war aber, dass an der Bar Salzzeug stand. Braucht natürlich auch kein Mensch, gehört aber irgendwie dazu und man greift natürlich zu, obwohl man gerade vom Abendessen kommt.

Im Salon war nichts los, was wir am ersten Abend noch auf die Anreise und das Kabinen einrichten schoben, aber es änderte sich auch an den nächsten Abenden leider nicht. So gingen auch wir am Ankunftstag für uns ungewöhnlich früh um 22:30 Uhr zu Bett. In dieser Nacht schlief ich sehr schlecht, was aber nur zum Teil an einem in dieser Nacht noch nicht ermitteltem störendem Geräusch lag. Erst am nächsten Tag konnten wir das nervende Geräusch identifizieren. Der Kabinenlautsprecher surrte in einem ziemlich hohen Ton, wenn er eingeschaltet war. Da dringende Durchsagen auch bei ausgeschaltetem Lautsprecher ankamen, war dies aber nicht notwendig, so dass wir ihn ab der nächsten Nacht ausschal-teten.

Noch in der Nacht erreichte die MS Gloria den Liegeplatz in Wesel. Um 06:45 Uhr standen wir auf und gingen nach dem Duschen zum Frühstück in das Restaurant. Und das Frühstücksbuffet entschädigte uns für das schlechte Abendessen am Tag zuvor. Es gab verschiedene Säfte, mehrere Sorten Brötchen und Brot, Wurst, Käse, Marmelade, Obst, Ceralien sowie jeden Tag sogar Sekt! Wurst und Käse variierten von Tag zu Tag. Und ein junger Koch stand bereit wunschgemäß Spiegeleier, Rühreier oder Omeletts frisch zuzubereiten. Weiterhin gab es warme Würstchen, Speck, an manchen Tagen auch Bratkartoffeln, gegrillte Tomaten und Pilze. Das Frühstücksbuffet ließ keine Wünsche offen und entsprach einem 5-Sterne-Schiff. Lediglich das Obst war nicht immer frisch, sondern oftmals aus der Dose, aber dies ist der Jahreszeit und der Urlaubsgegend geschuldet. Schließlich waren wir nicht in der Karibik, wo es jeden Tag frische Ananas u. ä. gibt. Dies empfanden wir nicht als Manko.
Störend war beim Frühstück jetzt nur die Enge an den Tischen, da man ja öfters aufstehen musste, um sich etwas vom Buffet zu holen. An unserem Tisch war dies aber kein großes Problem, da wir immer die ersten beim

frühestmöglichen Termin waren und die anderen 4 Gäste immer erst viel später kamen.

An manchen Tagen haben wir sie beim Frühstück überhaupt nicht gesehen. Kaffee stand in einer Warmhaltekanne auf dem Tisch, ebenso Milch etc. Tee oder Kakao konnte beim Servicepersonal bestellt werden.

Während des Frühstücks verließ die MS Gloria den nächtlichen Liegeplatz in Wesel und wechselte zum Liegeplatz in Xanten.

Wegen starkem Nebel entstand hier eine Verspätung von ca. 40 Minuten und wir legten erst um 08:40 Uhr in Xanten an. An diesem Morgen war es ca. 1 Grad minus und der Weg von der Anlegestelle zur Strasse oberhalb war schneebedeckt und sehr glatt. Bevor wir an Land gehen konnten, mussten Besatzungs-mitglieder erst den Weg streuen, um ein gefahrloses Aussteigen zu ermöglichen.

Mit einem Bus fuhren wir ins Stadtzentrum von Xanten und unternahmen dort einen ca. 1,5stündigen interessanten Stadtrundgang durch die Stadt, wobei nur etwa 30 Gäste an dem Ausflug teilnahmen. Auch das setzte sich während der gesamten Reise so fort, die Ausflüge wurden alle immer nur sehr wenig gebucht. Keine Ahnung, warum die anderen Gäste überhaupt solche Reisen unternehmen, wenn sie dann keine Ausflüge unternehmen. Zwar hat ein kleiner Teil der Gäste Ausflüge auf eigene Faust unternommen, aber ein Großteil blieb an Bord und hat dort wohl gelesen oder Fernsehen geschaut, für uns unvorstellbar.

Da das Schiff während der Landgänge auch nicht weiterfuhr, gab es ja auch keine Landschaft zu schauen o. ä. Nach dem Stadtrundgang wurde uns mitgeteilt, dass der eigentlich vorgesehene Besuch im Archäologischen Park wegen Eisglätte nicht möglich sei. Dafür fuhren wir ins Römische Museum von Xanten. Zuerst war ich etwas enttäuscht, dass wir nicht den Park besuchen konnten, aber ersten geht Sicherheit natürlich vor und die Wetterlage ließ dies einfach nicht zu. Und zweitens wurden wir im Museum mehr als entschädigt. Mit so etwas Tollem hätte ich nicht gerechnet. So ein interessantes Museum und so eine interessante Führung durch unsere Reiseleiterin hatte ich schon lange nicht mehr erlebt.

Ein besonderes Erlebnis ganz anderer Art war unser Busfahrer. Er hatte schon am Vormittag den Treffpunkt für den Stadtrundgang in der Stadtmitte kaum gefunden, aber die Krönung war dann die Rückfahrt zum Schiff. Obwohl gut ausgeschildert verfuhr er sich zweimal und fuhr genau in die entgegen-gesetzte Richtung, bis ihn einer von den Gästen darauf aufmerksam machte.

Um 12.00 Uhr waren wir zurück an Bord und erhielten dort einen Glühwein zum Aufwärmen. Aber durch den Besuch im Museum und die Busfahrt zurück zum Schiff hielt sich unser Frieren in Grenzen, wir waren fast viel zu warm angezogen, lediglich für den Stadtrundgang war unsere warme Winterkleidung passend.

Ab 12:10 Uhr wurden etwas verspätet die Ausflüge der nächsten Tage im Salon durch den Reiseleiter Uwe vorgestellt, danach gab es um 12:30 Uhr das Mittagessen.

Beim Mittagessen konnte man zwischen Menüwahl und Buffet wählen. Beim Menü gab es immer eine Vorspeise, eine Suppe, ein Hauptgericht und ein Dessert sowie Kaffee oder Tee. Das Menü wurde jeweils am Vortag nach dem Abendessen auf dem Fernseher in der Kabine präsentiert. Statt dem Menü, das am Tisch serviert wurde, stand auch ein Buffet zur Selbstbedienung mittags zur Verfügung. Meistens wählten wir mittags das Menü, ergänzten dies aber teilweise mit Salaten und anderen Dingen vom Buffet. Lediglich an 2 oder 3 Tagen wählten wir das Buffet zum Mittagessen. Die Auswahl und die Qualität des Mittagessens waren immer gut. Während des Mittagessens legte die MS Gloria in Xanten ab und fuhr weiter nach Nijmegen.

Nach dem Mittagessen relaxten wir kurz in der Kabine und gegen 15:00 Uhr erreichte die MS Gloria den nächsten Hafen in Nijmegen, jetzt bereits in Holland. Um 15:30 Uhr begann unser Stadtrundgang durch Nijmegen, der ca. 2 Stunden dauerte. Es war jetzt am Nachmittag sonnig, aber mit minus 2 Grad ganz schön kalt beim Spaziergang durch die Stadt. Bei der Rückkehr um 17:00 Uhr auf dem Schiff gab es wieder Glühwein, der jetzt nötiger war als am Vormittag. Wir waren trotz warmer Kleidung, Mütze, Handschuhen etc. doch ganz schön durchgefroren.

Nachdem wir uns heiß geduscht und umgezogen hatten, gingen wir um 18:00 Uhr zur Cocktailstunde in den Salon und tranken einen Aperetif vor dem Abendessen, das dann um 19:00 Uhr eingenommen wurde.

Um 20:30 Uhr gab es den ersten Showteil dieser Reise im Salon. Der ungarische Pianist Imre begleitete den Hotelmanager, der einige Seemannslieder vortrug. Leider war die Veranstaltung nur schlecht besucht. Von 21:00 – 22:00 Uhr war Happy Hour in der Bar, wobei die meisten Getränke zum ½ Preis zu haben waren und um 22:30 Uhr wurden wieder die neckischen kleinen Häppchen gereicht. Schade, dass es in unserer Sprache kein weiteres Verkleinerungswort für Häppchen gibt. Da auch an diesem Abend die Bar ab 23:00 Uhr fast leer war und wir die letzten Gäste waren, gingen wir bereits wieder um 23:45 Uhr zu Bett.

Donnerstag, der 24.12.2009 war Heilig Abend. Noch als wir schliefen, erreichte die MS Gloria gegen 05:00 Uhr den Hafen von Amsterdam. Das Anlegen am Kai ging natürlich nicht ganz geräuschlos vonstatten. Um 06:45 Uhr standen wir auf und gingen zum Frühstücksbuffet. Um 09:00 Uhr begann dann unsere gebuchte Stadt- und Grachtenrundfahrt durch Amsterdam.

Dieses Mal kamen 2 Busse zum Einsatz, die aber beide nicht voll besetzt waren. In Amsterdam war es sonnig und gerade so um Null Grad. Zuerst fuhren wir mit dem Bus durch einen Teil von Amsterdam, dann folgten eine Grachtenrundfahrt und danach nochmals eine Busfahrt durch einen anderen Teil Amsterdams. Leider waren bei der Grachtenfahrt die Scheiben des geschlossenen Bootes stark beschlagen, so dass man fast keine Fotos machen konnte.

Um 11:45 Uhr waren wir zurück an Bord und ab 12:30 Uhr gab es ein Holländisches Buffet im Restaurant, mit typischen Fischspezialitäten wie z. B. Matjesheringe, diverse Käsesorten etc. Ein Menü gab es an diesem Mittag nicht.

Für 13:30 Uhr hatten wir die Sauna an Bord des Schiffes gebucht und gingen dorthin. Aber die Sauna entsprach auch nicht unseren Vorstellungen. Der Wellnessbereich war sehr sauber und hell, enthielt aber keine richtige Sauna, sondern nur eine Wärmekabine mit mehreren Infrarotstrahlern und die Kabine bot Platz höchstens für 3 Personen. Somit war uns klar, dass man immer rechtzeitig die Sauna reservieren musste. Unser Aufgussmittel hatte umsonst die Reise mitgemacht, es gab ja keinen Aufgussofen.

Neben dieser Wärmekabine gab es eine Dampfdusche, eine normale Dusche sowie eine Sprudelbadewanne. Hier musste man sich selbst das Wasser einlassen und erst einmal herausfinden, welche Knöpfe man drücken musste, damit es sprudelt. Aber dann war das Bad ein wohltuendes Vergnügen. Auch die Dampfdusche musste man selbst einschalten und alle 15 Minuten neu aktivieren, ebenso die Wärmekabine. Weiterhin gab es ein Solarium, ansonsten aber keinerlei Ruhemöglichkeiten, keine Liegen o. ä. Handtücher, Duschgel und Hautlotion standen aber ausreichend zur Verfügung.

Da dies alles nicht so ganz unseren Vorstellungen einer Sauna entsprach nutzten wir die eigentlich gebuchte Zeit von 2 Stunden nicht aus, sondern verließen den Wellnessbereich bereits nach 1 ½ Stunden. Praktisch war, dass der Wellnessbereich auf unserem Deck lag und wir im Bademantel dorthin gehen konnten und uns nicht dort erst ausziehen mussten. Die Bademäntel konnte man gegen eine Kaution von 20 €/ Bademantel an der Rezeption leihen. Da wir vorhatten, ein weiteres Mal die „Sauna" zu besuchen, behielten wir die Bademäntel bis zum Ende der Reise.

Um 16:00 Uhr gingen wir zur Tee- und Kaffeestunde in den Salon, am Tag zuvor waren wir zu dieser Zeit auf Ausflug und konnten dies nicht wahrnehmen. Und anschließend nahmen wir in der Happy Hour Stunde einen Aperetif vor dem abendlichen Dinner, bevor wir uns festlich kleideten.

Um 19:00 Uhr gab es das Festliche Weihnachtsabendessen im Restaurant. Für diesen Abend brauchten wir mittags keine Auswahl an Speisen zu treffen. Es gab ein 6-gängiges festgelegtes Menü und man hatte nur die Wahl, ob man einen Gang, z. B. die Suppe, nimmt oder nicht. Da aber die einzelnen Gänge nicht besonders üppig waren, konnte man bedenkenlos alle Gänge nehmen. Und schmackhaft war alles. Beendet wurde das Dinner dann mit einer Eistorten-Parade, wie man es vom Fernsehen und auch von Abschiedsdinner bei anderen Kreuzfahrten kennt. Hier gab es diese Parade eben schon am Heiligen Abend.

Ich selbst hatte für dieses Galadinner meinen Smoking angezogen und hatte schon „Bedenken", dass ich vielleicht der Einzige wäre. Aber das wäre mir auch egal gewesen, ich ziehe mich schließlich nicht für andere Leute oder wegen irgendwelcher Kleidungsempfehlungen an, sondern für mich selbst. Übrigens gab es bei dieser Reise im Tagesprogramm nie eine Kleidungsempfehlung für den Abend. Vor dem Restaurant trafen wir dann einen weiteren Mann im Smoking, der die gleichen Bedenken hatte und froh war als er mich sah.

An unserem Tisch war ich dann zweifach überrascht. Einmal positiv, da der Mann aus Berlin ebenfalls einen Smoking anhatte und einmal etwas negativ, da der ältere Herr aus der Schweiz „nur" eine Kombination Hose / Jackett trug und eine Comic-Krawatte, was aus meiner Sicht nicht zu diesem Abend passte. Bei dem Berliner Paar hatte ich diese Kleidung nicht erwartet, beim Schweizer hätte ich auf Grund seiner sonstigen Ausstrahlung und seiner ganzen Art eine festlichere Kleidung erwartet. So wird man immer wieder total überrascht.

Nach dem Dinner gab es ab 21:15 Uhr im Salon „Singen unterm Tannenbaum"; wobei mit der Pianobegleitung durch Imre und einem Sänger, der an späteren Tagen ein Solokonzert gab, gemeinsam Weihnachtslieder gesungen wurden. Na ja, nicht ganz unsere Sache, wir verzogen uns an die Bar und ließen andere Singen.

Anschließend spielte Imre am Piano und am Keyboard zum Tanz auf und wir schwangen zum ersten Mal bei dieser Fahrt das Tanzbein. Leider waren wir manchmal das einzige Paar auf der Tanzfläche, selten kamen 2 oder 3 weitere Pärchen dazu, das änderte sich auch an den nächsten Abenden nicht.

Imre war schon immer froh, wenn wenigstens wir auf die Tanzfläche kamen und er spielte begeistert alles, was wir wollten. Zwischendurch unterhielten wir uns sehr angeregt und interessant mit dem Kapitän an der Bartheke.

Na ja und dann gab es wieder gegen 22:30 Uhr die schon mehrmals erwähnten kleinen Häppchen, bevor wir wiederum als Letzte, aber noch vor Mitternacht den Salon verließen und zu Bett gingen.

Das Schiff blieb auch für den nächsten Tag noch in Amsterdam, so dass keine Fahrt anstand und das Schiff die ganze Nacht ruhig im Hafen lag. Am 1. Weihnachtsfeiertag standen wir um 06:45 Uhr auf und nach dem ausgiebigen Frühstücksbuffet starteten wir um 09:00 Uhr unseren Ausflug nach Delft und Den Haag. An diesem Tag ging ein heftiger Schneeregen nieder und es war 4 Grad „warm". Gefühlt waren es aber 4 Grad minus.

Mit dem Bus fuhren wir zuerst nach Delft und unternahmen dort eine kurze Stadtrundfahrt. Dann wurde uns freigestellt auch noch einen kleinen Rundgang durch das schöne Städtchen zu unternehmen, an dem wir teilnahmen. Auf Grund des schlechten Wetters ging nur ein Teil der Gäste mit auf den interessanten Spaziergang, ein anderer Teil blieb so lange im Bus sitzen. Nach diesem Spaziergang im Schneematsch fuhren wir mit dem Bus weiter nach Den Haag und machten dort eine

Rundfahrt durch die Stadt, u. a. vorbei an den königlichen Palästen, danach ging die Fahrt zurück nach Amsterdam zum Schiff, wo wir um 13:00 Uhr eintrafen. Sofort ging es zum Mittagessen und danach ruhten wir uns etwas in der Kabine aus. Um 16:00 Uhr gingen wir zur Kaffeestunde in den Salon und anschließend duschten wir uns und zogen uns für den Abend um. Um 19:00 Uhr gab es das Abendessen im Restaurant, für diesen Abend hatten wir beim Mittagessen wieder unser Essen „bestellt".

Ab 21:00 Uhr gab es an diesem Tag die Happy Hour im Salon und ab 21:15 Uhr gab der Sänger Tino Less sein Solo-Programm „Quer durch Weihnachten, Lieder, Chansons und Augenzwinker-Ansichten zur Weihnachtszeit aus aller Welt"; die musikalische Begleitung am Klavier hatte Rustam Abdullaev, ein ganz junger, hochbegabter Künstler aus Berlin. Dieser gab zu einem späteren Zeitpunkt ebenfalls noch ein Solokonzert. Nach dem zuvor erwähnten Konzert spielte Imre wieder zum Tanz auf, es gab die obligatorischen kleinen Häppchen und wir verließen als Letzte wieder noch vor Mitternacht den Salon.

In der Nacht des 2. Weihnachtsfeiertages verließ die MS Swiss Gloria Amsterdam und fuhr weiter nach Volendam. Wir standen um 06:45 Uhr auf und gingen zum Frühstücksbuffet und waren sehr erstaunt als wir auf dem Wasser große Eisschollen entdeckten. Wir wunderten uns schon, dass das Schiff hier überhaupt noch fahren konnte. Es war draußen sonnig und ca. 2 Grad.

Um 08:30 Uhr erreichte das Schiff die Stadt Volendam, konnte aber wegen der großen Eisschollen nicht im Hafen anlegen. Nach zwei vergeblichen Versuchen brach der Kapitän das Manöver ab und entschloss sich zurück nach Amsterdam zu fahren, um von dort aus den geplanten Ausflug in Volendam durchzuführen. So kamen wir unerwarteterweise zu einer Tagesfahrt auf dem Kanal, was auch ganz schön war. Noch während der Fahrt Richtung Amsterdam informierte uns der Reiseleiter Uwe, dass es leider nicht möglich gewesen wäre an diesem

Feiertag den für vormittags vorgesehen Ausflug in Volendam nachmittags zu organisieren und dass dieser daher leider ausfallen müsse, das Geld aber selbstverständlich zurück erstattet würde. Bei einigen Reiseteilnehmern führte diese Durchsage zu Unmutsäußerungen, was ich ganz und gar nicht verstehen konnte. Für das Wetter kann schließlich niemand etwas und dass ich jetzt eine Stadt weniger bei dieser Reise besuchen konnte ist schließlich kein Problem und kein Mangel.

Der Kapitän entschied daher, gleich bis Rotterdam durchzufahren. Also machten wir es uns im Salon bequem, spielten Karten und ließen die verschneite Landschaft an uns vorbeiziehen. Uwe verkürzte die Zeit im Salon, indem er einige besinnliche, aber auch lustige Weihnachtsgedichte und –geschichten vorlas.

Um 13:00 Uhr gab es das Mittagessen und um 16:00 Uhr die Tee- und Kaffeestunde im Salon. Um 16:30 Uhr veranstaltete Uwe im Salon ein Weihnachtsquiz, an dem wir aber nicht teilnahmen und um 17:00 Uhr erreichte die MS Gloria den Hafen von Rotterdam. Als Abendessen gab es an diesem Tag ein Acht-Flüsse-Dinner im Restaurant. Ähnlich wie beim Galadinner am Heiligen Abend mussten wir mittags keine Auswahl treffen, sondern es gab 8 Gänge und man konnte sich nur entscheiden, ob man einen Gang isst oder nicht.

Es gab aus 8 verschiedenen Ländern Spezialitäten, die einen Bezug zu einem dortigen Fluss hatten und das Dinner bestand aus Vorspeisen, Suppe, Sorbet als Zwischengericht, Hauptspeisen und Dessert. Auch hier waren die Portionen so gehalten, dass man bedenkenlos alle 8 Gänge nehmen musste, ohne Gefahr zu laufen, dass die Hose platzt.

Nach dem Abendessen gab es im Salon ein „A-B-C-Quiz", das wir auch schon an Bord eines anderen Kreuzfahrtschiffes kennen gelernt hatten. Es wurden 15 recht schwierige Begriffe genannt und dann vom Reiseleiter, dem Hotelmanager und dem Barmanager 3 unterschiedliche Erklärungen und Antworten zu diesem

Begriff genannt, von denen natürlich immer nur eine richtig war. Gespielt wurde Tischweise und man durfte sich natürlich untereinander auch beraten. Jeder Tisch hatte 15 Kärtchen mit der jeweiligen Tischnummer und man warf sein Tischkärtchen dann in einen von 3 Sektkübeln, die vor den 3 zuvor genannten Personen standen.

Wurden alle Kärtchen abgegeben, wurde die Lösung genannt und die Kärtchen aus dem richtigen Sektkübel gesammelt, die falschen Kärtchen wurden entsorgt. Meine Frau und ich bildeten an der Bartheke den „Tisch 30" und unerwarteterweise gewannen wir zusammen mit 2 anderen Tischen den 1. Preis mit 9 richtigen Antworten von 15. Als Preis gab es 1 Flasche Haussekt, den wir sofort anschließend zusammen mit dem Berliner Paar an der Bar tranken. Nach dem Quiz spielte Imre wieder zum Tanz und Happy Hour war an diesem Tag ab 22:00 Uhr. Kurz nach Mitternacht gingen wir zu Bett.

Am Sonntag, dem 27.12.2009 standen wir um 06:45 Uhr auf und gingen frühstücken. Um 09:00 Uhr begann die gebuchte Stadt- und Hafenrundfahrt in Rotterdam. Zuerst gab es mit dem Bus eine Rundfahrt durch die Stadt, danach in einem Ausflugsboot eine ca. 1 ½ stündige Hafenrundfahrt durch einen Teil des größten Hafens der Welt. Rotterdam ist eine Großstadt mit wenig besonderen Gebäuden und vom Hafen war ich etwas enttäuscht, da wir nur einen kleinen Teil gesehen haben, z. B. nicht den riesigen Ölhafen, und in diesem Teil kaum Betrieb war, keine Riesentanker o. ä. Es war an diesem Vormittag 4 Grad und bedeckt. Um 11:30 Uhr waren wir wieder zurück an Bord des Schiffes und um 12:30 Uhr gab es das Mittagessen.

Um 14:00 Uhr starteten wir zum Ausflug Kinderdijk und Willemstad, es waren jetzt nur noch 2 Grad, regnete leicht und es wehte ein eiskalter Wind. Das Schiff verließ, kurz nachdem wir ausgestiegen waren, Rotterdam und fuhr weiter nach Willemstad.

Wir fuhren mit dem Bus nach Kinderdijk und besichtigten dort die Entwässerungskanäle, die Deichanlagen und die riesigen Pumpanlagen, die das Wasser aus den tief liegenden Feldern über den Deich in den Kanal fördern. In einem kleinen Museum wurde uns ein kurzer Film über die früher dort arbeitenden Windmühlen, die die Funktion von Entwässerungspumpen hatten, und das Leben hinter dem Deich gezeigt.

Das Wetter meinte es gut mit uns, denn es hatte aufgehört zu regnen und der Kanal war eisfrei, so dass wir eine kurze Bootsfahrt auf dem Kanal unternehmen konnten, was morgens noch nicht sicher war. Entlang des Kanals wurden 8 historische Windmühlen restauriert und sind bewohnt. Die Mieter haben die Verpflichtung, die Mühlen zu pflegen und einmal im Monat in Betrieb zu nehmen.

Nach dieser Bootstour fuhren wir mit dem Bus weiter nach Willemstad. Leider fing es jetzt wieder zu regnen an und der Wind wurde immer eisiger.

Als wir um 17:15 Uhr in Willemstad ankamen, war die MS Swiss Gloria bereits da und wir verzichteten wegen des Regens und der Kälte auf den eigentlich vorgesehenen Stadtrundgang durch Willemstad, sondern gingen sofort an Bord des Schiffes, um uns aufzuwärmen. Wir gingen heiß duschen, zogen uns um und tranken dann im Salon einen Aperitif, bevor es um 19:00 Uhr zum Abendessen ging.

Das Abendprogramm gestaltete zum zweiten Mal der Sänger Tino Less mit „C'est si bon, Chansons und Verrückte Geschichten einer Tour von Paris bis Marseille". Die musikalische Begleitung am Piano hatte wieder Rustam Abdullaev. Danach spielte Imre zum Tanz auf.

Um 22:30 Uhr waren wir mal wieder die letzten Gäste an der Bar und der Hotelmanager sprach uns an, ob wir nicht Lust hätten mit einem Teil der Mannschaft in ein Lokal in die Stadt zu gehen. Die Servicekraft Daniel, die an unserem Tisch für die Getränke zuständig war, hatte an diesem Tag Geburtstag und wollte dies außerhalb des

Schiffes mit einem Teil der Kolleginnen und Kollegen feiern. Ein kurzer Blick zu meiner Frau und wir stimmten sofort zu, mit zu gehen. Kurz auf die Kabine, um uns umzuziehen und dann gingen wir nur wenige Minuten in eine richtige gemütliche **Hafenkneipe**. Neben dem Geburtstagskind, einigen Kolleginnen und Kollegen, gesellten sich der Reiseleiter Uwe, der Hotelmanager, der Barmanager, „unser" Barkeeper Mathias, der Sänger Tino Less und sein musikalischer Begleiter Rustam Abdullaev zu uns, so dass wir knapp 20 Personen waren.

Da auch wir mitgingen, hatte der Barkeeper Mathias Feierabend machen können und musste nicht extra für uns Spätbummler Dienst schieben. Gewöhnungsbedürftig war, dass dort in der Kneipe geraucht wurde, das waren wir aus Deutschland ja gar nicht mehr gewohnt. Es gab dort ein leckeres Bier, aber ähnlich wie beim Kölsch in nur kleinen Gläsern.

Der Hotelmanager und das Geburtstagskind gaben jeweils eine Runde aus, der Rest ging dann auf eigene Rechnung. Nach einem wirklich schönen Abend in dieser Kneipe gingen wir um 02:30 Uhr zurück zum Schiff, das war endlich einmal eine Zeit, wie wir es im Urlaub eigentlich gewöhnt sind.

Trotz der späten Rückkehr in der Nacht standen wir auch am Montag wieder um 06:45 Uhr auf und waren die ersten beim Frühstücksbuffet. Danach holten wir den Stadtrundgang in Willemstad auf eigene Faust nach und bummelten kurz durch das kleine, übersichtliche Städtchen. Unser Schiff lag direkt in der Stadtmitte am Kai des Kanals, so dass wir mit wenigen Schritten im Zentrum waren.

Es war zwar an diesem Morgen ca. 5 Grad, fing aber leider wieder leicht zu regnen an, so dass wir unseren Spaziergang etwas abkürzten und um 09:30 Uhr auf das Schiff zurückkehrten und uns dort im Salon aufhielten.

Um 11:00 Uhr legte die MS Gloria ab und fuhr weiter nach Belgien. Gleichzeitig gab es im Salon die bei Kreuzfahrten obligatorische Suppe. Diese wurde auch auf der MS

Gloria täglich angeboten, aber bisher waren wir zu dieser Zeit nie an Bord, so dass es an diesem Tag unsere erste Brühe während dieser Reise war.

Nach dem Mittagessen gingen wir um 14:00 Uhr ein zweites Mal in die Sauna, um dort etwas zu entspan-nen und dann um 16:00 Uhr zur Tee- und Kaffeestunde in den Salon.

Um 18:00 Uhr gab es an diesem Tag etwas früher als sonst das Abendessen, da anschließend noch ein Ausflug angeboten wurde, an dem auch wir teilnahmen.

Um 19:30 Uhr erreichte die MS Gloria den so genannten Außenhafen von Gent und legte dort an und um 20:00 Uhr startete unser Ausflug „Gent bei Nacht". Die Beteiligung an diesem Ausflug war besser als bei anderen, so dass sogar 2 Busse eingesetzt wurden.

Wir fuhren mit den Bussen in das Zentrum von Gent und wurden dort in 3 Gruppen aufgeteilt. Danach folgte ein 2stündiger Spaziergang durch das herrlich beleuchtete nächtliche Gent zu vielen historischen und interessanten Gebäuden mit vielen Erläuterungen. Das Wetter meinte es an diesem Abend sehr gut mit uns, es war zum Glück trocken, wenn auch ziemlich kalt, aber dagegen waren wir mit unserer Kleidung gut gerüstet. Aus meiner persönlichen Sicht war dieser Ausflug der schönste der gesamten Reise, aber man kann natürlich eine Stadt bei Nacht schlecht oder gar nicht mit einer Stadt bei Tag vergleichen.

Um 22:15 Uhr waren wir zurück an Bord, rechtzeitig, um noch den Rest der Happy Hour an der Bar zu genießen und kurz vor Mitternacht gingen wir zu Bett.

Am Dienstag standen wir bereits um 06:15 Uhr auf und frühstückten in aller Ruhe, bevor um 08:30 Uhr der Ausflug nach Brügge begann.

Auch hier ging es zuerst mit dem Bus in das Stadtzentrum und dann folgte wieder ein 2stündiger Rundgang durch diesen schönen Ort. Morgens war es zuerst trocken, aber nur 0 Grad, mittags begann es dann leicht zu regnen. Die Straßen und Wege waren alle schneebedeckt und teilweise auch etwas glatt, man musste schon vorsichtig beim Laufen sein. Auch Brügge war sehr, sehr schön und wir nahmen uns spontan vor, hier nochmals auf eigene Faust hinzufahren aber ich bleibe bei meiner Meinung, dass Gent bei Nacht noch schöner war. Der Spaziergang endete auf dem Marktplatz und bis zur Rückfahrt mit dem Bus zum Schiff hatten wir noch etwas Zeit, so dass wir beschlossen, uns in einem Cafe aufzuwärmen und eine heiße Schokolade zu trinken. Wir gingen also in das erste Cafe, das wir am Marktplatz fanden und tranken dort eine heiße Schokolade mit Rum. Als ich dann die Rechnung erhielt, musste ich doch etwas schlucken: 8,60 € pro Glas Schokolade! Aber selbst schuld, das ist so, als wenn man unbedingt einen Cafe in Venedig auf dem Markusplatz oder eine Spezi unter dem Goldenen Dacherl von Innsbruck trinken muss.

Um 13:00 Uhr kehrten wir zurück aufs Schiff und nach dem Mittagessen verließ die MS Gloria um 14:00 Uhr den Hafen von Gent und fuhr weiter nach Antwerpen. Wir hielten uns bis zur Tee- und Kaffeestunde im Salon auf, ließen die Landschaft an uns vorbeiziehen und spielten Karten (Uno).

Um 18:30 Uhr folgte das Abendessen und um 19:30 Uhr erreichte unser Schiff Antwerpen und machte im Hafen fest. Hier blieben wir bis Neujahr.

Ab 21:00 Uhr bot die Besatzung der MS Gloria eine „Crew-Show" im Salon, der dafür etwas umgeräumt wurde, damit möglichst alle etwas sehen konnten. Die Sitzgruppen aus dem vordersten Teil des Salons hinter der Bar wurden nach hinten gebracht und alles ähnlich einem Theater angeordnet, damit alle Gäste Platz fanden und freien Blick auf die Aktionsfläche hatten. Der Salon war sehr gut besucht, was natürlich für die Akteure erfreulich war.

Die Show selbst war aus meiner Sicht nur mittelmäßig, wir haben oftmals schon weit bessere Crew-Shows gesehen. Geboten wurden kleine Sketsche und Gesangsdarbietungen. Besonders positiv hervorzuheben sind die guten Gesangsdarbietungen des Hotelmanagers und des Reiseleiters Uwe. Dieser trug 2 Chansons von Hildegard Knef vor. Das passte vom Stil her gut zu ihm, da Uwe auch sonst eine gute Verbindung zur Stadt Berlin hatte, denn er war so ausgerichtet wie der damalige Regierende Bürgermeister Wowereit. Ich denke, es ist klar, was ich meine.

Meiner Frau ging es an diesem Abend nicht so gut, so dass wir nach der Crew-Show ausnahmsweise sofort ohne Besuch an der Bar auf die Kabine gingen. Und prompt wurden wir natürlich vermisst und es wurde am nächsten Tag nach uns gefragt.

Auch am Mittwoch standen wir um 06:15 Uhr auf, um zu frühstücken, da bereits um 08:30 Uhr die Fahrt nach Brüssel begann. Wir fuhren von Antwerpen ca. 1 Stunde nach Brüssel und unternahmen dort zuerst eine Stadtrundfahrt, u. a. auch zum Atomium, ohne dies aber von innen zu besichtigen. Danach folgte ein kurzer Spaziergang zum Großen Platz mit seinem schönen Rathaus und den historischen Zünftehäusern sowie zum weltbekannten Manneken Pis.

Nach diesem Spaziergang hatten wir ca. 45 Minuten Freizeit, die wir nutzten, um in einem der gemütlichen Restaurants am Großen Platz das bekannte Kriegk-Bier (Bier mit Kirsche) zu trinken. In diesem Restaurant waren wir bereits im Jahre 1994 gewesen und es existierte immer noch. Nur die Preise hatten sich in dieser Zeit doch stark verändert. Zum Abschluss fuhren wir mit dem Bus noch in den Brüsseler Stadtteil mit den Gebäuden der EU, bevor es zurück zum Schiff ging.

Am Vormittag waren es sogar 8 Grad plus und zuerst trocken, später setzte leichter Nieselregen ein. Um 13:30 Uhr waren wir zurück auf dem Schiff und gingen sofort zum Mittagessen. Danach hielten wir uns bis zur Tee- und Kaffeestunde und auch noch kurz danach im Salon auf, unterhielten uns mit anderen Gästen, z. B. einem netten Paar aus München und spielten Karten.

Nach dem Abendessen spielte Imre im Salon wieder zum Tanz auf und nach dem Mitternachtsimbiss gingen wir gegen Mitternacht zu Bett.

Donnerstag, der 31.12.2009 war der Silvestertag und wir standen um 06:45 Uhr auf und gingen zum letzten Frühstück im alten Jahr.

Um 09:00 Uhr begann unser Stadtrundgang in Antwerpen, der bis ca. 12:15 Uhr dauerte. Es war zwar trocken und ca. 1 Grad über Null, aber es wehte ein eiskalter Wind, so dass wir immer froh waren, wenn es während des Spaziergangs in das Innere eines Gebäudes ging, z. B. in eine Kirche. Wir waren wirklich froh, als der Spaziergang zu Ende war und wir zurück auf das warme Schiff durften. Da wir hofften – aber nicht so richtig daran glaubten – dass in dieser Nacht länger als Mitternacht Betrieb in der Bar sei, ruhten wir uns nach dem Mittagessen in der Kabine etwas aus, um für die lange Nacht gerüstet zu sein.

Um 16:00 Uhr gingen wir aber trotzdem zur Tee- und Kaffeestunde in den Salon und unterhielten uns anschließend im Salon mit anderen Gästen.

Um 19:00 Uhr gab es das Silvester Gala Menü im Restaurant. Ähnlich wie am Heiligen Abend gab es keine Auswahl zwischen Vorspeisen und Hauptgerichten, sondern es gab mehrere Gänge und man konnte sich nur entscheiden, welchen Gang man essen möchte. Das Essen war wie auch an Weihnach-ten sehr gut, aber keinesfalls im 5-Sterne-Niveau, da haben wir auf anderen Reisen erheblich bessere Gala-Menüs erleben dürfen. Statt meinem Smoking trug ich an Silvester ein weißes Dinner-Jackett und war auch dieses Mal wieder nicht der Einzige. Es gab noch 2 weitere Gäste mit einem weißen Dinnerjackett und etliche Gäste im Smoking, darunter auch wieder das Berliner Paar. Überrascht war ich wieder von unserem Schweizer am Tisch, der wiederum eine Kombination trug und die gleiche (!) Comic-Krawatte wie am Heiligen Abend.

Abgeschlossen wurde das Menü wiederum mit der Eistorten-Parade mit Wunderkerzen, unterlegt mit der Musik „Also sprach Zarathustra". Außer den beiden Gala-Menüs am Heiligen Abend und an Silvester gab es bei dieser Reise leider kein Kapitäns-Gala-Dinner, was ich schon ein bisschen schade fand und vermisst habe.

Ab 22:45 Uhr fand im Salon ein Silvesterball mit Tino Less statt. Aus meiner Sicht viel zu spät, man hätte früher mit dem Programm beginnen sollen. Imre spielte zum Tanz auf, Tino Less sang einige Schlager etc. zum Mitsingen und Mitschunkeln und der Reiseleiter Uwe animierte mit einigen Tanzspielen zum Tanzen. Und siehe da, zu unserem Erstaunen wirkte dies sogar, die Tanzfläche war teilweise übervoll.

An diesem Abend, aber auch *nur* an diesem Abend wurde tatsächlich eifrig getanzt.

Kurz vor Mitternacht dann der Countdown zum Jahreswechsel, von Uwe heruntergezählt und 1 Glas Sekt auf Kosten der Reederei. Der Sekt wurde allerdings bereits kurz nach 23:00 Uhr ausgeschenkt und stand bis Mitternacht vor uns auf dem Tisch.

Nach den allgemeinen und sehr persönlichen Glückwünschen zum Neuen Jahr gingen wir hoch auf das Sonnendeck und sahen uns das fast eine halbe Stunde dauernde tolle Feuerwerk im Hafen und über der Stadt Antwerpen an. Hunderte Bewohner der Stadt hatten sich ebenfalls im Hafen eingefunden und auch ein weiteres Flusskreuzfahrtschiff lag im Hafen. Auf dem Sonnendeck war es bitter kalt, zwar trocken, aber ein eisiger Wind. Und etwas völlig Neues zum Neuen Jahr: Hier oben gingen die Servicekräfte ständig zu den Gästen, schenkten Sekt nach und es gab kleine Häppchen, die sogar mehrmals gereicht wurden! In diesen Minuten begann der letzte Monat meines aktiven Berufslebens, denn zum 31. Januar 2010 ging ich in Pension.

Da sowohl meine Frau als auch ich im Jahre 2009 einige gesundheitliche Probleme hatten, wünschten wir uns vor allem mehr Gesundheit für 2010 und etwas sorgenvoll schaute ich als künftiger Pensionär schon in die Zukunft.

Nach dem Feuerwerk gingen wir zurück in den warmen Salon und tanzten dort noch bis ca. 03:00 Uhr. Zu unserem Erstaunen waren die meisten anderen Gäste nicht gleich nach dem Feuerwerk in die Kabinen entschwunden, sondern der Salon war noch bis kurz nach 02:00 Uhr gut gefüllt und es wurde auch immer noch eifrig getanzt.

Erst nach 02:00 Uhr leerte sich so langsam der Salon und wir gingen dann auch kurz nach 03:00 Uhr zu Bett. Ich weiß gar nicht mehr so genau, ob wir da eigentlich auch wieder die Letzten waren.

Das Schiff legte gegen 02:00 Uhr in Antwerpen ab und fuhr zurück nach Köln. Bis zur Ankunft in Köln war kein weiterer Halt vorgesehen.

Am Neujahrstag gab es vernünftigerweise kein Frühstücksbuffet und kein Mittagsmenü, sondern einen Brunch von 10:00 – 13:00 Uhr. Dass es am 01.01. Brunch gibt, wussten wir zwar bereits, aber dass dieser erst um 10:00 Uhr beginnt, erfuhren wir erst durch das Tagesprogramm, das wir an Silvester nach dem Abendessen auf der Kabine fanden. Ich hatte eigentlich gedacht, dass man ab 08:00 Uhr frühstücken könne und wir hatten daher nochmals die Sauna ab 11:00 Uhr für 1 ½ Stunden reserviert. Durch den – für mich persönlich viel zu späten – Beginn des Brunchs um 10:00 Uhr war dies nicht möglich, so dass wir die Reservierung der Sauna stornierten und die geliehenen Bademäntel zurückgaben.

So blieben wir an Neujahr notgedrungen bis kurz vor 09:00 Uhr im Bett und gingen dann pünktlich um 10:00 Uhr zum Buffet. Es gab diverse kalte und warme Gerichte und natürlich auch wieder Sekt. Erst sehr viel später gesellten sich unsere anderen Tischnachbarn zu uns, blieben aber auch nicht die gesamte Zeit bei uns. Wir selbst dehnten den Neujahrsbrunch bis kurz vor 13:00 Uhr aus, wobei wir zwischendurch natürlich auch einige Pausen machten, wir aßen nicht 3 Stunden pausenlos durch. Während des Brunchs genossen wir die Flussfahrt und die Landschaft, die draußen am Schiff vorbeizog.

Bis zur Tee- und Kaffeestunde um 16:00 Uhr im Salon hielten wir uns dort auf, unterhielten uns mit anderen Gästen und spielten Karten. Nach dem Kaffee gab es um 16:30 Uhr im Salon diverse Informationen über die Ausschiffung am 02.01. in Köln und wir erhielten unsere Kofferbändchen. Danach duschten wir, zogen uns für den letzten Abend an Bord um und packten schon einmal einen Teil unserer Koffer.

Um 18:30 Uhr gab es im Salon einen Abschiedscocktail mit dem Kapitän, dem Hotelmanager und dem Reiseleiter und daran anschließend um 19:00 Uhr das Abendessen, wobei wir uns dafür am Mittag wieder unser Essen ausgesucht hatten.

Um 21:00 Uhr gab es im Salon ein Neujahrskonzert mit dem überaus begabten Rustam Abdullaev mit bekannten und weniger bekannten klassischen Stücken. Das Konzert war einfach Spitze und der Pianist musste 3 Zugaben geben, bevor er aufhören durfte. Das Konzert hätte ruhig noch länger dauernd können, hätte aber auch weit mehr Gäste verdient gehabt. Der Salon war leider nur mäßig besetzt, aber die Zuhörer, die anwesend waren, waren allesamt vom Konzert begeistert.

Nach diesem klassischen Konzert spielte Imre wieder zum Tanz auf und nach dem letzten Mitternachts-Imbiss gingen wir kurz nach Mitternacht zu Bett.

Am Samstag, dem 02.01.2010 standen wir wieder um 06:15 Uhr auf und packten nach dem Duschen die letzten Sachen in die Koffer und stellten diese vor die Kabinentür. Danach gingen wir zum letzten Frühstück an Bord. Da ich von Köln mit dem Auto heimfahren musste, durfte ich an diesem Morgen natürlich keinen Sekt mehr trinken.

Nach dem Frühstück hielten wir uns im Salon auf und warteten auf das Anlegen in Köln.

Gegen 08:30 Uhr erreichte die MS Swiss Gloria Köln und hatte etwas Mühe, einen Anlegeplatz zu finden, da der eigentlich vorgesehene Platz wegen Hochwasser gesperrt war. Somit musste unser Schiff als zweites parallel zu einem anderen Schiff festmachen, aber so etwas kennt man ja auch von anderen Flusskreuzfahrten, z. B. auf der Donau oder auf dem Nil.

Etwas verspätet konnten wir dann kurz nach 09:00 Uhr das Schiff verlassen, unser Transferbus zur Parkgarage stand bereits auf der Straße bereit und auch die Koffer waren bereits ausgeladen und standen dort ebenfalls bereit. Wir kontrollierten, dass unsere Koffer auch wirklich in den Bus verladen wurden und fuhren dann mit dem Bus zum Parkhaus, um dort unseren PKW zu übernehmen.

Kurz die Koffer einladen und ab ging es auf die Autobahn, zurück nach Hause. Es gab weder wetter- noch verkehrsbedingte Probleme, so dass wir bereits nach knapp 1 ½ Stunden um 11:00 Uhr zu Hause eintrafen.

Die Reise war insgesamt sehr schön, aber mein Bedarf an Urlaub im Kalten war damit erst einmal für längere Zeit gedeckt. Zum Glück wussten wir zu diesem Zeitpunkt bereits, dass wir Weihnachten und Silvester 2010 im Warmen, nämlich in Namibia verleben würden. Und da waren es im Januar 2010 an der Küste in Swakopmund 25 Grad, im Landesinnern sogar bis 38 Grad. Und das wird 2010 / 2011 nicht anders sein.

Das Atomium in Brüssel

67 Rhein in Flammen

Zum 31. Januar 2010 beendete ich meine berufliche Laufbahn und ging in Pension. Aus diversen Gründen, u. a. auch finanzieller Art, haben wir in diesem 1. Jahr meiner Pension keine größeren Urlaubsreisen unternommen, schließlich stand ab November das 3monatige „Probeleben" in Namibia auf unserem Plan.

Wir unternahmen im Jahre 2010 daher lediglich zwei Wochenendreisen.

Die erste führte uns vom 02. – 04. Juli nach Rüdesheim zu „Rhein in Flammen".
Am Freitag, dem, 02. Juli fuhren wir mittags mit dem KFZ nach Rüdesheim am Rhein, das nur etwa 50 km von unserem Wohnort entfernt ist. Dort bezogen wir unser Zimmer im Hotel Germania direkt am Rhein-ufer. Dieses Hotel war nicht unsere erste Wahl, aber bereits 1 Jahr vorher waren andere Hotels und Pen-sionen bereits ausgebucht. Die Zufahrt zum Hotelparkplatz gestaltete sich etwas schwierig, da sie in einer Fußgängerzone lag und ich mir nicht sicher war, ob ich hier überhaupt fahren darf, so dass ich erst einmal um die Ecke fuhr ohne die Zufahrt zu finden.
Wir erhielten ein recht einfaches Zimmer im 2. OG das ursprünglich wohl nur als Einzelzimmer gedacht war, jetzt aber mit einem 2. Bett ausgestattet wurde. Beide Betten waren völlig unterschiedlich, aber sauber. Auch das Bad mit Dusche und WC war einfach, aber sauber. Für 2 Nächte reichte es völlig aus.
Nach dem Koffer auspacken – viel war es für 2 Tage und Nächte nicht – gingen wir in die Altstadt von Rüdesheim und natürlich auch in die berühmte Drosselgasse. Wir waren früher schon öfters in Rüdes-heim gewesen und immer wieder sind wir von dieser unscheinbaren Strasse enttäuscht. Man läuft fast an ihr vorbei ohne sie zu entdecken. Außer Touristen, vorrangig Japaner, findet man in dieser Strasse ohne-hin keinen Einheimischen.

In der Gaststätte „Lindenwirt", bekannt durch ein deutsches Volkslied, aßen wir sehr gut, aber zu Touristenpreisen, und tranken natürlich auch einige gute Rheinweine, ich musste ja nicht mehr fahren. Danach tanzten wir im Freien zu der Musik eines italienischen Trios, die sehr gute Tanzmusik boten. Die Tanzfläche war zwar klein, genügte aber für die wenigen Pärchen, die tanzten.

Zu Fuß gingen wir zurück zum Hotel, um uns zur Ruhe zu betten. Aber daraus wurde dann nichts. Im Keller des Hotels befand sich eine Bar, in der sehr lautstark bis 04:00 Uhr gefeiert wurde. Da es an diesen Tagen Anfang Juli sehr heiß war, konnten wir unsere Fenster nicht schließen, so dass an Schlaf nicht zu denken war.

Am Samstagmorgen entschädigte uns das sehr gute Frühstück im Hotel etwas für die schlaflose Nacht. Das Frühstück war weit besser als es der sonstige Eindruck des Hotels hätte vermuten lassen.

Nach dem Frühstück gingen wir zur Altstadt und unternahmen von dort eine Rundfahrt mit einer Bimmel-bahn durch Rüdesheim und die Weinberge. Auf eine Auffahrt mit der Seilbahn zur Germania verzichteten wir, da wir dies bei früheren Besuchen schon einige Male gemacht hatten.

Dafür besichtigten wir jetzt aber das Musikinstrumentenmuseum, das hatten wir früher immer versäumt. Hier schlossen wir uns einer englisch sprechenden Besuchergruppe für eine offizielle Führung an, bei der sogar sehr viele mechanische Musik-strumente in Betrieb genommen und vorgeführt wurden. Dies war sehr interessant und wäre uns sonst als Einzelbesucher nicht geboten worden.

Unser Mittagessen nahmen wir im Hof eines Hotels in der Nähe der Drosselgasse ein, auch hier spielte ein Trio live, vorrangig Klassikmusik, sehr schön.

Am Samstagnachmittag fand dann die Schifffahrt auf dem Rhein zu „Rhein in Flammen" statt, bei der alle Burgen entlang der Strecke bengalisch beleuchtet waren und überall Feuerwerke abgebrannt wurden. Kurz nach der Abfahrt ging in der Nähe von St. Goarshausen ein schweres Gewitter nieder und wir hatten schon große Bedenken, ob die Feuerwerke überhaupt abgebrannt würden. Zu dieser Zeit nahmen wir aber gerade das Abendessen im unteren Deck des Schiffes ein und waren daher im Trockenen.

Kurz danach verzog sich das Gewitter und es war sehr warm und wieder trocken, so dass wir die weitere Fahrt auf dem offenen Oberdeck erleben konnten.

An vielen verschiedenen Stellen rechts- und linksrheinisch wurden immer in dem Moment, wenn unser Schiff – und natürlich viele andere – die Stelle passierte Feuerwerke abgeschossen und alle Burgen zu beiden Seiten des Rheins waren bengalisch erleuchtet, das ergab schon ein tolles Bild.

Aus meiner Sicht wurde das Ganze aber etwas getrübt, da ich überhaupt kein Interesse an Fußball habe und ausgerechnet an diesem Tag während der in diesem Jahr stattfindenden Fußball WM in Südafrika ein Spiel der deutschen Mannschaft (gegen Argentinien) stattfand. Einige Reiseteilnehmer packten daher ihre Laptops aus und verfolgten per DVBT das Spiel auf dem Deck, natürlich auch mit entsprechenden lautstarken Kommentaren. Dies störte mich dann doch sehr. Wenn ich eine solche Fahrt unternehme, möchte ich in Ruhe die Landschaft genießen und insbesondere an diesem Tag dann die Feuerwerke und keinen Fußball, wo 11 bekloppte Millionäre einem Ball nachlaufen! Und als dann die Deutschen das Spiel auch noch gewannen, gab es weitere lautstarke Kommentare und „Gesänge" auf dem Schiff, was mir gar nicht gefiel.

Das große Abschlussfeuerwerk mit über 30 Minuten Dauer fand in Rüdesheim statt, hier sammelten sich alle Schiffe vor der Kulisse der Stadt und das Feuerwerk wurde in den Weinbergen und vor der Germania abgebrannt, ein absolut beeindruckendes Bild.

Kurz nach Mitternacht gingen wir von Bord und tranken in einem Lokal in der Drosselgasse noch einen Wein zum Tagesausklang.

Leider war uns auch in der 2. Nacht keine Nachtruhe gegönnt. Nachdem am Abend vorher die Deutschen ihr Fußballspiel gegen Argentinien gewonnen hatten, wurde in der Bar im Keller des Hotels diese Nacht sogar bis 06:30 Uhr gefeiert, bis die Polizei einschritt. Da brauchten wir dann auch keinen Schlaf mehr, denn kurze Zeit später standen wir auf und gingen frühstücken.
Unseren PKW durften wir nach dem Auschecken noch auf dem Hotelparkplatz stehen lassen, so dass wir zu Fuß nochmals in die Altstadt und zum Marktplatz gingen. Dort fand zufällig an diesem Sonntag ein Platzkonzert eines Blasorchesters statt, dem wir lauschten und auf dem Marktplatz auch gleich eine Kleinigkeit zu Mittag aßen.
Dann holten wir unseren Wagen am Hotel ab und fuhren nach Schlangenbad in der Nähe von Wiesbaden zum Tanzen. Die Alleinunterhalterin Hedi spielte 2010 im dortigen Parkhotel an 3 Wochenenden im Monat live zum Tanz und wir fuhren meistens an 2 Sonntagen im Monat nach dort.

Hedi spielte dort auch zum Tanz in den Mai und wir übernachteten zu diesem Anlass vom 30. April auf den 01.Mai dort im Hotel, um spät abends nicht mehr heimfahren zu müssen und auch ein Bier trinken zu dürfen.

68 Cruise Days

Vom 29. Juli bis 01. August 2010 fuhren wir mit dem Busunternehmen Schuy aus Elz nach Hamburg zu den 2. Hamburg **Cruise Days**. Diese Kreuzfahrttage fanden im Jahre 2008 zum ersten Mal statt und wurden wegen des großen Erfolges 2010 wiederholt.

Wir starteten früh morgens um 05:40 Uhr ab dem Betriebshof in Elz, wo wir unseren PKW abstellten und fuhren über die Autobahn nach Hamburg. Unser Frühstück nahmen wir – wie immer bei Fahrten mit diesem Busunternehmen - im Bordbistro ein und es gab 2 Pausen an Rasthöfen in Kassel und Hannover. Hamburg erreichten wir um 13:15 Uhr und bezogen unser Zimmer im Hotel „Alte Wache" in der Nähe des Hauptbahnhofes.
Anschließend unternahmen wir einen Spaziergang zur Mönckebergstraße, der Haupteinkaufsstraße Hamburgs, und zum Rathaus. Dort fand zufällig an diesem Wochenende das Stuttgarter Weindorf statt und wir tranken dort ein Viertele Wein und aßen eine Kleinigkeit. War zwar nicht typisch für Hamburg, aber trotzdem gut. Dann gingen wir zurück, duschten und zogen uns für den Abend um.
Um 17:15 Uhr fuhren wir mit unserem Bus zur Reeperbahn und hatten dort eine interessante Führung über die Reeperbahn und die Seitenstraßen mit einer ortsansässigen Historikerin, die sehr viel Interessantes zu berichten hatte. Durch die berüchtigte Herbertstrasse gingen wir nicht, obwohl dies mittlerweile auch Frauen erlaubt ist. Dies war bis vor wenigen Jahren absolut Tabu! Von den früheren Bars mit Nackt-Gymnastik, wie es unsere Führerin ausdrückte -ein schöner Ausdruck für Live-Sex, gibt es nur noch ein einziges. Das Salambo, in dem ich mit meiner Frau 1987 war, existiert schon lange nicht mehr. Natürlich war bei unserem Rundgang kein Besuch in einer Bar oder einem anrüchigen Etablissement eingeschlossen, das musste schon jeder für sich selbst tun.

Aber alle gemeinsam besuchten wir in Schmidts Tivoli das Musical „Heiße Ecke", das von lokalen Ereig-nissen erzählt und sehr gut war. Alle Schauspieler traten in diesem Musical in vielen verschiedenen Rollen auf. Der Reeperbahnrundgang und dieses Musical gehörten automatisch zum Programm der gebuchten Fahrt.

Gegen 23:30 Uhr waren wir wieder zurück im Hotel und gönnten uns noch ein Bier an der Hotelbar, bis wir um 00:30 Uhr zu Bett gingen. Die anderen Reiseteilnehmer waren ohnehin alle schon im Bett.

Am nächsten Tag standen wir um 07:00 Uhr auf und genossen das gute Frühstücksbuffet im Hotel.

Um 09:00 Uhr starteten wir mit unserem Bus zu einer Stadtrundfahrt durch Hamburg und den Hafen.

Eine zugestiegene örtliche Fremdenführerin erzählte hier sehr viel Interessantes über die Hansestadt Hamburg. Es war an diesem Tag sonnig und sehr warm. Neben der Fahrt gab es an vielen Stellen Pausen, um interessante Gebäude etc. zu besichtigen, so z. B. die Kirche St. Michaelis – den so genannten „Michel", die Krameramtsstuben, die St. Pauli Landungsbrücken u. a. Der Michel konnte auch von innen besichtigt werden. An den Landungsbrücken endete die Stadtrundfahrt und wir blieben gleich dort und fuhren nicht mit zurück ins Hotel.

Wir aßen an der Überseebrücke sehr gute, aber auch recht teure, Scholle zu Mittag und gingen dann zu Fuß in die Speicherstadt, da wir eigentlich vorhatten, dort das Miniaturwunderland zu besuchen. Aber wir hätten dort eine Wartezeit von fast 2 Stunden in Kauf nehmen müssen, was wir wegen unseres Abendprogramms nicht konnten. So mussten wir leider auf den Besuch verzichten und diesen irgendwann später einmal nachholen. Man kann aber im Internet im Voraus Karten für eine bestimmte Uhrzeit bestel-len und hat dann keine Wartezeiten. Da wir unser Tagesprogramm vorher aber nicht kannten, hatten wir diese Möglichkeit nicht nutzen können.

Wir gingen zu Fuß zurück ins Hotel, tranken unterwegs auf der Mönckebergstraße einen Kaffee und machten uns dann im Hotel für den Abend frisch.

Abends aßen wir in einem rustikalen Lokal in der Nähe des Hauptbahnhofes wieder guten Fisch und fuhren dann mit der S-Bahn zum TUI Operettenhaus auf der Reeperbahn, um das Musical „Ich war noch niemals in New York" zu besuchen. Die Handlung des Musicals war zwar ohne großen Sinn, aber musikalisch und darstellerisch war das Musical mit bekannten Melodien von Udo Jürgens sehr gut. Die Dekoration war dem Traumschiff Deutschland nachempfunden.

Nach dem Musical gingen wir zu Fuß Richtung Landungsbrücken, da wir dort ein einem Hotel in der Bar im 21.OG, die uns empfohlen wurde, einen Cocktail trinken wollten. Wir konnten zwar ungehindert mit dem Aufzug in das 21. OG fahren und dort auch in die Bar gehen, aber diese war hoffnungslos überfüllt, es gab keinen Platz, weder an einem Tisch noch an der Bar.

Außerdem war die Musik in der Bar sehr, sehr laut. Wir konnten kaum einen Blick durch die bodenlangen Fenster auf den wegen der Cruise Days blau erleuchteten Hafen werfen und fuhren nach nur wenigen Minuten zurück ins EG. Jetzt war dort eine Absperrung errichtet und es durften nur noch Hotelgäste in die Bar fahren.

Wir fuhren mit der S-Bahn zurück ins Hotel und trafen uns dort an der Hotelbar noch mit anderen Reise-teilnehmern, die andere Aktivitäten hatten, und unterhielten uns mit diesen. Einige hatten das Musical „König der Löwen" besucht.

Erst gegen 02:00 Uhr gingen wir zu Bett, der Barkeeper musste extra wegen uns die Bar länger offen halten, was ihm wohl gar nicht gefiel, seinem Gesichtsausdruck nach zu urteilen.

Am Samstag standen wir um 07:30 Uhr auf und nach dem Frühstück fuhren wir um 09:30 Uhr mit unserem Bus in die Speicherstadt und besichtigten dort „Spicy's Gewürzmuseum", das einzige Gewürz-museum der Welt.

Besonderheit hier ist, dass man die Gewürze nicht nur sehen und riechen kann, sondern sogar schmecken darf und das bei den strengen deutschen Richtlinien! Alle Gewürze stehen dort offen und dürfen probiert werden, das ist schon toll!

Nach dieser Besichtigung fuhren wir zu den St. Pauli Landungsbrücken und hatten dort Gelegenheit fakultativ an einer Hafenrundfahrt mit einer Barkasse teilzunehmen. Fast alle Teilnehmer unserer Reisegruppe nahmen dieses Angebot wahr und wir hatten bei schönem Wetter eine 2stündige Hafenrundfahrt durch den Hafen, unter der Köhlbrandbrücke hindurch, zur Speicherstadt u. v. m.

Wir fuhren ganz dicht an riesigen Containerschiffen vorbei, sahen in den Docks 2 Neubauten von Luxusjachten eines russischen Milliardärs und eines Scheichs aus den Vereinigten Arabischen Emiraten und sahen die Kreuzfahrtschiffe AIDAaura, MS Deutschland, MS Astor und TUI Mein Schiff an den entsprechenden Anlegestellen.

Nach der Hafenrundfahrt blieben wir gleich im Hafen und bummelten über die Promenade, die die einzelnen Landungsstege verbindet. An der Überseebrücke hatte die MS Astor festgemacht und die ersten Gäste für die Kreuzfahrt, die abends begann, trafen ein. Wir gingen noch die Gangway bis zum Schiff und fragten, ob wir als frühere Gäste und Mitglieder des Club Columbus das umgebaute Schiff kurz besichtigen dürften, das wurde uns aber verwehrt. Wir sahen auch kein vertrautes Gesicht und auf unsere entsprechende Frage erfuhren wir auch, dass der bisherige Hotelchef das Schiff verlassen hätte, die Gründe dazu sind uns natürlich nicht bekannt.

In Höhe der Landungsbrücke 5 hatte der NDR seine Bühne aufgebaut und es fand seit dem Mittag bis zur Auslaufparade eine Live Musikveranstaltung mit diversen Künstlern statt. Wir hörten eine Weile der Musik zu und suchten uns dann für den Abend einen guten Platz. Diesen fanden wir in einem Biergarten in Höhe der Landungsbrücke Nr. 4. Hier waren noch Plätze ganz vorne in der ersten Reihe frei und wir belegten diese

Plätze und gaben sie auch nicht mehr auf. So mussten wir zwar bis zum Ende der Auslaufparade über 6 Stunden dort zubringen, aber wir hatten freie Sicht auf die Elbe, es konnte sich niemand vor uns stellen und wir hatten absolut die beste Sicht auf die Parade. Irgendwo in der Menschenmenge lange stehen hätte meine Frau nicht gekonnt.

Nachmittags trafen wir uns dort mit meinem Schwager und seiner Frau, die zufällig auch an diesem Tag in Hamburg waren, aber aus ganz anderen Gründen als wir. Sie richteten ihrer Tochter eine Wohnung ein, die in einem Hamburger Hotel eine Lehrstelle erhalten hatte. Sie blieben auch nur kurz für ein Bier und nicht bis zur Auslaufparade. Meine Frau und ich gingen abwechselnd etwas zum Essen holen, Getränke wurden am Tisch serviert.

Gegen 19:00 Uhr gab es einen kurzen, aber heftigen Regenschauer und wir wurden ziemlich nass, da die ersten 4 Plätze der Bierzeltgarnitur nicht überdacht waren, das Zeltdach fing erst etwa ab dem 5.Platz an. Wir rückten zwar alle eng zusammen, konnten aber nicht verhindern, dass wir nass wurden. Zum Glück war es aber anschließend wieder warm, so dass Jeanshose, T-Shirt etc. innerhalb kurzer Zeit auch wieder trockneten.

Da auf der Elbe sehr viel Verkehr war, wurde uns die Wartezeit bis zur Auslaufparade nicht langweilig, es gab immer viel zu sehen. U. a. fuhren direkt vor uns die Shuttle-Boote zum Musicalhaus „König der Löwen" ab.

Einige Zeit vor der Parade wurde die AIDAaura rückwärts von ihrem Liegeplatz an uns vorbei zum Aufstellort gezogen und die MS Astor wendete direkt vor uns und begab sich dann ebenfalls zum Aufstellort in der Speicherstadt. Beide Schiffe kannten wir bereits von unseren Kreuzfahrten.

Und um 21:30 Uhr begann dann als Höhepunkt der Hamburg Cruise Days die große Auslaufparade der Kreuzfahrtschiffe. Der gesamte Hafen war blau beleuchtet, an verschiedenen Stellen an Land wurden

Feuerwerke abgebrannt und ebenfalls von einem Boot, das die Kreuzfahrtschiffe begleitete.

Angeführt wurde die Parade von der MS Astor, es folgten die AIDAaura, die MS Deutschland, TUI Mein Schiff und die Columbus. Auch diese Schiffe waren alle blau beleuchtet. Neben diesen bekannten Kreuzfahrtschiffen fuhren 2 große Segelschiffe in der Parade mit, die Cap San Diego, die eigentlich als Museumsschiff immer fest im Hafen liegt, und die Segov. Neben diesen Großschiffen wurde die Auslaufparade natürlich von unzähligen kleinen Barkassen und Booten begleitet, das war schon ein tolles Bild und die lange Wartezeit wert.

Fast 500 000 Besucher haben an diesem Abend dieses Spektakel gesehen. Außer der MS Deutschland begannen alle anderen Kreuzfahrtschiffe an diesem Abend eine Kreuzfahrt, entweder Richtung Ostsee oder nach Norden Richtung Norwegen. Die MS Astor unternahm eine 14tägige Kreuzfahrt rund um England und Irland. Ursprünglich wollten wir diese Kreuzfahrt buchen, sie war uns dann aber doch zu teuer und außerdem wurde die MS Astor 2010 umgebaut und wir denken, nicht nur zum Vorteil. Alles was wir im Laufe des Jahres 2010 über den Umbau der MS Astor gelesen haben lässt uns immer mehr zweifeln, ob wir nochmals auf diesem Schiff eine Reise antreten werden, denn auch die Preise sind enorm nach oben gestiegen. Die MS Deutschland begann ihre Kreuzfahrt erst am nächsten Morgen.

Wir haben jetzt 2010 die Auslaufparade vom Land aus gesehen und das Fernweh wurde schon ganz schön geweckt. Es wäre doch sehr schön mit dieser Parade, den Feuerwerken und den vielen Leuten am Kai aus Hamburg auszulaufen und eine Kreuzfahrt zu beginnen. So beschlossen wir, dass wir 2012 bei den nächsten Hamburg Cruise Days nicht an Land stehen (sitzen) wollen, sondern in jedem Fall eine Kreuzfahrt antreten werden, wohin und auf welchem Schiff ist erst einmal nebensächlich. 2012 klappte dies dann auch tatsächlich, wir unternahmen eine Atlantiküberquerung von Hamburg nach New York auf der Queen Mary 2 (Reise Nr. 78). Nach Ende der Auslaufparade fuhren wir mit der S-Bahn zurück zum Hotel und tranken an der Hotelbar noch einen Absacker, bevor wir um 00:30 Uhr zu Bett gingen.

Am Sonntag war bereits um 05:00 Uhr die Nacht zu Ende, denn zu einem Hamburg Besuch gehört natürlich auch der Besuch auf dem Fischmarkt, der immer nur sonntags ab 05:00 Uhr stattfindet.

Um 05:40 Uhr fuhren wir mit unserem Bus zum Fischmarkt und blieben dort knapp 2 Stunden. Allerdings waren wir doch ziemlich enttäuscht vom Fischmarkt, der viel von seinem früheren Flair eingebüßt hat und zu einem ganz normalen Flohmarkt verkommen ist. Zwar gibt es dort immer noch Obst, Gemüse, Fisch, Käse etc., aber auch viele Flohmarktartikel wie T-Shirts, Socken, gefälschte Rolexuhren u. v. m.

Die Marktschreier beim Fisch, dem Obst und den Nudeln etc. haben viel von ihrem früheren „Biss" verloren und waren sehr ruhig und harmlos. Es wurden auch kaum noch kostenlose Kostproben ins Volk geworfen, schade. Am besten fanden wir noch den Blumenverkäufer und hier hörten wir ihm eine gute halbe Stunde mit viel Spaß zu. Auch die Musik in der Fischauktionshalle war nicht mehr so wie früher, harte Rockmusik, aus meiner Sicht völlig unpassend.

Trotz der frühen Stunde gönnte ich mir ein Matjesbrötchen, meine Frau konnte so früh noch keinen Fisch essen. Zufällig verließ genau zu diesem Zeitpunkt die MS Deutschland den Hafen und begann ihre Kreuzfahrt, so dass dieses majestätische Schiff noch einmal an uns vorbeizog.

Zurück im Hotel ging es ans Frühstücksbuffet und um 10:30 Uhr verluden wir unsere Koffer und traten mit dem Bus die Heimreise an, dieses Mal über eine andere Strecke als auf der Hinfahrt.

Nach 2 Pausen unterwegs in der Nähe von Bremen und im Sauerland erreichten wir um 19:35 Uhr wieder den

Betriebshof in Elz. Unser Mittagessen nahmen wir im Bordbistro ein, ebenfalls einen Cappuccino am Nachmittag.

In Elz übernahmen wir unseren dort abgestellten PKW und fuhren nach Hause, wo wir um 19:10 Uhr eintrafen.

Wieder einmal hatten wir 4 schöne Tage verlebt, eine tolle Fahrt gehabt und viel Interessantes in Hamburg gesehen. Wir fieberten dann schon wieder dem Erscheinen des neuen Kataloges für 2011 entgegen und hofften, dass Schuy auch wieder schöne Fahrten hat und wir 2011 vielleicht wieder an einer der immer tollen Abschlussfahrten teilnehmen werden.

Die Auslaufparade

Ein paar statistische Daten, die keiner braucht:

Bände 1 und 2: Reisen 01 – 68 (1986 – 2010)

1. Urlaub (Attersee / Österreich)	1986
1. Flugurlaub (Sonnenstrand / Bulgarien)	1988
1. Fernurlaub (Florida)	1989/90
10. Urlaub (Malaysia und Singapur)	**1991/92**
20. Urlaub (Center Parc De Vossemeren / Holland)	1995
25. Urlaub (Pfalz)	**1996**
50. Urlaub (Silvester-Kreuzfahrt Trelleborg)	**2004**
55. Urlaub (Ostsee-Kreuzfahrt)	2006
60. Urlaub (Kreuzfahrt Südnorwegen)	**2008**

Zeitspanne vom 1. bis zum 50. Urlaub   18 Jahre

Anreise mit:

Eigenes KFZ	19
Reisebus	12
Bahn	8
Flugzeug	30

Urlaube nach Erdteilen und besuchte Länder:

Nr.	Erdteil	Urlaube	Länder
1	Europa	49	32
2	Amerika	8	16
3	Afrika	6	10
4	Asien	5	6
5	Ozeanien	1	2
6	Australien	(1)	1
	Summen:	69	67

Reihenfolge der besuchten Länder		
01 Deutschland (komplett)	02 Österreich (Wien, Attersee, Tirol, Achensee)	03 Italien (Pisa, Florenz, Rom)
04 Ungarn (Plattensee, Budapest, Puszta, Solt, Kalosca)	05 Bulgarien (Sonnenstrand, Nikopol, Pleven, Oriachovo)	06 Türkei (Istanbul, Pamukkale, Süden, Westen)
07 Dänemark (Süden)	08 USA (Florida, Kalifornien, Arizona, Utah, Hawaii)	09 Bahamas
10 Griechenland (Rhodos)	11 Kenia (Rundreise)	12 Malaysa (Rundreise)

13 Singapur	14 Frankreich (Paris, Polynesien)	15 Tunesien (Rundreise)
16 Niederlande (Amsterdam, Rotterdam u. a., Aruba, Curacao)	17 Schweden (Ostküste)	18 Belgien /Brüssel, Liege, Antwerpen, Brügge, Gent)
19 Luxemburg	20 Dominikanische Republik	21 Spanien (Mallorca, Gran Canaria)
22 Marokko (Rundreise)	23 Monaco	24 Liechtenstein
25 Schweiz (Glacier-Express, Bodensee)	26 Indonesien (Bali)	27 Mexico (Rundreise Norden, Cancun, Acapulco)
28 Sri Lanka (Rundreise)	29 Malta (Rundreise)	30 Großbritannien (England=London)
31 Ägypten (Kairo, Nilkreuzfahrt, Luxor)	32 Finnland (Nordosten, Helsinki)	33 Norwegen (Westküste, Nordkap, Lofoten, Süden)
34 Südafrika (Rundreise)	35 Swaziland	36 Ecuador (Quito, Anden, Galapagos-Inseln)

37 Zypern (Rundreise)	38 Tchechische Republik (Prag)	39 China (Peking, Xian, Shanghai, Yangtzee-Kreuzfahrt, Hongkong)
40 Tonga	41 Fiji	42 Neuseeland (Auckland)
43 Chile (Westen, Süden)	44 Argentien (Süden, Feuerland)	45 Uruguay (Montevideo)
46 Brasilien (Ostküste)	47 Kapverden	48 Russland (Flusskreuzfahrt Moskau - St. Petersburg)
49 Polen (Danzig, kasubische Schweiz)	50 Litauen (Klaipeda, Polangen)	51 Estland (Tallin)
52 Slowakai (Bratislawa)	53 Serbien (Novi Sad, Belgrad)	54 Rumänien (Giurgiu, Bukarest)
55 Ukraine (Vilkovo, Donaudelta)	56 Panama (Colon, entlang des Panamakanals)	57 Costa Rica (Puerto Limon, Regenwald)
58 Kolumbien (Cartagena)	59 St. Vincent	60 Barbados
61 Grenada	62 Venezuela (Isla Margarita)	63 Namibia (Windhoek, Etoschapfanne, Swakopmund u. a.)

| 64 Sao Tomé | 65 Benin (Cotonou) | 66 Ghana (Tema, Accra) |
| 67 Gambia (Banjul, Serekunda) | 68 Senegal (Dakar) | 69 V.A.E. (Dubai, Sharja, Ajman, Abu Dhabi, Fujeirah) |

Mehrmals besuchte Länder:	
Erdteil	**Länder**
Europa	Deutschland 18mal / Österreich 7mal / Italien 2mal / Niederlande 5mal / Schweden 3mal / Spanien 2mal / Schweiz 2mal / Großbritannien 3mal / Belgien 2mal / Norwegen 2mal / Frankreich 2mal / Russland 2mal / Finnland 2mal / Ungarn 2mal / Bulgarien 2mal / Türkei 3mal
Amerika	USA 3mal
Afrika	---
Asien	---
Ozeanien	---
Australien	---

Besuchte Länder nach Jahren:

10. Land der Erde (Griechenland)	1990
15. Land der Erde (Tunesien)	1992
20. Land der Erde (Dominikanische Republik)	1994
25. Land der Erde (Schweiz)	**1996**
30. Land der Erde (Großbritannien)	1998
40. Land der Erde (Königreich Tonga)	2004
50. Land der Erde (Litauen)	**2006**

55. Land der Erde (Ukraine)	2007
60. Land der Erde (Barbados)	**2008**

Urlaube an Feier- und Ehrentagen:

Ostern	Bodensee 1996 / London 1999
Weihnachten	Amsterdam 2009 Namibia 2010 /
Silvester	Florida 1990 / Malaysia 1991 / Göteborg 1993 / Bali 1997 / Trelleborg 2002 und 2004 / Antwerpen 2009 / Namibia 2010 /
Geburtstag Hans-Peter Dürr	Florida 1990 (40.) Malaysia 1992 / Bali 1997 / Namibia 2010
Geburtstag Leonore Dürr	Südafrika 1999 / Ecuador 2000 / Namibia 2010
Hochzeitstag	Hamburg 1987 (10.) / Ägypten 1998 / Dubai 2009 / Namibia 2010

Urlaube mit Reiseanbietern (alphabetisch):

AIDA	1
airtours	3
Ameropa (Deutsche Bahn)	2
Center Parc	2
Cunard	1
DERTour	6
Die Busfahrer Kirberg	1
Frosch Touristik	1
Gran Dorado	1
Jahn Reisen	1
James Cook Holiday	1
Kipferl Busreisen	1
Medenbach Busreisen	1
Meiers Weltreisen	3
Neckermann	1
Plantours	1
Phoenix	1
Schuy Exclusivreisen	7
Sharms Tour	1
Transocean	5
Travel Dubai	1
TUI	12
Ohne Veranstalter	8

Flüge mit Fluggesellschaften (alphabetisch):

Air China	5
Air Malta	2
Aero Lloyd	2
Aloha Airlines	2
American Airlines	3
American Airlines Business Class	1
British Airways	6
Bulgarian Air	2
Condor	4
Condor Comfort Class	6

Egypt Air Business Class	4
Etihad	2
Germania	2
Hapag Lloyd	4
KLM	1
KLM Business Class	2
LTU	6
LTU First Comfort Class	1
Lufthansa	10
Lufthansa Business Class	5
Mexican Air	3
Ryanair	2
Singapur Airline	3
Singapur Airline Business Class	2
Sky Airline	2
South Africa Airline	4
United Airlines	2

Unbekannte Fluggesellschaften:

Helikopterflug Gran Canyon	1
Helikopterflug Vulkan Maui	1
Helikoptertransfer Nizza – Monte Carlo	2
Kleinflugzeug Dominikanische Republik	2
Helikopterflug Barbados	1
Kleinflugzeug Galapagosinseln	2
Kleinflugzueg Feuerland	2
Propellerflugzeug Ecuador	1
Wasserflugzeug Lofoten	1
Wasserflugzeug Bergen	1

Flüge gesamt: <u>102</u>

Schiffe, mit denen wir gefahren sind: Tage:

AIDAaura	Karibik	14
Catamaran	Sylt – Helgoland	1
MS Astor	Südsee	26
	Südamerika	34
	Ostsee	14
MS Griboedov	Moskau – St. Petersburg	10
MS Marquise	Nil-Kreuzfahrt	6
MS Marco Polo	Südnorwegen	8
MS Moldavia	Donau	15
MS Osieta	Bulgarien – Istanbul	2
MS Peter Pan	Travemünde – Trelleborg 2 mal	2
MS Swiss Gloria	Rhein	12
MS Victoria 2	Yangtze Flusskreuzfahrt	5
MS Vistamar	Westafrika	18
M/V Santa Cruz	Galapagos Kreuzfahrt	4
Sea Escape	Miami – Bahamas	1
Stena Line	Kiel – Göteborg	3

Gesamttage: 175

Anzahl Kreuzfahren: **12**

Äquatorüberquerungen:

Auf dem Land	2
Auf dem Meer	4
In der Luft	4

Polarkreisüberquerungen:

Auf dem Land	2

Atlantiküberquerungen: 1

Natal/Brasilien – Kapverden

Vorschau auf den nächsten Band:

Im Band 3 lesen Sie die Reiseberichte

69 Probeleben, Namibia, Zimbabwe, Sambia
09.11.2010 – 26.01.2011

70 Feuerberge, Kanarische Inseln und Madeira
02.04. – 09.04.2011

71 Nessie, Schottland 01.06. – 08.06.2011

72 Wipfel, Abschlussfahrt Thüringen 04. – 07.09.2011

73 Höher geht's nicht, Kreuzfahrt Orient
22.12. – 30.12.2011

74 Heilig, Konzertreise Rom 27.04. – 01.05.2012

75 Kuppel, Berlin 25. – 28.05.2012

76 Schlossgespenst, 2. Schottlandrundreise
08.06. – 17.06.2012

77 Grün, Irland 27.06. – 04.07.2012

78 Königin, Atlantiküberquerung 19.08. – 30.08.2012

79 Goldener Oktober, Abschlussfahrt Travemünde
18. – 21.10.2012

80 Weihrauch und Öl, Kreuzfahrt Orient
08.12.2012 – 02.01.2013

81 Winnetou, Slowenien, Kroatien, Bosnien-Herzegowina 17. – 26.05.2013

82 Festival, 3. Schottlandrundreise 31.07. – 07.08.2013

83 Kanzlerin, Abschlussfahrt Mecklenburgische Seenplatte 10. – 13.10.2013

Im Band 1 wurden folgende Reisen beschrieben:

01 Hölle, 1. Urlaub am Attersee/Österreich
21.07. – 01.08.1986

02 Reißender Strom, Kramsach/Tirol mit Venedig
18.07. – 26.07.1987

03 Katzen, 10. Hochzeitstag in Hamburg
01. - 03.12.1987

04 Piroschka, Balaton und Budapest mit Wien
08.04. – 13.04.1988

05 Keine Koffer, 1. Flugurlaub in Bulgarien
27.07. – 10.08.1988

06 Subtropen, Kurzurlaub am Weißenhäuser Strand/Ostsee
24. – 28.05.1989

07 Kalk, Türkische Riviera 11.08. – 25.08.1989

08 Southernmost Point, Florida
30.12.1989 – 14.01.1990

09 Schmetterlinge, Rhodos 05.07. – 19.07.1990

10 Arche, Auf Safari in Kenia 22.03. – 06.04.1991

11 Merlin, Malaysia und Singapur
27.12.1991 – 12.01.1992

,
12 Micky Maus, Euro-Disney Paris 22. – 24.05.1992

13 Zwinger
Erster Eindruck von den Neuen Bundesländern
Thüringen und Sachsen 02. – 05.07.1992

14 Gepäckträger, Tunesien 05. – 19.10.1992

15 Pankukenhuis, Center Parc De Eemhof/NL
05. – 09.04.1993

16 Hurrikan, Kalifornien, Arizona, Utah
29.07. – 20.08.1993

17 Kater-Frühstück, Silvesterfahrt Göteborg
30.12.1993 – 01.01.1994

18 Eisen-Atom
Center Parc Weerterbergen/NL, Brüssel, Luxemburg
05. – 11.04.1994

19 Bacardi, Dominikanischen Republik
17.07. – 01.08.1994

20 Roter Pfeil, Mallorca 16.10. – 23.10.1994

21 Widwasserkanal, Center Parc De Vossemeren/B
18. – 21.04.1995

22 1001 Nacht, Marokko 11.07. – 25.07.1995

23 Kasino, Monaco 28.12. – 31.12.1995

24 Pfahlbauten, Rund um den Bodensee
01. – 08.04.1996

25 Klein-Venedig, Gran Canaria 24.07. – 31.07.1996

26 Federweißer, Ausflug in die Pfalz
03. – 05.10.1996

27 Reisterrassen, Bali 27.12.1996 – 12.01.1997

28 Allein gelassen
Auf den Spuren der Eroberer durch
Mexico 05.05. – 28.05.1997

29 Strudelfahrt, Regensburg 01. – 05.10.1997

30 Ayurveda, Sri Lanka 07.12. – 22.12.1997

31 Apostelkeller, Wien 29.04. – 03.05.1998

32 Blaue Grotten, Malta 17.05. – 31.05.1998

33 Tattoo, Edinburgh 21.08. – 23.08.1998

34 Ohne Unterlagen, Ägypten 28.11. – 12.12.1998

35 Original, London 02.04. – 04.04.1999

36 Herman, Teutoburger Wald 13. – 16.05.1999

37 Nebel, Nordkapfahrt 12.06. – 26.06.1999

38 Big Seven, Südafrika und Königreich Lesotho
09.11. – 29.11.1999

39 EXPO 2000, Hannover 02.-04.06.2000

40 Samoa, Sylt 13.06. – 22.06.2000

41 MIR, Europapark Rust
30.09. – 01.10.2000 und 26.09. .- 28.09.2005

42 Fregatten, Ecuador und die Galapagos-Inseln
11.11. – 27.11.2000

43 Aphrodite, Zypern 22.03. – 29.03.2001

44 Glacier-Express, Durch die Schweizer Bergwelt
14. – 17.06.2001

45 Schwarzes Theater, Prag 03.10. – 05.10.2001

46 Die Mauer, China 06.07. – 24.07.2002

**47 Zombie, Abschlussfahrt an den Achensee /
Österreich** 03.10. –06.10.2002

48 1 Cent, Pisa / Florenz / Rom 13.12.2002

**49 Peter Pan, Silvesterkreuzfahrten Travemünde-
Trelleborg** 31.12.2002 – 01.01.2003
und 31.12.2004 – 01.01.2005

50 Kreuzberg, Berlin 01. – 04.05.2003